LA MISIÓN DE MAITREYA

Tomo I

Benjamin Creme

Copyright © 1986 Benjamin Creme, Londres

Título del original inglés: Maitreya's Mission Volume One

Publicado por primera vez en noviembre 1986 en Holanda por Share International Foundation.

Primera Edición en castellano, 1994

Segunda Edición en castellano, 2020

Traducido de la tercera edición en inglés (marzo 1993) por Tomás Román Vicente

Copyright © Share Ediciones

Apartado 149, 08190 Sant Cugat Vallés, Barcelona, España

Todos los derechos reservados

ISBN papel: 978-84-89147-60-7

ISBN mobi: 978-84-89147-28-7

ISBN epub: 978-84-89147-27-0

La pintura reproducida en la cubierta fue realizada por Benjamin Creme en 1973/4. Representa el centro del corazón espiritual en el hombre visto junto a la cruz de brazos iguales de Acuario.

Dedicatoria

Dedicado a mi venerado Maestro
con profunda gratitud
por Su Sabiduría compartida y su ilimitada paciencia
con mis interminables preguntas.

Índice

Prólogo 9
Introducción 11
Capítulo I. Maitreya y el Proceso del Emerger 19
Los Medios de Comunicación y el Emerger.................... 19
Retraso del Emerger de Maitreya..................................... 26
Acontecimientos con Respecto al Día de la
   Declaración 28
La Vida de Maitreya en la comunidad asiática 31
Dando a Conocer la Historia de la Reaparición............... 40
Perspectiva Histórica 46

**Capítulo II. Las Enseñanzas y el Trabajo del
   Cristo en la Nueva Era** 51
Las Enseñanzas del Cristo 53
El trabajo del Cristo
Actividad de Maitreya después del Día de la
   Declaración 67
El Agente de Intervención Divina.................................... 70

**Capítulo III. La Exteriorización de los Maestros
   de Sabiduría**... 75
La Jerarquía.. 75
El discípulo Jesús y Maitreya 78
Los Maestros en el Mundo... 84
El Maestro Jesús 87
Otros Maestros 89
El contacto con los Maestros 90
La Jerarquía y las Fuerzas de Materialidad...................... 95
Señales 98
Ovnis.. 99

Capítulo IV. Espiritualidad y Vida en la Nueva Era .. 101
Espiritualidad 101
Objetivos y posibilidades 104

Cambio político y económico 110
Educación y Medio Ambiente 122
Las Artes 125
Salud y Curación 127
Escuelas de Misterios 134

Capítulo V. Evolución e Iniciación 137
El proceso de Evolución 137
Evolución del Alma 140
Evolución de las Formas de Vida 146
Reino Animal 148
Reino Mineral 149
Evolución Planetaria 149
Evolución Dévica 150
La Historia del Evangelio y el Sendero de Iniciación 152
Los requisitos para la Iniciación 155
Expansión de la Conciencia 158
Etapas de la Iniciación 163

Capítulo VI. Los Siete Rayos 175
Una visión general 175
Influencias de los Rayos Mayores 177
Virtudes y vicios de las características de los Rayos 180
Relaciones entre los rayos de las Naciones 183
Los Rayos de las Naciones 185
Los Rayos y los Planetas 191
Los Rayos y el individuo 193
Preguntas sobre la Lista de Rayos 198
Rayos Mayores y sub-rayos 200
Estructura del Rayo Personal 202
El Alma y los Rayos 209
Foco del Alma y Polarización 212
Más Personalidades Sus Rayos e Iniciaciones 215
Animales 218

Capítulo VII. Reencarnación 219
Vida después de la Muerte y Renacimiento 219

Las Leyes que gobiernan la Reencarnación 228
Cristianismo y Reencarnación 236
Reencarnación, Karma y Vidas Pasadas 236
Recuerdo de Vidas Pasadas 244
Efectos Kármicos 248
    Aborto 254
    Trasplantes de Órganos 255
Otras Personalidades y Enseñanzas 258
    Sai Baba 258
    Kali Yuga 260
    Enseñanzas del Agni Yoga 261
    H. P. Blavatsky 262
    Alice A Bailey 262
    San Patricio 262
    Lao-Tse 263
    Krishnamurti 263
    Juan el Bautista y la Madre María 264
    El Príncipe Gautama 264
    Otros 265

Capítulo VIII. Meditación y Servicio 269
La Meditación y el Servicio en el Desarrollo Espiritual. 269
Meditación 273
Meditación de Transmisión – Su Papel Vital 277
La Energía en la Transmisión 280
Alineamiento del Alma 287
Transmisión y Psiquismo Inferior 293
La Gran Invocación 295
El Trabajo de Transmisión 297
El Adumbramiento por Maitreya 302
Lecturas Sugeridas 307
El Papel del Servicio en la Evolución del Discípulo 308

Apéndice Lista de Iniciados – rayos y grado de evolución .. 323

    La Gran Invocación 380

La Oración para la Nueva Era 381
Referencias citadas por el autor 382
Otras publicaciones sobre el tema 383
Sobre el Autor 391
Índice alfabético 393

Prólogo

Desde la publicación de *La Reaparición del Cristo y los Maestros de Sabiduría* en 1980 se me ha preguntado continuamente cuándo escribiría la continuación. Mi respuesta fue siempre que no tenía intención de escribir otro libro semejante. ¿Qué más podría decir que lo que había dicho ya?

Como mi contribución a la revista *Share International* (aparte de como editor) ha evolucionado para incluir no solamente artículos sino una sección regular de "Preguntas y Respuestas", una gran cantidad de material se ha acumulado gradualmente, el cual, creemos nosotros, proporciona la continuación a la larga espera del libro la Reaparición. Puesto que muchas otras personas tenían simultáneamente la misma idea, parecería responder a una verdadera necesidad. Este libro, entonces, es una recopilación de mis artículos, y Preguntas y Respuestas, publicadas en *Share International* hasta ahora (Septiembre de 1986).

Ciertamente, al animarme a responder a muchas de las preguntas enviadas a *Share International*, mi Maestro ha iluminado grandes áreas de conocimiento esotérico, algunas por primera vez, otras más profundamente de lo que era hasta ahora el caso. Esto es particularmente así en relación con los Siete Rayos. Se presenta una gran cantidad de información, mucha de ella completamente nueva, que debería conducir a nuevas percepciones y estudios más profundos de estas energías que condicionan nuestras vidas.

La Meditación de Transmisión se trata también extensamente, junto con la reencarnación, Karma, los estados después de la vida, la iniciación, el servicio y otros temas. En interés de la amenidad, la reordenación del material en forma de libro ha necesitado un alto grado de redacción para mantener las repeticiones al mínimo. Este es especialmente el caso del primer capítulo en el Emerger de Maitreya. Durante el período de 'espera', desde Mayo de 1982 hasta ahora, respondí a tantas preguntas, muchas bastante similares, sobre 'la situación del juego' y el papel de los medios de comunicación, su acción y no acción, que una decisión había de tomarse entre la estricta cronología histórica – con la inevitable larguísima repetición – y la amenidad. He optado por lo último y he proporcionado un resumen, únicamente, de los acontecimientos desde Mayo de 1982. Las preguntas y respuestas originales, no obstante, están todavía disponibles por su posible interés histórico en ediciones anteriores de *Share International*. Espero que los lectores estarán de acuerdo con este criterio.

Como de costumbre, éste ha sido, y mucho, un esfuerzo de grupo, y mi profunda gratitud va a las muchas personas, en diferentes continentes, cuyo trabajo colaborador ha hecho posible este libro. En particular, agradezco a Michiko Ishikawa por su ayuda en la edición, organización y ordenación del material en la forma actual

Benjamin Creme

Londres 1986

Nota al Lector para la versión digital: Los artículos y preguntas y respuestas fueron publicados en la revista mensual, *Share International*, durante el período de Enero de 1982 a Septiembre de 1986. En el presente trabajo, para facilitar la lectura, han sido clasificados de acuerdo al tema, con el resultado de que no aparecen en el orden original. La fecha original de publicación se indica al final de cada pregunta.

Para la segunda edición en inglés, "La Lista de Iniciados" se ha actualizado para incluir a todos los iniciados cuyas estructuras del rayo han sido publicadas en *Share International* hasta Diciembre de 1990. En esta versión digital se ha incluido la Lista de Iniciados publicada en *La Misión de Maitreya, Tomo III*.

La tercera edición en inglés incluye una Introducción actualizada. El resto es idéntico a la segunda edición.

Introducción

La Nueva Era y la Aparición del Instructor del Mundo

Estamos entrando en un período culminante, que conducirá a acontecimientos que alterarán fundamentalmente la vida tal como la conocemos. Tremendos cambios están teniendo lugar en todos los ámbitos de la vida, preparatorios para el establecimiento de modos totalmente nuevos de vida social y de relaciones, basados en la cooperación y el compartir. Muchos son conscientes de que una nueva era espiritual está naciendo, de ahí el desarrollo de grupos de la 'Nueva Era' en todo el mundo. Mientras muchos de estos grupos miran hacia atrás y resucitan viejas formas de adoración y creencias, tienen en común una conciencia que ahora estamos levantando en el comienzo de una nueva era, un nuevo ciclo cósmico. Esto no es una fantasía de la 'Nueva Era', ni un simple pronóstico astrológico, sino un hecho astronómico y científico: el resultado de la precesión de los equinoccios o, en términos profanos, el movimiento de nuestro sistema solar alrededor del firmamento en relación con las doce constelaciones del zodíaco. Nuestro sol está haciendo un viaje en conjunción con estas doce constelaciones que dura casi 26.000 años en completarse. Aproximadamente cada 2.150 años, el sol entra en alineamiento a su vez con cada una de estas constelaciones. Mientras estamos en ese alineamiento, decimos que estamos en la era de esa constelación particular y somos receptores de potentes energías cósmicas que fluyen de ella. Las energías de cada era son diferentes, y nos inspiran para crear civilizaciones completamente diferentes.

Durante los últimos 2.150 años, hemos estado en la era de Piscis. Las energías de Piscis se caracterizan por las cualidades de la individualidad y el idealismo – devoción a un ideal – y han conducido a la creación de formas e instituciones que expresan estas cualidades. Esto representa un gran paso adelante para la humanidad, pero muy a menudo el ideal al que hemos estado consagrados ha sido al nuestro propio a expensas del de los demás.

Las energías de Piscis, tal como las hemos manejado, han separado al mundo. El resultado es un mundo dividido probablemente como nunca antes: Oriente y Occidente, Norte y Sur, las naciones ricas y pobres, el mundo comunista y el mundo capitalista – cada grupo siguiendo su propio ideal, fanáticamente convencido que el suyo es el único camino posible para la humanidad. Este fanatismo es el resultado directo del desarrollo de la devoción y la individualidad, creados por las energías de Piscis.

Estas divisiones nos han conducido al borde mismo de la aniquilación total. Desde la Segunda Guerra Mundial, la amenaza de la guerra nuclear se ha cernido sobre el mundo. Curiosamente, durante los últimos dos o tres años, esa amenaza ha sido eliminada. En realidad ya no le preocupa a la humanidad. ¿Cómo es esto posible? Todo lo que hacemos en cada aspecto de nuestras vidas es la respuesta a un estímulo enérgico de un tipo u otro. La amenaza de guerra nuclear ha disminuido en respuesta a las nuevas energías.

Mientras el sol se aleja de la esfera de influencia de Piscis, las energías de Piscis, se retiran. Cada vez más, mientras entramos en el campo de influencia de la nueva constelación, Acuario, somos influenciados por sus energías. Estas son las energías de síntesis. De la misma manera que las energías de Piscis han dividido el mundo, así las energías de Acuario nos llevarán a una mezclada y fusionada unidad, una síntesis con todos los miembros de la humanidad, la naturaleza y los reinos inferiores. Estamos presenciando el comienzo de este proceso.

En cada nueva era, la humanidad es la receptora de nuevas enseñanzas que nos permiten responder adecuadamente a las energías de la época. La ley cíclica hace surgir un instructor que entra en el mundo al principio o al final de cada era. Históricamente los conocemos, entre otros, como Hércules, Hermes, Rama, Mithra, Vyasa, Confucio, Zoroastro, Krishna, Shankaracharya, Buda, Cristo y Mahoma. (La nueva era de Acuario, ahora incipiente, no será una excepción a esta ley cíclica. Esta era tendrá su instructor. Él ya está en el mundo, dispuesto a mostrarse a Sí mismo abiertamente.)

Estos instructores proceden del mismo centro espiritual del planeta – la Jerarquía Espiritual o Esotérica del mundo. Los miembros más antiguos de la Jerarquía Espiritual son hombres como nosotros que han hecho el viaje evolutivo por delante de nosotros, que se han perfeccionado a sí mismos, y cuyas energías e ideas han sido el estímulo detrás de nuestra evolución. Son conocidos por sus discípulos como los Maestros de Sabiduría y los Señores de la Compasión. Han vivido, en su mayor parte, en zonas montañosas y desérticas del mundo durante innumerables miles de años. Desde sus retiros en las montañas y desiertos, han supervisado beneficiosamente la evolución de la humanidad durante milenios.

Nuestra evolución, desde el primitivo hombre animal hasta el punto donde nos encontramos hoy, ha avanzado mediante una expansión de consciencia. Este aumento de conciencia ha sido realizado por medio de la guía y el estímulo de los Maestros de Sabiduría. Gran parte del trabajo de los Maestros se lleva a cabo por Sus discípulos, hombres y mujeres del mundo, por ejemplo, personas como Albert Einstein, Madame Curie, Abraham Lincoln, Mozart y Miguel Ángel.

El Señor Maitreya, que encarna el Principio de Cristo, es el Maestro de todos los Maestros, el guía y líder de ese grupo de hombres iluminados.

Todas las religiones esperan la venida de un instructor: los cristianos, el retorno de Cristo, los musulmanes el Imán Mahdi o Mesías, dependiendo de su secta. Los hindúes esperan el retorno de Krishna y los judíos al Mesías. Los budistas, asimismo, esperan al Buda Maitreya. Todos estos son diferentes nombres para el único y mismo individuo, el Instructor del Mundo. Durante 2.500 años, el Señor Maitreya ha ocupado el cargo de Instructor del Mundo en la Jerarquía Espiritual.

Hace dos mil seiscientos años, el Buda Gautama hizo una profecía de que en esta época, el final del Kali Yuga, vendría otro gran instructor, un Buda como él, llamado Buda Maitreya. Maitreya, dijo, conduciría a la humanidad hacia la creación una nueva civilización dorada basada en la rectitud y la verdad.

Hace dos mil años Maitreya se manifestó a través de su discípulo Jesús en Palestina por el proceso del 'adumbramiento' y comenzó la era cristiana. Ahora vuelve como Instructor del Mundo para todos los grupos – tanto religiosos como no religiosos. Maitreya es, como declararon el Buda Gautama y San Pablo, "el instructor de ángeles y de hombres por igual". Ha vivido en los Himalayas durante miles de años, esperando la fecha cósmica, el momento de su retorno al mundo.

Los Maestros han sabido durante más de 500 años que tarde o temprano tendrían que retornar abiertamente al mundo cotidiano. La única cuestión era cuándo la humanidad estaría preparada para la entrada de estos avanzados, y, desde nuestro punto de vista, hombres perfeccionados. La señal para este retorno fue dada en junio de 1945, al final de la guerra, por Maitreya Mismo. Él anunció a los Maestros congregados que había decidido retornar al mundo cotidiano a la mayor brevedad posible, tan pronto como la humanidad comenzara a poner su casa en orden, y traería con Él al mundo a un gran grupo de Sus discípulos, los Maestros.

Él dijo que vendría cuando cierta medida de paz se hubiera restablecido en el mundo; cuando el principio del compartir estuviera, por lo menos, comenzando a regir los asuntos económicos; y cuando el principio de la buena voluntad estuviera activo, conduciendo a las correctas relaciones humanas. Esperaba venir alrededor de 1950. Había la esperanza de que el dolor y el sufrimiento de la guerra hubiera escarmentado a la humanidad y conducido a un cambio de dirección. Sin embargo no todas las naciones habían sufrido, y pronto las potencias volvieron a las viejas formas competitivas y nacionalistas del pasado.

Por lo tanto, la venida de Maitreya fue retrasada hasta julio de 1977, cuando dijo que ya no esperaría más tiempo. El 8 de julio 1977, descendió de Su retiro a 6.000 metros de altura en los Himalayas. Pasó varios días en las llanuras de Pakistán, aclimatándose. El 19 de julio de 1977, llegó a Londres, Inglaterra, donde todavía vive aparentemente como un miembro normal de la comunidad asiática. Allí espera una invitación de la humanidad para presentarse como el Instructor del Mundo.

Cambios en el Mundo y Sus Causas

Entretanto, entre bastidores, Él ha estado transformando nuestro mundo, dispensando potentes energías cósmicas en tal forma como para crear los cambios trascendentales de los últimos años. Si la amenaza de guerra mundial se ha alejado, se debe al efecto de las energías que Él ha liberado. Los extraordinarios acontecimientos y cambios en la Europa del Este, Rusia, China, Sudáfrica, la demanda de justicia, libertad y participación, todo ha ocurrido bajo Su estímulo. Las insólitas condiciones climáticas de hoy – terremotos, huracanes, inundaciones – están acompañando Su retorno.

Estos desastres son el resultado de los pensamientos y acciones erróneos de la humanidad. No es necesario que ocurran; no son 'actos de Dios'. Tienen lugar en virtud de la Ley de Causa y Efecto o Karma. A medida que creamos en nuestra vida planetaria condiciones de caos y desequilibrio, así afectamos al mundo natural. Todos los átomos de la creación están interconectados. No hay separación en ninguna parte. Si, como hoy, creamos condiciones en las que dos tercios de la población del mundo debe conformarse con un cuarto de los alimentos del mundo, y por consiguiente millones mueren de hambre, entonces la catástrofe es inevitable.

Millones de personas en el tercer mundo mueren de hambre, no porque no haya suficientes alimentos, sino porque nosotros en el mundo desarrollado usurpamos y derrochamos avariciosamente la mayor parte de los suministros disponibles, y el 83 por ciento de la energía y otros recursos. En realidad hay un excedente de alimentos en el mundo de un 10 por ciento per cápita, y sin embargo millones mueren de hambre porque nosotros en el mundo desarrollado somos avariciosos, egoístas y complacientes.

Esto, más que ninguna otra cosa, preocupa principalmente a Maitreya. Como dijo en uno de Sus mensajes dados a través de mí, "No puedo permanecer al margen por más tiempo y ver esta masacre, ver a Mis pequeños morir". Y en otro: "El crimen de la separación debe ser arrojado de esta tierra. Yo afirmo esto como Mi propósito".

Él ha venido para enseñar a la humanidad la necesidad de compartir. "Compartir", dice Él, "es divino. Cuando compartes reconoces a Dios en tu hermano". Sin compartir nunca puede haber justicia en la mundo. Si no hay justicia nunca puede haber paz. Si no hay paz, entonces no hay mundo, porque ahora podemos destruir el planeta y toda corriente de vida en él.

Diariamente estamos siendo conscientes de un mundo en rápida transformación. Las máquinas de guerra han sido desconectadas durante los últimos dos o tres años, pero la humanidad se enfrenta a una nueva amenaza. La energía que impulsaba a los aviones y tanques, que conducía a los soldados hacia el campo de batalla, no desaparece simplemente; debe ir a alguna parte. Esa energía destructiva ha estado circulando alrededor del mundo causando estragos, y se ha asentado finalmente. Ha encontrado lo que Maitreya llama "una nueva matriz". Esa "nueva matriz" es la comercialización.

La comercialización, una economía basada completamente en las fuerzas del mercado y la competencia, se ha convertido en el nuevo credo mundial. Maitreya dice que es tan destructiva que puede realmente poner en peligro la vida humana. Es hoy día la mayor amenaza de este planeta y llevará a esta civilización, dice, al borde mismo de la destrucción.

Las naciones deben comprender que somos una sola humanidad, y por tanto, que los alimentos, las materias primas, la energía, la tecnología científica y los centros educativos del mundo pertenecen a todos y deben compartirse. No son el monopolio del mundo desarrollado y si continuamos asumiendo que lo son, destruiremos esta civilización, basada como está en el seguimiento ciego de las fuerzas del mercado. Las fuerzas del mercado se basan en la codicia; Maitreya las llama las fuerzas del mal. El nuevo credo es seguido actualmente por todas las naciones, incluyendo el bloque soviético.

La codicia es creada por la mente humana. Sólo la conciencia despierta de la la mente humana la detendrá, cuando veamos su efecto destructivo en todas las naciones.

El Proceso del Emerger desde 1986

La gente siempre pregunta, "¿Cuándo podremos verle?" La respuesta es, simplemente, cuando Le invitemos a presentarse al mundo. El proceso del emerger es un proceso gradual debido al respeto total de Maitreya por nuestro libre albedrío. Mientras cambiamos hacia un mayor sentido de unidad, de interés para todos, el clima para el completo emerger de Maitreya progresa diariamente.

Maitreya ha estado emergiendo constantemente desde Su aparición en el mundo en 1977. Desde 1982 hasta 1986, tenía la esperanza de que los medios de comunicación Le reconocieran y dieran a conocer a todos Su presencia en el mundo, y así permitirle declararse y comenzar Su misión abiertamente.

En enero de 1986, Maitreya contactó con representantes de los medios de comunicación al más alto nivel en Gran Bretaña, que acordaron hacer una declaración de que un hombre que afirma ser el Cristo estaba efectivamente viviendo en la comunidad asiática de Londres. Sin embargo, bajo la presión de altos funcionarios religiosos y del gobierno, esta declaración fue ocultada.

Durante los últimos dos a tres años, Maitreya se ha aparecido a, o han venido a verle en Londres, varios grupos de personas. Se aparece a las personas de tres maneras. La más común es en sueños, en una forma que puedan reconocerle. La segunda es presentarse a ellas en una visión, nuevamente en una forma que puedan reconocerle – los budistas Le verán como el Buda Maitreya; los judíos como el Mesías; los hindúes como Krishna; y así sucesivamente. La tercera manera es aparecer físicamente delante de ellas, de repente, de la nada. De una u otra de estas formas, Se ha dado a conocer a miles de personas en todo el mundo – a algunos jefes del gobierno, líderes religiosos, diplomáticos en todos los países, representantes de parlamentos, a cientos de periodistas, y a personas corrientes – en prisiones, hospitales y en sus casas – en todo el mundo.

El 11 de junio de 1988, apareció de repente ante 6.000 personas en una reunión de oración en Nairobi, Kenia. Le reconocieron inmediatamente como el Cristo. Habló durante algunos minutos en perfecto swahili y luego desapareció tan repentinamente como había aparecido. Esta historia, con fotografías de Él que se tomaron en ese momento, fue divulgada en diversos medios de comunicación alrededor del mundo.*

Él ha reconocido, cuando se le ha preguntado, que "Maitreya" es uno de Sus nombres, pero prefiere ser conocido simplemente como el Instructor.

Maitreya está trabajando ahora con personas de todas partes del mundo, independientemente de su credo, nacionalidad y raza, en todos los niveles de la existencia. Ha curado milagrosamente a enfermos de SIDA, y ha llevado a personas en "naves de luz" para ver acontecimientos del mundo antes de que ocurran; está creando cruces de luz en ventanas en diferentes partes del mundo, que son vistas por miles de personas. De estas maneras será gradualmente conocido, y las personas se darán cuenta de la relación entre Su presencia y las recientes tendencias positivas en los asuntos mundiales.

Nueva Forma de Comunicación de Maitreya

Desde abril de 1988, por medio de uno de Sus íntimos colaboradores, Maitreya ha dado enseñanzas y predicciones de acontecimientos mundiales, que están ocurriendo una a una. Él expresó el deseo de que esta información se diera a conocer lo más ampliamente posible. Desde junio de 1988, ha sido publicada mensualmente en la revista Share International, y mucha de ella fue pasada a los medios de comunicación en una serie de comunicados de prensa.

Una gran cantidad de información – política, social y espiritual – ha sido recibida de Maitreya de esta manera. Constantemente, en Su enseñanza espiritual, Maitreya recalca la importancia del respeto a uno mismo, la conciencia despierta y el desapego. "El respeto a uno mismo es la semilla de la conciencia despierta", dice. "Sin desapego no hay salvación". Sus predicciones de acontecimientos mundiales se basan en la Ley de Causa y Efecto o Karma: "Los desastres naturales están ligados a las acciones de los hombres". "Comprender que vivimos en un mundo de causa y efecto crea conciencia despierta del Ser. A pesar de que algunos desastres son inevitables, la nueva energía de equilibrio traerá paz".

[Esta introducción es de una conferencia, transcrita y editada, dada por Benjamin Creme en Tokio, Japón, en abril de 1990.]

Apariciones Físicas

Desde finales de 1991, Maitreya ha estado realizando una serie de apariciones como la de Nairobi, Kenya. En todo el mundo, Él ha estado apareciéndose milagrosamente en reuniones de fundamentalistas de aproximadamente 500 a 900 personas. Típicamente Él habla al grupo en su propio idioma, da una idea general de Sus planes y preocupaciones, y solicita su ayuda y cooperación, y entonces desaparece. En algunos casos, se han tomado fotos de Maitreya. En cada caso, la gran mayoría de los asistentes creen que han visto al Cristo (o para los hindúes, Krishna, y para los musulmanes, el Imán Mahdi). A partir de marzo de 1996, Maitreya ha aparecido en Afganistán, Argentina, Australia, Austria, Bélgica, Bulgaria, Canadá, China, Chipre, la República Checa, Dinamarca, Inglaterra, Finlandia, Francia, Georgia, Alemania, Grecia, Holanda, Iraq, Irlanda , Italia, Jamaica, Japón, Kazajstán, Kenia, Madagascar, México, Mongolia, Marruecos, Nueva Zelanda, Noruega, Pakistán, Filipinas, Polonia, Portugal, Rumania, Rusia, Escocia, Serbia, Sicilia, Eslovaquia, Eslovenia, Sudáfrica, Corea del Sur, España, Suecia, Suiza, Tanzania, Tailandia, Trinidad, Turquía, Uganda, Estados Unidos, Uzbekistán, Venezuela, y País de Gales.

Muchas de las apariciones de Maitreya se han visto acompañadas por acontecimientos misteriosos y milagrosos. En Tlacote, no lejos de la Ciudad de México (donde Maitreya se apareció en septiembre de 1991 y enero de 1992), un manantial de agua salió a la superficie con sorprendentes propiedades curativas. Manifestaciones similares se han descubierto cerca de Düsseldorf, Alemania; en Bucarest, Rumania; Nueva Delhi, India; y Suiza. Un número cada vez mayor de personas visitan estos lugares. Otras fuentes curativas serán descubiertas en su momento, cerca de las ciudades donde Maitreya ha aparecido.

De esta manera, cada vez más personas reciben pruebas de Su presencia y se espera que, a su debido tiempo, demandarán una respuesta de los medios de comunicación.

El Día de la Declaración

Maitreya espera que este acercamiento conduzca al Día de la Declaración, cuando no dejará dudas de que Él es el Instructor del Mundo. Maitreya 'adumbrará' mentalmente a toda la humanidad simultáneamente. Cada uno de nosotros, no sólo aquellos que vean la televisión o escuchen la radio, oirá Sus palabras interiormente, telepáticamente, en su propio idioma. Al mismo tiempo, sucederán cientos de miles de curaciones milagrosas en todo el mundo. Así, todos sabrán que el Instructor del Mundo está ahora entre nosotros. La misión mundial de Maitreya habrá comenzado abiertamente.

* Estas y otras imágenes, publicadas en el Tomo II de la Misión de Maitreya, ilustran la verdad de una declaración anterior de Maitreya mismo. En noviembre de 1977, en uno de Sus mensajes, indicó que su presencia estaría acompaña de señales: "Aquellos que buscan señales las encontrarán..."

Capítulo I. Maitreya y el proceso del emerger

Los Medios de Comunicación y el Emerger

Maitreya, el Cristo, ha estado en Londres desde julio de 1977. Vive como un hombre normal, preocupado por los problemas de nuestro tiempo – políticos, económicos y sociales. Desde marzo de 1978, ha estado emergiendo como un portavoz de la comunidad indo–paquistaní de esa ciudad. No es un líder religioso, sino un educador en el sentido más amplio, que indica la forma de salir de la actual crisis mundial.

Viene como guía de ese grupo de hombres iluminados conocido como la Jerarquía Espiritual de Maestros. La existencia de tal grupo fue hecha pública por primera vez en los escritos de H.P. Blavatsky, y más tarde en los de Alice A. Bailey, cuyo libro *La Reaparición del Cristo* describe los acontecimientos que ahora se están desarrollando.

En cada era, grandes instructores han surgido de la Jerarquía Espiritual para guiar a la humanidad a través de su siguiente paso evolutivo. Nosotros Los conocemos históricamente como (entre otros) Sankaracharya, Krishna, el Buda, el Cristo y, después, Mahoma.

Todas las grandes religiones postulan la idea de una revelación posterior que será dada por un futuro Instructor. Los cristianos esperan el retorno del Cristo, los budistas esperan la llegada de otro Buda (el Señor Maitreya), mientras que los musulmanes esperan la aparición del Imán Mahdi, los hindúes una reencarnación de Krishna y los judíos el Mesías. Los estudiantes de la tradición esotérica saben que todos estos nombres tan diferentes se refieren al único y mismo individuo, el Instructor del Mundo, el guía de la Jerarquía Espiritual de Maestros, y esperan Su inminente retorno ahora.

Según la enseñanza esotérica, el Cristo se manifestó hace 2.000 años en Palestina, mediante el, adumbramiento de Su discípulo Jesús, ahora el Maestro Jesús. Esta vez Maitreya (el nombre personal del Cristo) viene Él mismo, como Instructor del Mundo para la Era de Acuario. Desde un punto de vista astronómico, nos encontramos ahora en la fase de transición entre la Era de Piscis y la de Acuario. Para guiarnos con seguridad a través de este difícil período, Maitreya ha dado el extraordinario paso de entrar en el mundo moderno.

En julio de 1977, salió de Su centro, un valle en los Himalayas, cuando menos se esperaba. Como Él predijo, ha venido "como un ladrón en la noche" para asumir Su papel como Instructor del Mundo, para ayudarnos a transformar nuestro mundo. Maitreya se estableció en el East End de Londres, en una amplia y pobre comunidad de inmigrantes indo–paquistaníes.

La Jerarquía había esperado que Maitreya, emergiendo como un líder de la comunidad, llegaría a ser conocido primero nacionalmente, y luego internacionalmente. Los medios de comunicación británicos, sin embargo, muestran poco interés en las actividades de las comunidades minoritarias. El resultado fue que el conocimiento público de las actividades de Maitreya quedó limitado a la comunidad inmigrante.

A causa de esta situación, como parte de un plan de contingencia, yo revelé públicamente el paradero del Cristo en una concurrida conferencia de prensa en Los Angeles, EE.UU., el 14 de mayo de 1982. Esta conferencia tenía por objeto no sólo centrar la atención en Londres, sino también estimular a la prensa a la acción. Era su responsabilidad, como representantes del público, buscar al Cristo e invitarle a hablar al mundo. Se esperaba que los medios de comunicación respondieran a mi información a un nivel que Le permitiría presentarse a ellos.

Esta esperanza, sin embargo, no se cumplió. Aunque los medios de comunicación sí mostraron un interés en la historia de la reaparición, no fueron tan lejos como para involucrarse realmente en la búsqueda de Maitreya. La falta de interés mostrado por los medios de comunicación británicos después de la conferencia de prensa se explica en parte por la crisis de las Malvinas, que en ese momento demandaba la atención casi exclusiva del público británico. Sólo a finales de junio de 1982, unos pocos periodistas, que trabajan de forma independiente, hicieron algún esfuerzo para encontrar a Maitreya.

La búsqueda no resultó fácil. La comunidad en la que Maitreya estaba viviendo no recibía con agrado las preguntas de los americanos y europeos curiosos. Para los musulmanes fundamentalistas, la idea de la venida del Mahdi de esta forma era tanto una herejía como la historia de la reaparición lo es para los cristianos fundamentalistas.

Durante tres años, mis colegas y yo tratamos de motivar a los medios de comunicación para tomar esta información lo bastante en serio como para llegar a involucrarse, permitiendo así a Maitreya emerger en la vida pública sin infringir nuestro libre albedrío – una ley fundamental que rige Su aparición. Una invitación a Él de las cadenas de medios de comunicación del mundo, en representación de la humanidad, para presentarse y demostrar Su verdadero estatus no sólo era necesario, sino una señal de que la humanidad estaba preparada para Su orientación y guía.

Entretanto, fui informado de que Maitreya pensaba hacer Su presencia bastante más evidente. Así lo hizo a una periodista sudamericana que coordinaba Su búsqueda. Cenando con otra periodista una tarde en la comunidad hindú, y estando sentada con ella de espaldas a la ventana del restaurante, de pronto sintió que alguien la estaba observando. Girándose, vio que la estaba mirando una alta figura asiática, vestida de blanco de pies a cabeza. Sabía que era Maitreya, no sólo por Su autoridad, dignidad, sonrisa amorosa, y las ondas de energía que la inundaban, sino también porque Lo reconoció. Ella había visto Su cara anteriormente – superpuesta sobre mi cara e irradiando una luz brillante – durante Su adumbramiento de mí mientras transmitía Su mensaje en una de mis conferencias en enero de 1982. (Este es un fenómeno a menudo visto en estas conferencias.) Su impulso fue correr detrás de Él cuando se alejaba de la ventana, pero estaba demasiado conmovida por el acontecimiento para pensar con claridad – y sin duda Él no querría que le siguieran. El periódico The Sunday Times del 2 de diciembre de 1984 publicó un artículo sobre esta historia ilustrándolo con un dibujo realizado, bajo su dirección, por un amigo artista.

Al fin, en el verano de 1985, principalmente por medio de los esfuerzos persistentes de esta periodista independiente, un grupo internacionalmente representativo de 22 periodistas de América, Europa y Japón se reunieron en un punto de encuentro – el mismo restaurante – en Brick Lane, East London, a las 8 de la tarde del 31 de julio de 1985. Se reunieron con la esperanza de ser contactados por un enviado de Maitreya, o incluso por Maitreya Mismo. La fecha de la reunión fue elegida por los periodistas basándose en consideraciones puramente prácticas: la disponibilidad en el lugar de la reunión de un propietario de una cadena americana largamente esperado asignado por la NBC, y de varios periodistas británicos que regresaban, o estaban a punto de irse, de vacaciones.

A pesar de la falta de participación de los medios de comunicación desde 1982, el paso del tiempo permitió a Maitreya tomar medidas para Su descubrimiento. La ecuación – Ley del libre albedrío en relación a la energía consumida – fue gradualmente completada por el paso del tiempo y la presencia de los representantes de los medios de comunicación. Durante varios meses en 1984, la periodista independiente anteriormente mencionada organizó este tipo de reuniones con representantes de los medios de comunicación. De esta manera, el gasto de energía necesario en la búsqueda fue gradualmente cubierto. Esta amplia reunión de miembros influyentes y representativos de los medios de comunicación dio lugar a elevadas esperanzas de que se podría hacer un contacto. El contacto fue planeado, pero el acontecimiento tuvo que ser aplazado. La siguiente explicación fue dada por mi Maestro:

La llegada de un Ser de la talla del Cristo es un acontecimiento de importancia planetaria e incluso cósmica y se rige por ciertas leyes. Inevitablemente, también suscita la oposición de las fuerzas materialistas, visibles e invisibles, planetarias y cósmicas, que pueden llegar a perder el poder que ha mantenido a la humanidad en la esclavitud por tiempo inmemorial. El 31 de julio, comenzando alrededor de las 12 del mediodía, estas fuerzas lanzaron una iniciativa que atrajo la total atención de Maitreya y Su Hermandad de Luz para contenerlas. Esta contención no se logró hasta las 3 a.m. aproximadamente. La recomendación unánime de los Maestros fue posponer el contacto. Esta decisión fue tomada finalmente a las 21 horas. Se decidió que la recepción por medio de los canales informativos de los medios de comunicación no sería lo mejor, que provocaría más incredulidad, oposición y miedo del que era deseable.

En relación con el advenimiento de Maitreya, todas las influencias y energías tienen que ser favorables al máximo, y según mi Maestro el momento no era el adecuado. Incluso el hecho de que el 31 de julio fuese luna llena (lo que podríamos pensar como favorable) era, en el acontecimiento, contraproducente.

Por supuesto, todos los que habíamos trabajado duramente para llevar a cabo esta reunión de periodistas estábamos desilusionados. Desde el punto de vista del Cristo, sin embargo, la tarde fue un gran éxito. Por primera vez, un grupo verdaderamente representativo de los medios de comunicación del mundo, de Oriente y Occidente, se pusieron en disposición de ser contactados. Esto representaba una invitación simbólica de la humanidad para presentarse, y una enorme libertad de acción a Maitreya para actuar directamente por Sí mismo. A largo plazo, los medios de comunicación tienen todavía que dar a conocer a Maitreya al mundo, pero la labor de conseguir que se involucren ya se había hecho.

Esta acción simbólica Le permitió hacer su propio acercamiento a los medios de comunicación sin infringir nuestro libre albedrío. Tuvo que esperar hasta que todas las señales e influencias fueran las más favorables para la comunicación de Su presencia y Su mensaje. Este período favorable comenzó alrededor del 8 de diciembre de 1985. Maitreya aprovechó la oportunidad e hizo Su acercamiento a los principales medios de comunicación en Inglaterra, y por medio de ellos, en el mundo. Tal como yo lo entendido, los medios de comunicación contactados tuvieron poca dificultad en verle como alguien excepcional, probablemente un gran instructor santo de Oriente, pero encontraron una dificultad inicial en verle como el Cristo, y mostraron una comprensible reticencia a promocionarlo como tal. Esto fue resuelto, al menos en un cierto grado, y se desarrolló un, modus operandi mediante el cual sería presentado al mundo sin tener realmente que afirmar que era el Cristo.

Ellos (los medios de comunicación) acordaron publicar una declaración en el sentido de que un hombre que afirma ser el Cristo vive en Londres; que es un miembro de la comunidad pakistaní pero que se presenta a Sí mismo como un Instructor Mundial para todos los grupos, religiosos y de otro tipo; que desea una oportunidad de reunirse con miembros de la prensa y los medios de comunicación de todos los países y pueblos, para demostrar sus credenciales; que si era invitado a hacerlo aceptaría la oportunidad de dirigirse a toda la humanidad por medio de los canales de televisión conectados, de forma que convencerá al mundo de su verdadero estatus. Este anuncio conducirá, a través de una conferencia de prensa internacional, al Día de la Declaración.

No entiendo cómo los directores de TV llegarían a decidir televisar a Maitreya en el Día de la Declaración. ¿No tendrían que haber recibido primero una profunda experiencia? (Marzo '86)

Sí. Ellos tendrían que estar muy seguros de que Maitreya era verdaderamente el Instructor del Mundo, Cristo o el Mesías, antes de invitarle a dirigirse al mundo. Esto requeriría primero alguna profunda experiencia de Su naturaleza. Podemos suponer que Maitreya es capaz de proporcionar una experiencia semejante.

Si estas personas de los medios de comunicación anuncian que Maitreya afirma solamente ser el Cristo, ¿no pensarán los otros medios que Él es otro de los falsos Cristos? (Abril '86)

Algunos pueden ser muy escépticos, pero el hecho de que el anuncio vendrá de altas fuentes de tales medios de comunicación dará mayor peso a la probable autenticidad de la afirmación.

Si Maitreya o cualquiera de los otros Maestros no fueron capaces de establecer contacto en Brick Lane en julio, ¿no podían haber enviado algún mensajero para dar una explicación o concertar otro día? (Octubre '85)

El plan era que el propio Maitreya haría el contacto, de aquí el peso de la iniciativa en contra de que tuviera lugar. No fue simplemente impedido un contacto físico, sino una interferencia en la recepción que un contacto así habría tenido en el mundo. Se estimó que una mayor oposición, miedo y distorsión, habría ocurrido de lo que era aceptable para Maitreya y Sus planes para emerger. Cualquier tipo de contacto habría sido objeto de la misma distorsión. Lo que resulta realmente importante es que Maitreya ahora es capaz de actuar directamente de una manera antes imposible.

Usted ha dicho que Maitreya no podría entrar en la BBC, por ejemplo, y anunciarse a Sí mismo, porque Le dirían "váyase a ver a un médico". Ahora usted dice que puede hacerlo, porque después de la reunión de los periodistas (el 31 de julio) no estaría infringiendo nuestro libre albedrío. Pero ¿por qué cree usted que ahora la reacción sería diferente? (Octubre '85)

Yo no he dicho que ahora la reacción sería diferente, sino que Él está libre para hacer un acercamiento más directo. Además, no he dicho que se acercaría a la BBC, sino que esa es una de sus opciones. Ni que iría sencillamente al mostrador de recepción y se anunciaría a Sí mismo. Si tuviera que acercarse a la BBC, por ejemplo, sería al más alto nivel, donde las decisiones pueden tomarse en relación con Su anunciamiento general. Esto es ahora posible para Él por primera vez, debido a la acción de los medios de comunicación el 31 de julio.

Han habido muchos informes desde Irlanda de que la figura del Cristo apareció en televisión durante un reportaje sobre la estatua móvil de Ballinspittle. ¿Tiene usted alguna información sobre esto? (Octubre '85)

Es interesante destacar que esta imagen del Cristo apareció en la televisión irlandesa durante un reportaje sobre la estatua móvil de María en Ballinspittle en las noticias de las 9 de la tarde del 31 de julio. Fue a las 9 de esa tarde cuando el contacto previsto con los medios de comunicación fue abandonado, por las razones dadas anteriormente. La imagen vista era, de hecho, del Maestro Jesús (mucho más cercana a la forma mental del Cristo mantenida por todos los cristianos de lo que sería la figura de Maitreya).

Han transcurrido cinco meses desde que Maitreya hizo Su acercamiento a los medios de comunicación británicos, pero ellos aún no han anunciado Su presencia. ¿Por qué? (Junio '86)

Ha sido difícil para los medios de comunicación realizar la completa conexión entre Él y su concepto del Cristo. Esto ha demostrado ser una fuente continua de preocupación para ellos, y ha retrasado su puesta en acción. (No tendrían ningún interés en dar publicidad a otro, gurú oriental más. Ha de ser el Cristo.) Maitreya tuvo nuevas reuniones con ellos en un intento de animarles a seguir adelante con su anunciamiento según lo previsto. Ellos están, aparentemente, divididos entre los que están dispuestos a hacer una declaración ahora y los que aconsejan cautela (quizás con la esperanza de que de alguna manera, mientras pasa el tiempo, ellos sabrán mejor lo que hacer).

Hay otro factor que ha surgido recientemente. Los medios de comunicación en Londres han informado a las autoridades y a varios representantes de corporaciones religiosas y gubernamentales, con el fin de averiguar sus reacciones ante el anuncio de la presencia de Maitreya. En cada caso la respuesta ha sido más bien negativa, y en algunos casos, hostil. De esta manera, se ha creado una atmósfera no muy propicia para una acción audaz y una política de esperar y ver ha aparecido. Cuánto tiempo puede esto mantenerse es difícil de saber. Depende muchísimo de cuál facción dentro de los medios de comunicación involucrados se sale con la suya. Maitreya no ha fijado un plazo, pero ha inculcado fuertemente a los individuos contactados la necesidad de una acción inmediata para abordar los múltiples y tremendos problemas que requieren Su atención y ayuda.

Los medios de comunicación, por su parte, Le han asegurado su disposición a cooperar. Los Maestros no tienen ninguna duda sobre el éxito del resultado final de esta delicada situación, y aconsejan una positiva y esperanzada actitud mientras esperamos acontecimientos.

Los principales medios de comunicación contactados por Maitreya parecen no tener prisa para dar a conocer Su presencia. Si continúan en silencio ¿tiene Maitreya otros planes? (Julio/Agosto '86)

Sí. Como los lectores sabrán por la publicación de junio de Share International, los medios de comunicación contactados están divididos sobre si hacer ahora un anuncio sobre Maitreya (a pesar de sus garantías de cooperación). Sin duda, es una decisión difícil para ellos, ya que el más mesurado anuncio desde una fuente y nivel de tan alta influencia equivale a una declaración de que el Cristo está realmente en Londres.

A menos de que estén absolutamente seguros de que Maitreya es el Cristo en su significado del término (y sin una formación esotérica esto es difícil), su poca disposición a hablar públicamente es comprensible. Sin embargo, si tardan demasiado tiempo en actuar, Maitreya tratará de nuevo de, perseguirlos (darles un empujón). Si esto también fallara, pondrá en vigor los planes para un discreto emerger por Sí mismo, y así atraer la atención de los medios de comunicación normales. Él ha estado poco dispuesto a hacer esto, ya que significa cierto grado de violación del libre albedrío de la humanidad.

¿En qué manera estaría limitada la actividad de Maitreya si fuera a presentarse sin ser invitado por los medios de comunicación mundiales?

Maitreya aparece ahora, en realidad antes de lo previsto, como el Agente de Intervención Divina, para mitigar los efectos de los terremotos que han estado aumentado en intensidad y frecuencia por todo el mundo durante los últimos 150 años. Si apareciera ante el mundo, sin ser invitado, infringiría en cierto grado el libre albedrío humano. Él no está dispuesto a hacer esto (y lo haría sólo como último recurso), porque quedaría limitada, hasta cierto punto, Su capacidad para actuar como el Agente de Intervención Divina. El resultado sería un mayor sufrimiento humano por las actividades sísmicas.

La energía que Él puede emplear para nuestro beneficio está relacionada con la llamada invocativa que le hacemos. Cuanto más, más. (Cuanta más energía es utiliza por la humanidad para invocarle, más energía puede utilizar Él para nuestro beneficio.)

Usted ha dicho en el pasado que la humanidad está en una "ola ascendente de respuesta al flujo de energías" ¿Se mantiene esto todavía? (Noviembre '82)

Sí, esto aún se mantiene. Estamos en esa ola ascendente de respuesta que utilizó el Cristo en Su emerger en 1977. Se aprovechó el hecho de que la respuesta de la humanidad al flujo espiritual de la Jerarquía es, como lo es para todo, cíclico por naturaleza, y afortunadamente todavía estamos dentro de ese flujo ascendente. Yo creo que esto durará varios años más. ([actualizado en 1986] Aunque el tiempo es obviamente corto, aún tenemos unos cuantos años más disponibles.)

Retraso del Emerger de Maitreya

Puesto que Maitreya ha estado trabajando actualmente en Londres durante cinco años, ¿no lo han reconocido muchas personas? (Julio '82)

Él mismo ha dicho que mientras hay algunos en el grupo en el que vive que conocen su verdadera condición, está ocultando su identidad por el momento, de modo que pueda dirigirse a nosotros simplemente como un hombre normal. Él lo expresó inequívocamente en el mensaje Nº 61: "Nada de lo que haga parecerá extraordinario, nada de lo que diga será raro o extraño, sencillo en realidad será Mi acercamiento".

Así que Él no hará milagros, excepto en el Día de la Declaración, cuando, obviamente, la capacidad de hablar telepáticamente a toda la humanidad al mismo tiempo y realizar cientos de miles de curaciones instantáneas por todo el mundo, es un milagro importante. Pero está claro que Él no hará nada que Lo haga parecer especial, y eso es lo que hace muy difícil localizarle.

¿El retraso en el Día de la Declaración significa que la humanidad no está realmente preparada para las transformaciones que recomienda Maitreya? (Julio '82)

La humanidad ha invocado a Maitreya en el mundo en un sentido amplio; Su decisión de reaparecer fue tomada entre 1936 y 1945. Pero todavía habrá de ser invocado en la escena principal del mundo. El hecho de que los medios de comunicación, que representan al pueblo, no estén respondiendo realmente a la hipótesis de Su presencia significa que la humanidad tampoco lo está. Esto está determinando Su emerger. Él debe ver la falta de respuesta de los medios de comunicación como una señal de la falta de interés de la humanidad hacia Su presencia.

Si esto significa que la humanidad no está preparada para las transformaciones cuando Él se presente ante ellos es otro asunto. Mi opinión es que la humanidad está preparada. Evidentemente, en mi trabajo tengo tendencia a crear la imagen más esperanzadora que pudiera estimular la respuesta humana, esperanza y expectación. Muy bien puede ser que Sus problemas sean más grandes de lo que imagino, pero no creo que ninguna retraso en Su declaración al mundo afectará a la rapidez de nuestra respuesta. Maitreya mismo ha dicho: "Si fallase todo intento, emergeré en un mundo dispuesto, pero no preparado, un mundo que no sabe aún que Yo estoy entre vosotros. Sería mucho mejor para Mí presentarme ante vosotros como el Esperado".

Así que Maitreya sabe que la humanidad está preparada.

¿No podría su Maestro, en sus bellos e inspiradores artículos, darnos alguna información específica sobre del Emerger? (Mayo '83)

La petición ha sido transmitida – pero creo que el Maestro, y el Mismo Maitreya, no saben exactamente cuándo será Él descubierto y por tanto cuando podrá tener lugar la Declaración. En lo que a Ellos concierne, el Día de la Declaración ocurrirá cuando la humanidad, a través de sus representantes los medios de comunicación, Le invite a hablar al género humano.

(Esta pregunta hace referencia a los artículos escritos por mi Maestro para Share International y publicados en el libro Un Maestro Habla.)

En 1982, cerca de la primera fecha para el Día de la Declaración, estalló la guerra de las Malvinas. Ahora que el emerger de Maitreya es de nuevo inminente, los asuntos con Libia, América y el terrorismo se intensifican. ¿Existe alguna conexión?

Sí. Quienes más tienen que perder con el emerger de Maitreya, es decir, las fuerzas de la materialidad, las fuerzas del mal, hacen todo lo que está en su poder para impedirlo. La guerra, el terrorismo, la tensión, el miedo, el caos son sus armas principales. Muchos líderes mundiales les hacen el juego, no porque sean malvados, sino porque son a menudo ignorantes, dogmáticos y chauvinistas, carentes de una visión del mundo.

Acontecimientos con Respecto al Día de la Declaración

¿Qué sucederá exactamente en el Día de la Declaración? (Mayo '86)

El Cristo aparecerá en los canales de televisión del mundo, interconectados por satélite. Todos los que tengan acceso a la televisión Lo verán, pero Él no hablará. Establecerá una relación telepática con toda la humanidad simultáneamente. Esta relación tendrá lugar a tres niveles: (1) mentalmente, como un adumbramiento de las mentes de todas las personas, de manera que ellos oirán Sus palabras interiormente en su propio idioma; (2) como una efusión del Principio Crístico (la energía que Él encarna) a través de los corazones de toda la humanidad, invocando su respuesta intuitiva y sincera; y (3) como una curación masiva – muchos cientos de miles de curaciones, milagrosas espontáneas tendrán lugar simultáneamente.

Estas son las formas, en el Día de la Declaración, en las que Maitreya convencerá al mundo de Su verdadero estatus como el Cristo, Buda Maitreya, Imán Mahdi, Krishna, Mesías, Miroku Bosatsu, Mensajero y Representante de Dios, Instructor del Mundo y Avatar para la Era de Acuario. Esto será una repetición, sólo que ahora a escala mundial, de los verdaderos acontecimientos de Pentecostés de hace 2.000 años. Esto también anunciará nuestra futura capacidad para comunicar telepáticamente a voluntad, a cualquier distancia. En celebración de este acontecimiento, Pentecostés llegará a ser uno de los festivales más importantes de la Nueva Religión Mundial que, con el tiempo, Maitreya inaugurará.

¿Qué criterio se utilizará para determinar quién será sanado o curado en el Día de la Declaración?

Karma y fe. Aquellos cuyo karma lo permita, y cuya fe les abra a la energía del Principio Crístico mientras fluye de Maitreya, serán curados.

Usted ha dicho que los satélites de comunicaciones están ahí para que el Cristo pueda hablar al mundo. ¿Podría detallar esto, por favor? ¿Están algunas de las personas que encabezan el proceso de puesta en órbita conscientes de ello? (Julio/Agosto '84)

Hasta ahora, cada Instructor que ha venido al mundo ha dado Su enseñanza a un grupo reducido. Después se ha tardado siglos en difundirse la Enseñanza – y en el proceso, distorsiones y decoloraciones de la enseñanza original se han introducido poco a poco. Por primera vez en nuestra historia, el Instructor puede hablar directamente a todos a través de las redes de comunicación interconectadas – y puede ser visto por todos simultáneamente en el Día de la Declaración. La tecnología de las comunicaciones fue inspirada por la Jerarquía para este propósito. (No es realmente para que podamos ver todos la Copa Mundial de Fútbol.) Las personas que participaron en este proceso, "a la cabeza" o no, no son conscientes de ello.

¿Cómo es posible para el Cristo conectarse con nosotros telepáticamente (en el Día de la Declaración), cuando la mayoría de nosotros estamos inquietos y tenemos rotos los micrófonos mentales? ¿No es esta afección crónica curada solamente mediante la meditación regular y profunda? (Octubre '84)

Sí, estoy de acuerdo en que la mayoría de nosotros no tenemos el foco mental interno o aura magnética que hace posible la telepatía consciente, pero el Día de la Declaración debe verse como un acontecimiento y situación únicos para el Cristo. Para Él no hay separación. Es omnisciente y omnipresente. Él adumbrará las mentes de la humanidad de tal modo que nos hará abrirnos – temporalmente – a Su mensaje.

En el Día de la Declaración, la tercera parte del mundo que estará durmiendo, ¿escuchará al Cristo y experimentará el adumbramiento? (Oct. 82)

¡No, a menos que se despierten! Todo el mundo sabrá con antelación la fecha y la hora fijadas para la retransmisión del Cristo, así que, si tienen sentido común, cualquiera que sea la hora del día o de la noche en cualquier país determinado, ¡estarían bien avisados para perder algo de sueño para ese acontecimiento único!

Usted dice que en el Día de la Declaración Le oiremos (al Cristo) telepáticamente mientras vemos su rostro en la televisión. ¿Hablará por un micrófono para aquellos con radio solamente? (Marzo '86)

No. Será la misma relación telepática que establecerá con toda la humanidad. Las radios avisarán a las personas del momento del acontecimiento.

¿Qué cree usted que sucedería si las personas del mundo no reconocieran al Cristo, o si Lo rechazaran? (Julio/Agosto '84)

Si eso llegara a suceder, entonces creo que nos destruiríamos – y a toda vida en este planeta. Sin embargo, el mismo Cristo ha dicho: "no tengáis miedo de que la humanidad Me vaya a rechazar. Mis planes están seguros en vuestras manos". (Mensaje Nº 65)

¿No implica un adumbramiento telepático a nivel mundial que una gran parte de la humanidad tiene que aceptar a la fuerza la existencia de "milagros"? ¿No sería este cambio de concepto del mundo demasiado rápido? ¿Podemos inferir de esto que el Día de la Declaración no tendrá lugar? (Marzo '84)

Durante casi nueve años he declarado tan enérgicamente como sé que ese Día de la Declaración tendrá lugar, y a través de una relación telepática establecida entre Maitreya y la humanidad. No me he enterado de nada que me haga cambiar esta información que me ha dado mi Maestro, un Maestro de Sabiduría y discípulo íntimo de Maitreya. Esta cuestión implica una comprensión de la necesidad de preparación de la humanidad antes del Día–D. Esa preparación – la creación del clima de expectativa y una toma de conciencia del modo de aparición – es precisamente en la que yo y todos los que trabajan conmigo hemos estado ocupados en todos estos años. No veo realmente que el adumbramiento de la humanidad en el Día–D obligue "a una gran parte de la humanidad a aceptar los milagros". La gente puede aceptarlo o rechazarlo, así como actualmente muchos rechazan la evidencia de sus ojos y experiencia mental, por ejemplo, en cuestiones de supervivencia después de la muerte, o percepción extrasensorial, etc. Lo realmente importante es si la gente acepta y actúa de acuerdo a la llamada de Maitreya hecha de esta forma extraordinaria. Creo que la mayoría lo hará.

¿No podría usted estar ligeramente equivocado y que el verdadero Día de la Declaración se produjo con el Live Aid Concert, que mostraba la unidad del ser humano? (Septiembre '85)

El Live Aid Concert fue una excelente manifestación de la aspiración para la unidad y solidaridad del ser humano compartida por millones en todo el planeta. Pero no debemos exagerar su importancia o efecto. No se puede decir que haya estimulado al mundo en la aceptación del principio del compartir. El objetivo de Maitreya en el Día de la Declaración será precisamente hacer eso.

¿Cómo están afectando esfuerzos tales como Band–Aid, Live–Aid, USA for Africa, a la reaparición del Cristo? (Mayo '86)

Nada en absoluto. Su reaparición tiene lugar de acuerdo a sus propias leyes. Estas manifestaciones de ayuda, sin embargo, son un resultado directo de Su energía que fluye diariamente hacia el mundo, y son una señal de que Su enseñanza (sobre la necesidad del compartir) está encontrando respuesta.

¿Por qué no hubo comunicación telepática con toda la humanidad en la anterior venida de Cristo? (Octubre '84)

El mundo estaba entonces demasiado fragmentado para que tuviera lugar un contacto telepático en una forma tal que evitase infringir el libre albedrío humano – por una preparación anticipada. Cada Instructor que ha venido hasta ahora, incluyendo al Cristo en Palestina, ha dado Su enseñanza a un grupo reducido en un país, y ha tardado siglos en difundirse la Enseñanza, conduciendo a su distorsión. Debido a las comunicaciones mundiales, hoy es la primera vez que el Instructor puede hablar simultánea y directamente a todo el mundo.

La Vida de Maitreya en la Comunidad Asiática

¿Por qué eligió Maitreya emerger en Londres? (Julio '82)

Muchas personas me han preguntado "por qué Londres", con cierto grado de envidia; es decir, ¿por qué no en Nueva York por ejemplo? Sí, efectivamente; como dije en Los Angeles, si yo hubiera sido Maitreya habría escogido Laguna Beach o la Costa Azul. Es una cuestión del trabajo de los discípulos para prepararle el camino. Él vendría a ese lugar en el que los discípulos, en la línea de Su trabajo, principalmente en el campo económico/político, han tenido más éxito. Los discípulos que trabajan en el Reino Unido han sido un poco más afortunados en su trabajo que en otras partes del mundo. Esta es Su razón principal para venir a Londres. Por supuesto, la razón más evidente es que, viniendo de los Himalayas como viene, y descendiendo como lo hizo a Pakistán, puede venir como un visitante a este país durante unos pocos años y perderse en la comunidad indo–pakistaní, lo que pudo hacer bastante bien, de hecho, más bien con demasiado éxito para nuestro gusto.

¿Fue de importancia astrológica que el Cristo eligiera venir a Londres? (Octubre '85)

No. Eso no tuvo ninguna importancia.

¿No habría sido más adecuado si hubiera aparecido en el mundo oriental, donde habría sido reconocido más fácilmente? (Octubre '85)

No creo que podamos estar seguros de que sería reconocido más fácilmente en oriente. Ni tampoco muchos países orientales tienen las instalaciones y la influencia de los medios de comunicación que necesita para ser aceptado. ¿Hay alguna red de medios de comunicación en el mundo que tenga la reputación – de opinión seria y veracidad – de la BBC, por ejemplo? Además de eso, hay otras razones (que he tratado en anteriores preguntas) para Su elección de Londres.

Después del Día de la Declaración, o incluso antes, ¿renunciará Maitreya inmediatamente a toda afiliación con la comunidad asiática británica? (Enero '82)

Después del Día de la Declaración, Él pertenecerá inmediatamente a toda la humanidad. Ninguna nación o pueblo podrá reivindicarlo como de ellos solos. Que continuará identificándose con las minorías perseguidas y empobrecidas no me cabe duda, pero me imagino que no mantendrá ninguna afiliación formal con la comunidad asiática de Londres.

¿Es posible que Maitreya ya no esté en Londres? (Agosto '82)

Maitreya está aún en Londres. No se ha marchado. Sin embargo, puede ser útil señalar que Sus reuniones públicas no se limitan a la zona de Brick Lane. Habla públicamente en diversas partes de Londres, pero siempre en zonas donde es más natural para Él estar – en comunidades asiáticas.

¿Ha aparecido Maitreya de alguna forma fuera del Reino Unido? Si es así, ¿cuándo y dónde? (Junio '86)

No. Hasta el momento, ha limitado Sus actividades públicas a la comunidad asiática en Gran Bretaña.

Estando en la India este febrero oímos un rumor de que Maitreya había regresado a Pakistán. ¿Puede usted comentar esto? (Sept. '83)

Me pregunto quién lanza estos rumores en sus viajes. ¿Algunos fundamentalistas ansiosos o quizás algún político reaccionario? ¿O incluso alguien de la vieja era con ropas de la nueva era, que no Le quiere cerca? ¿O simplemente un pesimista? Huelga decir que no hay nada de verdad en este rumor. Maitreya ha cogido un billete de ida al mundo moderno.

Si yo fuera a Londres ¿tendría la oportunidad de encontrar al hombre que se llama a sí mismo el Cristo? (Octubre '84)

No. Él no se llama a Sí mismo el Cristo o Maitreya, sino que está viviendo por el momento como un miembro cualquiera de la comunidad asiática usando un nombre musulmán común.

¿Cuáles son sus actividades diarias? ¿Asiste Maitreya alguna vez, por ejemplo, a las oraciones matinales en la mezquita local? (Julio/Agosto '83)

Él lo ha hecho ocasionalmente así para llegar a ser conocido y visto como uno más de la comunidad – un hombre común.

¿Se reúne y trata los asuntos y problemas de la comunidad con los líderes de la comunidad local? (Julio/Agosto '83)

Se ha reunido con personas de la comunidad y trata asuntos con ellas. Pero nada de esto tiene lugar sobre una base formal u 'oficialmente'. Participa en discusiones y reuniones, y expone Sus opiniones y sugerencias tal como cualquier persona podría hacer, simplemente como una cuestión de su opinión personal.

¿Alguna vez, por ejemplo, asesora a la comunidad sobre asuntos raciales? (Julio/Agosto '83)

Como miembro de esa comunidad, ¿cómo podría evitar discutir sobre asuntos raciales? Sin embargo, sería poco probable que hiciera de eso un foco independiente o sectario de Su trabajo. Él ayuda a todos los que piden Su ayuda. Es un guía sabio, amigo y consejero de todos los necesitados. Se pone a disposición de las personas. Les sirve. Ayuda en la forma en que ellos piden y conocen, y trabaja de forma que ellos desconocen bastante.

Hemos sabido que el Cristo está visitando Su comunidad. ¿Es ésta únicamente la comunidad asiática de Londres o incluye comunidades de la Nueva Era por todo el mundo? ¿Ha visitado Él personalmente las comunidades de los Estados Unidos? (Octubre '84)

Sus contactos han estado limitados a la comunidad asiática de Londres. Después del Día de la Declaración planea hacer un viaje alrededor del mundo visitando la mayoría de los países.

¿Está el Cristo necesariamente limitándose a contactos personales dentro de la comunidad asiática solamente, ya que Londres alberga tantas otras oportunidades para contactar, quizás influenciar, tanto individual como socialmente? (Julio/Agosto '83)

Hasta ahora, sí. Se esfuerza por emerger como un portavoz de la la comunidad asiática, identificándose con ellos y sus problemas, los cuales son sintomáticos de la humanidad desfavorecida en todas partes. Es por lo tanto reacio a extender la zona de Su actividad más allá del grupo del que es ahora una parte. De esta manera, puede emerger como "un hombre entre los hombres", uno del pueblo, emergiendo de entre ellos.

Si el Cristo está aquí ¿dónde puede un devoto ir a verle y estar con Él? (Enero '86)

Lo último que quiere el Cristo es un grupo de devotos alrededor de a Él. Aquellos que Le ven en esa clase de relación de gurú están, creo yo, equivocados. Él es un instructor, un educador, un ejecutivo, y viene para ayudar a la humanidad a corregir los errores de la sociedad en vez de tener personas sentadas devotamente a Sus pies de loto.

¿Alguna vez permite Maitreya que las personas Le visiten? (Abril '84)

Aparentemente, sí, pero sólo aquellos que tendrían una buena razón para hacerlo, es decir, Sus colaboradores e íntimos. Yo he conocido Su dirección y el nombre que utiliza desde hace mucho tiempo, pero no he sido autorizado a visitarlo. Parece que es mejor para mí, desde el punto de vista kármico, que continúe mi trabajo de preparación sin la absoluta confirmación y prueba definitiva que un encuentro físico traería. De esta manera, a pesar de las muchas experiencias subjetivas que me han convencido de Su presencia, sigo trabajando con un pequeño grado de fe.

Presumiblemente, Él no necesita dormir – seguramente, aquellos con quienes vive deben darse cuenta de que si bien Él es verdaderamente un hombre del pueblo, de ningún modo es ordinario. ¿Saben ellos que Él es el Cristo, o el Mahdi? ¿Han jurado guardar el secreto, por el momento? (Julio/Agosto '83)

Aquellos con quienes vive saben Quién es Él y han jurado guardar el secreto. Son discípulos íntimos.

¿Ingiere Maitreya alimentos? ¿Es vegetariano? Si es así, ¿cuál es Su dieta? ¿Consume alcohol? (Enero '86)

Maitreya no necesita comer, pero puede hacerlo si se requiere para fines sociales. En ese caso, comería solamente comida vegetariana en pequeñas cantidades. Nunca bebe alcohol.

¿Hace curaciones? ¿Se ha ganado una reputación como sanador? (Julio/Agosto '83)

Él realiza curaciones todo el tiempo, pero no es conocido como un sanador. Ninguna de las curaciones que lleva a cabo atraería hacia Él la atención. Es tan poco sensacionalista como sea posible. Las personas curadas ni siquiera se dan cuenta, necesariamente, que están recibiendo curación de Él. Visita al enfermo en el hospital. Mientras está allí, cura a otros en el hospital sin que nadie sea consciente de ello en absoluto.

¿Está Maitreya 'empleado' en alguna ocupación por la comunidad local? (Julio/Agosto '83)

No, No está empleado. Pero eso no significa que esté siempre ocioso. Nunca cesa en Su trabajo.

¿Lleva siempre Maitreya el pequeño gorro musulmán de ganchillo que la periodista describió? ¿Qué ropas viste? (Julio/Agosto '85)

No. Varía su sombrero y ropas para adaptarse a cada ocasión, algunas veces musulmán, otras occidental. Tengo entendido que frecuentemente lleva vestuario musulmán 'local'.

¿Tiene Maitreya otro nombre "estándar" por el cual es conocido por sus íntimos colaboradores, o anda por ahí exclusivamente con el nombre de "Señor Maitreya"? (Diciembre '85)

Él es conocido por los Maestros y altos iniciados de la Jerarquía como Maitreya. En la comunidad asiática de Londres, sin embargo, como he dicho antes, utiliza un nombre musulmán corriente.

¿Escogió Maitreya Su propio nombre? (Abril '84)

No. Le fue dado por Su Maestro hace mucho, mucho tiempo atrás, a mediados de los tiempos de la Atlántida, cuando tomó la segunda iniciación. Significa El Que es Feliz, El Que Trae Alegría o Gozo.

Usted ha dicho que Él ha tocado diversos instrumentos musicales en conciertos y reuniones asiáticos. ¿Qué instrumentos toca? (Julio/Agosto '85)

Él toca ocasionalmente en reuniones, pero no es un músico profesional. Toca la flauta, la tabla, la vina y otros diversos instrumentos.

¿Cómo llega el Cristo a los diferentes lugares en los que habla actualmente? ¿En transporte público o en automóvil? ¿Podría materializarse y desmaterializarse sin ser descubierto? (Febrero '83)

Podría, sin ninguna duda, materializarse y desmaterializarse a voluntad sin ser descubierto, pero tengo entendido que no emplea estos métodos mágicos. Él vive en gran medida como un hombre corriente, uno de nosotros. Mi información es que viaja a las reuniones ocasionalmente en automóvil, pero por lo general en transporte público.

Cuando Maitreya llegó a Londres, ¿pasó a través de la aduana? (Noviembre '83)

Sí, de la manera habitual. (No sé lo que respondió cuando Le preguntaron: "¿Tiene algo que declarar?")

¿Qué ocupación figuraba en su pasaporte? (Noviembre '83)

Instructor.

¿Llegó como un individuo o como parte de un grupo o familia? (Noviembre '83)

Como un individuo.

¿Son los discípulos íntimos con los que vive conocidos por aquellos que han estudiado las enseñanzas? (Febrero '83)

No.

¿Por qué está el Cristo en un cuerpo hindú? (Noviembre '85)

No está en un cuerpo hindú. Ha vivido en los Himalayas durante miles de años y no tiene realmente nacionalidad. El cuerpo con el cual aparece actualmente es autocreado –como una forma mental de Sí mismo– y no es específicamente hindú, aunque viva en la comunidad asiática de Londres, y viniera a través de Pakistán a Londres.

¿Alguna vez registra el Cristo Sus instrucciones por Su propia mano o por Su propia voz? (Octubre '84)

No. Sus "instrucciones" van dirigidas solamente a los más altos iniciados y el modo normal de contacto entre Ellos es la telepatía.

¿Tiene el grupo alrededor de Maitreya publicado algo en inglés? (Febrero '84)

No. Hasta ahora los únicos artículos presentados por aquellos que Le rodean han sido en dialectos hindúes. Ese grupo se compone de aquellos íntimos de Maitreya y también de aquellos que están sencillamente respondiendo a Sus ideas. ([Actualización de 1986] Actualmente han sido editados varios folletos en Inglés por pakistaníes que responden a Su enseñanza.)

¿Sería generalmente posible reconocer la voz de Cristo en la radio o TV, por ejemplo, simplemente por la semejanza entre esa voz y su (de Creme) voz grabada durante el adumbramiento mental en los Mensajes de Maitreya? (Febrero '83)

No. La voz en las cintas de los mensajes, cambiada sin embargo en el timbre y tono por la energía del adumbramiento, es mía. No hay ninguna razón para suponer que la voz de Maitreya es remotamente como esta.

¿Necesita Maitreya estar en aislamiento o meditación tranquila cuando envía Su bendición a través de usted? Si es así, ¿contribuyen sus íntimos colaboradores o discípulos para garantizar esto? (Septiembre '84)

No, absolutamente no. Él puede dividir su conciencia en miles de áreas de atención independientes y probablemente sólo una minúscula parte de Su conciencia se utiliza para adumbrarme.

¿Ha asistido usted a alguna de las conferencias de Maitreya? ¿Está autorizado para asistir a ellas? (Agosto '82)

Nunca he asistido a ninguna de Sus conferencias. Puesto que la mayor parte de la reunión es en bengalí o urdu, tampoco habría entendido mucho. Podría añadir que se me ha pedido no asistir, aunque conozca el lugar de antemano.

El Cristo menciona varias veces (en los Mensajes) que Su rostro está siendo ampliamente conocido entre Sus hermanos. ¿Es ese el grupo interno en Su Centro el que sabe quién es Él realmente? (Mayo '84)

No necesariamente. Creo que quiere decir que Él es cada vez más ampliamente conocido en diversas partes de la comunidad asiática porque visita sus diferentes reuniones comunitarias cada semana.

¿Corresponde el dibujo del Señor Maitreya de David Anrias, en su libro *A través de los Ojos de los Maestros*, con la forma física que el Instructor del Mundo ha adoptado en Su retorno? Si es así, ¿sería esto una ayuda para tratar de localizarle? (Julio/Agosto '83)

Para mí, el dibujo no guarda ningún parecido con al Señor Maitreya y por lo tanto no sería de ayuda en Su descubrimiento. No puede haber escapado a la atención de la gente que todos los dibujos son muy similares, considerando que los Maestros son tan particulares y distintos como lo somos nosotros.

¿Está Maitreya todavía dando charlas en la comunidad asiática regularmente? (Diciembre '85)

Sí, efectivamente. Lo normal es encontrarle – como un miembro cualquiera la comunidad – en una u otra de las reuniones de la comunidad que tienen lugar, por todo Londres, cada fin de semana. Durante el transcurso de la reunión – puede permanecer toda la tarde o sólo un corto período de tiempo – hablará sobre Sus preocupaciones, la necesidad de justicia, el compartir, la cooperación. Estas charlas pueden durar cinco, diez, veinte, treinta, algunas veces cuarenta y cinco minutos, pero de una manera totalmente informal, no como una "conferencia". Las reuniones, también, pueden ser de pocas o de varios cientos de personas, en salas o casas particulares.

Muy recientemente, un caballero asiático que ha asistido varias veces a mis conferencias de Londres, fue llevado por amigos a una reunión semejante en una gran vivienda en el este de Londres. La reunión se celebró en una habitación muy grande que no estaba completamente llena. Allí escucharon a un hombre que habló durante unos cinco minutos. "Él habló muy tranquila y sencillamente, en un perfecto inglés, nunca repitió una expresión u oración", dijo mi informante. "Y sus palabras parecían penetrar tu mente, todo tu cuerpo, de manera que tu las creías, sabías que estaba diciendo la verdad – no tenías que hacer preguntas. Habló justo de lo que usted habla en sus conferencias: la necesidad de cambiar nuestra dirección, nuestra manera de vivir, la necesidad de la cooperación, la justicia. Y los Maestros – habló de los Maestros y cómo Ellos traen iluminación a la humanidad. Dijo que pronto los líderes del mundo estarían diciendo lo que Él decía".

"Había un grupo a su alrededor que trataba de mantener a las personas lejos de él. Cuando les preguntamos quién era este hombre, de dónde venía, dónde vivía, no quisieron decirnos nada. Preguntamos cuándo podríamos escucharle de nuevo y dijeron: 'Miren en sus periódicos locales, será anunciado.' Conseguí acercarme a él y le pregunté si sabía algo sobre Maitreya. Él respondió: 'Pregúntese a usted mismo.' (BC: En otras palabras, utilice su intuición.) Entonces el grupo a su alrededor le obligó a salir y meterse en un automóvil. Él era extraordinario, como nosotros y sin embargo como nadie que yo haya visto antes. Tenía una extraordinaria calma alrededor de él. Todos estábamos de acuerdo en que era de lo más notable; tuvo el mismo efecto sobre mis amigos".

Una semana más tarde mi informante fue de nuevo a la vivienda en el este de Londres y allí encontró a uno del grupo que rodeaba a este hombre. "¿Quién es el hombre que habló la semana pasada?, le pregunté. 'Nosotros creemos que es quien están buscando. Hay todo un movimiento que crece todo el tiempo. Yo soy nuevo en él, sólo este año, así que no sé demasiado, pero algunos llevan en él ya varios años. Nosotros tratamos de llevar a cabo su enseñanza para cambiar la sociedad. Algunos que han estado en esto durante mucho tiempo han tenido experiencias extraordinarias. Han visto muchas cosas extrañas, pero cuando tratan de hablar sobre ellas se olvidan, sus mentes se quedan en blanco. Escribimos cartas y folletos y los enviamos a instituciones, indicando qué cambios son necesarios. Él no habla sólo en Londres, sino también en otras ciudades como Leicester y Birmingham'.

El caballero asiático que me dio esta información describió 'al hombre' en términos muy similares a la periodista que vio a Maitreya en un restaurante de Brick Lane el año pasado: alto, delgado, vestido con ropas paquistaníes blancas, hombros anchos, rostro alargado, nariz larga, pómulos altos. Había una diferencia notable – los ojos. Mientras que la periodista vio sus ojos como "grandes, oscuros, muy luminosos," los ojos de este hombre eran curiosamente apagados, hundidos, vacíos. Cuando sonreía, no brillaban. Mi experiencia de Maitreya es que Sus ojos son extraordinariamente brillantes. ¿Demuestra esto que 'el hombre' no puede ser Maitreya? En absoluto. La explicación simple sería que, suponiendo que era Maitreya (mi informante está convencido de que lo era – y yo también) Él estaba 'fuera del cuerpo' mientras hablaba en la reunión; en realidad sólo una sombra de Sí mismo estuvo presente mientras Él estaba ocupado en miles de otras tareas y niveles. (Al parecer este fenómeno de los ojos apagados es visto frecuentemente en Sai Baba, cuyos ojos son normalmente muy luminosos.) La información de que habla en otras ciudades aparte de Londres es nueva para mí. Comprobando esto con mi Maestro, parece que un cuerpo 'doble' visita estos lugares, mientras Él permanece en Su centro, Londres.

Dando a Conocer la Historia de la Reaparición

¿Por qué está usted buscando que aparezca otro maestro espiritual? ¿No sabemos ya por los grandes maestros que ya han demostrado que somos seres espirituales y que tenemos todos al Padre (Dios) dentro de nosotros? Pero cuando no somos conscientes de ello vivimos como una rama cortada de la parra. (Enero '86)

No estoy buscando otro maestro espiritual. Simplemente estoy dando a conocer el hecho de que, de acuerdo con la ley cíclica, otro Gran Maestro ha venido. Los grandes maestros del pasado pueden muy bien haber demostrado en sí mismos que somos seres espirituales y que tenemos divinidad innata, pero ¿dónde está la expresión de esa divinidad en la humanidad – cuando millones mueren de hambre en un mundo de abundancia; cuando el mundo se encuentra en el filo de la navaja de la paz o la guerra; cuando el pobre se vuelve más pobre y el rico más rico? Obviamente se requiere un gran maestro espiritual para inspirar a la humanidad a revelar la divinidad que tan alegremente afirmamos tener en nuestro interior.

Según el Maestro D.K., Maitreya no puede regresar antes de 2025. ¿Puede usted o Maitreya darnos una explicación? (Mayo '82)

Antes que nada, con todo respeto, el Maestro D.K. no escribió que el Cristo no puede regresar hasta el año 2025. En su primer libro, *Iniciación Humana y Solar*, publicado en 1922, dijo que podríamos esperar el regreso del Cristo en algún momento a mediados o finales del presente siglo (siglo XX). En *La Reaparición del Cristo*, publicado en 1948, el Maestro D.K. dijo que el momento es conocido sólo por unos pocos, pero que Ellos "están preparados para actuar en cualquier momento". También reveló en *La Exteriorización de la Jerarquía* que se esperaba que el Cristo podría volver alrededor de 1950. Esto no fue así. La experiencia de la guerra, aunque terrible, no había sido suficiente para cambiar las actitudes de la humanidad. El mundo volvió rápidamente a las viejas formas. Las barreras fueron levantadas de nuevo y la Guerra Fría comenzó. La fecha del retorno del Cristo se aplazó para más tarde.

Si se pensaba que 1950 era una fecha posible, ¿cuánto más posible es su retorno ahora?

En ninguna parte de todas las obras del Maestro D.K. dice Él que el Cristo no puede regresar hasta el año 2025, sino que se pensó al principio que la preparación de la humanidad y de los Mismos Maestros tomaría probablemente ese tiempo. Muchos grupos creen que es imposible para el Cristo retornar antes del 2025 porque los cambios necesarios, esbozados por el Maestro DK, no parecen haber tenido lugar. Pero en lo que respecta a la Jerarquía, la humanidad está internamente – mental y emocionalmente – preparada. La humanidad ha aceptado los principios necesarios para traer al Cristo al mundo cotidiano. Lo que ahora se requiere es la manifestación exterior de esta realidad interna.

El Cristo está ahora en el mundo, en realidad antes de la fecha prevista (que no es 2025) por tres razones principales. Una es acelerar el proceso de cambio y así salvar del hambre y de una muerte segura a innumerables millones de personas. También mitigar, por Su presencia física en el mundo cotidiano, los efectos de desastres en forma de terremotos. Otra razón importante para su regreso ahora es que la humanidad se encuentra actualmente en una ola ascendente de respuesta a las energías que inundan el planeta y dirigidas por la Jerarquía. El Cristo está aquí ahora para aprovechar este hecho mientras dure.

En los artículos de prensa que se publicaron hace varios años se declaraba que "pronto el Cristo confirmará Su identidad y dentro de los próximos dos meses hablará a la humanidad a través de una retransmisión mundial de radio y televisión. Su mensaje será escuchado interiormente, telepáticamente, por toda las personas en su propio idioma". Bueno, ya han pasado dos meses (y más), y todavía no he visto nada que pudiera sugerir que esta profecía se haya cumplido. ¿Debería considerar esto una profecía falsa o ha sido 'aplazada'? Hubo unas 333 profecías en el Antiguo Testamento que predijeron la llegada del 'Cristo' hace 2.000 años, todas se cumplieron a la perfección. Si Maitreya es el Cristo, ¿no debería lo mismo ser cierto hoy? (Diciembre '85)

Los anuncios a toda página de abril de 1982, aludidos en la pregunta, fueron puestos por mí y mis colegas como un último gran intento para alertar al mundo de la presencia del Cristo antes del 30 de mayo de 1982 (la fecha escogida por Maitreya como la más temprana posible en la que la humanidad estaría preparada para responder a Su llamada. La fecha precisa del 30 de mayo –la festividad de Pentecostés– fue elegida por razones simbólicas). La declaración en los anuncios a toda página no era, por tanto, una 'profecía' psíquica o mística, sino la publicación de información sobre un plan para preparar a la humanidad para el acontecimiento. La falta de respuesta de los medios de comunicación a mi anuncio – en una conferencia de prensa en Los Ángeles el 14 de mayo 1982 – de que Maitreya estaba en Londres, y que los medios de comunicación estaban invitados a acercarse a Él en la comunidad asiática de allí, condujeron al aplazamiento del Día de la Declaración.

Muchas personas tienen una visión bastante ingenua de acontecimientos como la aparición de un Avatar o Instructor del Mundo, creyendo – por medio de profecías muchas veces de siglos de antigüedad – que están programados para un día exacto, en un año determinado y de una manera concreta. (Algunas personas creen que la fecha de la reaparición del Cristo se encuentra en las matemáticas de la Gran Pirámide, por ejemplo.) Esto no es así. Naturalmente hay un período de tiempo general, determinado cósmicamente, pero el momento exacto de tales acontecimientos depende de la buena disposición y capacidad de la humanidad para responder. No sé cuántas profecías hay en el Antiguo Testamento que se refieren a la venida del Cristo en Palestina, pero aunque hubieran sido 3.333, los hechos son que el momento exacto de Su aparición a través de Jesús no estaba implicado en ellas – ni tampoco la gente de la época respondió; sólo unos pocos Le reconocieron. Los demás, que interpretaron las profecías a través de sus esperanzas religiosas y nacionalistas, temores y prejuicios, Le rechazaron. Ha sido mi trabajo durante estos últimos 11 años, por lo tanto, preparar el camino para Él creando el clima de esperanza y expectación – y presentando Su retorno e inquietudes de tal manera que garantice Su reconocimiento.

¡Los seres humanos se vinculan con las acciones! Defender la existencia del Cristo parece ser una acción contraproducente. ¿No sería mejor servida la humanidad mostrando que el Cristo está aquí y listo para ser aceptado? (Mayo '86)

(1) No estoy 'defendiendo' la existencia del Cristo sino dándola a conocer, divulgando la información. (2) No creo que esta actividad sea contraproducente. Por el contrario, el número de personas puestas sobre aviso para este acontecimiento crece día a día – de esta manera mi trabajo se va haciendo. (3) Si yo Le tuviera en mi bolsillo Lo mostraría, con toda seguridad.

¿Cómo sabemos con toda seguridad que el Señor Maitreya no es el falso Cristo? (Octubre '82)

No hay sólo un 'falso Cristo'. Hay varios instructores bien conocidos que se creen ellos mismos, o sus seguidores creen, que son el Cristo, y sólo desde mi experiencia personal conozco montones de personas engañadas que están convencidas de que son el Cristo. El discernimiento y Reconocimiento Espiritual son la clave. Sugiero que en el Día de la Declaración, mediante el adumbramiento y la relación telepática que Él establecerá con toda la humanidad simultáneamente, usted no tendrá dudas sobre su verdadero estatus. Un árbol se conoce por sus frutos y es por Su amor, sabiduría, fuerza espiritual y trabajo por la humanidad que usted reconocerá a Maitreya y Le conocerá por lo que es.

¿Por qué no hay otro mensajero para contar en público la historia del retorno del Cristo? ¿No es un mensajero solo demasiado poco para semejante plan a gran escala? (Julio/Agosto '84)

En mi libro *La Reaparición del Cristo y los Maestros de Sabiduría*, y frecuentemente en conferencias, he dicho que a cinco discípulos, uno en cada uno de los cinco principales Centros Espirituales – Nueva York, Londres, Ginebra, Darjeeling y Tokio – se les dio la tarea de realizar el contacto inicial con el público sobre la reaparición, creando así un clima de esperanza y expectación. Yo soy el único de estos cinco que trabaja públicamente, abiertamente. Si los otros cuatro también hubieran hecho lo mismo, no tengo ninguna duda de que la respuesta de los medios de comunicación a esta información habría sido por completo más receptiva y dinámica. Parece ser que los otros cuatro no tienen el contacto íntimo continuado con sus Maestros, del cual yo disfruto, de ahí quizás la falta de convicción (y por tanto de confianza) para subir a un estrado público y afirmar la presencia del Cristo.

¿Sabe usted si alguno de los cuatro discípulos ha comenzado actualmente a hablar en público? (Abril '86)

Parece que algunos de ellos al menos están un poco más activos, aunque todavía con su propia interpretación de lo que se entiende por 'el retorno del Cristo'. Por ejemplo, el de Nueva York (que al parecer ha asistido a mis conferencias, pero no cree mi información) está un poco más abierto que antes, pero todavía ve el 'retorno' desde el punto de vista del Principio Crístico en la humanidad. El de Ginebra está un poco más activo pero todavía de acuerdo con las líneas del 'Principio Crístico'. El de Darjeeling está aún dormido, mientras que el de Tokio, aunque activo, apenas puede ser reconocido en absoluto como conferenciante sobre el Cristo o del Instructor del Mundo.

¿Ha sido empleado alguna vez el método de transmitir comunicaciones o mensajes a través de un discípulo antes del advenimiento del Avatar, como en su caso, por avatares anteriores? Si es así ¿puede nombrar a los individuos? (Julio/Agosto '83)

Entiendo que este es un método que ha sido utilizado a menudo en el pasado. El único que conocemos de la historia es Juan el Bautista, aunque muchos de los profetas realizaron una función similar.

No comprendo la hostilidad que usted ha encontrado. Las cosas que ha dicho son sensatas y cariñosas. Sin embargo puedo entender por qué el Cristo no se ha revelado aún. Dado el ambiente hostil, no viviría ni dos minutos. ¿No le parece? (Mayo '86)

Cualquier hostilidad que haya encontrado proviene de dos fuentes: los grupos cristianos fundamentalistas y ciertos grupos esotéricos – y por la misma razón: están ambos defendiendo su territorio. Ambos son prisioneros de sus propios dogmas.

No es un ambiente hostil, sin embargo, lo que ha retrasado el emerger de Maitreya, sino la falta de respuesta de la humanidad – a través de sus representantes, los medios de comunicación – a la información de que Él ha esperado ser descubierto en Londres desde mayo de 1982. En cuanto a Su seguridad, esa está asegurada. Él es invulnerable.

¿Está usted desanimado por la resistencia fundamentalista a su mensaje? (Mayo '86)

No, en absoluto. Ni tampoco estoy sorprendido por ello, ya que mi información hace tambalear los mismos fundamentos de sus dogmas.

¿Que podría suceder a los líderes fundamentalistas de todas las religiones una vez que Maitreya se haya establecido abiertamente?

Estoy seguro de que hay algunos que nunca cambiarán, pero muchos, creo, ofrecerán sus servicios – ¡quizás por una pequeña ofrenda de amor!

¿Cuál fue la razón de que Él diera el último mensaje en mayo de 1982 – fue porque se esperaba que el Día de la Declaración sería en junio de ese año? ¿Y por qué, cuando eso no fue posible, supone usted que no ha habido más mensajes del Cristo? (Mayo '84)

Estaba planeado que el Día de la Declaración tuviera lugar el 30 de mayo de 1982. Supongo que el último mensaje fue dado en mayo de 1982 porque la Jerarquía esperaba que Él sería pronto descubierto y revelado al mundo. Podrían darse de nuevo en cualquier momento – el adumbramiento de Maitreya sobre mí continúa en cada reunión – pero probablemente se pensó que los 140 ya dados son suficientes para provocar una respuesta de cualquier persona receptiva. Contienen la esencia de sus inquietudes.

¿Por qué Maitreya se refiere sólo a hermanos en Sus Mensajes? (Octubre '82)

El hecho es que si usted lee los mensajes en conjunto, no se refiere sólo a "hermanos", sino con frecuencia a "hermanos y hermanas". Cada mensaje tiene un ritmo muy definido y efecto mántrico y está por lo tanto pulido de todas las palabras innecesarias. Uno de los aspectos sorprendentes de los mensajes, en mi opinión, es precisamente su economía de elementos, la pureza y austeridad del lenguaje y sin embargo la densidad de significado expresado tan sencillamente.

¿Cree usted que el retraso en el 'descubrimiento' del Cristo ha originado que la gente pierda interés? (Agosto '82)

Todos están, naturalmente, decepcionados de que los medios de comunicación aún no hayan revelado al Cristo al mundo, y sin duda el retraso ha desalentado a algunas personas. Por otro lado, ahí permanecen aún la esperanza y convicción por parte de muchos, muchos individuos que dentro de poco verán al Cristo. Lo que creo que el retraso ha hecho es conceder tiempo suficiente para que la idea y la posibilidad de la presencia del Cristo 'se filtre' a más personas. Es extraordinario, pero todavía estamos recibiendo peticiones de información influidas por las declaraciones a toda página publicadas en unos veinte periódicos de todo el mundo en abril. Así que la gente sigue respondiendo a la información y el interés está creciendo actualmente. [Esto continúa igual en 1986.]

¿Hasta dónde podemos llegar hablando a la gente acerca del Cristo? No sabemos cómo de evolucionadas están las personas, así que no sabemos cuánta información podrán aceptar. ¿Durante cuánto tiempo podemos insistir? (Abril '83)

El punto de evolución no es importante. La gente está ávida de información a todos los niveles. Es importante no ser dogmático. Eso aleja a las personas. Sencillamente hable a la gente sobre el retorno del Cristo durante tanto tiempo como quieran escuchar. Si la tierra es fértil, las semillas que usted plante crecerán.

Si hemos perdido la fe, perdido el entusiasmo anterior sobre la reaparición, ¿qué podemos hacer? (Septiembre '84)

Es perfectamente natural que en este período de espera – por el emerger de Maitreya – muchos hayan perdido su entusiasmo inicial, sobre todo si su creencia tiene una base emocional más que mental o intuitiva. Lo mejor es, no obstante, seguir actuando como si fuera cierto y difundir la noticia. Esto ayuda a mantener el espíritu y la esperanza de una humanidad desesperada y acelera el proceso de transformación.

Perspectiva Histórica

1875 Formación de la Sociedad Teosófica por H.P. Blavatsky y sus colegas bajo el estímulo de los Maestros Morya y Koot Hoomi.

1875–1890 Publicación de Isis Sin Velo y La Doctrina Secreta de H.P. Blavatsky.

1919–1949 Publicación de las Enseñanzas de Alice Bailey dadas a través de ella por el Maestro Djwhal Khul.

1924–1939 Publicación de las Enseñanzas del Agni Yoga, de Helena Roerich, dadas a través de ella principalmente por el Maestro Morya.

1945 Anuncio de la decisión de Maitreya de retornar al mundo con la Jerarquía de Maestros.

El Emerger de Maitreya

1977

8 de julio: Maitreya sale de Su centro en los Himalayas.

19 de julio: Llegada en avión a Su 'centro' en algún lugar de un país moderno.

22 de julio: Comienzo real de la misión de Maitreya.

6 de septiembre: Primer Mensaje de Maitreya durante una conferencia pública dada por Benjamin Creme en Londres mediante un proceso de adumbramiento mental.

1978

3 de abril: Comienzo del emerger gradual de Maitreya en la arena pública. Durante el transcurso de 1978, se hizo una película para televisión de Maitreya y la comunidad asiática de la zona de Brick Lane de Londres, pero nunca se exhibió.

1979

16 de enero: En el mensaje Nº 57 Maitreya anuncia una nueva fase en Su trabajo.

En 1979 Maitreya dio 4 conferencias públicas, en marzo, en julio, el 21 de septiembre y el 8 de diciembre, todas dentro de la comunidad asiática.

1980

14 de febrero: Maitreya anuncia en Mensaje Nº 95 que la primera fase de Su emerger está casi terminada.

16 de febrero: Quinta conferencia pública de Maitreya a una audiencia de 1.000 personas.

19 de abril: Sexta conferencia pública ante una audiencia de aproximadamente 800 personas. Por primera vez un representante de la prensa local está presente. En posteriores reuniones públicas, el 31 de mayo, 5 de julio, 10 de agosto y 13 de septiembre, hay evidencia de un interés creciente de la prensa local.

26 de noviembre: En el mensaje Nº 113 Maitreya anuncia que Su "fase de acercamiento" está casi completada y que la "fase de más amplia visión" comenzará en 1981.

1981

7 de febrero: Segunda conferencia pública en 1981 (el 1 de enero fue la primera). Maitreya es entrevistado (como un miembro corriente de la comunidad asiática) para la radio por primera vez.

19 de julio: Creme anuncia que un programa de televisión en el que aparece Maitreya (por supuesto, de incógnito) ha sido retransmitido. El ritmo de las reuniones públicas de Maitreya se ha incrementado a una cada dos semanas.

21 de octubre: Emisión de una entrevista de radio con Maitreya (de incógnito).

7 de noviembre: Las conferencias públicas de Maitreya son ahora una vez a la semana, por ejemplo, 7 de noviembre, 14, 21, 28, etc.

Noviembre 1981–Abril 1982

El plan era que a través de la cobertura de los medios de comunicación de la participación de Maitreya en las (entonces) reuniones semanales, llegaría a ser conocido primero a nivel nacional y posteriormente a nivel internacional.

Abril 1982

Creme y sus colegas organizan una campaña mundial de publicidad con anuncios a toda página en 19 de los principales periódicos del mundo anunciando la presencia de Cristo.

14 de mayo 1982

Creme da una conferencia de prensa en Los Ángeles y es autorizado a revelar por primera vez que el Cristo ha estado viviendo y trabajando dentro de la comunidad asiática de Londres desde 1977. Los medios de comunicación son llamados para encontrar al Cristo e invitarlo a dirigirse al mundo.

1982–1985

Entre 1982 y 1985, varios periodistas y personas relacionadas con los medios de comunicación aunan esfuerzos, por breves períodos, para 'encontrar' al Cristo.

1984

Una periodista independiente inicia contactos con otros periodistas en un esfuerzo por reunir a un grupo que podría ser el indicado para evocar un contacto con el Cristo.

1985

31 de julio: 22 periodistas influyentes en representación de los medios de comunicación en Oriente y Occidente se reúnen en el East End de Londres con la esperanza de contactar con Maitreya o un enviado. Este tardío interés de los medios de comunicación hace posible para Maitreya dar los pasos que culminarán finalmente en Su Declaración.

1986

Maitreya contacta con representantes de los medios de comunicación al más alto nivel en Gran Bretaña que acuerdan hacer el anuncio de que un hombre que afirma ser el Cristo está realmente viviendo en la comunidad asiática de Londres. Bajo la presión de altos funcionarios religiosos y del gobierno, sin embargo, esta declaración fue retenida.

1988

Maitreya comienza a aparecerse, tanto en persona como en sueños, a líderes conocidos en varios países, y a muchos ciudadanos corrientes.

Abril: Maitreya, a través de uno de Sus íntimos colaboradores, empieza a dar una idea general de sus enseñanzas y proporciona predicciones y comentarios sobre acontecimientos mundiales. Esta información es publicada en la revista Share International y distribuida en todo el mundo.

1990

Abril: Maitreya inicia una gran asamblea de dignatarios mundiales en Londres. Habla de Su misión, enseñanzas y planes. Los participantes son invitados a volver a sus países respectivos y hablar abiertamente sobre su experiencia.

Capítulo II. Las Enseñanzas y el Trabajo del Cristo en la Nueva Era

El Maestro D.K. ha esbozado para nosotros las enseñanzas del Cristo que, como veremos, son las enseñanzas que inherentemente todos conocemos y aceptamos como verdaderas: las correctas relaciones humanas son la base de nuestras vidas, y para crear estas correctas relaciones nos encarnamos una y otra vez. Él insistirá en su necesidad, y mostrará de nuevo la forma de ponerlas en práctica.

El primer paso en la creación de las correctas relaciones humanas es la transformación de nuestras estructuras políticas, económicas y sociales. La crisis espiritual por la que la humanidad está pasando está enfocada hoy a través de estos campos, y en el centro del problema económico está el problema de la distribución y redistribución. Las correctas relaciones humanas es el siguiente, por orden divino, logro de la humanidad. No es posible permanecer en una relación correcta con nuestros hermanos y hermanas en el Tercer Mundo cuando vivimos en el lujo y el derroche mientras ellos padecen hambre y mueren por millones.

La solución es obvia: compartir los recursos de este mundo abundante es el primer paso esencial en la relación correcta. El Cristo aclarará esto e inspirará a la humanidad a actuar con este fin. Su llamamiento por el compartir y la justicia como el único camino hacia la paz verdadera (y por consiguiente hacia la continuidad de la raza y la salvación del mundo) es esencialmente un llamamiento para el establecimiento de correctas relaciones humanas y la renuncia a las relaciones manifiestamente incorrectas del mundo de hoy: la competencia y la codicia, individual, nacional e internacional; el odio y la violencia mundial y potente como nunca antes; la separatividad y la exclusión, la adhesión fanática a nuestro propio ideal; todo el resentimiento y la desconfianza que nos ha llevado al borde de la autodestrucción.

La potencia de Su energía de Amor —la "espada de la división"— ha producido la polarización que existe actualmente, y mostrará claramente el camino a seguir por la humanidad. En torno a Él se reunirán todos aquellos que defienden la inclusión y el amor, la justicia y la libertad del espíritu humano. Aquellos que defienden la separatividad y la explotación, la competencia y la codicia también quedarán al descubierto, y la elección ante la humanidad será muy clara: entre el amor y el odio, entre el compartir y la codicia, la paz y la guerra, la vida y la muerte. El Cristo ha dicho (en el Mensaje nº 11, Enero de 1978) "Mi corazón Me indica vuestra respuesta, vuestra elección, y se alegra". Respondiendo a Su energía de Amor, las personas de todos los países (ya está ocurriendo) formarán grupos exigiendo justicia y paz, y correctas relaciones. Pronto estos grupos se convertirán en la fuerza más grande y más potente del mundo, inaugurando la nueva era de paz y buena voluntad.

En el reconocimiento y la comprensión de la Ley de Renacimiento se encuentra la clave de las correctas relaciones humanas y la solución a los problemas de la humanidad. Ha sido casi totalmente ignorada en Occidente (aunque esto está cambiando ahora), mientras que en Oriente su aceptación pasiva y la mala interpretación han dado como resultado un estancamiento del esfuerzo. El Cristo mostrará su completa relación con nuestro largo viaje evolutivo hacia la perfección, y esta doctrina se convertirá en uno de los temas principales de la nueva religión mundial.

Allí donde esta ley es aceptada hoy en Occidente, se hace hincapié casi exclusivamente en la regresión a vidas pasadas, con todos los espejismos e ilusiones a los que esta actividad está expuesta. El Cristo mostrará el verdadero funcionamiento de esta ley como el proceso de perfeccionamiento del alma en encarnación. Es el alma (en todas las formas) que encarna, la que lleva gradualmente sus vehículos sucesivos hasta el punto en que pueda expresar su naturaleza en los tres mundos de la vida humana —físico, emocional y mental.

Mostrará la relación de la Ley de Renacimiento con la Ley de Causa y Efecto (Ley del Karma en Oriente). Por medio de la comprensión correcta de esta relación, la humanidad llegará a ver la necesidad de la inofensividad en todas sus actividades. Las almas encarnan en grupos, cíclicamente, para lograr correctas relaciones entre sí y con su origen. La responsabilidad y obligaciones inherentes a este hecho serán comprendidas, y la necesidad y viabilidad de las correctas relaciones estarán perfectamente claras.

La reaparición del Cristo en la actualidad es la reaparición también, en manifestación externa, de la Jerarquía Espiritual de la que Él es el Guía. Por primera vez desde los días de la Atlántida, la Jerarquía de Maestros e Iniciados trabajarán abiertamente en el mundo, conocidos por nosotros como lo que son.

Ellos son los custodios de los antiguos Misterios que contienen la clave del proceso evolutivo, oculta en números, rituales y símbolos, y la clave de la Ciencia Divina, que desentrañará para la humanidad los secretos de la vida misma y pondrá en nuestras manos las energías del universo. Estos antiguos Misterios serán revelados, la realidad del alma será probada, y la inmortalidad esencial del hombre será conocida.

El proceso esotérico de la iniciación es la experiencia consciente de miles de iniciados en la actualidad. En esta era que viene llegará a ser la experiencia exotérica de millones más. En esencia, la iniciación es el resultado de, y conduce a, una expansión de conciencia despierta, un refinamiento del instrumento de percepción y recepción de valores superiores y comprensión espiritual. Por medio de esta expansión de conciencia el iniciado despierta a la realidad de niveles de existencia divina y estados de conciencia de los que estuvo aislado hasta ahora. Esta experiencia aumenta su capacidad de radiación y le prepara para un mayor servicio al mundo. Se convierte en un conocedor.

El Cristo enseñará estos Misterios de la Iniciación. Como el Hierofante de las dos primeras iniciaciones, guiará a la humanidad hacia el Reino de Dios —la Jerarquía de la que Él es el Guía. A través de esta experiencia, los hombres llegarán a realizarse a sí mismos como los dioses que son.

La mayoría de la humanidad actual está todavía en gran parte en la conciencia atlante, es decir, polarizada en el plano emocional, que sigue siendo el asiento normal y cotidiano de su conciencia. Están perdidos en el laberinto de los engaños de ese plano —de ahí la confusión y los problemas del mundo actual. Citando al Maestro D.K., "El mayor servicio que un hombre puede prestar a sus semejantes es liberarse del control de ese planto (el emocional) dirigiendo por sí mismo las energías de ese plano por medio del poder del Cristo interior", y, "En el momento en que los corazones de los hombres están activos, ese momento contempla la terminación de la actividad emocional del plexo solar". Es por medio del corazón que los hombres responden a la llamada del Cristo. Por esta estimulación del aspecto amor, el Cristo puede trabajar a través de todos para cambiar el mundo y al mismo tiempo sacarnos de nuestras ilusiones, nuestra ignorancia y temores. A través de la mayor vivencia que Su energía otorga, nos guiará a la luz y a una manifestación más verdadera de nuestra divinidad. (Julio '82)

El Trabajo del Cristo

La decisión de retornar para vivir y trabajar plenamente en el plano físico no fue, podemos estar seguros, tomada a la ligera ni fácilmente por el Cristo. El Maestro D.K. en *La Reaparición del Cristo*, a través de Alice A. Bailey, nos dice que tardó nueve años —de junio de 1936 a junio de

1945— en tomar la decisión. La Jerarquía está todavía trabajando en el estado de tensión engendrado por esa decisión trascendental que culminó con Su entrada en el mundo moderno el 19 de julio de 1977.

Su decisión de reaparecer tuvo profundas repercusiones ocultas: como resultado de ello, se Le concedió el derecho a utilizar —por primera vez— el gran mantram o plegaria conocida como la Gran Invocación, y entregarla a la humanidad. No ha pasado un sólo día desde junio de 1945 sin que Él la pronuncie para beneficio del mundo. Se espera que algún día esta plegaria o invocación se convierta en una plegaria mundial, entonada por igual por todas las personas, y una potente nota clave de la nueva religión mundial que será una de las principales tareas del Cristo por inaugurar —cuando nosotros hayamos puesto en orden el mundo.

Su decisión Le condujo, también, a convertirse en el receptor y canal de ciertas grandes energías divinas que, en Su trabajo para la humanidad en esta nueva era, realzarán y potenciarán todo lo que haga. El Espíritu de Paz o Equilibrio Le adumbró de una manera muy similar por medio de la cual Él adumbró al discípulo Jesús en Palestina. Trabajando estrechamente con la Ley de Acción y Reacción, el efecto del trabajo de esta Entidad cósmica a través de Maitreya será producir una reacción a las condiciones violentas y caóticas actuales y marcar el comienzo de una era de paz y serenidad emocional en proporción al odio y violencia de hoy día.

Se convirtió en la Personificación, de una manera totalmente nueva y potente, de la energía que llamamos el Principio Crístico o Conciencia Crística —la energía de la evolución en sí. Fluyendo de Él hacia el mundo, esta energía ha reorientado a la humanidad a la vida espiritual (no necesariamente religiosa) y nos ha preparado para reconocerle y seguirle actualmente, y para aceptar el principio del compartir. Millones de personas están hoy respondiendo a esta potente energía, y mientras ella nos despierta a la base espiritual de la vida, una de las maneras de aparición del Cristo se ha cumplido —en los corazones de los hombres.

Un gran Ser cósmico, el Avatar de Síntesis, entró, a través del Cristo, a nuestra vida planetaria. Él encarna las energías de Voluntad, Amor e Inteligencia, además de otra energía para la que aún no tenemos nombre. Esta Entidad sólo puede descender hasta el plano mental, y desde ese nivel derrama Su cuádruple energía a través del Cristo y por tanto hacia el mundo. Junto con el Buda, Quien trae la energía de la Sabiduría desde los niveles cósmicos, estos grandes Seres forman un triángulo cuyas energías el Cristo canaliza para nosotros. En este tiempo venidero el Cristo será conocido como el Punto dentro del Triángulo. La Voluntad del Avatar de Síntesis, el Amor del Espíritu de la Paz o Equilibrio y la Sabiduría del Buda, todas estas energías enfocadas a través del Cristo, transformarán —están ahora transformando— este mundo. De este modo, uno de los principales trabajos del Cristo, como transmisor de energías, seguirá adelante.

"Yo vengo para que los hombres puedan tener vida y la tengan en abundancia". Como Dispensador de las Aguas de Vida de Acuario, Maitreya realizará una de Sus tareas principales en el nuevo tiempo que viene. Como lo expresa tan elocuentemente en el Mensaje N ° 42:

"Muchas veces me habéis oído decir que Mi Venida significa cambio.

Específicamente, el mayor cambio se producirá en los corazones y las mentes de los hombres, porque Mi regreso entre vosotros es una señal de que los hombres están preparados para recibir Nueva Vida.

Esa Nueva Vida para los hombres Yo traigo en abundancia.

En todos los planos esta Vida fluirá, llegando a los corazones, las almas y los cuerpos de los hombres, acercándoles al Origen de la Vida misma.

Mi labor será canalizar esas Aguas de Vida a través de vosotros.

Yo soy el Portador de Agua.

Yo soy el Cántaro de la Verdad.

Esa Verdad Yo os revelaré y os elevaré hasta vuestra verdadera naturaleza.

Yo soy el Río.

Por Mí fluye la nueva corriente de vida dada por Dios, y esta os la concederé.

Así caminaremos juntos por Mi Jardín, sentiremos el perfume de Mis Flores, y conoceremos la alegría de la proximidad a Dios.

Amigos míos, estas cosas no son sueños.

Todo esto será vuestro.

Mi misión os lo otorgará."

Suya es la tarea de transmitir estas Aguas de Vida: como vida física, nutriendo las mismas células de nuestros cuerpos; como una nueva vivencia —amor y luz en nuestros corazones; y como vida más abundante

—amor, luz y poder dentro y sobre la cabeza de los discípulos del Cristo, capacitándoles para cooperar más plenamente con el Plan que emana de Shamballa.

Como el Hierofante de las dos primeras iniciaciones, el trabajo de Maitreya será llevar a las masas de la humanidad hacia el Reino de Dios —la Jerarquía— a través de los portales de la iniciación. Muchos permanecen ahora en el umbral. Uno de Sus más importantes papeles será el de "Alimentador de los pequeños". ¿Quiénes son estos "pequeños"? Son aquellos que han tomado las dos primeras iniciaciones y están listos para la experiencia de la Transfiguración, la tercera iniciación, que es la primera manifestación de la verdadera divinidad. Mediante la alimentación, la estimulación de su vida espiritual, Él los llevará, como dice frecuentemente en los mensajes, a "los pies de Dios", "ante el Trono", es decir, ante Sanat Kumara, el Señor del Mundo en Shamballa, el Hierofante de la tercera y siguientes iniciaciones.

Contrariamente a la creencia común de los cristianos de que el Cristo viene exclusivamente para ellos, Él viene como el Instructor del Mundo, para toda la humanidad. Con la ayuda de Su Hermano, el Buda, unirá a Oriente y Occidente, y en particular los diferentes acercamientos a Dios de Oriente y Occidente. A pesar de la enseñanza del Cristo en Palestina de que Dios está en el interior, el acercamiento general a Dios en Occidente ha sido verle como trascendente, por encima y más allá de Su creación, esencialmente incognoscible por esa creación, solamente para ser adorado desde lejos. El acercamiento de Oriente, en cambio, es ver a Dios como inmanente, en el hombre y en toda la creación, "más cercano que la mano o el pie, más cercano aún que la respiración". Él sintetizará estos dos acercamientos en la nueva religión mundial. El Cristo es el gran exponente y expresión del Amor, mientras que el Buda es la Personificación de la Sabiduría. En este tiempo venidero, el Cristo fusionará y combinará estas dos energías divinas y responderá a la llamada de auxilio y guía tanto de Oriente como de Occidente. Será en verdad el Instructor del Mundo, que viene a inaugurar la nueva era de síntesis y fraternidad, basada en el establecimiento de correctas relaciones humanas.

Ningún Avatar ha estado tan equipado para Su labor como el Cristo lo está actualmente. Fusionando y combinando en Sí mismo las energías de Voluntad, Amor y Sabiduría, adumbrado por el Espíritu de Paz y Equilibrio, ayudado y apoyado por el Avatar de Síntesis y el Buda, y focalizando a través de Sí mismo la suma total de las energías de Piscis de los últimos dos mil años y de las fuerzas que vienen de Acuario, Él es un Avatar poderoso, igual a Su inmensa tarea. Esa tarea es crear armonía en medio del caos, despertar a la humanidad a su verdadera naturaleza y destino, y guiar e inspirar la construcción de la nueva civilización. Estará con nosotros durante los próximos dos mil quinientos años —la totalidad de la era de Acuario. Cuando nosotros entremos a la encarnación una y otra vez, durante ese período encontramos al Cristo, Maitreya, en el centro de nuestra vida planetaria.

Entonces Su trabajo para la humanidad habrá terminado y, después de haber enseñado y preparado a Su sucesor, proseguirá con un trabajo más elevado en el Camino de la Evolución Superior. Su sendero, el Sendero de la Filiación Absoluta, lo llevará fuera de esta tierra, para retornar, como vaticinó H.P. Blavatsky, como el Cristo Cósmico, el Maitreya Cósmico, al final del último, el séptimo, ciclo planetario. (Septiembre '82)

[Estos dos artículos son un resumen de las enseñanzas sobre el tema por el Maestro D.K. en *La Reaparición del Cristo*, de Alice A. Bailey. Se remite al lector a este trabajo para una más profunda y detallada explicación del trabajo y enseñanzas futuros del Cristo.]

¿Cuál es la esencia de la enseñanza del Cristo para la nueva era? (Octubre '84)

Su enseñanza se dará a conocer en fases, siendo cada fase apropiada a las necesidades de la humanidad en cada etapa durante los próximos 2.350 años aproximadamente. En primer lugar, descubriremos que pondrá el énfasis en la unidad de la humanidad, en la realidad del alma humana, y en la necesidad de compartir y las correctas relaciones. Enseñará, de nuevo, la Ley de Causa y Efecto y su relación con la Ley de Renacimiento, mostrando la necesidad de la inofensividad en todas las relaciones.

Cuando estas ideas hayan penetrado en la sociedad y producido los cambios en nuestras estructuras políticas, económicas y sociales, emprenderá la inauguración de la nueva religión mundial, reuniendo los acercamientos a Dios de Oriente y Occidente, Dios inmanente y Dios trascendente. Enseñará los Misterios del Sendero de Iniciación, el sendero científico hacia Dios. La Iniciación será fundamental para la nueva religión mundial. Sobre todo, revelará un nuevo aspecto de Dios. Esta es la Nueva Revelación que trae.

¿Cuál será la tarea inicial de Maitreya? (Septiembre '82)

En primer lugar, estará interesado en inspirar a la humanidad para crear las condiciones en que la paz mundial pueda estar garantizada. Mostrará que esto requiere, sobre todo, la aceptación del principio del compartir. Esto asegurará una armonización del desequilibrio causado hoy por las enormes discrepancias en los niveles de vida de las naciones desarrolladas y en desarrollo.

Su propuesta inmediata será poner en marcha un programa urgente de ayuda para salvar a los millones de hambrientos del Tercer Mundo. Luego, en los próximos años, la reestructuración de la sociedad según unas líneas más justas formarán gradualmente las bases para una nueva civilización. Inspirará a la humanidad para crear el mundo nuevo. Su tarea inicial es realmente una tarea de reconstrucción.

Puesto que Él es el Instructor del Mundo, ¿significa eso que estará más comprometido en determinados ámbitos de la actividad humana que en otros? (Septiembre '82)

Muchas personas, particularmente los cristianos, lo ven como el guía de la Iglesia Cristiana, pero en realidad este no es el caso; el Maestro Jesús es el guía de las Iglesias Cristianas. El Instructor del Mundo es el estímulo detrás de una amplia gama de actividades, no sólo de la religión. Él es tanto el estímulo detrás de los descubrimientos científicos y los conceptos educativos que están actualmente ocupando las mentes de los hombres, como lo es de los asuntos religiosos.

Él inaugurará la nueva religión mundial, que ocupará una gran parte de Su energía, pero es el receptor y transmisor de un gran abanico de energías procedentes de diversas fuentes que estimulan muchas facetas diferentes de nuestra vida. Una de Sus principales tareas será la sintetización de la humanidad por medio de la energía del Avatar de Síntesis y las energías de Acuario, y a través de la estimulación de la Asamblea de las Naciones Unidas, unir al mundo y llenarlo con un sentido de su totalidad. Esa es una tarea enorme y continua, que se extenderá durante un buen número de años. Cuando realmente hayamos arreglado el mundo, Él comenzará a inaugurar la nueva religión mundial.

¿Cuál de las religiones principales del mundo, si hay alguna, supone usted que desaparecerá primero, una vez que Maitreya comience Su trabajo públicamente?

Ninguna de ellas. No es tarea de Maitreya estimular la destrucción de ninguna de las religiones principales —todo lo contrario. Su trabajo principal, en primer lugar, será estimular el cambio económico, político y social. Cuando haya inaugurado finalmente la nueva religión mundial, basada en la iniciación, sus partidarios serán atraídos, como ya es el caso, de todas las religiones.

¿Podría usted extenderse sobre la labor del Nuevo Grupo de Servidores del Mundo, a quienes mencionó antes como que eran sensibles a la energía del Avatar de Síntesis? (Octubre '82)

Cuando vino anteriormente a Palestina, el Cristo se encontró con que no había suficientes servidores y discípulos en el mundo a través de los cuales podría trabajar, que pudieran haber preparado el camino para Él, y a través de quienes podría construir la nueva civilización de la época. Además, Él no tenía aún esa relación más profunda y unificación con el aspecto Voluntad de Dios —que en los últimos dos mil años ha logrado— necesarias para completar Su tarea. Ahora Él es una Personificación de la Voluntad, así como del aspecto Amor de Dios.

En l922, por lo tanto, inauguró el Nuevo Grupo de Servidores del Mundo, que es el grupo más importante existente en el mundo, aunque no tiene forma externa u organización. Cada miembro del mismo está relacionado subjetivamente (es decir, en lo interno, a nivel del alma) con la Jerarquía; ellos conocen y comprenden el Plan y su parte en él. En el plano externo hay dos grupos: un grupo grande, ignorante de su vínculo subjetivo con la Jerarquía y que trabaja únicamente bajo la impresión de los Maestros; y el otro, un pequeño núcleo interno que trabaja conscientemente en el plano externo bajo la supervisión directa de los Maestros.

Compuesto por hombres y mujeres de todos los niveles de la sociedad, el Nuevo Grupo de Servidores del Mundo tiene miembros en todos los países del mundo, sin excepción. Desde 1922, excepto los años de guerra, han estado activos exponiendo ante la humanidad los mismos principios que gobernarán nuestras vidas en el futuro —los principios de las correctas relaciones, el compartir y la justicia. Ellos se encuentran en los ámbitos educativo, político, económico y científico. Son los precursores del Cristo, la vanguardia, enviados por delante para preparar el camino. Por su comprensión del Plan, su amor altruista a la humanidad, su deseo de servir, son la garantía del correcto cumplimiento del Plan de la Jerarquía del cual ellos también son una parte. Así que de esta manera, el trabajo de la Jerarquía no vulnera el libre albedrío humano. El Nuevo Grupo de Servidores del Mundo forma un grupo puente entre la humanidad y la Jerarquía. Hoy en día son varios millones.

¿Es probable que las tareas y el papel del Cristo cambien a lo largo de los años? (Octubre '82)

Sus tareas cambiarán y por lo tanto Su papel cambiará. Él es, sobre todo, el estimulador e inspirador de la humanidad. Ha de mostrar a la humanidad la naturaleza de la Realidad que llamamos Dios, conducirla hacia una relación más íntima con esa Realidad, e invocar una respuesta a la vida más profunda y significativa. Esta es una tarea enorme, tarea que sólo alguien de Su talla podría llevar a cabo.

He leído que el Buda trajo la Luz, el Cristo trajo el Amor, y que el próximo Avatar traerá el Poder. ¿Es éste el aspecto que el Cristo Maitreya está intentando llevar adelante en esta época, o hay todavía otro Avatar por venir? (Diciembre '84)

El Cristo trae efectivamente el Poder o el aspecto Voluntad de Dios al mundo. En los últimos dos mil años desde su Advenimiento en Palestina a través de Jesús, ha llegado a ser la Personificación de la Voluntad, así como del Amor y la Luz, de Dios. Por medio de Su intersección, el pequeño yo–voluntad separado de la humanidad entrará en correcto alineamiento con la Voluntad de Dios por primera vez. En lo que concierne al discípulo individual, este aspecto Voluntad sólo se hará sentir alrededor del momento de la tercera iniciación. Su energía proviene de la Mónada o Chispa Divina, mientras que las energías de Amor y de Luz provienen del Alma. Para el purista, por supuesto, los tres aspectos proceden de la Mónada, pero la unificación solamente con el alma trae solamente Luz y Amor.

Aparte de todo esto, por supuesto, habrá muchos más Avatares en la larga evolución de la humanidad hacia la perfección.

¿Tendrá el Cristo un largo ministerio comparado con los tres años que tuvo Jesús? (Mayo '86)

Sí. Toda la Era de Acuario.

¿Cuáles serán algunos de los atributos o características de la Era Acuariana? (Octubre '84)

La cualidad prominente de la energía de Acuario es la síntesis, por eso el resultado de su acción será una mezcla y fusión de la separada y dividida humanidad actual en un todo. Un nuevo sentido de unidad (con toda la creación) reemplazará al actual sentido de separación. En el ámbito social y político ésta se manifestará como hermandad, justicia y compartir. El temor y confusión actuales darán paso a una nueva libertad y sentido del significado y propósito en la vida. Será una era en la que la humanidad —por primera vez en su totalidad— realizará y manifestará su divinidad inherente. La cooperación reemplazará a la competencia; la tolerancia y la buena voluntad sustituirá a la división y el odio.

¿Por qué eligió Maitreya desempeñar el cargo del Cristo durante dos ciclos — pisciano y el acuariano? (Febrero '84)

Por numerosas razones: para completar Su trabajo de servicio para con la humanidad (Su misión en Palestina fue mayormente profética); la humanidad, entonces, estaba preparada para poco más. Él retorna ahora para continuar y desarrollar lo que puso en marcha entonces. Al final de la Era de Acuario Su trabajo con la humanidad habrá terminado y proseguirá hacia un trabajo superior. Esto Le conducirá, y también a los Maestros, hacia el Camino de la Evolución Superior (siete senderos de servicio de los cuales poco o nada podemos saber), siento esta la razón principal para su retorno ahora al mundo cotidiano. Él es también el más capacitado, por Su logro evolutivo, para ocupar el cargo de Instructor del Mundo y encarnar el Principio Crístico.

¿Quién ocupó el cargo de Maitreya en tiempos de los egipcios? (Junio '86)

En un ciclo, Su Hermano, el Buda, como Memnón.

¿Está la invocación del Cristo estimulando hoy directamente el nacimiento del Principio Crístico en los individuos? (Junio '84)

Muchísimo. Maitreya encarna ese principio para nosotros, y su manifestación en millones de la humanidad hoy es, simultáneamente, una de sus tres formas de retorno (las otras son el adumbramiento mental de los discípulos abiertos a este estímulo, y Su presencia física directa). Ese Principio Crístico invoca a la Jerarquía esotérica en el mundo, y es la garantía del éxito de Su misión a través de nosotros.

¿Por qué el Avatar ha de estar personificado por un individuo humano? (Noviembre '85)

Esta pregunta, creo, nace de la idea errónea de que un Avatar (en este caso el Cristo) es una especie de Principio abstracto que podría encarnarse en muchos individuos simultáneamente. Muchas personas ven al Cristo en este sentido, separando al hombre —Maitreya— del Principio Crístico que Él encarna, y buscando una manifestación múltiple del Cristo. El Principio Crístico efectivamente se manifiesta a través de millones en la actualidad, pero esta es sólo una de las tres formas en que Maitreya prometió aparecer —en los niveles mental, astral y físico denso. Mi impresión es que todas las tres formas de Su manifestación han tenido lugar.

¿No le parece que hemos avanzado lo suficiente debido al (Cristo) Principio sin necesidad de la forma (el hombre)? (Julio/agosto '86)

Eche un vistazo al mundo y decida por usted mismo. ¿Cómo cree usted que estamos cumpliendo con el Principio Crístico, dada la confrontación nuclear entre Oriente y Occidente, los millones de hambrientos, los miles de millones de pobres? Somos realmente afortunados de que, por amor a la humanidad, el hombre, el Hijo del Hombre, nos haya honrado con su presencia.

Además, la razón principal de Su retorno físico es guiar a Su grupo, la Jerarquía Espiritual de Maestros, de vuelta al mundo.

¿No es posible que Sai Baba sea Maitreya, y que el hombre en Londres que espera ser reconocido como el Cristo sea el Maestro Jesús, Quien, dice usted, no se mostrará al público hasta que Maitreya —el Cristo Cósmico— lo haya hecho? Soy un firme creyente de Sai Baba como el Cristo Cósmico. (Junio '86)

Si pensara la posibilidad de que Sai Baba es Maitreya entonces, naturalmente, lo habría dicho así. Yo creo en Sai Baba como un Avatar Cósmico que trabaja en estrecha relación con Maitreya y Su misión. Nunca he dicho que Maitreya es el Cristo Cósmico, sino que es más bien la expresión planetaria del Principio Crístico. Tengo entendido que el Maestro Jesús vive actualmente en los suburbios de Roma, esperando la Declaración de Maitreya en Londres.

Parece existir una gran diferencia entre las nuevas enseñanzas y las antiguas enseñanzas del Cristo en Palestina. Las segundas se centraron mucho en el arrepentimiento — una palabra que yo no he apreciado ni una vez en los nuevos mensajes de Maitreya, el Cristo; y la "fe" parece estar también omitida. Los fundamentalistas, tales como Billy Graham y Luis Pilau, todavía basan sus campañas en estos valores y consiguen muchos 'conversos'. ¿Se podría suponer que tales enseñanzas son todavía válidas y útiles para los egos más jóvenes que aún requieren disciplina externa como los niños pequeños, y que son ellos los que se sienten atraídos por estas doctrinas? (Mayo '85)

Por 'las nuevas enseñanzas' supongo que el interrogador se refiere a los Mensajes de Maitreya dados a través de mí. Pienso que es necesario dejar claro que no se ha hecho ninguna declaración de que los Mensajes representan las nuevas enseñanzas del Cristo, sino simplemente que contienen fragmentos de Su enseñanza y muestran las distintas áreas de Su interés. Dudo que hayan pretendido hacer más que eso. Las nuevas enseñanzas vendrán directamente de Maitreya mismo.

Lo que pienso que está muy claro en ellos es un cambio en el énfasis de la salvación personal a la acción y responsabilidad grupal. Esto está totalmente en consonancia con el cambio en la expresión evolutiva desde el individualismo pisciano —y su acompañante el separatismo— hacia la unidad y la conciencia grupal acuariana. Dudo muchísimo que el Cristo pusiera o vaya a poner tal énfasis en el 'pecado' como hacen las iglesias, ni tampoco en el 'arrepentimiento', excepto como la acción necesaria para deshacer la acción incorrecta conscientemente reconocida y aceptada. Para los Maestros, el 'pecado' es simplemente imperfección.

Estoy de acuerdo en que el éxito de fundamentalistas como Billy Graham, basando su exhortación en el pecado y el arrepentimiento, está con los más jóvenes, egos no sofisticados para quienes tales conceptos cargados emocionalmente tienen gran significado. También la fe es otra cosa — un reconocimiento interior o intuitivo y comunión continua, y no una simple creencia en esta o aquella doctrina o dogma.

¿Es cierto que Maitreya ha estado reclutando gente para servirle y ayudarle durante los últimos (veinte o más) años? (Noviembre '83)

Depende de lo que se entienda por "reclutar". Si significa que ha estado inspirando a las personas para ayudarle en el servicio altruista a la humanidad (por ejemplo, Sus reiteradas llamadas para ayudar, en los Mensajes de Maitreya, el Cristo), la respuesta es sí. Si, por otro lado, significa reclutar directamente en el plano físico, como en el ejército, la respuesta es un rotundo no, no lo ha hecho.

Si Maitreya puede dividir Su conciencia en miles de diferentes áreas de atención, ¿está Él verdaderamente presente en el momento de la consagración en las misas anglicana y católico–romana, y su bendición permanece en la Hostia consagrada, que es venerada en las iglesias católico–romanas? O, ya que el Maestro Jesús está a cargo de la religión cristiana, ¿está más bien su presencia en este ritual? (Mayo '85)

Es siempre la energía y la bendición de Maitreya la que consagra la Hostia en este ritual. Esta es la parte más auténtica y válida del servicio de la iglesia cristiana. Por supuesto, la hostia y el vino no se convierten en el 'cuerpo y la sangre' del Cristo. Este es un acto simbólico en Su memoria. La transmisión de energía, sin embargo, sí es real.

Cuando se sienten energías muy fuertes ¿cómo puede uno saber si proceden del alma, de un Maestro o, me atrevo a esperar, de Maitreya? Por ejemplo, esto siempre sucede cuando leo los Mensajes de Maitreya. (Julio/agosto '85)

Es imposible leer los mensajes de Maitreya, especialmente en voz alta, sin invocar Su energía. Esa es una razón por la que se dieron. La primera parte de la pregunta es más difícil de responder — en realidad es una cuestión de experiencia y discernimiento. Por lo general es más correcto suponer que la energía es de la propia alma.

¿Utiliza Maitreya alguna de Sus muchas estatuas para transmitir Sus energías a través de ella? (Septiembre '85)

Sí, sin duda. Un ejemplo es una famosa estatua de madera en el templo de Koryuji en Kyoto, Japón, que data de los siglos VI o VII. Durante siglos ha sido conocida como "la estatua de la luz dorada" debido a la radiación que se ve a veces emanar de ella.

¿Es posible para la gente corriente, que anhelan verle, establecer contacto con Maitreya interiormente? (Mayo '85)

Depende de lo que se entienda por "establecer contacto". Si significa que las personas "corrientes" pueden recibir comunicaciones, mensajes, iluminación, guía, de Maitreya, entonces la respuesta es no. Él no efectúa esa clase de contacto. Sé que muchas personas afirman tener tal contacto —y a menudo me envían los resultados— pero mi información es que estas afirmaciones son erróneas, y la naturaleza del material recibido lo confirma.

Si significa que las personas pueden invocar Su energía, Su amor, entonces la respuesta es, sin duda, sí. Él mismo ha dicho: "Mi ayuda está a vuestra disposición. Sólo tenéis que pedirla." (Mensaje nº 49)

¿Le han contado muchas personas que han 'visto' a Maitreya, es decir, no en Londres, sino como una visión que aparece ante ellas? (Mayo '86)

No muchas, pero unas pocas han relatado tales experiencias.

¿Puede el Cristo venir a nosotros en el estado de sueño para ayudarnos? (Mayo '86)

Sí, muchas veces utiliza esta forma de contacto.

Creo que con Maitreya están viniendo determinados grandes devas o ángeles. ¿Puede decirnos algo acerca de ellos y la importancia de esto para la humanidad ahora? (Diciembre '82)

El Cristo fue llamado, tanto por el Buda Gautama como por San Pablo, "el Instructor igualmente de ángeles y de hombres", y eso es precisamente lo que Él es. Es tanto un instructor para los devas como lo es para la evolución humana. Como el Maestro D.K. ha mostrado (en los libros de Alice A. Bailey), Él traerá —de hecho ha traído— al mundo, ciertos grandes devas que trabajarán en estrecha colaboración con la humanidad y nos enseñarán muchos aspectos del arte de vivir.

(1) ¿Está Maitreya libre de pecado? (2) ¿Nació de una virgen? (Noviembre '84)

(1) Maitreya es completamente perfecto en un sentido planetario. Incluso en un sentido sistémico carece de ese sentido de separación que nosotros llamamos pecado. (2) No. Él es un Maestro Resucitado y Ascendido. En Su manifestación actual en el mundo moderno (Londres), está en un cuerpo autocreado —un mayavirupa.

¿Fue el Cristo responsable de la aparición del "ojo en el triángulo" en el billete de 1 dólar de EE.UU., anunciando el 'nuevo orden de los tiempos'? (Abril '84)

No.

¿Está Maitreya inspirando actualmente el empleo mundial del símbolo del triángulo o 'delta' como logotipo de empresas y asociaciones? (Abril '84)

No.

¿Tiene Maitreya un grupo esotérico conocido como el Triángulo de Fuerzas (en todo el mundo) que se visten de rojo y azul como signos de su afiliación? (Abril '84)

No.

¿Tiene el nombre 'Tara' sus raíces en el budismo?, y en caso afirmativo, ¿cómo se relaciona con el trabajo actual de Tara Center? (Enero '84)

'Tara' es el nombre budista (tomado del hinduismo) para la Diosa Madre, la Madre del Mundo, el Principio Femenino. Una de Sus manifestaciones fue la diosa hindú Kali, en su aspecto destructor. Fue también Isis e Ishtar. María, la madre de Jesús, es Su símbolo. La próxima era de Acuario, la era de Maitreya, es también la era en la que el aspecto nutriente femenino recobra su expresión. La era de Maitreya es, por tanto, la era de Tara.

¿Es la Santísima Trinidad masculina? (Julio/agosto '84)

La Santísima Trinidad combina los aspectos masculino (espíritu) y femenino (materia) y la relación entre el espíritu y la materia —el aspecto

Crístico. Es en este sentido que el Cristo es el Hijo de Dios —Dios Padre–Madre.

¿Qué le ha contado Maitreya a usted sobre Su inmortalidad física? Quiero decir, parece haber vivido en el Himalaya durante muchísimo tiempo. (Marzo '86)

Maitreya ha vivido en Su elevado retiro en el Himalaya (a una altura de unos 17.500 pies) durante los últimos 2.000 años en un 'cuerpo de luz', es decir, el cuerpo resucitado y ascendido de un maestro perfeccionado de alto grado. Este cuerpo está ahora 'en reposo', tal como Él lo ha calificado —un estado de animación suspendida. El cuerpo en el que vive y trabaja ahora en Londres es autocreado especialmente para esta misión y permanecerá como es hoy durante los próximos dos mil quinientos años.

El Cristo carece de forma, pero también está centrado en Su cuerpo Mayavirupa en Londres, y Su cuerpo de luz permanece dormido en el Himalaya. ¿Dónde está Su centro, Su punto focal de existencia? ¿Medita desde su cuerpo de luz? (Marzo '83)

El Cristo no carece de forma pero, por supuesto, la energía que encarna, la energía Amor, la energía que llamamos el Principio Crístico, es sin forma. Su conciencia está centrada en el maya–virupa (cuerpo autocreado). Medita, vive y trabaja como un hombre normal, en el mayavirupa, que es un cuerpo completamente real.

Ahora que Él vive en Londres, ¿desempeñará todavía el Cristo (Maitreya) la función de Guía de la Jerarquía, por ejemplo durante el Festival de Wesak de mayo, y si es así, hará entonces uso de Su 'cuerpo de luz' que reposa actualmente en Su centro del Himalaya? (Junio '84)

Él desempeña y desempeñará todavía la función de Guía de la Jerarquía mientras esté presente físicamente con nosotros, y también durante el Festival de Wesak que tiene lugar en mayo en un remoto valle del Himalaya. Durante este antiguo festival, en el que el Buda efectúa Su contacto íntimo con la humanidad, Maitreya funciona en el mayavirupa en el que vive ahora en Londres. No deja Londres para hacer esto, sino que está presente en ambos lugares simultáneamente.

¿Podría usted explicar cómo construyó Maitreya Su cuerpo? ¿Cómo difieren sus átomos de los nuestros? (Octubre '85)

Me temo que hay poco que pueda decir acerca de la creación de Su cuerpo de manifestación, salvo que el proceso de su fabricación (por un acto de voluntad) no tiene paralelo en la historia del mundo, por ser un método muy diferente del empleado por los Maestros en la creación de Sus mayavirupas. Este cuerpo permite a Maitreya llevar a cabo Sus funciones como Instructor del Mundo, mientras vive al mismo tiempo como un hombre normal entre nosotros, algo nunca antes posible. Lo que puedo decir es que la estructura atómica es tal que Él puede moverse desde el nivel espiritual más elevado al físico más denso sin esfuerzo. Los átomos de su cuerpo tienen la elasticidad necesaria para adaptarse a cualquiera de los polos.

Durante los cinco o seis años anteriores al 7 de julio de 1977, Maitreya reunió poco a poco la materia necesaria (mental, astral y física) en la que Su conciencia pudiera 'encarnar'. Experimentó con cada nivel en el mundo, hasta que estuvo satisfecho que reunía las cualidades necesarias de elasticidad y sensibilidad. Cuando estuvo seguro de que todo estaba "bien adaptado", empleando Sus propias palabras, finalmente 'se lo puso', tal como lo hizo el 7 de julio de 1977.

Teniendo en cuenta lo que la humanidad ha hecho en el nombre de Cristo en el pasado, ¿qué planea hacer el Cristo en el futuro para evitar esto? (Abril '84)

Principalmente, estar presente. Se podría dar una conferencia sobre los planes, enseñanzas y el trabajo del Cristo en el tiempo venidero para inspirar a la humanidad a hacer un cambio de dirección, pero la gran diferencia esta vez es el hecho de que Él ha prometido permanecer con nosotros hasta el final de la Era de Acuario, es decir, aproximadamente 2.500 años. Por lo tanto no serán necesarios teólogos ni sacerdotes, para interpretar (o malinterpretar) Sus enseñanzas.

La actividad de Maitreya después del Día de la Declaración

¿Cuánto se dejará ver Maitreya? ¿Podremos verle y oírle regularmente en la radio, TV, leer sobre Él en la prensa? ¿Tendrá un portavoz oficial —un periódico o una revista? (Octubre '82)

No habrá un "portavoz" oficial, una revista oficial, o lo que sea, de Maitreya. Como Él es un Consejero, un Instructor, aparecerá frecuentemente (no sé con cuanta regularidad) en la radio y TV; será citado en los periódicos y así sucesivamente. Su enseñanza será principalmente a través de la televisión y la radio. Esta es la fase Reveladora —profetizada por el Maestro D.K. a través de Alice Bailey para comenzar después de 1975.

¿Seguramente la gente emprenderá el trabajo de recopilar Sus conferencias, Sus palabras, Sus propuestas, etc, y compilar libros, artículos, cintas, películas, vídeos? (Octubre '82)

Sí, no tengo ninguna duda de que todo esto será recopilado y puesto a disposición en alguna forma para el estudio, para la asimilación gradual y para la educación general. Pero, por supuesto, ese es nuestro trabajo, no el Suyo.

¿Viajará el Cristo a todos los países del mundo? ¿Viajarán también los Maestros por todo el mundo? (Octubre '82)

Algunos lo harán y otros no. Ciertos Maestros han sido designados para puestos determinados en centros específicos —los cinco centros espirituales principales y los dos menores. Sin embargo, el Cristo hará un viaje —no sé cuánto tiempo después del Día de la Declaración— a todos los países del mundo, para que todos tengamos la oportunidad de verle de manera más personal.

¿Serán sus viajes similares en estilo a los del Papa actual? ¿Será más o menos accesible? (Octubre '82)

La logística pura, los problemas técnicos, hacen esa pregunta difícil de responder. Yo pensaría que Sus giras serían similares a las del Papa, pero, naturalmente, a una escala mucho mayor. El Papa atrae principalmente a católicos romanos y otras personas interesadas, pero el Cristo atraerá la atención de millones, incluso miles de millones, de personas de todos los credos y de ningún trasfondo religioso en absoluto. Estoy seguro de que intentará ser aún más accesible que lo es el Papa actualmente. Una diferencia será que con Maitreya no hay peligro de asesinato. Él es y será invulnerable. Ese es un peligro e inquietud que no ocupará las mentes de los gobiernos cuyo trabajo probablemente será organizar Sus giras. Para Él, personalmente, será una tarea gigantesca.

¿Tendrá 'misiones' específicas y diferentes en los diversos países? (Octubre '82)

Sin duda Sus funciones diferirán de un país a otro, y Él irá con ese propósito en mente. Pienso que tratará de usar Sus buenos oficios en cualquier capacidad en que puedan utilizarse mejor. Está aquí para servir al mundo, y pienso que es desde esa perspectiva como se presentará al mundo. No se presentará como conocedor de todo y no vendrá a hacer todo por nosotros, pero si la gente y los gobiernos solicitan Su consejo o piden su dictamen —Su a veces juicio 'salomónico'— en decisiones, por ejemplo, sobre el Oriente Medio o Irlanda del Norte, por supuesto dará

Su guía y ayuda. A pesar de que estas situaciones parecen insolubles, es posible que la gente acepte consejo y sugerencias de Maitreya que nunca aceptarían de seres más inferiores.

¿Enseñará Maitreya a cada nación sobre su propósito del alma y su parte en el Plan? (Julio/agosto '86)

Sí. No sólo Maitreya, sino que también los Maestros, dilucidarán el destino interno de las diversas naciones. Cada nación tiene alguna contribución exclusiva que hacer a la civilización, mientras que algunas naciones, a causa de sus rayos (cada nación tiene un rayo del alma y un rayo de la personalidad), su tamaño, si es masculina o femenina, tienen a menudo un papel decisivo que desempeñar. Cada nación tiene un propósito oculto y 'consigna' o papel en el desarrollo evolutivo de la raza.

¿Piensa usted que los gobiernos del mundo aceptarán al Cristo al principio? (Enero '86)

Algunos indudablemente lo harán, mientras que otros pueden ser más lentos en aceptar Su consejo. Me refiero a países como la Unión Soviética y China, que no tienen ningún medio religioso por el que acercarse a Él. Las personas de estos países, sin embargo —como las personas en otras partes del mundo— obligarán a sus dirigentes a poner en práctica el principio del compartir. En un sentido muy real, a pesar de su falta de libertad personal, estos países están ya más cerca de la puesta en práctica del compartir y la justicia que lo están las democracias occidentales.

¿Seguirá siendo Londres Su 'cuartel general'? (Octubre '82)

No. En cierto sentido, Él no tendrá ningún 'cuartel general'. Su residencia actual en Londres es, en mi opinión, una medida temporal. Su viaje alrededor del mundo podría durar varios años —dos o tres años, por lo menos. Luego irá, de vez en cuando, a cualquier otro país en particular o países donde más Le necesiten, donde pueda ser de mayor utilidad, donde pueda servir mejor en ese momento.

¿Continuará Maitreya con las curas y sanaciones espontáneas y milagrosas del Día de la Declaración? (Octubre '82)

Como yo lo entiendo, no lo hará. Las curaciones espontáneas del Día de la Declaración serán un fenómeno limitado a ese día, como una prueba más, por si fueran necesarias más pruebas, de que Él es verdaderamente el Cristo. Sin duda, como siempre ha hecho, continuará sanando y curando, pero esto será de forma privada, no a gran escala, de forma pública y espectacular.

¿Entonces individuos particulares tendrán acceso a Él para pedir curación? (Octubre '82)

No, no me refería en ese sentido. Simplemente que sólo el paciente lo sabrá, no será una curación 'anunciada'. Él no será el Sanador Mundial. Pero, por supuesto, los Maestros (algunos de ellos) están en el mundo y otros más emergerán más tarde. Esto resultará ser un enorme estímulo para la curación espiritual o esotérica. Esto se verá acompañado por un aumento de la comprensión del proceso de la enfermedad y la curación. De este modo, nosotros mismos, realizaremos curaciones, como muchos hacen ahora, que en otro tiempo habrían sido consideradas milagros. Pero no creo que Maitreya se vaya a dedicar públicamente a actividades de curación.

¿No sería imposible para Maitreya actuar porque la gente estaría constantemente pidiendo curación? (Noviembre '85)

Usted verá que esto no es así. La presencia de los Maestros y el estímulo que darán a muchos procesos de curación responderán a las necesidades de las personas. Comprenderán rápidamente que Maitreya tiene otro trabajo que hacer además de curar individuos.

El Agente de Intervención Divina

Supongamos que el Día de la Declaración se retrasa por algún tiempo y que el mundo se encuentra en crisis, al borde de una guerra nuclear, ¿permitirían Sanat Kumara, el Señor del Mundo, y la Jerarquía que el planeta fuera destruido? (Noviembre '82)

Creo que la Jerarquía, o más bien Sanat Kumara tras ella, no permitiría que el planeta fuera destruido y no permitiría que la humanidad se aniquilara a sí misma. También creo que la presencia del Cristo es la garantía de que la decisión interna necesaria para la paz —es decir, el compartir— ha sido tomada ya por la humanidad, tanto si lo sabe como si no. El Cristo ha dicho esto tantas veces que nosotros sencillamente hemos de creerlo.

¿Es cierto que Sanat Kumara está directamente involucrado en el tema nuclear? (Noviembre '82)

Sí. Desde que el secreto para la creación de la bomba atómica fue cedido por la Jerarquía a los científicos aliados durante la guerra de 1939 a 1945, Sanat Kumara se encuentra ahora directamente involucrado en cualquier uso de las armas nucleares y, creo, no permitiría semejante catástrofe.

La guerra por accidente es otra posibilidad y, naturalmente, a primera vista parecería que esto podría ocurrir en cualquier momento. Las garantías para el control de esta eventualidad se encuentran todavía en manos de seres humanos falibles. Si hubiera tal lanzamiento accidental de armas nucleares, éstas también pueden ser neutralizadas, incluso en vuelo, por la Jerarquía. Nosotros no estaríamos autorizados para devastar el planeta.

¿Hará Maitreya borrón y cuenta nueva de la deuda kármica de la humanidad? (Abril '84)

No. El concepto de la Iglesia Cristiana de la expiación indirecta es una falta de comprensión de la función del Cristo. Él vino a Palestina, y ha vuelto ahora de nuevo, para mostrar el camino, para liderar, guiar e inspirar, pero no para ir contra la Ley del Karma. Debemos salvarnos a nosotros mismos mediante la respuesta a Sus enseñanzas.

Usted dice que desde que el Cristo regresó en julio de 1977 han muerto menos personas en terremotos. Por favor, explíquelo. (Noviembre '84)

Una de las principales razones de la presencia del Cristo en el mundo ahora, en realidad antes de la fecha prevista, es actuar como el Agente de Intervención Divina para mitigar los efectos de la actividad sísmica que ha ido en aumento desde hace 150 años. En los años anteriores a 1977, apenas hubo un mes sin un gran terremoto y gran pérdida de vidas. En 1976, más de 600.000 personas murieron en terremotos. En 1977 murieron 2.800, y desde entonces cada año se ha producido una dramática caída en el promedio a largo plazo del número de víctimas fallecidas por terremotos, a pesar de que la actividad sísmica ha continuado sin cesar. Esto demuestra el éxito de Su intervención.

Usted dice que Maitreya actúa como "el Agente de Intervención Divina para mitigar los desastres que están ocurriendo en forma de terremotos". ¿Cómo explica usted entonces el reciente terremoto mexicano? (Noviembre '85)

Maitreya actúa como el Agente de Intervención Divina precisamente para mitigar los efectos de la actividad sísmica, pero no para evitar los terremotos, que son el resultado de la atracción magnética sobre nuestro planeta de un gran cuerpo cósmico en el espacio. De no haber sido por Su intervención, habrían ocurrido incluso sufrimientos más inmensos en los muchos terremotos importantes y secundarios desde 1977.

En México, Maitreya y Sus trabajadores desplazaron el epicentro del terremoto desde unas pocas millas al oeste de la ciudad de México hasta 250 millas al suroeste, mucho más lejos, como fue calculado, de la capital.

La ciudad de México tiene alrededor de 18 millones de habitantes. Unos 5.000 murieron (según la cifra oficial), todos ellos en la 'zona céntrica' de la ciudad, en los pisos de gran altura, hoteles, etc. Eminentes arquitectos mexicanos ya han aparecido desde entonces, para acusar al ayuntamiento de corrupción en la construcción de tales edificios altos sin el adecuado refuerzo necesario en una zona sísmica. Estas muertes podrían haberse evitado por métodos de construcción correcta. Es interesante —e instructivo— indicar que fueron sólo estos edificios, mal construidos, los que se derrumbaron; las carreteras y calles no se abrieron o hundieron como podría haber ocurrido en virtud de un movimiento de tierra, mientras que el resto de la ciudad estaba intacta.

¿Por qué Maitreya comienza únicamente a mitigar los efectos de los terremotos cuando está en el cuerpo mayavirupa y no durante los últimos 2.000 años en su 'cuerpo de luz' en el Himalaya? (Mayo '84)

Una de las razones principales para la entrada de Maitreya en el mundo cotidiano en 1977 fue precisamente para actuar como el Agente de Intervención Divina. Esto sólo es posible porque Él está presente físicamente entre nosotros —como un Avatar.

Usted ha dicho que Maitreya ha reducido el número de muertes causadas por terremotos. Sin embargo, nos hemos enterado de que miles de personas están muriendo por las sequías e inundaciones. ¿Por qué no reduce también los efectos de éstas? (Julio/Agosto '84)

Los terremotos y sus efectos son algo sobre lo que no tenemos ningún control, ni somos responsables de su causa, que es cósmica. Por esta razón el Cristo puede intervenir. Los efectos de las sequías, e incluso las causas de las inundaciones, por otra parte, podemos hacerles frente, tenemos la voluntad internacional para hacerlo. La humanidad debe aprender la interdependencia y la cooperación. Si el Cristo interviniera (aún cuando la Ley lo permita), haríamos incluso menos por las víctimas de la sequía e inundaciones.

Desde que la tierra se está llenando de criaturas tanto evolucionadas como no evolucionadas, es evidente que nunca habrá un tiempo en que todas las formas alcancen la realización simultáneamente. Sin embargo, sabemos que a intervalos la Tierra cambia la inclinación

de su eje, ocasionando una terminación total de las formas de vida. El Tibetano, en los libros de Bailey, y la 'gente del espacio' aluden ampliamente a un tiempo de crisis inminente. Nosotros, en nuestra generación, hemos visto tantas profecías del Nuevo Testamento cumplidas que hemos de suponer que la profecía de Mateo, Capítulo 24, seguramente también ocurrirá. Mi pregunta es: ¿Maitreya y Sus discípulos no pretenderían llevar a cabo una 'solución rápida', preparando a todos los humanos elegidos para un nuevo estado?, así que ¿cómo ve usted a toda forma de vida enfrentándose con la así llamada purificación de la Tierra por el fuego? ¿Entran las almas a sus lugares legítimos en el planos astral o etérico esperando un reequilibrio de la Tierra —o no imagina usted ese tipo de acontecimiento en un futuro previsible? (Julio/Agosto '85)

Esta pregunta entra dentro del ámbito del 'complejo de catástrofe'. En primer lugar, con todo respeto, nosotros no sabemos que "a intervalos la Tierra cambia la inclinación de su eje ocasionando una terminación total de las formas de vida". No sé qué libros lee el interrogador, pero a mi entender esto es un disparate. La Tierra está en efecto actualmente ligeramente desviada de su verdadero eje. Esto es la consecuencia de la atracción magnética de un gran cuerpo en el espacio, y es la causa detrás del incremento de la frecuencia de terremotos durante los últimos 150 años. Determinados cambios generales en la Tierra están destinados a ocurrir, pero no durante 700–900 años a partir de ahora. Esto no requerirá la destrucción a gran escala de formas de vida que la pregunta sugiere.

¿Confirma Maitreya las predicciones (del libro de Ruth Montgomery, *Extraños Entre Nosotros*) acerca de la inclinación del eje de la tierra en los años 1990 y la necesidad de prepararse para ello? (Noviembre '85)

No puedo hablar por Maitreya, pero los Maestros son uno en esto —como en cada cuestión— y por mi propio Maestro puedo decir con toda seguridad que no hay verdad en esta predicción. Es una predicción que está muy extendida, es una poderosa forma mental en los planos astrales (su fuente), y es la consecuencia del temor engendrado en las mentes de la gente al final de una era. Aquellos que difunden estas falsas predicciones de una espantosa catástrofe favorecen, sabiéndolo o no, a las fuerzas de la oscuridad, cuya intención es siempre fomentar el temor y el caos.

Capítulo III. La Exteriorización de los Maestros de Sabiduría

[Para más información sobre la Jerarquía, se remite a los lectores a *La Reaparición del Cristo y los Maestros de Sabiduría*, de Benjamin Creme.]

La Jerarquía

¿Puede usted decir algo del concepto de "Jerarquía"? Parece que se deriva principalmente de diversas enseñanzas esotéricas, mientras que la mayoría de las enseñanzas orientales tradicionales expresan la capacidad del individuo para alcanzar el estado más elevado posible girando hacia su interior. ¿Es la Jerarquía una estructura interna? (Julio/Agosto '83)

La Jerarquía Espiritual de este planeta ha existido durante 17 millones de años aproximadamente. Sin embargo, desde el final de la civilización de la Atlántida y la desintegración de su masa de tierra (de la cual América es un remanente), el personal – Maestros y altos iniciados – de la Jerarquía ha trabajado esotéricamente, detrás de la escena de nuestra vida cotidiana. Desde Sus retiros en las áreas montañosas y desérticas del mundo, han sido la guía inspiradora de nuestras sucesivas culturas y civilizaciones.

Por medio de la actividad de los tres grandes departamentos de la Jerarquía – a cargo del Manú, el Cristo y el Señor de la Civilización – tiene lugar el estímulo evolutivo y gobierno de las múltiples áreas de la vida planetaria.

La Logia trans–Himaláyica es responsable de la instrucción de los discípulos en Europa y América, pero las "enseñanzas orientales tradicionales" son también parte de la actividad Jerárquica. La tradición hindú ha estado principalmente orientada al devoto, pero esa es sólo una etapa a través de la cual pasan todos los aspirantes. Con el creciente enfoque mental de la humanidad, la Jerarquía puede buscar una mayor cooperación consciente en su propia evolución por parte del discípulo.

¿Por qué los Maestros viven en las montañas y desiertos? (Enero '86)

Durante los tiempos de la Atlántida los Maestros de aquellos días trabajaban públicamente. Fueron los reyes-sacerdotes, los Seres divinos que crearon las diversas civilizaciones científicamente avanzadas, cuyo conocimiento se ha perdido. Cuando se produjo la destrucción de la Atlántida los Maestros se retiraron a las montañas y desiertos, dejando a la humanidad regenerarse por sí sola, mientras que Ellos actuaban como el estímulo detrás de los acontecimientos. Por primera vez desde aquellos días la Jerarquía de Maestros e iniciados está retornando ahora para trabajar en el mundo.

¿Qué es la Logia Blanca o Hermandad Blanca? (Junio '83)

La Jerarquía Espiritual, compuesta por los Maestros e iniciados de la Sabiduría, el quinto Reino o Reino Espiritual. Es un reflejo de la Gran Hermandad Blanca de Sirio.

¿Son los Maestros un grupo de personas? (Mayo '83)

Los Maestros forman un grupo, sólo tienen conciencia grupal. No tienen conciencia de la personalidad en absoluto; piensan, trabajan y viven en términos de conciencia grupal. Esto no significa que no sean muy diferentes en cualidad y carácter, dependiendo del rayo particular bajo el que están formados y que expresan.

Tienen sus diferencias de opinión sobre cómo proceder al abordar un punto determinado del plan, ideas diferentes de si la humanidad está preparada para este o aquel estímulo, si es demasiado pronto, o lo que sea. Pero trabajan habitualmente desde lo que se denomina el nivel de conciencia Búdico, como un grupo. Están en continua comunicación telepática con cada uno de los otros.

Cuando decimos en la Gran Invocación "Que Cristo retorne a la Tierra", ¿nos referimos a la Conciencia Crística, ahora que el Cristo y doce Maestros está aquí? (Mayo '85)

No. La Conciencia Crística es una energía personificada por el Cristo para este período de crisis humana. Desde Su decisión de reaparecer, anunciada en junio de 1945, ésta ha fluido hacia el mundo con enorme potencia renovada. "Que Cristo retorne a la Tierra" debería decirse ahora en relación con la Jerarquía Espiritual en conjunto. Únicamente doce Maestros (además de Maitreya) están ahora en el mundo, pero hay sesenta y tres Maestros relacionados con la evolución humana. De ellos, unos dos tercios ocuparán con el tiempo sus lugares entre nosotros, lentamente, durante unos veinte años. La Invocación forma un conducto telepático que Los atrae, según la ley, hacia mundo.

Usted ha dicho que desde el Centro Espiritual del Himalaya surgen grandes Avatares, un hecho que llegará a ser evidente en breve. ¿Cómo llegará esto a ser evidente? (Feb. '84)

Desde el Centro Espiritual que nosotros llamamos la Jerarquía surgen grandes Avatares, pero esto no está limitado al Himalaya. Estas montañas son por casualidad la base de retiro de Maitreya. Cuando Maitreya se dé a conocer al mundo Él explicará, por supuesto, 'de dónde viene'.

En el libro *Psicología Esotérica, Tomo 1* (de Alice Bailey) leí que los rayos 2, 3, 5 y 7 tendrán su foco en el mundo moderno por medio de (o en) cuatro seres humanos. ¿Se refiere esto a la *Exteriorización de la Jerarquía*? ¿O es uno de estos cuatro seres Sai Baba? (Octubre '83)

¡Sai Baba está en boca de todos, pero Él no es mencionado en este caso! Estas energías de rayos estarán enfocadas en el mundo cotidiano por los Chohans de estos rayos – Maestros del sexto grado, guías de los ashrams principales de estos rayos. Es, por tanto, parte del proceso de la exteriorización del trabajo de la Jerarquía esotérica. Tres de Ellos ya están en sus puestos en el mundo moderno. (Octubre 1986: Los cuatro Maestros están ahora en el mundo.)

¿Por qué el Maestro K.H. (Koot Hoomi) será el próximo Cristo y no el Maestro Jesús? (Noviembre '85)

La organización de la Jerarquía se divide en tres departamentos, cada uno bajo uno de los tres Rayos de Aspecto (rayos 1, 2 y 3). El Cristo es el guía (el Gran Señor) del departamento del segundo rayo. Este puesto es ocupado siempre por un Maestro de segundo rayo, lo que es el Maestro K.H. El Maestro Jesús es del sexto rayo, y es el guía (el Chohan) del ashram principal del sexto rayo.

El esoterismo se basa mucho en el estudio de los siete rayos. ¿De qué rayo es expresión el esoterismo mismo? (Julio/Agosto '83)

No es posible decir que el esoterismo es la expresión de éste o aquel rayo en particular. Todos los departamentos de la Jerarquía están involucrados en el trabajo esotérico ya que la Jerarquía ha trabajado esotéricamente durante tantas eras. Las enseñanzas se dan a través del Departamento de la Enseñanza dirigido por el Cristo que es del segundo rayo, pero el Maestro Morya, guía del ashram principal del primer rayo, es responsable del estímulo de todos los grupos y sociedades esotéricos y ocultistas.

¿A dónde habrían ido los Maestros de la Jerarquía si no hubieran elegido quedarse en este planeta? (Septiembre '85)

Depende de Su destino. Algunos eligen el sendero del Servicio en la Tierra; otros van a planetas superiores del sistema, mientras que otros dejan este sistema y van a Sirio. Hay siete senderos de la Evolución Superior que determinan el futuro de un Maestro: 1) el Sendero del Servicio en la Tierra; 2) el Sendero del Trabajo Magnético, 3) el Sendero de Entrenamiento para los Logos Planetarios; 4) el Sendero hacia Sirio; 5) el Sendero de Rayo; 6) el Sendero que recorre el Logos Mismo; 7) el Sendero de la Filiación Absoluta.

¿Quién es el Gurú de Maitreya? (Noviembre '85)

Él no tiene un gurú en el sentido en que imagino da a entender el interrogador. Él busca asesoramiento e iluminación en Sanat Kumara, el Señor del Mundo.

El Discípulo Jesús y Maitreya

[Para más información, se remite a los lectores al ensayo, "La Historia del Evangelio y el Sendero de Iniciación", en el capítulo V.]

Leemos en *La Reaparición del Cristo y los Maestros de Sabiduría* que el cuerpo de Jesús fue utilizado por el Cristo durante los últimos tres años de la vida de Jesús. Después de la Crucifixión, la conciencia del Cristo volvió a entrar en el cuerpo de Jesús y lo resucitó, convirtiéndose así en un Maestro. ¿Lo he entendido correctamente? (Junio '85)

Me temo que está usted en un error en este punto. El Cristo ya era un Maestro Resucitado cuando adumbró a Jesús y trabajó a través de Él durante esos tres años. Después de la crucifixión Él (es decir, Su conciencia) volvió a entrar realmente en el cuerpo de Jesús en la tumba, lo resucitó (en el sentido oculto de la palabra), y se manifestó durante los siguientes cuarenta días cuando fue visto muchas veces por los discípulos y otros. Esta fue la Iniciación de la Crucifixión para Jesús, y al mismo tiempo la Iniciación de la Ascensión (no la Resurrección) para el Cristo.

Usted continúa explicando en su libro que Jesús no llegó a ser un Maestro en esta ocasión: Jesús llegó a ser un Maestro durante la siguiente encarnación como Apolonio de Tiana, y durante los últimos 600 años ha tenido un cuerpo sirio. Me gustaría saber qué le sucedió al cuerpo de Jesús de Nazaret. Al parecer Jesús (o Apolonio?) no tiene este cuerpo, porque Él ocupa un cuerpo sirio. Yo sé que Cristo actualmente mora en un Mayavirupa, un cuerpo que Él creó para Su conciencia. Cuando la conciencia de Cristo entró en el Mayavi-

rupa, ¿qué le sucedió a Su cuerpo anterior (el cuerpo utilizado hasta la creación del Mayavirupa)? ¿Podría haber sido éste el cuerpo resucitado de Jesús de Nazaret? Aun así, ¿no habría tenido el Cristo que abandonar el cuerpo resucitado de Jesús, el mismo cuerpo que sería idéntico a la imagen que apareció en la Sábana Santa de Turín? (Junio '85)

Como iniciado de cuarto grado (aún no un Maestro), Jesús no tenía el derecho a un cuerpo resucitado. El Cristo ya tenía (con base en el Himalaya), tal cuerpo resucitado y no necesita el de Jesús. Él destruyó el cuerpo resucitado de Jesús después de cuarenta días y retornó las partículas de luz (de las que ahora estaba compuesto) al sol. Con respecto al Mayavirupa, en el que el Cristo vive ahora en Londres, éste fue creado en un período de cinco a seis años, antes de julio de 1977. Su 'cuerpo de luz', como él lo llama (es decir, Su cuerpo resucitado y ascendido en el que ha vivido durante los últimos 2.000 años), está ahora 'en reposo' en Su valle del Himalaya. Este cuerpo no está destruido, sino que está simplemente en un estado de conservación 'latente' o animación suspendida. La conciencia de Maitreya trabaja totalmente a través del Mayavirupa que utiliza en la actualidad.

¿Reencarnó Maitreya en Jesús como un niño o se manifiesto a través de Él solamente durante los tres años de misión de Jesús? (Mayo '84)

El proceso de adumbramiento gradual de Jesús por Maitreya comenzó cuando Jesús tenía 12 años y fue más o menos completado en el momento en que Jesús cumplió los 24. Más tarde, Maitreya trabajó a través del cuerpo de Jesús durante los tres años desde el Bautismo, cuando Jesús tenía 30, hasta la Crucifixión.

¿Era conocida la verdadera relación de Cristo con Jesús por alguno de Sus primeros discípulos? (Diciembre '86)

Sí, varios de los discípulos más íntimos comprendieron el proceso de adumbramiento que fue utilizado.

Usted dice que Jesús nunca proclamó ser Dios. ¿Qué opina entonces de Juan 10:30: "Yo y el Padre somos uno"? (Noviembre '84)

Esta declaración del Cristo (en Jesús) no es una afirmación de ser 'Dios', sino más bien una declaración de que Su conciencia era una con la conciencia Divina. Este es el estado de conciencia del Maestro Auto–realizado y liberado.

Cuando Jesucristo dijo "Yo voy al Padre", ¿Se refería en realidad a Sai Baba? (Marzo '86)

No. Se refería a Sanat Kumara, el Señor del Mundo, en Shamballa (El Anciano de los Días en el Antiguo Testamento). Shamballa es el centro donde la Voluntad de Dios es conocida. Con "voy al Padre" Se refería a la necesidad de Él para personificar el aspecto Voluntad (y no solamente los aspectos Luz y Amor) para hacer Su trabajo en Acuario. En los últimos 2.000 años ha hecho esto y ahora personifica los tres aspectos.

Cuando el Cristo dijo a través de Jesús: "Tengo otros rebaños", ¿se estaba refiriendo a los discípulos de la Jerarquía que no estaban en encarnación en Palestina? (Julio/Agosto '83)

Creo que se estaba refiriendo al hecho de que era el instructor (el pastor) para muchos que Le conocían por otros nombres – no sólo como el Mesías, sino como el venidero Buda Maitreya, como Krishna, y como el Guía de la Jerarquía esotérica.

Las iglesias cristianas nos dicen que Jesús murió por amor a la humanidad y tomó sobre sí los pecados del mundo en ese momento. Sin embargo, también la enseñanza esotérica nos dice que Él fue un iniciado de tercer grado que, en la crucifixión, tomó y demostró la cuarta iniciación. Se nos dice que las personas que toman esta iniciación están en realidad eliminando el remanente de su propio karma. ¿Fue Jesús diferente en este aspecto, o pudo ser que en alguna vida pasada hubiera tratado a otros como Él estaba siendo tratado en ese momento? Entiendo que las personas en la cuarta iniciación reaccionan con amor total y así ayudan a elevar las vibraciones de la Tierra. ¿Podría ser eso lo que la Iglesia quiere decir? (Mayo '86)

Para ser honesto, no creo que la Iglesia sepa correctamente lo que quiere decir. Los teólogos se han concentrado casi exclusivamente en la crucifixión, mientras que el verdadero sentido del cristianismo es la resurrección. Jesús no "tomó sobre sí los pecados del mundo" (nadie puede). Ese concepto procede directamente de la antigua y cristalizada tradición judía – un sacrificio de sangre – que el Cristo vino a poner fin. Cada uno de nosotros es responsable, por medio de la Ley de Causa y Efecto, de nuestros pensamientos y acciones.

Porque Él amó a la humanidad, y al Plan probablemente aún más, Jesús padeció la crucifixión física no por razones kármicas personales, sino porque fue invitado a hacerlo así, para simbolizar exteriormente la experiencia de la iniciación a ese nivel. La historia del evangelio en su conjunto es en realidad un relato simbólico del proceso esotérico de la iniciación.

¿Cuáles de las enseñanzas de Jesús no son relevantes para la humanidad hoy en día? (Octubre '84)

En mi opinión, las enseñanzas de Jesús (que son, naturalmente, las enseñanzas del Cristo) son tan relevantes hoy como nunca lo fueron. El problema es que no vivimos las enseñanzas. En particular, Jesús dijo: "Amaos los unos a los otros", y: "Apacienta mis ovejas". Eso es precisamente lo que el Cristo está diciendo hoy.

¿Qué hay acerca de las palabras de Jesús: "Los pobres los tendréis siempre con vosotros"? ¿No es ese su libre albedrío en el sendero de evolución? (Octubre '84)

Por supuesto todo el mundo – incluso el rico tiene derecho a ser pobre, pero ¿cuántas personas eligen ser pobres por su propia voluntad? Jesús no quería decir que los pobres tenían que estar siempre con nosotros. Por el contrario, gran parte de los escasos fondos de Su grupo se dedicaron a socorrer a los pobres. Sus palabras se referían más bien al hecho de que Él no estaría con los Discípulos mucho más tiempo, y que no era un derroche gastar el preciado dinero que podría haber alimentado a los pobres en ungüento caro con que ungirle.

¿Será necesario que el Cristo incluya en Su enseñanza, después del Día de la Declaración, una aclaración para el público de la historia del evangelio, o será suficiente la presentación que Él hará del Maestro Jesús? (Febrero '83)

Es probable que en una conferencia de prensa antes del Día de la Declaración, en respuesta a las muchas preguntas que surgirán acerca de Su encarnación en Palestina, revele los verdaderos hechos de los acontecimientos de aquel tiempo. Y, desde luego, puede hacer referencia, de vez en cuando, a Sus enseñanzas dadas entonces. Creo, sin embargo, que la presentación que Él hará del Maestro Jesús (y los otros Maestros) será, tras la explicación inicial de la continuidad de la revelación, suficiente.

¿Me pregunto si, en esta nueva era, nuestra Biblia cristiana será utilizada o habrá algo para reemplazarla? (Noviembre '83)

Dentro de las iglesias cristianas, la Biblia seguirá utilizándose por algún tiempo. Es evidente, sin embargo, que la presencia del Cristo y los Maestros en el mundo incluyendo al Maestro Jesús necesitará una profunda reinterpretación de los contenidos de esa obra simbólica. Mucho será descartado, pero gran parte se encontrará apropiado cuando se interprete correctamente. Será la tarea del Maestro Jesús guiar a las iglesias cristianas hacia la luz de la nueva dispensación. Con el tiempo, Maitreya inaugurará una nueva religión mundial basada en la ciencia esotérica de la iniciación.

La Biblia menciona que Jesús era uno de la "Orden de Melquisedec": uno que no tiene principio ni fin. ¿Puede explicar quién es Melquisedec y de qué trata su orden? (Febrero '84)

A mi entender, Melquisedec es otro nombre para el Cristo, y la Orden de Melquisedec, creo, proviene de los tiempos babilónicos. Era una orden esotérica de discípulos que se preparaban para las dos primeras iniciaciones.

¿Fue Jesús un Esenio como piensan algunos? (Noviembre '85)

Sí, tanto Jesús como Juan el Bautista recibieron su primera formación en la Comunidad Esenia.

Por favor explique la Inmaculada Concepción y el nacimiento virginal de Jesús. (Marzo '86)

Mi opinión es que el discípulo Jesús fue concebido a la manera humana normal es decir, no hubo 'inmaculada concepción', ni tampoco fue necesaria para un iniciado de tercer grado, lo que Jesús era al nacer. La idea de la Inmaculada Concepción es una invención de los Padres de la Iglesia para destacar la divinidad de Jesús como el 'Hijo' de Dios. La misma idea de la inmaculada concepción se encuentra en otras religiones para apoyar la 'divinidad' reivindicada para el fundador o inspirador.

Hay muchas pinturas de Jesús ¿tienen algunas de ellas un buen parecido con Jesús o Maitreya? (Diciembre '82)

Cuando vea usted al Maestro Jesús verá que no es tan diferente de algunas pinturas de Él, en particular de aquellas que lo representan con el rostro fino, ojos oscuros y pálido. El Greco viene a la mente. Estas se asemejan mucho a Jesús. Y mucha gente ha tenido visiones internas de Jesús tal como es. Actualmente se encuentra en un cuerpo Sirio de unos 638 años de edad, no el cuerpo en el que apareció en Palestina. Pero, por supuesto, ese no es Maitreya, ni está el cuerpo de Maitreya construido a semejanza de Jesús. El Cristo está en un Mayavirupa, una manifestación autocreada. Está construido para parecerse exactamente a Su 'cuerpo de luz', un cuerpo resucitado y ascendido que se encuentra ahora 'en reposo' en el Himalaya.

¿Qué religión es la que más se acerca a la práctica de las creencias propuestas por el Cristo hace 2.000 años? (Octubre '85)

Hay personas en todas las religiones que practican los preceptos del Cristo incluso aunque eso no sea verdad para la religión en su conjunto. Hoy en día, supongo, la Bahai es la que más se acerca, con el budismo, donde no esté demasiado cristalizado, en segundo lugar.

¿Cuál de las escrituras más importantes del mundo es la menos tergiversada o desvirtuada?

Las enseñanzas del Budismo Esotérico.

Recientemente me encontré con un libro de Levi Dowling titulado *El Evangelio de Acuario de Jesús el Cristo*. ¿Es éste un libro "auténtico"? ¿Fue realmente sacado de los Archivos Akásicos, como dice? (Abril '85)

Este es el tipo de pregunta que no me gusta tratar en público. Es mejor que las personas saquen sus propias conclusiones sobre estas cosas, y no tengo ningún deseo de erigirme como autoridad. Pero, habiendo respondido a la pregunta sobre el tema de Seth en la edición anterior de Share International diré lo siguiente:

Mi información es que el Evangelio de Acuario está sacado realmente de los Archivos Akásicos (que existen en la zona donde se juntan los planos astral superior (7º) y el mental inferior). Es exacto en un 80 por ciento y, por tanto, un 20 por ciento inexacto.

(1) ¿Son algunos de los evangelios descubiertos recientemente, como *El Evangelio de Tomás*, *El Evangelio Secreto de Marcos*, o *El Evangelio de María*, narraciones genuinas de los hechos y palabras de Jesús? (2) ¿Hay otros no descubiertos todavía?

(1) El Evangelio de Tomás es una narración más o menos genuina de los hechos (no tanto de las palabras) de Jesús. (2) Sí.

En *La Santa Sangre y el Santo Grial*, de Michael Baigent, Richard Leigh y Henry Lincoln, se suponía que los descendientes de Jesús forman una hermandad oculta que está actualmente trabajando para poner un rey–sacerdote en el poder, al frente de una Europa unida. ¿Tiene esta teoría alguna semejanza o conexión con los planes de la Jerarquía (por ejemplo, en relación con el papel de Jesús como futuro Papa)? (Abril '84)

No hay semejanza ni conexión alguna entre los planes de la Jerarquía para su exteriorización y las ficciones y fantasías de este libro, uno de los muchos de esta época de 'falsas enseñanzas' como profetizó el Cristo.

Jesús no tuvo descendientes ni la Jerarquía tiene planes para poner a alguien, rey–sacerdote o cualquier otro, 'en el poder' en Europa o en cualquier otra parte.

Es también incorrecto ver el papel del Maestro Jesús como el futuro Papa. Por el contrario, al asumir el control directo de las iglesias, la verdadera sucesión apostólica comenzará.

Los Maestros en el Mundo

¿Qué papel y qué tareas asumirán los Maestros? (Septiembre '82)

Al igual que el Cristo, los Maestros también actuarán como consejeros en cuestiones de todo tipo, relacionadas con todos los aspectos de nuestras vidas. Como ya he dicho, habrá un Maestro en lo que se podría llamar un puesto presidencial en ciertos países, y en estos países se encontrarán, por lo tanto, algunos aspectos del gobierno de la Jerarquía, quizás formando un sistema a dos niveles, con una forma democrática de gobierno. Lo uno no excluye lo otro. Muchos jóvenes son muy suspicaces con el vocablo "maestro". Lo ven como que confiere alguna autoridad sobre nosotros. Este no es el caso; un Maestro es sencillamente un maestro de sí mismo y de las fuerzas de la naturaleza. En muestra de Su experiencia y Su realización espiritual, un grado de supervisión de la Jerarquía será visto como totalmente aceptable dentro de un marco democrático.

¿Cuántos Maestros se encuentran ahora en el mundo? ¿Vendrán más? (Agosto '82)

Hay actualmente once Maestros en el mundo cotidiano, y uno más tomará Su lugar en breve. Con el tiempo habrá cuarenta Maestros, pero eso será dentro de un largo período de tiempo. Al principio, el grupo inicial de doce será presentado al mundo por el Cristo, como Sus discípulos. Algunos de ellos son los discípulos que estuvieron con Jesús en Palestina: el que fue Juan el Amado, ahora el Maestro Koot Hoomi, estará entre ellos; San Pablo, ahora el Maestro Hilarión; y San Pedro, ahora el Maestro Morya y también el Maestro Jesús, él mismo. [1986: En la actualidad hay doce maestros en el mundo.]

¿Cuántos Maestros están actualmente en América? (Marzo '84)

Relacionados con la evolución humana hay seis Maestros ahora en América del Norte y del Sur. Tres de Ellos están en cuerpos físicos densos. De aquellos encargados de la evolución subhumana y dévica hay cuarenta y cinco en las Américas. Sólo dos de este grupo se encuentran en cuerpos físicos densos.

Usted dice que hay actualmente doce Maestros en el mundo (moderno). ¿Está uno de ellos en París o en Francia? (Abril '86)

No, no en este momento, pero en breve un Maestro ocupará Su puesto cerca de París.

¿Los doce Maestros que ya están en el mundo tienen doce funciones diferentes? (Octubre '85)

Naturalmente los Maestros tienen funciones diferentes, dependiendo de Su rayo y línea particular de trabajo. Algunos enseñarán, mientras que otros estarán más preocupados por los problemas mundiales de carácter político y económico. Sin embargo otros inspirarán la nueva arquitectura, pintura y música, mientras que la atención de algunos se dirigirá a la ciencia y la inspiración de la nueva ciencia 'holística', que integra ciencia y religión. Los Maestros están, todos Ellos, ocupados en muchas áreas diferentes y tienden a especializarse a lo largo de Su línea de rayo, mientras trabajan juntos, por supuesto, en el cumplimiento del Plan.

¿Exteriorizarán todos los Maestros sus ashrams? (Octubre '82)

No, depende de cada Maestro en particular y de la respuesta en los diversos países al trabajo de los Maestros algunos serán más receptivos que otros. Algunos Maestros están todavía experimentando actualmente a lo largo de estas líneas con diversos grupos en diferentes partes del mundo. Este es un proyecto a largo plazo.

¿Van a quedarse los Maestros en el mundo tanto tiempo como Maitreya? Si es así, ¿Tienen también Ellos cuerpos Mayavirupa? (Marzo '83)

La mayoría de los Maestros pasarán al trabajo superior, pero algunos Maestros, especialmente los más altos iniciados, los 'Chohans' de sexto grado, se quedarán, y uno, el Maestro Koot Hoomi, llegará a ser el Cristo en la era de Capricornio. El Maestro Morya llegará a ser el Manú de la sexta raza.

Muchos de los Maestros utilizan actualmente el vehículo Mayavirupa, pero en Su caso el principio de construcción es diferente. El que utiliza Maitreya no tiene paralelo en la historia del mundo y es absolutamente permanente. Los mayavirupas utilizados por los Maestros no son permanentes y necesitan una remodelación constante.

Se dice que los individuos que han tomado la iniciación del Cristo o del Buda tienen el libre albedrío para decidir retornar en un cuerpo físico para ayudar a las personas. En el libro *Tradiciones judías en*

la Cábala, de Van Leeuwen, se dice que, según la Cábala, esto no es posible; ellos pueden ayudar desde su propio plano, pero no en el físico. ¿Cuál de estas opiniones es la correcta? (Abril '86)

Me parece ésta una pregunta un poco extraña para hacérmela a mí, cuando he estado diciendo durante años que el Cristo está en el mundo en un cuerpo físico. No hay una ley que establezca que un Cristo o un Buda no puedan retornar en un cuerpo físico. Esto está determinado por las circunstancias y el Plan Jerárquico. El modo clásico de retorno es tomar posesión del cuerpo de un discípulo especialmente preparado para esta tarea. El modo utilizado por el Cristo hoy es la creación del Mayavirupa, en el que ha vivido en Londres, totalmente en presencia física, desde julio de 1977.

¿Por qué Maitreya ha de tener un cuerpo fabricado cuando los Maestros pueden mantener los Suyos durante miles de años? (Julio/Agosto '85)

Algunos Maestros conservan un cuerpo durante varios miles de años (Maitreya es uno de ellos), pero la práctica más habitual es crear (y volver a crear) el mayavirupa (cuerpo de ilusión). Esto es lo que hizo Maitreya en los cinco o seis años anteriores a julio de 1977. Los Maestros no viven normalmente 'en el mundo', es decir, el mundo cotidiano, rodeados por millones de personas, humos tóxicos, etc. Maitreya ha creado un cuerpo que es fundamental o suficientemente resistente para permitirle hacer esto durante toda la Era de Acuario y que sin embargo sea lo suficientemente sensible a la más alta vibración espiritual para capacitarle hacer Su trabajo como Instructor del Mundo y convencernos de Su importancia. La mayoría de los Maestros que están retornando con Él utilizan ahora, y lo harán en el futuro, mayavirupas autocreados. Sin embargo, éstos son creados por un método diferente del utilizado por Maitreya, que es único.

¿Cambian los Maestros Sus cuerpos de manifestación? ¿Cambian Sus rayos? (Febrero '84)

Los Maestros cambian (raramente) Sus cuerpos de manifestación de una de las dos maneras siguientes, dependiendo de Su grado: mediante el renacimiento o mediante la creación de un Mayavirupa, un cuerpo autocreado. Por lo general, no cambia Su estructura de rayos, pero pueden hacerlo para fines específicos si fuera necesario.

El Maestro Jesús

¿Veremos al Maestro Jesús después de la Declaración de Maitreya o antes? (Marzo '84)

Después. Ninguno de los Maestros se declarará hasta que el Cristo se haya declarado.

¿Qué propósito tiene la aparición de Maitreya que no tendría el retorno de Jesucristo? (Septiembre '84)

La pregunta implica una falta de comprensión de la relación entre Jesús y el Cristo. El Cristo, Maitreya, trabajó a través de Jesús (durante tres años). Esta vez, el Cristo Mismo ha venido como el Instructor del Mundo para toda la humanidad. El Maestro Jesús tiene una relación especial con las iglesias cristianas dondequiera que se encuentren.

¿Tiene la Iglesia Católica un papel específico después del Día de la Declaración? (Mayo '86)

Sí, como unificadora del acercamiento cristiano con tal de que, a la luz de la nueva realidad que la presencia del Cristo significa (y la del Maestro Jesús, Quién se ocupa de las iglesias cristianas), sea lo suficientemente elástica y flexible como para renunciar a sus dogmas y doctrinas artificiales, poder político y económico, y control social.

¿Está Jesús a cargo tanto de la iglesia cristiana como de la judía, o es Maitreya, y no Jesús, ahora el Mesías de los judíos? (Abril '85)

Jesús está a cargo (tiene bajo Su cuidado la estimulación y guía) de las Iglesias Cristianas, de oriente y occidente. El pueblo judío aún tiene que reconocer a Jesús como su Mesías y también a Maitreya como el Instructor del Mundo, no sólo en el ámbito religioso, sino en todos los departamentos.

¿Por qué el Maestro Jesús conserva el nombre de una encarnación anterior cuando aún no era un Maestro en aquel tiempo? ¿Hay alguna razón energética para ello, o tiene otros nombres o títulos, adoptando el de 'Maestro Jesús' meramente por conveniencia para los esoteristas? (Febrero '83)

Él tiene desde luego otros nombres y títulos dentro la Jerarquía, conocidos por algunos de sus más íntimos discípulos, pero Jesús es Su nombre en Su encarnación más conocida, conocida en la actualidad por todo el mundo. Hay evidentemente razones simbólicas y psicológicas, por lo tanto, por las que debería seguir utilizándolo.

¿Sabe si hay alguna conexión entre la reciente invitación de la Iglesia Luterana de Roma al Papa para acudir a parlamentar (un acontecimiento único) y la presencia en esa ciudad del Maestro Jesús? (Febrero '84)

No hay conexión directa entre esa invitación y la presencia del Maestro Jesús en Roma. Más bien, este acontecimiento, único como usted dice, es un ejemplo más del creciente impulso del movimiento ecuménico que, efectivamente, tiene tras de sí la energía del Maestro Jesús.

¿Quién era el Maestro que fue la fuente de *Un Curso de Milagros*? (Mayo '86)

El Maestro Jesús, a través de un discípulo (desencarnado), por medio de un discípulo.

En la lista de los Rayos de Iniciados observamos que Jesús de Nazaret era un iniciado de cuarto grado, mientras que Apolonio de Tiana fue de quinto grado. Esencialmente, esto armonizaría con lo que ya ha sido expuesto en su libro *La Reaparición* sobre este asunto. Sin embargo, cuando hablamos del Maestro Jesús ¿nos estamos refiriendo a Jesús de Nazaret o a Apolonio de Tiana? Ellos aparecen listados como dos individuos diferentes (como si existieran hoy), ¿pero es así? ¿O puede que nos estemos refiriendo al 'Maestro Jesús' como cualquiera de los dos, Jesús o Apolonio? Por favor, aclare esto. (Junio '85)

El Maestro Jesús se encarnó otra vez rápidamente como Apolonio de Tiana (como se indica en mi libro), se convirtió en un Maestro en esa vida, y vivió y trabajó en el norte de la India, donde fue enterrado. De este hecho proviene la leyenda (y varios libros fundamentados en esa leyenda) de que Jesús no murió en la cruz, sino que se marchó al norte de la India y luego fue enterrado allí.

El Maestro Jesús, como ahora se hace llamar, ha tenido dos cuerpos físicos más desde aquel de Apolonio, y está ahora en un cuerpo sirio de unos 640 años de edad. Se hace llamar el Maestro Jesús en lugar de Apolonio o cualquier otro título porque tiene un significado especial para las iglesias cristianas. Históricamente, por supuesto, el Maestro Jesús y Apolonio de Tiana fueron dos manifestaciones separadas de la misma individualidad, pero Él continúa siendo conocido dentro de la Jerarquía como el Maestro Jesús, y es por este nombre que será conocido en el tiempo venidero.

Otros Maestros

¿Están los Maestros Morya y K.H. (Koot Hoomi) actualmente en cuerpos físicos? (Noviembre '84)

Según mi información, sí. Ellos estarán entre el primer grupo de Maestros que será presentado al mundo después del Día de la Declaración.

¿Por qué algunos Avatares envejecen? (Julio/Agosto '85)

Algunos lo hacen y otros no. Determinados Avatares 'ocultos', como Babaji y el Mismo Sanat Kumara, no envejecen, y el cuerpo en que Maitreya se presenta actualmente no 'envejecerá' durante toda la Era de Acuario. Avatares como Ramakrishna, Ramana Maharshi, Sai Baba y otros que toman un cuerpo humano, inevitablemente sufren la desintegración humana. Pero esto solamente ocurre cuando Su propósito en la encarnación está cumplido.

¿Podría hablar por favor de los Maestros menos conocidos, como Mozart, Blavatsky, Abraham Lincoln, Beethoven, Serapis, el Maestro Inglés, etc., así como de Sus rayos, si están en encarnación en la actualidad, y cómo y a quién influyen o inspiran en el plano físico? (Abril '83)

H. P. Blavatsky y los Maestros que fueron Mozart y Beethoven no se encuentran en encarnación en la actualidad. Blavatsky está en el primer rayo y es una iniciada de cuarto a quinto grado; Mozart y Beethoven están en el cuarto rayo de armonía y han tomado la quinta iniciación.

H. P. Blavatsky trabaja para ayudar al Maestro Morya en Sus múltiples actividades a lo largo de la línea del primer rayo. Esto incluye el estímulo de las diversas sociedades esotéricas y ocultas, en un intento de llevar su pensamiento por líneas más correctas.

Abraham Lincoln está en el primero rayo y es un discípulo de cuarto grado de Shamballa en vez de la Jerarquía. El Maestro Serapis es un Chohan (Maestro de sexto grado) del cuarto rayo, mientras que el Maestro Inglés está en el tercer rayo y ha tomado cinco iniciaciones.

Estos tres individuos están en encarnación, Abraham Lincoln no vive lejos de su monumento en Washington, que utiliza frecuentemente como centro focal de Su energía. El Maestro Serapis trabaja principalmente con la evolución Dévica o angélica y es ayudado en Su trabajo por el Maestro que fue Mozart. El Maestro Inglés trabaja principalmente con los grupos políticos y económicos mundiales, tratando de guiarlos hacia una síntesis.

¿Qué Maestros trabajaron a través de H. P. Blavatsky para la escritura de sus libros? (Julio/Agosto '86)

Los Maestros Morya, Koot Hoomi y Djwhal Khul.

¿Por qué los Maestros Ascendidos necesitan vivir en el planeta? ¿No podrían hacer las mismas cosas sin reencarnar? (Noviembre '84)

En primer lugar, sólo un número muy pequeño de los Maestros son ascendidos, es decir, han tomado la sexta iniciación. En segundo lugar, si Ellos son ascendidos, o al menos resucitados, y sin embargo toman encarnación, es porque pueden hacer (o necesitan hacer) en encarnación lo que no pueden hacer fuera de ella. ¿Quiénes somos nosotros para juzgar o limitar la actividad de los Maestros Ascendidos o Resucitados? Ellos retornan a la actividad del plano físico como preparación para entrar en el Camino de la Evolución Superior Su siguiente paso en la evolución como grupo.

¿Es posible que un Avatar pueda encarnar en un grupo por ejemplo, para mostrarnos cómo actuar como grupo o para recalcar la conciencia grupal? (Noviembre '84)

Esta es una idea popular entre algunos grupos e individuos, especialmente en relación con la reaparición del Cristo. Se deriva de la creencia en que el Principio o Conciencia Crística se manifiesta a través de la humanidad, con la idea de que, cuando ese Principio se demuestre en una escala suficientemente amplia, la reaparición del Cristo tiene lugar. Este flujo del Principio Crístico (que Él personifica) es sólo una de las tres formas de manifestación de Maitreya, las otras son el adumbramiento de las mentes de ciertos discípulos y Su presencia física en el mundo. Mi información es que ningún Avatar hoy, o en el futuro, encarnará en un grupo.

El Contacto con los Maestros

El Maestro D.K. ha dicho que encontrarse con un Maestro en el plano físico sería, para la persona común, muy desorganizador para sus vehículos. ¿Esto sigue siendo cierto desde su punto de vista de la exteriorización de la Jerarquía? (Julio/Agosto '83)

Es perfectamente cierto que para la persona común, el encuentro cercano (si es posible expresarlo así) con la vibración tremendamente elevada, o vitalidad, de un Maestro sería muy perturbador para sus diversos cuerpos, no preparados para este estímulo superior. Por lo tanto, es probable que incluso después de que la exteriorización de la Jerarquía sea un hecho reconocido, el contacto de la persona común con los Maestros será algo distante por radio y televisión. Es por esta razón (entre otras, por supuesto) que la exteriorización tendrá lugar muy lentamente, durante muchos años.

Sin embargo, algunos Maestros han sido sometidos a un entrenamiento especial que Les permitirá vivir más íntimamente con la humanidad, y el Mismo Maitreya, debido a las características especiales de Su cuerpo de manifestación (Mayavirupa), puede vivir en la más íntima proximidad con la humanidad común.

¿Debe el Maestro ponerse con contacto con el alumno cuando sea el momento adecuado, o puede el alumno contactar con el Maestro? (Junio '85)

La ley es que el Maestro puede contactar con el alumno cuando el alumno está preparado, pero esto sucederá solamente cuando él o ella pueda ser de utilidad para el plan del Maestro.

He estado tratando de ponerme en contacto con un Maestro o Instructor en los planos internos durante años y no tuve éxito. ¿Hay alguna razón para esto? (Octubre '84)

El mero deseo de contactar con un Maestro no es suficiente para lograr ese contacto. El aspirante o discípulo debe demostrar mediante su capacidad, objetividad y deseo de servir que puede ser útil para el trabajo del Maestro. Hay un antiguo adagio: "Cuando el alumno está preparado, aparece el Maestro". El contacto con 'guías' o 'maestros' en el plano astral, por supuesto, no necesita ninguna capacidad especial, excepto una cierta facultad mediúmnica que, personalmente, creo debería evitarse.

¿Por qué el Maestro es tan severo e inaccesible a veces? ¿Qué lección se aprende de una severidad sin una respuesta? ¿O un reproche sin una causa aparente? (Julio/Agosto '86)

Me pregunto a qué Maestro se refiere la escritora. Que yo sepa ella no está en contacto con un Maestro y la pregunta es por lo tanto resultado del espejismo.

Yo sé que nunca he encontrado a mi Maestro que sea severo o amonestador, e inaccesible sólo en raras ocasiones cuando un trabajo superior ocupa toda Su atención.

Dado el número de iniciados en encarnación por encima, digamos, del segundo grado que tienen contacto continuo con un Maestro ex-

teriorizado, ¿por qué no están algunos, al menos, dando a conocer de alguna manera el hecho de la Reaparición?

Esta pregunta muestra un malentendido básico de la relación entre Maestros y discípulos de segundo grado, y también sobre el papel de los discípulos en general en el proceso de la exteriorización.

Hay alrededor de 240.000 discípulos de segundo grado en encarnación actualmente. Se encuentran en todos los ámbitos. De éstos, sólo una pequeñísima minoría tienen "contacto continuo con un Maestro", exteriorizado o no. La inmensa mayoría hace su trabajo en la política, la industria, la ciencia, o donde sea, sin saber necesariamente nada sobre la Jerarquía o los Maestros, mucho menos los hechos de la Reaparición. Y si se enteraran de estos hechos (como algunos deben haberlo hecho), no necesariamente los creerían. Casi todos los discípulos de segundo grado y muchos del tercero trabajan bajo el estímulo e inspiración subjetivos (del alma).

Además, cuando los discípulos trabajan conscientemente en contacto con un Maestro, conocerían su papel particular y se inclinarían a ceñirse a ello. Cada uno a su tarea.

¿Por qué el nombre de su Maestro no ha sido revelado? (Septiembre '84)

Él me ha pedido que no lo revele por el momento. Conozco dos razones, siendo la principal ésta: si yo tuviera que revelar su nombre generalmente, tendría que revelarlo al grupo o grupos con los que trabajo. Ellos fijarían su atención en Él continuamente de tal forma por telepatía como para distraer Su atención. Tanto si Él 'bloquea' esto o responde, eso implicaría una pérdida de Su tiempo y energía y los Maestros guardan ambos con cuidado.

¿Podemos comunicarnos por medio de la oración con su Maestro, o sólo puede ser a través de usted? (Julio/Agosto '85)

Puesto que nadie más que yo conoce el nombre de mi Maestro, realmente no veo cómo puede usted (deliberadamente) comunicarse con Él, mediante la oración o de otro modo.

El Tibetano (Maestro D.K.) habla de los esoteristas que responden al reflejo astral de la Jerarquía en vez de a la realidad. ¿Cómo sabe usted mismo con qué está en comunicación? ¿Qué consejo daría a los aspirantes con respecto al discernimiento entre los dos? (Julio/Agosto '85)

Es cierto que en los planos astrales hay potentes formas mentales de los Maestros conocidos, las construcciones astrales de devotos aspirantes y discípulos a través de los años. Muchas personas astralmente sensitivas contactan con estos 'Maestros' ilusorios y reciben 'enseñanzas', expresadas astralmente, que al menos en algún grado han venido originalmente de Maestros reales a través de discípulos mentalmente polarizados y enfocados en el alma. Hay muchos de estos casos hoy en día, algunos de ellos muy bien conocidos y respetados. (Hay varios grupos y probablemente muchos individuos que consideran que yo entro en esta categoría de discípulos engañados. Dejo al tiempo que pruebe de manera concluyente que éste no es el caso.)

Volviendo a la pregunta de cómo sé con quién estoy en comunicación, el Maestro real o ilusorio, es posible evidentemente contactar con un reflejo astral y pensar que es un Maestro, pero es imposible, diría yo, ser contactado por un Maestro (porque el discípulo es contactado por el Maestro, y no al revés) sin saber con certeza que uno ha sido contactado.

Evidentemente, si un Maestro desea, para Sus propósitos, contactar con un discípulo, Él encontrará una manera de hacerlo y dejar al discípulo sin dudas. Esta puede ser un contacto físico o telepático. En mi caso, desde que estoy ocupado en este trabajo público de preparación para Maitreya, mi Maestro se esmeró en demostrar Su realidad y yo insistí en que así lo hiciera. Ninguna forma mental astral puede curar. Mi Maestro y Sus Colegas realizan actos de curación que asombran a quienes saben de ellos. Ninguna forma mental astral puede hacer desaparecer y reaparecer objetos sólidos (véase el prefacio de mi libro, *La Reaparición del Cristo y los Maestros de Sabiduría*). Ninguna forma mental astral puede o somete al discípulo a un intenso proceso de liberación de espejismos e ilusiones al que mi Maestro me sometió para prepararme para el servicio público. Ninguna forma mental astral envía una fotografía de sí misma al discípulo en contacto. Podría seguir y seguir. De mil maneras mi Maestro me ha demostrado Su realidad (y a muchos otros).

El criterio de prueba es la objetividad y la ausencia de espejismo. Es exacto decir que mi Maestro nunca ha hecho una declaración que pudiera alimentar el espejismo o la ambición de cualquier individuo, yo mismo u otros. Por el contrario, muchos discípulos se han enriquecido enormemente por Su sabio consejo, objetiva pero amorosamente dado.

Mi consejo para los aspirantes es el siguiente: discernimiento es la clave. Busquen la objetividad. Guárdense de aquellos que ofrecen iniciaciones de los Maestros ¡con o sin un certificado! Guárdense de aquellos que les dicen que los Maestros necesitan su muy especial ayuda (¡generalmente financiera!) para Sus planes. Guárdense de aquellos de grado inferior que proclaman un contacto imposible con los Chohans (iniciados de sexto grado), y guárdense de cualquier comunicación, a través de otros o directa, que alimente su ego y espejismos y les de la sensación de importancia que todos anhelan y pocos merecen.

¿Cree usted que tenía algún significado el hecho de que la primera colaboración de su Maestro con Share International fuera sobre el tema del tiempo? (Agosto '82)

Sí, debo decir que también he pensado en eso últimamente. En su momento pensé que se trataba de una curiosa elección del tema para iniciar una serie de artículos para Share International. Sin embargo, estoy absolutamente seguro de que todo lo que Él hace está hecho con algún propósito detrás. Puede haber sido hecho deliberadamente para poner en nuestras mentes la idea de que nuestro sentido del tiempo, por ejemplo, en relación con el emerger de Maitreya no era necesariamente el mismo que el de los Maestros. Quizás estaba insinuando que Ellos tienen un sentido del tiempo completamente diferente, más amplio y flexible. Puede tener alguna relación y quizás por eso escogió ese tema para comenzar Sus artículos. Por otra parte, puede haber algún otro significado, por ejemplo, para mostrarnos cuán diferente es la Realidad desde nuestro concepto del tiempo dominante, y cuán importante es considerar el problema del tiempo. Es más que probable que ambas razones estuvieran detrás de esta elección.

¿Tienen algún significado las experiencias oníricas sobre algunos de los Maestros para el individuo receptor? (Junio '84)

Depende del sueño y el soñador. La mayoría de esos sueños no significan nada, pero a veces los Maestros se manifiestan a los discípulos de esta manera. El truco consiste en distinguir lo verdadero de lo puramente deseado.

¿Tiene cada alma–espíritu sólo un Maestro? (Junio '85)

Cada alma, normalmente y a lo largo del tiempo, es atraída hacia el ashram de un Maestro del mismo rayo del alma, aunque en ciertos casos, particularmente en discípulos e iniciados más avanzados, más de un Maestro puede estar involucrado en el desarrollo, etc., del discípulo. Aparte de eso, los discípulos son a menudo 'prestados' a otros Maestros para un trabajo específico.

¿Tiene cada persona un guía? (Marzo '86)

No. Cada persona tiene un ángel custodio, pero los 'guías', que por lo general trabajan en los planos astrales, normalmente trabajan en relación a grupos. Los Maestros de Sabiduría, los Guías de la raza, Quienes trabajan sólo en los planos mentales superiores, trabajan normalmente con y a través de grupos de discípulos.

¿Es el Cristo el Maestro de la mayoría de las almas de segundo rayo? (Octubre '85)

No, de ningún modo. El Cristo, Maitreya, es el Maestro sólo de Maestros y unos pocos iniciados de cuarto grado.

Águila Blanca escribe en su folleto, El Sendero del Alma, que en tiempos difíciles uno debería concentrarse en su Maestro. En Sus cualidades uno podría encontrar valor. ¿Tiene cada Maestro la dirección espiritual de un grupo de almas? (Septiembre '84)

No, no todos los Maestros, incluso entre aquellos relacionados con la evolución humana, toman alumnos o forman un Ashram o Grupo. Algunos de Ellos están ocupados en un trabajo de naturaleza tan amplia y elevada en relación con la raza en su conjunto, que este trabajo con grupos sería imposible.

La Jerarquía y las Fuerzas de la Materialidad

En el capítulo sobre el proceso del emerger de Maitreya se lee que las fuerzas que se oponen a la Luz desbarataron el deseado y largamente esperado encuentro entre la prensa y Maitreya en julio de 1985. A medida que se incrementa la presencia espiritual de la Jerarquía en la tierra, ¿aumentan también estas fuerzas de oposición de la logia negra su influencia en el mundo, y explicaría esto para la humanidad, atrapada entre estas dos fuerzas, estar aparentemente perdida, confundida y frustrada con su suerte? (Noviembre '85)

Es verdad que a medida que aumenta la influencia espiritual de la Jerarquía en el mundo, los esfuerzos de la logia negra aumentarán también. Sin embargo, eso no quiere decir que su influencia aumentará también – ellos están librando una batalla perdida. Como el Mismo Maitreya ha dicho: "El final es conocido desde el comienzo", y Él prevé una victoria total de las fuerzas de la Luz.

En tanto que trabaja sólo desde el nivel del alma, la Jerarquía de Maestros ha estado en desventaja en relación con la logia negra, que trabaja en los planos físico y astral. Con el regreso de Maitreya y Su grupo de Maestros, sin embargo, esta situación ha cambiado. Los señores de la materialidad serán "confinados" en su propio dominio – el sostenimiento del aspecto materia del planeta.

Como Regente Espiritual, ¿incluye el papel de Sai Baba hacer frente y sellar a las 'fuerzas del mal' en este planeta? (Noviembre 83)

Sí. Él trabaja estrechamente con el Señor del Mundo y la Jerarquía en Su continua supervisión de la labor de los señores de la materialidad, anulando, en la medida de lo posible, su influencia destructiva. Su presencia hace posible la 'intervención divina', que de otro modo no sería el caso. Esa es una de las funciones de un Avatar.

El mes de agosto del año pasado (1985) hubo muchos 'accidentes' y en la fecha de cada 'accidente' se observó el número dos. ¿Puede darnos el significado de esto? (Marzo '86)

No hay ningún significado que dar. Sin embargo, agosto de 1985 presenció un número sin precedentes de atentados terroristas y asesinatos sin sentido ni motivo. La gente parecía haber enloquecido. Mi Maestro pronosticó esto como consecuencia del ataque de las 'fuerzas oscuras' planetarias y cósmicas el 31 de julio de 1985 para evitar el contacto entre Maitreya y los medios de comunicación. El ataque fue contenido, pero la liberación de negatividad en los planos astrales tuvo como resultado el comportamiento enloquecido que siguió.

¿Tiene algo que ver la reciente ola de accidentes de aviones con la energía de oposición a la aparición pública de Maitreya en el planeta? Hubo aquel tremendo accidente el 31 de julio y muchos más desde entonces. Además, ¿el gran terremoto de México tiene algo que ver con ello? (Diciembre '85)

No, nada en absoluto. Se trata simplemente de que los aviones, como una generación, se están haciendo viejos, y la competencia es tan feroz entre las aerolíneas internacionales que yo creo que se están recortando gastos en supervisión, mantenimiento, etc. El terremoto de México, también, tiene una causa totalmente diferente.

¿Las así llamadas 'fuerzas de la oscuridad' se hacen pasar o se disfrazan de las fuerzas del bien con el fin de engañar a los bien intencionados, para menoscabar sus intenciones? Si es así, ¿cómo podemos evitar ser engañados de esta manera? (Diciembre '84)

Sí, esta es una estratagema común de las fuerzas de la materialidad. A menudo imitan los métodos empleados por la Jerarquía de la Luz para atrapar a los incautos. La mejor defensa contra el engaño es examinar cuidadosamente los motivos de uno y mantenerlos puros y altruistas. Las fuerzas de la oscuridad no pueden trabajar o influenciar donde la luz y el amor del alma dominan las acciones. La objetividad y el desinterés son los principios fundamentales de las acciones e ideas inspiradas por el alma. Cuando éste es el caso, uno está automáticamente protegido.

¿Es mi propio temor a esto un resultado de las actividades de la 'fuerza oscura'? (Diciembre '84)

No, es un temor común. Lo mejor, en mi opinión, es olvidarse por completo de las 'fuerzas oscuras' – proceder como si no existieran – y así no se les da energía.

¿Por qué la Jerarquía permite a las religiones dividir a la humanidad y odiarnos unos a otros? (Mayo '84)

No es tarea de la Jerarquía permitir o prohibir cualquier acción determinada de la humanidad. Tenemos libre albedrío que Ellos no infringen. Son nuestros hermanos mayores, pero no pueden vivir nuestras vidas por nosotros más de lo que los padres pueden vivir las vidas de sus hijos por ellos. Gradualmente, por el sufrimiento que resulta de nuestro odio y divisiones, aprendemos inofensividad y por lo tanto correctas relaciones.

¿Por qué la Jerarquía cree que vale la pena salvar a la humanidad? (Abril '84)

Porque sabe que el hombre es potencialmente divino y está en encarnación según el propósito divino.

¿Qué es un Yeti? (Junio '84)

El Yeti – o 'abominable hombre de las nieves' – no tiene nada que ver con el hombre en absoluto. Es un oso del Himalaya adaptado a vivir en grandes alturas. Muy asustadizo y no muy numeroso, su misteriosa presencia se conoce generalmente por sus grandes huellas en la nieve. El hecho de que camina frecuentemente sobre sus patas traseras – dejando así sólo dos huellas – ha conducido a la especulación de que estas huellas son de algún hombre–animal de la antigüedad.

El Yeti no debería confundirse con los poco frecuentes 'vestidos de cielo' que también habitan en el Himalaya. Estos son hombres, yoguis, capaces de vivir en estas alturas completamente desnudos (de ahí el término vestidos de cielo). No son Maestros de Sabiduría en el sentido técnico, pero han desarrollado ciertas prácticas yóguicas a un grado considerable. No necesitarían comer o dormir, por ejemplo, y no sienten frío.

Señales

¿Podría usted decir algo sobre las visiones – por ejemplo, las visiones de la Virgen María? (Noviembre '82)

Las visiones de la Virgen María son principalmente de dos tipos: aquellas que son puestas en la mente de los devotos por algunos Maestros, o por discípulos de aquellos Maestros que trabajan desde los planos internos; y aquellas que son imaginaciones o emanaciones astrales. En otras palabras, algunas son simplemente astrales, anhelos emocionales, satisfechos astralmente – las personas anhelan ver a la Virgen María, desean ayuda, y ello es satisfecho con el tiempo a través de estas visiones astrales. En el otro caso, no es desconocido que algunos Maestros lo ven como Su trabajo para conservar los talismanes, para mantenerlos satisfechos. Una visión de María es como un talismán, y también lo es, por ejemplo, la Sábana Santa de Turín, que fue dejado para el sostén de los fieles. Ayuda a mantener su fe en Dios y una verdadera conexión entre Dios y el hombre; cumple su anhelo por una señal de Dios. Y la gente no solamente ve visiones de María, sino muchas otras cosas – estatuas llorando, pinturas que lloran. He visto una fotografía que cuando fue tomada era sencillamente una vista de un paisaje, sin embargo, cuando fue revelada tenía la figura del Maestro Jesús en el medio de la misma. Y más recientemente han habido varias fotografías de nubes, tomadas por personas diferentes desde los aviones en momentos diferentes, en las que se ve claramente la figura de pie del Cristo superpuesta ('viviendo en las nubes'). Hay muchas manifestaciones de este tipo. Son reales. Sin embargo, algunas de las "visiones" no son reales, son simplemente emanaciones o proyecciones astrales.

¿Cuál es el significado de los muchos informes de estatuas llorando de la Madre María e incluso de estatuas que se mueven? (Septiembre '85)

Son señales, dadas para los fieles (en un sentido religioso) para asegurarles del permanente amor y preocupación por ellos de Dios y Sus representantes. Muchos de los Maestros (la Madre María es actualmente un Maestro pero no está en encarnación) activan estatuas o pinturas de Ellos mismos de esta manera. La proliferación de estas señales en la actualidad es una indicación del final de la era y la seguridad del auxilio divino en tiempos de crisis. También pueden ser vistas como las señales de Su presencia a las que Maitreya se refiere en el Mensaje nº 10.

¿Por qué es la imagen de María empleada aparentemente tan a menudo cuando los Maestros proyectan 'visiones' para la gente?

No tendría mucho sentido proyectar una visión de un Maestro desconocido. Los bien conocidos y muy amados símbolos de Jesús y María (en la India, Krishna o la Madre) se emplean precisamente porque son reconocibles. María, especialmente, es adorada como la Madre siempre amorosa y protectora.

OVNIs

¿Cómo reconoceríamos un ovni hostil frente a uno amistoso? (Mayo '84)

No hay ovnis hostiles. A pesar de las diversas historias de ovnis supuestamente hostiles, la manifestación ovni es el resultado de la cooperación interplanetaria y es totalmente pacífica y benéfica en intención. Esta cooperación, por supuesto, tiene lugar entre nuestra Jerarquía Esotérica y los otros planetas. Historias de acciones hostiles por parte de los ocupantes de los ovnis, creo, son fantasías morbosas de humanos asustados. Las obras de ciencia ficción y el cine han contribuido grandemente en la creación de este tipo de reacción de temor. Han hecho un flaco favor a la comprensión del fenómeno ovni al proyectar esta forma mental negativa.

¿Escogen los ovnis a ciertas personas por el rayo, o de otro modo, para hacerse visibles a ellas? (Junio '85)

Como yo lo entiendo, no. A veces se hace para algún propósito importante, pero la mayoría de las veces es relativamente fortuito, siempre y cuando ellos piensen que la persona estará receptiva y no demasiado asustada. Nunca es su intención asustar a las personas. Si usted ha leído mi libro, *La Reaparición del Cristo y los Maestros de Sabiduría*, sabrá que creo que los ovnis (y sus ocupantes) son de materia etérica y no de materia física densa, y su apariencia sólida para nosotros es un fenómeno temporal.

¿Se hace invisible un ovni curvando los rayos de luz? (Mayo '84)

No. El ovni es normalmente invisible, al estar hecho de materia de los cuatro planos etéricos – principalmente (80 por ciento) de materia de los dos más altos y el 20 por ciento de los planos tres y cuatro. Se hacen visibles a nuestra vista reduciendo la frecuencia vibratoria de estos átomos, y se vuelven invisibles de nuevo volviendo a su frecuencia normal.

¿La Gente del Espacio intercedería por nosotros si hubiera una guerra atómica, mediante el uso de su tecnología para detener los misiles? (Mayo '86)

Yo creo que sí. Después de haber dado permiso para que los secretos atómicos fueran revelados a los científicos aliados durante 1942, Sanat Kumara (El Señor del Mundo) estaría comprometido en cualquier conflicto nuclear.

Capítulo IV. Espiritualidad y la Vida en la Nueva Era

Espiritualidad

"La palabra 'espiritual' no se refiere a los asuntos religiosos. Toda actividad que impulsa al ser humano adelante hacia algún tipo de desarrollo – físico, emocional, mental, intuitivo, social – si es para progresar de su estado actual es esencialmente de naturaleza espiritual".

En esta declaración de *La Educación en la Nueva Era* de Alice A. Bailey, el Maestro D.K., creo yo, enfoca el cambio en el énfasis que debe ponerse en nuestra relación con el mundo, y refleja un acercamiento completamente nuevo a otras actividades que las estrictamente religiosas. También dijo que la monopolización por los grupos religiosos del término "espiritual" ha sido el mayor triunfo de las fuerzas del mal en este planeta. La opinión general es que todo lo que sea "religioso" es "espiritual", mientras que todas las otras actividades son profanas o mundanas. Mientras que vayamos a la iglesia el domingo, podemos dedicar el resto de la semana a crear las condiciones y estructuras políticas, económicas y sociales más corruptas, deshonestas e irracionales. Hemos separado lo espiritual de cada aspecto de nuestro ser, excepto la vida religiosa, y lo hemos relegado a un papel limitado como "la vida interior". Esto nos ha permitido en nuestras vidas externas vivir de manera corrupta y deshonesta, y ha dado lugar a la las dificultades que ahora enfrenta el mundo, donde ahora encaramos la posibilidad de la destrucción total con sólo pulsar un botón.

Hemos prostituido la ciencia, al igual que prostituimos cada aspecto del conocimiento divino, al dios del dinero en el polo opuesto a nuestra naturaleza divina, una divinidad que hemos reconocido sólo en términos religiosos y en el campo religioso.

No vemos al hombre como un ser espiritual, excepto cuando entra en una iglesia o se adhiere a alguna religión determinada. Por lo tanto todas las estructuras políticas, económicas o sociales que niegan una connotación religiosa en la vida (por ejemplo, los sistemas actuales en el mundo comunista) son consideradas sumamente malvadas. Ciertamente, aspectos de su organización social pueden ser malvados – el totalitarismo, la negación de la libertad individual, son definitivamente malvados – pero en gran parte están basadas profundamente en principios espirituales: Libertad, Justicia, Igualdad y Fraternidad, que no sólo son la raíz de la Revolución Francesa, sino de cada revolución a partir de entonces. El problema es, por supuesto, que los ideales espirituales siguen siendo en gran parte sólo ideales.

En este tiempo venidero tendremos que realizar un cambio de conciencia para incluir cada aspecto de nuestro ser en nuestra definición de "espiritual". Todas nuestras estructuras deben estar basadas en la Unidad interior de la humanidad y reflejar esa realidad. Como almas somos Uno; no hay tal cosa como un alma individual separada. Tenemos que crear sistemas políticos, económicos y sociales que permitan a esa divinidad interior expresarse.

Hemos construido sistemas que están basados en principios equivocados: competencia, división, separatismo y desigualdad, todo ello en oposición directa a la realidad interior. La realidad interior es la Unidad del hombre, una naturaleza divina compartida que está en potencia en cada ser humano individual, y que necesita formas exteriores correctas para permitir que la radiación interior se exprese. Gran parte de la violencia de hoy es el resultado de la tensión entre el conocimiento del hombre de sí mismo, internamente percibido como divino, y su incapacidad para manifestar ese reconocimiento en el plano externo. Siente que no tiene control sobre las estructuras políticas y económicas que lo colocan en categorías divididas muy marcadas – un virtual sistema de castas. Reacciona contra las circunstancias exteriores, que no guardan relación con su sentido de sí mismo como un ser divino. Está en guerra consigo mismo y, como una extensión de sí mismo, con la sociedad de la cual forma parte. Esta es la raíz de una gran parte de la actual tensión social y violencia en el mundo. Sólo mediante una reeducación de la humanidad sobre la verdadera naturaleza del hombre como una realidad triple – espíritu, alma y personalidad – y de la relación de la Ley de Causa y Efecto con la Ley de Renacimiento, puede tener lugar una verdadera expresión del hombre como alma.

Esto condicionará nuestros nuevos sistemas. Hasta que comprendamos que todas las personas son divinas, no seremos capaces de crear instituciones suficientemente sensibles a la divinidad interior sin corromper esa divinidad. Las iglesias de hoy, en gran parte, han corrompido la divinidad de la que hablan porque han llegado a ser tan dogmáticas, tan doctrinales, y tan separatistas en ese dogma y doctrina que han perdido la tolerancia, el sentido de buena voluntad, de hermandad, que debería ser la base de la noción religiosa de Dios: una Paternidad común y por lo tanto la fraternidad de todos los hombres. Cuando esto se aplique al campo político nuestros sistemas reflejarán esa realidad.

Así mismo, en la esfera económica, debemos establecer el principio según el cual todas las personas en todas partes puedan compartir juntos los productos de la tierra. La mayor división en el mundo de hoy es la disparidad económica entre el Norte y el Sur, las naciones industrializadas y el Tercer Mundo. Un tercera parte del mundo usurpa y despilfarra las tres cuartas partes de los alimentos del mundo y por lo menos el ochenta por ciento de los recursos y la energía del mundo, mientras que el Tercer Mundo tiene que apañarse con el resto. Las tensiones inherentes a este desequilibrio nos están conduciendo inexorablemente al caos. Estas son las conclusiones centrales de la Comisión Brandt, entre otras. Su informe, *Norte–Sur: Un Programa para la Supervivencia*, reconoce los peligros inherentes en este desequilibrio. Hasta que todas las personas en todas partes puedan comer y vivir libremente como miembros completamente aceptados de la familia humana, no habrá justicia en el mundo. Mientras no haya justicia no habrá paz verdadera; si no hay paz verdadera en el mundo de hoy, no hay futuro para el mundo.

Actualmente nos enfrentamos a una crisis que es esencialmente espiritual, pero que se está desarrollando en los campos político y económico. De ahí la decisión del Cristo de trabajar en la esfera de la política y la economía, y de aquí Su énfasis en el principio de compartir, el cual, Él ha dicho, es la clave de todo progreso futuro para el hombre: "Cuando compartís reconocéis a Dios en vuestro hermano". "El hombre debe compartir o morir". El compartir es un principio divino, y hasta que reconozcamos que todas las estructuras deben reflejar esa divinidad interior, no avanzaremos un paso más en nuestro viaje evolutivo. Tan pronto como lo hagamos realidad, abriremos la puerta a una situación totalmente nueva.

Hay una declaración maravillosa del gran poeta español Federico García Lorca, sobre el final del hambre:

"El día que el hambre sea erradicada de la tierra habrá la más grande explosión espiritual que el mundo haya conocido nunca. La humanidad no puede imaginar la alegría que irrumpirá en el mundo en el día de esa gran revolución."

Esta puede parecer una declaración muy ambiciosa, pero es un reconocimiento, creo yo, de que la erradicación del hambre en un mundo de abundancia es el primer paso de la humanidad hacia su divinidad, porque es el primer paso en las correctas relaciones del hombre con el hombre.

Tan pronto como reconocemos que somos Uno y empezamos a compartir los recursos del mundo entre todas las personas, damos el primer paso para ser dioses. En eso reside la espiritualidad esencial de las nuevas estructuras económicas, que deben basarse en el compartir porque deben estar fundamentadas en la divinidad del hombre. El compartir es una actividad divina y va más allá de la distribución de los recursos del mundo: todos nosotros compartimos nuestra divinidad. Somos realmente Uno en todos los niveles – físico, emocional, mental, intuitivo y social. En todos estos niveles el compartir puede tener lugar.

Hay una enorme división, incluso en los grupos 'nueva era' de hoy, entre aquellos que ven la acción política y económica no solamente como esencial sino como un gran movimiento espiritual para renacer, y quienes consideran que la política es una palabra sucia, que la economía es algo que sólo los pobres tratan. A menudo me horroriza la insensibilidad de como las llamadas personas "espirituales" ven a los millones de hambrientos del mundo. Frecuentemente, las condiciones difíciles de los desposeídos se justifican como su 'karma' a través del cual están aprendiendo una lección. La simple, sincera y natural compasión humana, se podría pensar, conduciría a una preocupación por su bienestar.

La política, la economía, la ciencia, la cultura y la educación pronto serán tareas espirituales fundamentales de la humanidad, personificando cada aspecto de la vida espiritual. Los grupos religiosos, los llamados grupos 'espirituales' y 'nueva era', no tienen el monopolio de la espiritualidad. De hecho, el Maestro D.K. ha dicho que los llamados grupos esotéricos y ocultos son los que tienen más espejismos de todos los grupos. También he comprobado que son los menos eficaces. Los cambios reales en el mundo, los cambios reales en la conciencia, se están haciendo en los frentes político y económico. Es a través del cambio político y económico que las estructuras serán reconstruidas, lo que permitirá que la espiritualidad inherente en todas las personas se refleje. El Cristo mostrará que el sendero de la vida espiritual es lo suficientemente amplio y variado para dar cabida a todas las personas. En cada empeño, en cada parcela de la vida humana, la conciencia y el conocimiento de Dios pueden percibirse y expresarse. Todos pueden contribuir con su conciencia despierta de esta experiencia momento–a–momento al modelo multicolor que crecerá como resultado de esa experiencia compartida. (Enero '82)

Objetivos y Posibilidades

La meta de la humanidad en esta era venidera es la creación de la conciencia grupal, la sensación de ser partes integrales de un Todo. Las nuevas energías que entran en este planeta desde la constelación de Acuario trabajan en esta dirección; su cualidad intrínseca es la síntesis y la universalidad.

Estamos a punto de presenciar cambios profundos en todas nuestras instituciones y estructuras – políticas y económicas, religiosas y sociales, científicas, educativas y culturales. Estos cambios tendrán lugar a medida que la humanidad comprenda, etapa por etapa, su Unidad esencial, y adopte las medidas necesarias para implementar esa Unidad.

La primera prioridad humana es salvar a los millones que ahora mueren de hambre en el Tercer Mundo. Un programa intensivo de ayuda a escala mundial será necesario para paliar su difícil situación. No se deben escatimar esfuerzos para aliviar el dolor que ahora sufren algunas de las zonas más pobres. No hay nada más urgente o importante que hacer hoy en el mundo. Todo lo demás debe ir después de esta necesidad humana primaria.

El Cristo pedirá la aceptación del principio de compartir por medio de la redistribución de los recursos del mundo – el alimento, materias primas, energía y conocimientos tecnológicos, en gran parte usurpados (y despilfarrados) hoy por las naciones desarrolladas.

Cuando hayamos aceptado el principio de compartir (principio que será impuesto a los gobiernos por la opinión pública mundial), cada uno de los países será invitado a ceder, en fideicomiso para el mundo, lo que le sobra para cubrir sus necesidades. Cada país será invitado a hacer un inventario de sus bienes y necesidades. Suministradas a ordenadores, estas estadísticas proporcionarán a una Agencia de las Naciones Unidas, creada al efecto, la información sobre la cual una redistribución racional de los recursos del mundo puede tener lugar. De esta manera un mejor equilibrio entre el mundo desarrollado y subdesarrollado puede alcanzarse. Se ha estimado que el programa de redistribución llevará de dos a tres años ponerlo en práctica. Los planes y anteproyectos para el programa, elaborados por altos iniciados – economistas, financieros e industriales de gran éxito – existen desde hace mucho tiempo, esperando solamente la demanda de la humanidad para su aplicación. Una sofisticada forma de trueque reemplazará los sistemas económicos actuales.

No hay duda de que habrá oposición por parte de los miembros más privilegiados de la sociedad que verán en los cambios que deben tener lugar una pérdida de su estatus y poder tradicional; pero la necesidad del cambio llegará a ser tan abrumadoramente evidente que ellos mismos se encontrarán cada vez más impotentes para detener el impulso.

Desde hace varios años, en los cinco centros principales (Nueva York, Londres, Ginebra, Darjeeling y Tokio) hay grupos que han sido instruidos por un Maestro en la legislación precisa que cambiará nuestras caóticas estructuras políticas, económicas y sociales actuales de acuerdo con líneas más racionales (y más espirituales). Con el mínimo de división, la mínima perturbación de la estructura social existente, cambios de gran alcance pueden esperarse durante los próximos años. El sistema democrático se mantendrá todavía, y será visto como justo y eficaz cuando esté, por primera vez, verdaderamente dirigido al bien común. La participación de todos los sectores de la sociedad en la construcción del nuevo orden social garantizará la adopción rápida de las medidas necesarias para su aplicación.

La clave para un ambiente político más armonioso es la aceptación del principio de compartir. Los dos sistemas democrático y comunista están en proceso de transición, y mientras se desarrollan llegarán a ser menos excluyentes entre sí de lo que parecen ser ahora. Como resultado habrá una mayor armonía mundial.

La Asamblea de las Naciones Unidas será reconocida como el cuerpo legislativo internacional. El trabajo de la Asamblea está reprimido actualmente por la falta de apoyo que le dan las grandes potencias, en particular EE.UU. y Rusia, y por la existencia del Consejo de Seguridad con su poder de veto. El Consejo de Seguridad se ha vuelto inútil y ahora debe dar paso a que la voz basada en la mayoría de la Asamblea sea escuchada. Las Naciones Unidas es el anteproyecto para un futuro Gobierno Mundial de estados independientes federados. No forma parte del Plan Divino que las naciones deban vivir bajo un mismo sistema político. La Democracia y el Comunismo son cada uno la expresión, más o menos distorsionada, de una idea divina. En su expresión perfecta con el tiempo cada uno dará al mundo un modelo de organización social adaptada a los diferentes pueblos en diversas circunstancias. "Unidad en la diversidad" puede decirse que será la idea fundamental de las futuras agrupaciones políticas.

Ya están teniendo lugar profundos cambios en el mundo industrializado con la llegada de la microtecnología. Las máquinas, cada vez más sofisticadas, se harán cargo cada vez más de los medios de producción. Los problemas del desempleo de hoy llegarán a ser los problemas del ocio. La educación para el uso correcto y completo del ocio será de vital importancia. A la larga, todos los artefactos de nuestra civilización serán fabricados por medio de máquinas, liberando así al hombre para la exploración de su propia naturaleza y propósito verdaderos. Con el tiempo, estas máquinas serán fabricadas mediante un acto de voluntad creadora del hombre; apenas hemos tocado, hasta ahora, la superficie del potencial de la mente humana.

La necesidad inmediata es transformar los procesos de trabajo para liberar del trabajo mecánico y monótono a los innumerables millones que actualmente no conocen otro significado en su trabajo diario: "Dejadme llevaros hacia un mundo donde ningún hombre carezca de nada; donde cada día sea diferente; donde la alegría de la Fraternidad se manifieste a través de todos los hombres". (Maitreya, Mensaje N° 3.)

El Advenimiento del Cristo y el emerger de los Maestros de Sabiduría traerán una enorme sensación de alivio y reducción de la tensión al mundo. El aumento del bienestar físico y emocional será considerable. Gran parte de las enfermedades físicas en el mundo de hoy tienen una causa psíquica: los esfuerzos, las tensiones y temores inherentes en nuestra sociedad y mundo divididos. Dándole una verdadera esperanza para el futuro, la salud general de la humanidad mejorará.

Completamente aparte de esto, se efectuarán nuevos enfoques para descubrir las causas de la enfermedad. La existencia de los planos etéricos de la materia, es decir, materia de sustancia más sutil que el gas y normalmente invisible, ha sido postulada hace tiempo, y aceptada por los esoteristas como axioma. Este es el próximo campo de la materia pendiente de investigación por nuestros científicos exotéricos. La fotografía Kirlian y el trabajo de Wilhelm Reich ya han señalado el camino. Se comprenderá que la salud del cuerpo físico depende enteramente del "doble etérico" o "cuerpo duplicado". Los centros de fuerza (o "chakras", como se les llama en el Oriente), que focalizan el flujo etérico, tienen sus equivalentes en el plano físico denso en las glándulas mayores y menores del sistema endocrino. Apenas estamos comenzando a comprender lo importante que es para nuestro bienestar el correcto funcionamiento interrelacionado del sistema endocrino. Éste a su vez depende del buen funcionamiento del cuerpo vital etérico que los sustenta.

Las medicinas alternativas actuales, llamadas "marginales" o complementarias (realmente muy antiguas, por cierto) ocuparán su lugar al lado de los métodos más ortodoxos. Equipos de médicos y sanadores de diversas disciplinas trabajarán juntos, cada uno aportando sus puntos de vista y aptitudes particulares para el mayor beneficio del paciente. Los Maestros son, sin excepción, expertos en el arte de la curación esotérica, ilustrado de manera tan espectacular por el Cristo en Palestina. Su inspiración y guía acelerará el ritmo de los experimentos y descubrimientos y conducirá a resultados impensables hoy día.

Existe, paralela a la humana, otra gran evolución, la Angélica (o Dévica, como se la conoce en Oriente), que tiene mucho que dar y enseñar a la humanidad en relación con la enfermedad y su curación. En un futuro no muy lejano, tendrán lugar contactos muy reales entre las dos evoluciones, que se traducirá en una gran expansión de conciencia del hombre de su verdadera naturaleza y de su lugar en el esquema de las cosas. Todo este tema es tan profundamente esotérico y abstruso que sólo se puede hacer aquí la más breve mención.

Determinadas enfermedades como la sífilis, la tuberculosis y el cáncer son endémicas en la humanidad e increíblemente antiguas. Llevará mucho tiempo librar al mundo completamente de estos azotes, pero con el tiempo se hará. Y mientras tanto, se realizarán grandes progresos para su control y alivio de sus efectos, como ya es el caso con la tuberculosis. La adopción universal de la cremación como el único método higiénico de restituir a la tierra el cuerpo después de la muerte acelerará este proceso. Durante incontables épocas, a través del enterramiento, las enfermedades del cuerpo físico han sido absorbidas por la tierra para ser reabsorbidas por el tejido vegetal y animal. Esto ha ocurrido durante tanto tiempo que la Tierra misma está contaminada.

La era venidera verá ciertos cambios profundos en la percepción humana que dará a la humanidad una experiencia mucho más profunda y más rica de la Realidad en que vivimos: la telepatía y la visión etérica llegarán a formar parte del equipamiento humano normal en lugar de ser, como ahora, relativamente raras. Todos somos telépatas (compartimos esta facultad con el reino animal), pero con la mayoría de nosotros ocurre inconscientemente, de manera irregular, sin ningún control o intención. Gradualmente, en esta nueva era que ahora comienza, la telepatía llegará a ser el modo normal de comunicación entre las personas en la misma etapa de evolución. El adumbramiento del Cristo a toda la humanidad en el Día de la Declaración presagia la capacidad futura de la humanidad para comunicarse mentalmente, telepáticamente, a voluntad, a cualquier distancia. La mentira llegará a ser automáticamente imposible y el habla se extinguirá gradualmente.

Nosotros conocemos, hoy en día, tres estados de la materia física: sólido, líquido y gaseoso. El esoterismo postula la existencia de cuatro estados más de la materia por encima del gas, los planos etéricos. Vivimos en un océano etérico, nuestros cuerpos etéricos son concentraciones más complejas de ese océano. El Maestro Djwhal Khul ha profetizado que se producirá un cambio en el ojo físico para otorgar el "doble foco", visión etérica, que permite la percepción de estos planos sutiles. Un mundo completamente nuevo se abrirá para la humanidad; las bellezas de los planos más sutiles serán reveladas. Muchas de las grandes ciudades del mundo están construidas sobre puntos de fuerza etérica; la cualidad y el tono de estas concentraciones energéticas llegarán a ser una fuente importante de descubrimiento y estudio.

Uno de los cambios más profundos que tendrá lugar estará en nuestro enfoque de la muerte. El hombre perderá su miedo a la muerte. La humanidad llegará a aceptar y comprender la Ley de Renacimiento; que la muerte del cuerpo es solamente la transición a un estado nuevo y más libre; que el alma en su largo viaje en encarnación toma vehículo tras vehículo a través de los cuales se refleja a sí misma en el plano físico. La muerte perderá su terror. Cuando el cuerpo esté viejo y agotado de fuerza, la muerte será buscada alegremente como la entrada a la renovación y más experiencia.

El Cristo confirmará la lenta y gradual evolución del hombre a través del proceso de la reencarnación (la Ley de Renacimiento), y a través de nuestra comprensión de esta Ley y su relación con la Ley de Causa y Efecto (la Ley del Karma) llegará la base firme para el establecimiento de correctas relaciones humanas. Llegaremos a comprender que nuestros pensamientos y acciones en cada momento ponen en movimiento causas cuyos efectos hacen de nuestras vidas lo que son, para bien o para mal. Así, veremos la necesidad de la inofensividad en la relación con los demás, una inofensividad basada en la 'voluntad para bien', manifestándose como buena voluntad.

El Cristo proclamará la verdad de que el Reino de Dios existe en la tierra, y ha existido siempre, de la realidad de la Jerarquía Espiritual de Maestros e Iniciados, y que un día, por medio de Su Agencia, toda Su gente serán miembros de ese Reino. Los Antiguos Misterios serán restaurados, y el hombre se conocerá a sí mismo como el ser divino que es.

Todas las personas, con el tiempo, incluso aquellos no comprometidos en el campo religioso, compartirán el sentimiento de una base espiritual de la vida. Todos se esforzarán, en cualquier campo de la actividad humana en que puedan estar comprometidos, sea político, científico, educativo o artístico, para dar expresión a esta sentida verdad interior y construirán una cultura y una civilización que refleje directamente su experiencia de que Dios, la Naturaleza y el Hombre son Uno. Entonces habrá revelación tras revelación, hasta que nos encontraremos en posesión de ese conocimiento que abrirá para nosotros los secretos de la vida misma y nos permitirá llegar a ser creadores conscientes y colaboradores con Dios. Esto será posible cuando la voluntad de la humanidad y la voluntad de Dios sean una y la misma. Una interacción creativa entre Dios y el hombre puede entonces tener lugar, y la verdadera naturaleza y propósito detrás de la evolución humana llegará a ser evidente.

Esto conducirá a la creación de la Ciencia Divina conocida únicamente por los Maestros de Sabiduría. Un día, a través del hombre mismo, esta ciencia llegará a ser el instrumento mediante el cual las fuerzas del universo pueden ser aprovechadas y utilizadas en el servicio del Plan Divino para fomentar la evolución de todos los reinos de la naturaleza. Bajo la guía de la Jerarquía de Maestros, el hombre se verá capaz de controlar las fuerzas y energías de las que es en la actualidad completamente ignorante, y de las que está totalmente a su merced. Será capaz de trascender el tiempo y la distancia por el poder de su pensamiento y de crear medios de viajar tan silenciosos y aparentemente inmóviles que la fatiga desaparecerá. Por medio del poder del sonido construirá sus artefactos y controlará su entorno.

Naturalmente, todo esto depende de nuestra capacidad de renunciar a nuestras pequeñas voluntades separadas y ponerlas en consonancia con la Voluntad y Propósito Divinos. Es para este fin que el Cristo y los Maestros trabajarán. Suya es la tarea, por lo tanto, de dirigirnos y guiarnos de manera que, gustosamente, alegremente, hagamos esta renuncia nosotros mismos, en la luz de la visión de nuestra propia alma del alcance y majestuosidad del Plan.

Una nueva era de paz y buena voluntad está amaneciendo en el mundo. Nada puede impedir ahora la inauguración de esta era de tranquilidad y equilibrio. Las fuerzas cósmicas liberadas por el Cristo en el mundo se están haciendo claramente manifiestas en el plano físico y continuarán haciéndolo así con fuerza cada vez mayor. Estas fuerzas conducirán a resultados que en este momento parecen imposibles de alcanzar. Cada vez más, estas energías condicionarán nuestros modos de pensar y sentir, y conducirán finalmente a ese estado deseado de fusión y síntesis que será la nota clave de la era de Acuario. Entonces reconoceremos el hecho por tanto tiempo oculto y no manifestado: que la Humanidad es Una, parte de la Vida Una. (Junio '82)

[Este artículo ha sido extraído en gran parte de la "Introducción" de *La Reaparición del Cristo y los Maestros de Sabiduría* de Benjamin Creme.]

Cambio Político y Económico

Los programas religiosos para elevar la conciencia y mejorar el carácter humanos han trabajado, en general, sobre unas pocas almas

devotas, pero dejan a las masas todavía sin reformar y sin iluminar. ¿Qué le hace a usted creer que este programa en curso (de Maitreya) tendrá algún efecto diferente? (Noviembre '85)

Es cierto que los cambios en la conciencia humana han sido lentos, pero sólo hay que comparar la conciencia general de las masas de la humanidad de hoy con aquella de la Edad Media o de Palestina en tiempos de Jesús para darse cuenta lo mucho que hemos avanzado. La educación y las comunicaciones mundiales han transformado a la humanidad durante los últimos dos siglos y la ha preparado para los cambios que ahora tiene que venir. Además, no es simplemente un programa 'religioso' para mejorar el carácter humano lo que Maitreya trae. Es una inspiración espiritual que se dirige a todos los aspectos de nuestras vidas – político, económico, religioso y social. Sobre todo, en esta era venidera los Grandes Modelos, el Cristo y los Maestros, vivirán abiertamente entre nosotros, inspirando, guiando y estimulando todo para alcanzar su máxima aspiración y potencial.

En todas las épocas ha habido siempre hombres y mujeres buenos y malos. ¿La maldad que persiste no hará imposible la felicidad mundial? (Mayo '86)

No estoy hablando realmente sobre la 'felicidad' mundial. Es evidente que hasta que cada uno sea perfecto – lo cual es un proceso evolutivo – habrá imperfección (lo que las iglesias llaman pecado). Yo creo que hay que ver la 'felicidad' en términos relativos. Los Maestros conocen la felicidad continua y pasará mucho tiempo hasta que todo el mundo la experimente. Pero para aquellos que ahora están muriendo de hambre, tener simplemente garantizadas las comidas habituales sería la 'felicidad'.

¿Por qué, en su opinión, hay un aumento del fundamentalismo religioso en el mundo de hoy? (Enero '86)

Inevitablemente, al final de una era y civilización hay un desmoronamiento de las estructuras religiosas, políticas, económicas y sociales existentes. Debido a su antigüedad, estas estructuras están cristalizadas y debilitadas por la retirada de las energías que las engendraron. Sectores de la sociedad comienzan a responder a las nuevas energías que trae una nueva era y, en su búsqueda y demanda de nuevas formas, se establece una polarización.

Bajo la amenaza de lo nuevo, los amantes de las viejas formas ocupan una posición cada vez más fundamentalista, buscando ir en contra de la corriente de la historia y la evolución para conservar el pasado, el statu quo. Esto puede verse hoy en todo el mundo en todos los ámbitos, no sólo en el campo religioso.

¿Cómo será visto el Cristo por el mundo? ¿En calidad de qué actuará? ¿Constituirán Él y los Maestros alguna institución nueva? (Septiembre '82)

Después del Día de la declaración será visto como la vanguardia de todos los movimientos progresistas y de amplias miras para el cambio. Con el tiempo, esto significará un cambio total de todas nuestras instituciones. Algún tiempo después del Día de la Declaración presentará al mundo a doce Maestros y algunos de Ellos ocuparán determinados cargos muy elevados. Uno o dos ocuparán sus lugares, no sé cuándo, en la jefatura de determinados gobiernos en países clave del mundo. Otro Maestro estará a cargo de una nueva agencia que se creará dentro de las Naciones Unidas para supervisar el programa de redistribución. Actuarán de la manera más internacional, sin constituir, en mi opinión, ningún nuevo equipo o agencia independiente, pero serán líderes del pensamiento y opinión mundiales y, por supuesto, el estímulo detrás de todas las ideas en la reconstrucción del mundo.

¿Constituirán el Cristo y los Maestros un gobierno mundial? (Septiembre '82)

Como yo lo entiendo, no constituirán un gobierno mundial. El gobierno mundial vendrá inevitablemente como una consecuencia lógica de la aceptación por parte de la humanidad de que es Una, y esa realización surgirá de la aceptación del principio de compartir. El compartir es la base de todo cambio y progreso en este tiempo venidero.

Las Naciones Unidas constituyen hoy el núcleo de un futuro gobierno mundial. En la actualidad no tiene el poder que un gobierno mundial pudiera necesitar, pero sólo porque esos poderes no le son dados por las naciones principales, Estados Unidos, Rusia y China, por ejemplo. El Consejo de Seguridad es un obstáculo para un verdadero funcionamiento de la Asamblea de la ONU, la base real de un futuro gobierno mundial. Hay que recalcar que un gobierno mundial no significa un régimen dictatorial, supranacional, que impone sus leyes a las naciones que, a la fuerza, tienen que obedecer. Será el resultado de una federación de estados independientes, algo así como la Commonwealth británica o los Estados Unidos de América. Antes de la Unión, ninguno de los estados de América podía concebir el renunciar a su autonomía y soberanía, una condición que hoy se ve muy natural. Por la misma razón, muchas de las naciones actuales no ven la posibilidad de renunciar a un grado de la soberanía que un día aceptarán como algo perfectamente natural en interés del agrupamiento y gobierno mundiales.

Cada país conservará su propio idioma, cultura, sistema político, etc. No es intención de la Jerarquía tratar de crear un sistema de gobierno único para todo el mundo.

¿Así que los sistemas políticos y jurídicos se mantendrán en todos los países? (Septiembre '82)

Las formas políticas se conservarán de acuerdo con las costumbres, tradición, historia y estructura de rayo de cada nación, sólo que en formas más perfeccionadas que ahora. Los asuntos legales del mundo que se refieren a cuestiones globales, por ejemplo, la exploración de los fondos marinos o el espacio, o los depósitos minerales del mundo, etc., se regirán por leyes internacionales.

¿Desempeñará el Cristo un papel en este gobierno mundial? (Septiembre '82)

No, pero algunos de los Maestros lo harán. El Cristo no será el jefe del gobierno mundial. Naturalmente, Él (y los Maestros), estarán disponibles para dar consejo si es necesario. Él es el Instructor del Mundo, no su jefe político.

Muy probablemente, el gobierno mundial tendrá algún tipo de cargo como el de Secretario General de las Naciones Unidas, que podría ser ocupado alternativamente, mediante acuerdo, por representantes de los diversos países, altos iniciados, o tal vez incluso Maestros.

¿Tiene el Cristo alguna inclinación política en particular? (Octubre '82)

No. Se dará cuenta de que el Cristo no se alinea con ninguna ideología o postura política. No es miembro de ningún partido político. Verá que habla para todas las personas, especialmente los pobres, para Oriente y Occidente. Los problemas del mundo no son simplemente problemas de los partidos políticos; compartir los recursos del mundo es un asunto mundial, uno para ser tratado por las Naciones Unidas en conjunto. Él apelará a la buena voluntad y compasión de todas las personas en todas partes, de cualquier partido, convicción política, o ninguna.

¿Estableció Maitreya el capitalismo y el comunismo, que serán unidos por Él (el "ojo" del Triángulo)? (Noviembre '83)

No. Tanto el capitalismo como el comunismo han sido creados por el hombre, pero en respuesta a las ideas enviadas al cinturón mental por la Jerarquía. No hay planes de 'unir' estos dos sistemas.

¿Considera usted el comunismo como una amenaza mundial? (Octubre '84)

No. La amenaza para el mundo reside en la rivalidad, en el miedo paranoico y aborrecimiento mutuo entre la llamada Rusia comunista (y, en menor medida, sus aliados) y la llamada Norteamérica democrática (y, en menor medida, sus aliados). No hay tal cosa como verdadero comunismo o verdadera democracia. Ambos son ideas divinas (pero hasta ahora, lamentablemente, expresiones insuficientes del ideal), y cada una está en un estado de transición hacia ese ideal. Con el tiempo, ambos sistemas se verán como menos exclusivos entre sí de lo que parecen ser ahora. La clave de esta armonía es la aceptación por ambas partes del principio de compartir.

¿Cómo podemos (en Occidente) desarmarnos sin quedarnos peligrosamente vulnerables? (Octubre '84)

Creo que es imprudente esperar que Occidente o los países del bloque del Este se desarmen de manera unilateral. El desarme sólo llegará cuando se establezca una condición de confianza. Únicamente el principio del compartir (defendido por el Cristo) creará esa confianza – y por lo tanto el desarme y la paz. Esto no quiere decir que no deberíamos emplear todos los esfuerzos para reducir los armamentos de todo tipo, en Oriente y Occidente.

Las tendencias políticas actuales están dirigidas de forma contraria al compartir y el desarme. ¿Es este un caso de polarización de las fuerzas conservadoras y progresistas? Y, si es así, ¿puede ser vencida esta polarización por medios pacíficos o será necesaria una 'revolución'? (Julio/Agosto '84)

Lo que estamos presenciando es ciertamente una polarización de las fuerzas progresistas y reaccionarias en el mundo. Por medio de esta polarización la humanidad puede ver claramente los peligros de continuar en las formas del pasado. La energía de Amor del Cristo es la "Espada de la División", que origina esta polarización. Los planes de la Jerarquía son para una transformación gradual de nuestras instituciones políticas, económicas y sociales con el mínimo de división y trauma; y desde luego no la revolución en el sentido perturbador de costumbre.

Si nosotros, la humanidad, hemos aceptado el principio de compartir, ¿por qué hay tanto apoyo para los Reagans y Thatchers del mundo? (Noviembre '85)

A causa de la polarización que existe actualmente. Los Reagans y Thatchers representan el viejo orden y son la expresión del miedo de la humanidad al cambio (a pesar de la conciencia despierta interior de su inevitabilidad) – de aquí su forma reaccionaria de conservadurismo. Cada uno de ellos se ven como baluartes contra el comunismo. No sé del señor Reagan, pero la señora Thatcher (debido a nuestro sistema electoral) está en el poder con el voto minoritario del pueblo británico y es muy impopular entre muchos sectores de la sociedad.

¿Cuál es la relación entre las preferencias fuertemente conservadoras en, por ejemplo, Holanda, Alemania, Inglaterra y Estados Unidos, y los planes de la Jerarquía? ¿Se trata de la agonía del orden capitalista egocéntrico? (Octubre '83)

La tendencia natural de cualquier institución bajo amenaza es volver a sus primeros principios, para 'atrincherarse'. Esto es evidente en el ámbito religioso donde, sintiéndose profundamente amenazados por la ciencia y una visión más esclarecida de la evolución y otras religiones aparte del cristianismo, los grupos cristianos activos, especialmente en EE.UU., se han vuelto cada vez más fundamentalistas. El mundo entero está envuelto en un fermento de cambio y deseo de cambio radical como nunca se ha experimentado antes. Inevitablemente, las naciones ricas – las mencionadas en la pregunta – se resisten a los cambios que saben debilitarán su privilegio y poder. Estos cambios deben llegar si el mundo ha de sobrevivir, y lo que estamos presenciando es una actitud desesperada del viejo orden para retrasar, el mayor tiempo posible, lo inevitable. El conservadurismo, por supuesto, tiene su función útil, también, en aminorar la velocidad del cambio. La Jerarquía tiene que realizar un delicado acto de equilibrio para estimular los cambios necesarios, pero a un ritmo tal que no cree demasiado caos, división y trauma.

¿Tiene una nación como los Estados Unidos o Gran Bretaña la obligación moral de intervenir en los asuntos internos de otra nación cuando estos asuntos han conducido al asesinato, la maldad y una total indiferencia por los derechos humanos? (Junio '84)

No, no creo que ninguna nación tenga ese derecho (y mucho menos obligación). Gran parte de la tensión actual del mundo se relajaría si las potencias principales (estoy pensando en particular en los Estados Unidos y Rusia) dejaran de interferir en los asuntos internos de otras naciones.

Ambas están fanáticamente comprometidas con su propio ideal, su propia visión (muy parcial) de la realidad, y tienden a ver la manifestación del mal en cada acción o proceso del 'campo' contrario. Ninguna nación tiene el monopolio de la sabiduría o la razón. El foro adecuado para el examen y, en su caso, la condena de las acciones de una nación es las Naciones Unidas. Que los EE.UU. y Rusia den el poder necesario (y dinero y apoyo) a las Naciones Unidas dejando de usarla para fines propagandísticos, y renunciando al uso del veto en el Consejo de Seguridad. Si hicieran esto, el mundo se transformaría muy rápidamente.

Por favor, ¿podría usted comentar sobre el problema palestino? (Noviembre '83)

Supongo que esto quiere decir: ¿tiene esto gran importancia para el mundo? ¿Influye en el emerger del Cristo? Creo que he dejado claro en otra parte que no tiene ninguna influencia sobre el emerger planeado del Cristo.

La situación palestina es trágica, por no decir más. No hay duda de que los israelíes han ido demasiado lejos esta vez (el 23 de noviembre ocurrió la invasión israelí del Líbano), incluso desde su propio punto de vista. Ya se ha producido un inmediato resultado kármico para ellos. Hay una reunión de los estados árabes con los EE.UU. que no ha habido antes. Esto obligará a los israelíes a aceptar un tipo de compromiso en esa zona en contra de cuya aceptación han luchado durante 30 años – una patria para los palestinos. El problema de Oriente Medio nunca se resolverá hasta que se haga esto.

Muchas personas creen que la situación palestina – la invasión del Líbano, la masacre de palestinos en el Líbano – ha incrementado la tensión mundial. Creo que esto está sólo en la superficie. A pesar de estas abruptas situaciones tensas como la crisis de las Malvinas, la lucha en Oriente Medio, etc., hay un movimiento subyacente hacia una mayor paz y armonía entre las grandes potencias de la que ha habido durante mucho tiempo. Rusia y China, por primera vez en muchos años, están empezando a dialogar, una serie de conversaciones destinadas específicamente a reducir la tensión. Esto es nuevo. La acción de grupos de manifestantes en Europa y América demandando la reducción o abolición de las armas nucleares ha cambiado la forma de pensar de los gobiernos sobre la distensión en Europa. Por lo tanto, a pesar de los estallidos exteriores, yo personalmente experimento una disminución de la tensión a escala mundial. Esta agitación exterior es de esperar y, por supuesto, se le da la mayor publicidad, mientras que hay un constante acercamiento de las naciones que no recibe publicidad en absoluto.

Los especialistas en textos bíblicos consideran que el número '40' de la Biblia representa un examen y período de prueba. El 40 aniversario de la fundación del Estado de Israel se producirá en 1988. ¿Cree usted que sucederá algo extraordinario en Oriente Medio en los próximos años? (Enero '86)

Sí. Desde el inicio del estado israelí en 1948, Oriente Medio ha sido el 'polvorín' del mundo, poniendo en peligro la paz mundial por medio de las tensiones así creadas. No puede haber verdadera paz en el mundo hasta que la 'cuestión de Oriente Medio' se arregle. Este arreglo no tendrá lugar hasta que el pueblo palestino tenga allí su legítima patria. Los israelíes, por supuesto, reclaman un derecho aún más antiguo sobre Palestina, basado en una antigua herencia. Si todos los pueblos del mundo fueran, sin embargo, a retornar a la tierra de sus antepasados de hace 2.000–5.000 años, ningún pueblo estaría viviendo donde ahora vive. Han sido tan grandes las migraciones de la humanidad durante ese período que una reclamación semejante sobre antiguos derechos, es una burla a la justicia.

Tan profundos son los sentimientos suscitados en ambos lados, tan arraigadas están las posiciones que cada uno adopta, que creo que Maitreya es el único que tiene la autoridad espiritual para indicar la solución y llevar a cabo su puesta en práctica. Tanto si un estado israelí independiente ha de continuar existiendo o no, como si se desarrollará alguna forma de poder compartido, debe encontrarse una solución al problema de Oriente Medio – en aras de la paz mundial. La situación, por supuesto, es entorpecida por las acciones de las grandes potencias, en particular EE.UU. y la Unión Soviética. Ellos son responsables por el apoyo y suministro de armas a sus respectivos 'campeones' para mantener su 'esfera de influencia' en la zona, vital hoy como una de las principales zonas productoras de petróleo en el mundo. La respuesta, como siempre, radica en la aceptación del principio de compartir, que conducirá con el tiempo a la abolición de las fronteras y el nacionalismo fanático. Además, el descubrimiento del proceso de fusión para el uso de la energía nuclear de manera segura disminuirá drásticamente la importancia de Oriente Medio.

¿Están las personas preparadas para todo lo que esto significa? ¿Querrán realmente compartir? (Octubre '82)

La Jerarquía, a través del Maestro D.K., ha dicho que los corazones de los hombres son buenos, especialmente los de las personas corrientes. Están preparados para la paz, la justicia y el compartir. Anhelan la paz. Ya las gentes del mundo marchan y se manifiestan por la paz. Pronto marcharán clamando por la justicia y el compartir. Maitreya Mismo dijo, en el Mensaje Nº 135: "Organizándose en grupos, hombres de buena voluntad blandirán en alto sus esperanzas y sueños de justicia y paz. Este clamor encenderá la antorcha de la verdad entre las naciones y en su centro Yo Me encontraré". Eso es exactamente lo que está sucediendo ahora, en EE.UU. y en Europa, con las Marchas por la Paz. Esto, para mí, demuestra que las personas están preparadas para compartir y para el Cristo. Demuestra que están preparadas para escuchar Sus palabras. De esta manera, como Él dice, enfocará y evocará esa demanda y aspiración. No hay ningún gobierno sobre la tierra que pueda resistirse a la voluntad determinada y enfocada de la instruida opinión pública mundial.

¿Tiene el hombre realmente libre albedrío cuando tiene que elegir entre el compartir y la aniquilación del mundo? (Julio/Agosto '84)

Es precisamente haciendo esta elección que el hombre ejerce su libre albedrío. Hay implícita en la pregunta la insinuación de que la amenaza de la aniquilación está siendo mantenida sobre la humanidad si no compartimos. Esa amenaza está ahí, por supuesto, pero procede del hombre mismo – nuestras propias acciones – y no de ningún medio exterior.

Los ricos compartiendo su riqueza con los pobres – ¿no es eso comunismo? (Octubre '84)

¡No, es verdadero cristianismo! (También sería verdadero comunismo, si tal cosa existiera.)

Teniendo en cuenta lo que sucedió hace 2.000 años en Palestina, ¿no se resistirán los poderes fácticos nuevamente al principio de compartir y por lo tanto a las enseñanzas de Maitreya? (Octubre '85)

Sin duda, 'los poderes fácticos' – es decir, aquellos en puestos de privilegio y poder – harán, efectivamente, todo lo posible para detener o retrasar los cambios que exigirá Maitreya. La banca internacional y la comunidad financiera estarán probablemente entre los últimos en aceptar la necesidad de compartir, pero se verán cada vez menos capaces de detener el ímpetu del cambio; el clamor de ayuda y de justicia del Tercer Mundo será cada vez más fuerte y difícil de ignorar.

El mundo de hoy es muy diferente de aquel de hace 2.000 años. Entonces, el Cristo habló a campesinos ignorantes y supersticiosos, completamente bajo el dominio de los sacerdotes. Hoy, la educación y las comunicaciones mundiales han preparado a la gente para tomar sus propias decisiones e insistir en su puesta en práctica.

Usted ha declarado: "Aquellos que permanecen inflexibles se encontrarán con el tiempo en minoría y tendrán que aceptarlo o apartar-

se de esta vida". ¿Qué significa la frase, "apartarse de esta vida"? ¿Cómo se realizará esto si "no se aplicará la fuerza"? (Abril '84)

Evidentemente, hay muchos para quienes las propuestas de Maitreya serán poco atractivas – aquellos que no creen en los principios de compartir y de justicia, si ello significa el fin de sus privilegios y su poder. A ellos les resultará imposible, sin embargo, detener el impulso de cambio y, finalmente, tendrán que adaptarse a las nuevas condiciones o apartarse de la corriente principal de la vida en algún lugar remoto. El cambio llegará, no porque Maitreya o cualquier otro lo vaya a imponer, sino porque así debe ser; la alternativa es la aniquilación.

Usted dice que los fundamentalistas y aquellos en la industria bancaria serán los últimos en aceptar a Maitreya. ¿Por qué es esto? ¿Cambiará Él el dinero o los medios de cambio? ¿Cómo se hará esto? ¿Se hará en todo el mundo? (Febrero, '84)

He dicho que probablemente los líderes de la iglesia (cristiana) y los fundamentalistas estarán entre los últimos en aceptar a Maitreya como el Cristo; esto, por supuesto, porque ellos tenderán a verle como el anticristo, que creen, precederá al Cristo en el mundo al final del mismo – el Armagedón. Sus ideas ya son fijas sobre el modo de Su retorno.

He dicho que "la banca internacional y los grupos financieros estarán entre los últimos en aceptar la necesidad de un nuevo orden económico y financiero". Esto es claramente evidente hoy en la oposición de estos grupos a las ideas de redistribución propuestas por la Comisión Brandt y otros. Cuánto más, por consiguiente, no se opondrán a las ideas más radicales de Maitreya. Es importante recordar, sin embargo, que Él no cambiará nada. Todas las decisiones para el cambio, y la rapidez de su realización, están en nuestras manos. Maitreya solamente aconsejará y sugerirá, pero con el tiempo sugerirá el abandono del dinero hasta que el hombre pierda el atractivo por él. Un sofisticado proceso de trueque reemplazará a los caóticos sistemas económicos actuales.

¿Cómo puede el individuo normal ayudar para compensar el desequilibrio de los recursos del mundo? ¿A quién deberíamos estar dando nuestro apoyo? El Partido Ecologista parece decir lo correcto pero, ¿quién tendría el poder para realizar los drásticos cambios económicos necesarios? (Junio '84)

Ningún partido político tiene hoy, basados como están en las estructuras de poder del pasado, las respuestas a las necesidades del mundo. Este es un problema mundial y únicamente puede ser abordado a nivel internacional. Esto se llevará a cabo debido a la presión sobre los gobiernos del mundo de los propios pueblos – los innumerables millones de desposeídos (y que aspiran también a poseer) bajo la inspiración del Cristo.

Existen, sin embargo, muchísimos organismos no gubernamentales que hacen un trabajo inestimable. Ellos apreciarían su apoyo. Sus nombres son tan conocidos que no es necesario repetir aquí. Den su apoyo a cada individuo, agencia u organización que abogue por el compartir de los recursos como la clave para acabar con los problemas del mundo.

¿Está usted de acuerdo que tenemos que ser discriminatorios con respecto al principio de compartir? Después de todo, se dice en las escrituras budistas que "compartir la vida de los necios conducirá a los estados de infortunio". (Septiembre '85)

No, no estoy de acuerdo. El uso de la palabra "compartir" en la escritura budista citada significa adoptar la vida de los necios, que por supuesto es muy peligrosa. Esto tiene que ver con el principio de compartir en el sentido de la redistribución de los recursos del mundo.

En respuesta a su mensaje, se han creado muchos grupos en varios países para abordar el problema del hambre; existen, entre otros, 'Compartir' en los Estados Unidos y 'Paz por medio del compartir' en el Reino Unido. ¿Cuál es su función principal? (Diciembre '82)

Como es probablemente conocido, he puesto en pie una amplísima plataforma en relación con la reaparición del Cristo. Esto ha permitido a la gente responder a las ideas de acuerdo con sus propias líneas de interés y potencial. Muchas personas encuentran mi información interesante, pero no necesariamente creíble. Sin embargo, pueden de verdad responder a la idea de compartir y muchos se han centrado en la acción de terminar con el hambre del mundo. Para mí, esta es una respuesta perfectamente satisfactoria a mi mensaje.

En Londres, 'Paz por medio del Compartir' fue fundado por el grupo con el que trabajo. Nosotros iniciamos el movimiento, pero no participamos en su organización o dirección. Fue puesto en marcha precisamente para proporcionar una oportunidad a aquellos que creen que la paz es sólo posible por medio del compartir.

La función de grupos como este es educativa. Su trabajo es educar a la gente a ver que la paz depende de la correcta distribución de los recursos del mundo, que es lo que el Cristo dice, lo que la Comisión Brandt dice, y cada vez más personas están empezando a darse cuenta de la verdad de esto.

En un ejemplar anterior de *Share International* usted dio una receta casera concreta para la solución de la Terapia de Rehidratación Oral (ORT), que puede salvar la vida de miles de niños del Tercer Mundo que sufren de diarrea. Por favor, ¿podría repetirla? (Junio '84)

La fórmula apareció en la edición de febrero de 1983 de Share International. Es como sigue: ocho cucharaditas de azúcar junto con una de sal en un litro (aproximadamente dos pintas) de agua hervida y enfriada. Está basada en el descubrimiento de que la glucosa acelera la absorción de la sal y el agua por el cuerpo.

¿Es posible que la humanidad pueda captar los pensamientos de paz si una gran parte de personas transmiten pensamientos de paz a la vez (como afirman los organizadores de la "Bomba de la Paz")? ¿Puede surtir el mismo efecto que el síndrome del 'centésimo mono' por el que si 100 monos aprenden un truco por imitación, todos los otros monos en todas partes pueden hacer el mismo truco sin aprenderlo? (Mayo '84)

No dudo que los pensamientos enfocados de un gran número de personas pueden influir los pensamientos y acciones de los demás, sea para la paz o lo que sea. La telepatía es un hecho en la naturaleza y la eficacia de la oración y la invocación se basa en ella. De ahí la necesidad del control y uso correcto del pensamiento, porque los señores de la materialidad, las fuerzas oscuras, emplean el mismo procedimiento para fomentar el odio y el miedo de la guerra, de la catástrofe, de las diferentes razas o ideologías. El síndrome del 'centésimo mono' no funciona en el caso del hombre debido a su capacidad para pensar. El mono cuenta con un instinto que llega a generalizarse, mientras que el hombre elige individualmente por medio del pensamiento.

¿Qué piensa usted de la reunión del Papa con el Dalai Lama y de sus visitas a los países musulmanes? ¿Cuál es su mensaje? (Abril '86)

Yo diría que su propósito es conseguir una unidad de respuesta a los problemas mundiales, por parte de todos los grupos religiosos. Está muy preocupado por los problemas y peligros que existen en la actualidad y trata de usar su posición y prestigio como Papa para inspirar a los gobiernos del mundo a encontrar un remedio.

¿Cree usted que debería haber mujeres sacerdotes? ¿Serían tan buenos sacerdotes como los hombres? (Julio/Agosto '86)

No hay ninguna razón por la que las mujeres no deben ser sacerdotes, y no tengo la menor duda, suponiendo una misma capacidad individual, de que ellas serían tan buenos sacerdotes como los hombres.

Educación y Medio Ambiente

¿La aplicación de las Enseñanzas del Señor Maitreya dan también una solución a los problemas de la contaminación ambiental? (Abril '85)

Sí, sin duda. Usted comprobará que la base de la enseñanza de Maitreya son las correctas relaciones: entre hombre y hombre (y mujer); hombre y Dios; y entre el hombre y su medio ambiente, el planeta. Llegaremos a comprender que hombre, naturaleza y Dios son Uno, y que el cuidado apropiado del planeta (y todos los reinos en él) es esencial para el bienestar de la totalidad.

En términos prácticos, podemos esperar un estilo de vida mucho más sencillo (en el Occidente desarrollado, claro) sin el exceso de superproducción bruta (por medio de la competencia) y el derroche de los recursos que tenemos hoy. La obsolescencia incorporada que forma parte en una gran medida de la política industrial moderna, tendrá que ser reemplazada para respetar la conservación de los materiales y el medio ambiente. La contaminación acústica, una de las más perjudiciales para la salud por su efecto sobre el cuerpo etérico y el sistema nervioso, aunque raramente enfatizada, es relativamente fácil de resolver.

Se comenta por aquí que irradian nuestras frutas y verduras antes de que salgan al mercado. Esto me parece muy peligroso, y escribí a mi concejal acerca de ello. Pero pensé que, antes de escribir más cartas, vería si podía averiguar si realmente es perjudicial. ¿Podría usted preguntar a su Maestro? (Diciembre '85)

Tiene usted toda la razón en oponerse a la irradiación de frutas y verduras antes de que salgan al mercado. Hay suficiente radiación en nuestro medio ambiente, natural y no natural, sin tener que ingerir más. Todavía más peligroso es la habilidad de empresas sin escrúpulos para hacer pasar como "frescos" productos que ya están pudriéndose y no aptos para el consumo. Esto ya está ocurriendo en Europa con los mariscos.

¿Cuál es la importancia del incidente de Chernobyl en términos de la viabilidad de la energía nuclear como una forma segura de energía? (Junio '86)

Es evidente que este desafortunado accidente demuestra, una vez más, cuán inestable y potencialmente peligroso es nuestro actual método (de fisión) de utilizar la energía nuclear. Significativamente, los científicos rusos que participaron han dicho que la explosión y posterior recalentamiento de la barra de fisión se produjo de una manera que no podía haberse previsto a partir del conocimiento científico actual. Si esto es cierto, por consiguiente, la misma situación de peligro puede muy bien existir en todas las plantas nucleares del mundo. En estas circunstancias, sólo hay una respuesta al problema: el cierre definitivo de todas las plantas nucleares y el abandono del método actual de fisión para extraer la energía del átomo. Esto liberaría los recursos para la investigación a gran escala del proceso de fusión – ya teóricamente posible. Utilizando un simple isótopo de agua, disponible en todas partes, el proceso de fusión del futuro nos dará energía ilimitada para todas nuestras necesidades, de forma segura.

Por cierto, mi Maestro, comentando sobre el accidente de Chernobyl, dijo que fue grave pero que la amenaza de radiación no fue ni con mucho tan extendida o tan peligrosa como los medios de comunicación occidentales habían difundido, ni tampoco el número de personas muertas en nada cercano a la especulación occidental. Esto ha sido admitido desde entonces por la central norteamericana del Organismo Internacional de la Energía Atómica. Mi Maestro también dijo que aproximadamente durante la semana después del accidente los Hermanos del Espacio (nuestros hermanos de otros planetas) comenzaron a neutralizar las concentraciones más graves de radiación nuclear, dentro de los límites de la ley kármica. Ellos habían solicitado y obtenido permiso de los Señores del Karma para actuar en nuestro beneficio, de esta manera.

Uno de los aspectos más tristes de este desastre, en mi opinión, fue la reacción de los gobiernos y medios de comunicación occidentales, principalmente en Estados Unidos. En lugar de una expresión de simpatía y el deseo de apoyo para ayudar en una emergencia semejante (los Estados Unidos ofrecieron con el tiempo enviar expertos para ayudar), hubo en seguida un intento sórdido para obtener el máximo capital político y de propaganda del desconcierto de los rusos. Ahora está claro que los rusos desde el principio habían dicho la verdad sobre el incidente. Que no fueran creídos es, por supuesto, un resultado directo de su política de secretismo del pasado. Quizás aprenderán que la transparencia y la honestidad en las relaciones internacionales merecen la pena.

¿Cuán peligroso ha sido el resultado del accidente de Chernobil? ¿Es todavía peligroso, y lo es especialmente para las mujeres embarazadas? (Junio '86)

Como se indicó anteriormente, parece que el accidente fue grave, pero ni con mucho tan peligroso como se pensó, especialmente en Occidente. Parece ser que actualmente no es necesario que se tomen precauciones especiales. No es particularmente peligroso para las mujeres embarazadas, excepto para aquellos en las inmediaciones de la planta.

Esto no quiere decir que aún siendo esto así, podamos continuar con seguridad con esta forma de energía. Por el contrario, Chernobyl fue casi una tragedia aún mayor y debería actuar como una advertencia oportuna para buscar la energía en alguna otra parte.

¿Cree usted que la educación tomará una nueva dirección en el futuro? (Noviembre '83)

Es evidente que con el aumento del desempleo debido al avance tecnológico en la fabricación que está teniendo lugar ahora mismo, habrá cada vez más necesidad de una educación para el tiempo libre. La gente tendrá infinitamente más tiempo libre y podrá beneficiarse de las posibilidades para explorar la abundancia de cultura y conocimiento que tenemos disponible actualmente. Las personas tienen que ser más creativas, en el sentido de que todos somos básicamente creativos, sin embargo sólo un número relativamente pequeño de personas tienen la posibilidad de expresar y desarrollar su creatividad. El ocio y el tiempo libre es esencial para esto. La mayoría de la gente está tan debilitada por los reiterativos procesos de trabajo, por las malas condiciones, por la total apatía y monotonía de sus actividades día tras día, que la creatividad es casi la última cosa que se podría esperar. La educación para el tiempo libre liberará en las personas la posibilidad para el desarrollo de sus habilidades, aptitudes y potencial internos, de una manera que apenas podría concebirse actualmente.

Independientemente de eso, el enfoque de la educación en el futuro estará puesto en la realización de la intención y propósito del alma. El conocimiento de la estructura de rayos del individuo, y las posibilidades y limitaciones que esa estructura da, llegará a ser de gran interés. El niño será visto como un alma en encarnación con determinados propósitos. La educación será el medio para llevar a cabo estos propósitos.

¿Cuáles cree usted que son las cosas más importantes que podemos enseñar a los niños para prepararlos para la era de Acuario y el compartir mundial? (Marzo '86)

Evidentemente, se debería dar mucho énfasis a la Unidad de la humanidad y a la necesidad de la justicia y el compartir. Yo diría que una visión global e internacional del mundo y la idea de servicio al mundo debería inculcarse, más la necesidad de demostrar amor y un espíritu inclusivo para generar relaciones correctas. El factor más importante, por supuesto, es el ejemplo de los padres.

Todos estamos de acuerdo en que la pena capital está mal, pero ¿cuál es la alternativa razonable? (Junio '85)

Con todo respeto, no todos están de acuerdo en que la pena capital está mal – de lo contrario los ahorcamientos y las ejecuciones ya no tendrían lugar. Por ejemplo, aquí en la 'ilustrada' Gran Bretaña hay un poderoso grupo de presión para traer de vuelta el ahorcamiento para determinados delitos, y creo acertar al decir que si tuviéramos un referéndum sobre el asunto, una mayoría votaría a favor de su mantenimiento.

No creo que largos años de encarcelamiento en prisión sea una alternativa humana. Las personas que cometen delitos lo suficientemente graves como para invocar la pena capital están manifiestamente 'enfermas' y necesitan tratamiento de un tipo u otro. Creo que una combinación de tratamiento psicológico, reeducación social, y un largo período de trabajo comunitario socialmente útil puede producir mejores resultados que largas penas de prisión. Sobre todo, un cambio en la sociedad misma para reducir las tensiones, frustraciones, envidia, sentimiento de insuficiencia, etc, que están detrás de una gran parte de nuestra delincuencia actual, es esencial.

Las Artes

¿Veremos un florecimiento de las artes en el futuro? (Enero '83)

Sí, pero creo que puede afirmarse que el arte de hoy debe reflejar los procesos desintegradores de la sociedad en general y debe compartir parte de la difícil situación de nuestra colapsada civilización actual.

Las condiciones para un florecimiento excepcional de las artes no están todavía con nosotros, aunque grandes compositores y artistas están naciendo y trabajando actualmente al igual que en la mayoría de otras épocas. El Maestro D.K. ha profetizado que el cuarto Rayo de Armonía (como es llamado) vendrá a la encarnación a principios del próximo siglo, y dará lugar a un desarrollo masivo de la vida creativa, en combinación con el séptimo Rayo de Organización. Esta combinación produce el más alto tipo de artistas y dará lugar a una regeneración no sólo en lo que se conoce como las 'artes creativas', sino en nuestras vidas. Todo el mundo llegará a ser creativo en su vida de una manera totalmente nueva.

El Maestro D.K. ha comparado el arte actual, en relación al del futuro, con las construcciones de cubos de los niños en comparación con las grandes catedrales como la de Durham o Milán. No hay duda de que habrá un gran florecimiento de la creatividad en el futuro.

¿Es cierto que el Maestro K.H. será responsable de la inauguración del nuevo tipo de música en la nueva era? (Febrero '83)

Esa no es mi información. Según tengo entendido, este estímulo vendrá en general de las actividades del Ashram del Maestro Rakoczi y los diversos departamentos dentro de Su esfera como Mahachohan en funciones para la era venidera. Esto, sin duda, involucraría a los ashrams del 4º rayo del cual el Maestro Serapis es el Chohan.

¿Cuál es la función esotérica de la música? (Febrero '83)

La música es sonido ordenado, y antes del final de este siglo, según el Maestro D.K., construiremos con el uso científico del sonido, ya sea esto por medio de la 'música' (Josué luchó en la Batalla de Jericó y las murallas se desplomaron) o mediante el uso preciso de la entonación de mantras, aún está por ver. Desde luego, la música en su más alta expresión es una experiencia del alma y por lo tanto debe reflejar algún aspecto de la realidad. Así que la función esotérica de la música debe ser reflejar la experiencia de la realidad interna del músico. Eso es una cosa completamente diferente de la música que simplemente excita, gusta, tranquiliza o afecta de otro modo las emociones, que es lo más corriente.

Mucha gente piensa que ya no tenemos grandes artistas y compositores. ¿Cuál es su opinión? (Septiembre '83)

La sociedad está muy fragmentada actualmente. ¿Reconoceríamos necesariamente a los grandes artistas? ¿Reconocimos a muchos de los grandes artistas del pasado como Rembrandt, Vermeer de Delft, y otros, o artistas del pasado más reciente como Cezanne, Van Gogh, Gauguin, o más cercanos como Matisse, Picasso, etc.? Creo que la gente siempre se lamenta de que no hay grandes artistas 'hoy' porque sus ojos y oídos están abiertos únicamente al arte del pasado, y por lo tanto fácilmente asimilable. Muchas personas no estarían de acuerdo en que no hay grandes artistas creativos en la actualidad. Por ejemplo, Stockhausen es considerado por muchos como un gran compositor. Sin embargo, el hombre de la calle no ha oído hablar de él. El motivo es que las artes no se relacionan directamente con la sociedad como lo hacían en el pasado. La sociedad era mucho más homogénea de lo que es ahora, así que tenemos actualmente una pequeña minoría de personas conscientes de las artes, que responden a lo nuevo, que reconocen el valor de los exponentes de lo nuevo, mientras que la inmensa mayoría de la gente no tiene ninguna relación con estos compositores o artistas de vanguardia. Están totalmente distanciados de ellos.

Esto no quiere decir que no haya actualmente compositores y artistas que son igualmente tan creativos e inventivos como en cualquier otra época. Sin duda, es más difícil hoy en día. Cada compositor, cada artista, tiene la sensación de que tiene que hacer todo desde el principio, que ya no puede depender de ningún tipo de tradición o estilo aceptado que sería válido para cualquier período de tiempo, que tiene que rehacer el arte a su propia imagen una y otra vez. Esto supone una presión enorme sobre el proceso creativo. Los artistas se queman rápidamente o su arte es rápidamente sustituido por la moda. El énfasis, por lo tanto, está en la originalidad a toda costa.

¿Qué efecto tiene la música pop en la estructura del ser humano, tanto física, emocional como mentalmente? ¿Es de algún valor? (Febrero '83)

La música pop, simplemente porque por lo general está demasiado amplificada, parece tener un efecto negativo sobre el oído de las personas. Pero por supuesto esto sería cierto para cualquier música que esté demasiado amplificada; no tiene nada que ver con el tipo de música. El impacto principal del pop está en el cuerpo físico, por los insistentes ritmos y golpes y por la excitación del cuerpo emocional. Es por esta razón que la juventud la encuentra excitante, física y sexualmente. El efecto de los conciertos de pop es evidente, crea una 'subida' de energía en los planos físico y astral. Es específicamente para, y surge de, las masas.

Casi todos los compositores famosos han sido varones. ¿Se debe esto al hecho de que la Tierra es femenina y hay una reacción negativo/positivo? (Marzo '86)

No. La mayoría de los compositores famosos han sido hombres porque, hasta ahora, las mujeres no han sido tomadas en serio como igual de creativas que los hombres y les ha sido negada en gran medida la formación y el estímulo que contribuye a un éxito importante.

Salud y Curación

¿Experimentarán nuestros cuerpos físicos un ritmo de destrucción más lento en la nueva era? (Septiembre '85)

Sí, sin duda. Con la erradicación gradual de la enfermedad del planeta, el cuerpo físico del hombre tendrá mucho más tiempo para "desgastarse". La eliminación de la tensión social, también, hará mucho para prolongar la utilidad de nuestros vehículos físicos.

Alice Bailey nos da información en *La Curación Esotérica* sobre los chakras o centros que se activan durante la evolución de la humanidad. Por ejemplo, en los tiempos de Lemuria el hombre respondió a las energías en el plano físico, y en los tiempos de la Atlántida también a la energía astral. Actualmente nosotros estamos trabajando más en el plano mental. ¿Cómo se relacionan estas energías con los chakras o centros y los niveles de curación? (Abril '83)

En tiempos lemurianos, la humanidad respondió a las energías del plano físico que fluyen a través del centro en la base de la columna vertebral y el centro del sexo en el sacro. El hombre atlante utilizó estos dos centros, pero respondió, también, a la energía astral que fluye a través del plexo solar. Mientras que la meta del hombre lemuriano era el perfeccionamiento del cuerpo físico, la del hombre atlante fue la perfección del vehículo astral–emocional. Nuestra raza (la Aria) tiene el objetivo de perfeccionar el vehículo mental. Esto ocurre como resultado de un desplazamiento gradual ascendente de las energías por debajo del diafragma hacia los centros por encima del diafragma hasta que todas se sintetizan en el centro entre las cejas, el chakra ajna. Este es el centro director desde el que todo trabajo de tipo mental debe hacerse.

Cuando el chakra coronario, en la parte superior de la cabeza, está suficientemente activo y recibe las energías espirituales del alma, se establece una radiación magnética entre los centros ajna y coronario y sus correspondencias en el plano físico, el cuerpo pituitario y la glándula pineal, respectivamente. De esta interacción magnética se crea el 'tercer ojo' (no es el centro entre las cejas).

Toda verdadera curación esotérica tiene lugar desde el nivel del alma, utilizando los centros superiores como los agentes manipuladores de la energía. Existe, por supuesto, un tipo menor de curación, muy patente actualmente, que emplea el plexo solar del sanador.

¿Está el proceso de curación conocido como 'imposición de manos' relacionado con el alineamiento de los chakras? (Marzo '86)

Sí. Toda energía que entra al cuerpo llega al vehículo etérico a través de los chakras. En la imposición de manos, la energía se mueve a través de los chakras en las palmas de las manos del sanador hacia el paciente. La fuente de la energía depende de la evolución del sanador. Con mayor frecuencia viene del centro plexo solar del sanador o sanadora, de su propia fuerza vital. A menudo entraña la energía que el sanador (o sanadora) ha invocado de su propia alma y a veces del alma del paciente, lo que aumentará la energía del cuerpo físico. También hay muchos sanadores que trabajan bajo la guía, consciente o inconscientemente, de alguna fuente superior. Algunos discípulos en los planos internos, e incluso los Maestros, trabajan a través de determinados individuos sin que estos necesariamente sean conscientes de ello. Muy a menudo, el objetivo es la eliminación del estasis y el equilibrio correcto de los chakras.

Con respecto a los chakras de las manos: (1) ¿Debe haber una imposición real de manos para la eficacia de la curación? (2) ¿Se consideraría la mano derecha como la 'mano de poder'? (Julio/Agosto '85)

(1) No, no siempre es esencial que las manos toquen realmente al paciente – sanadores diferentes tienen métodos diferentes – pero el contacto parece agregar una dimensión de realidad al proceso de curación. El paciente normalmente sentirá el calor y el flujo de energía de las manos, lo que es un 'extra' psicológico. (2) Sí.

Los científicos dicen que sus instrumentos no detectan ningún calor o cambio de temperatura cuando la mano de un sanador se mantiene sobre (o toca) un paciente. Sin embargo, frecuentemente el paciente experimenta una sensación de calor. ¿Es el calor imaginario o es la energía no medible por los instrumentos de hoy en día?

Me pregunto a qué 'científicos' se refiere el interrogador. Ha habido un gran número de experimentos en los que el calor (experimentado en sí mismo por el paciente) ha sido registrado por instrumentos sensibles al calor durante la curación. El calor se produce en el plano etérico y es debido a la fricción entre la 'envoltura' etérica del paciente y las energías curativas transmitidas por el sanador.

¿Tiene la extirpación del bazo algún efecto sobre el desarrollo espiritual de la persona? (Junio '86)

Si el bazo se extirpa, entonces el doble etérico del bazo continúa haciendo el trabajo del órgano físico (la actividad real está en el etérico en cualquier caso), mientras que el plexo solar asume parte de la función del bazo como distribuidor de energía, si es necesario. Esto no tendría ningún efecto sobre el desarrollo espiritual.

¿Cómo adquiere uno poderes curativos? (Mayo '85)

Creo que todas las personas tienen el potencial para transmitir energías curativas de una u otra fuente, generalmente su plexo solar o su propia alma. La meditación y el servicio son los métodos fundamentales para fortalecer y realizar ese potencial.

En la curación, ¿se puede hacer daño si no hay un conocimiento total de la situación kármica del paciente? ¿Hay modos para evitar hacer daño?

Lo fundamental de esto es el motivo. Es el amor del alma el que crea en su reflejo – el hombre o la mujer – el deseo de curar. No todo el mundo se siente atraído por la curación, pero todos podemos curar. Todos podemos ser un canal para la energía curativa del amor. Esa energía de amor puede manifestarse de diferentes maneras, a través de distintos individuos, y de acuerdo con diferentes senderos de rayo, pero es el motivo principal que impulsa a un individuo a curar.

Todo el mundo es un sanador 'nato', pero no todo el mundo se inclina a curar. Las personas se sienten atraídas por otras cosas, escribir, conversar, inspirar, guiar, educar, lo que sea. Por ejemplo, Beethoven no habría sido tan útil imponiendo sus manos sobre unas pocas personas como escribiendo la música que es profunda y espiritualmente beneficiosa, y en ese sentido, curativa. Lo mismo sucede con Mozart. Por supuesto, si cualquiera de los dos lo hubiera querido, podrían haber sido sanadores. Fueron y son sanadores. La música, en ese nivel de inspiración del alma, es curativa, en el más alto sentido de la palabra. No significa que necesariamente cura las enfermedades del cuerpo físico, pero calma y armoniza el espíritu a través del sistema nervioso, te armoniza con tu propia naturaleza espiritual. De este modo es curativa.

¿Debería usted entonces imponer las manos sobre todo el que le pida que lo haga? Debe utilizar su intuición, esta es la única guía que usted tiene. Hace muchos años solía hacer curaciones y conseguí resultados maravillosos. Después leí *La Curación Esotérica* de Alice A. Bailey, y me di cuenta de que no sabía absolutamente nada acerca de la curación. Mucho menos sobre la Ley del Karma, y de cómo esta determina la enfermedad de alguien o su cura. Así que dejé de hacer sanaciones durante muchos años. Más tarde, mi Maestro me dijo: "Podías haber continuado, Yo estaba detrás de ti. Yo realizaba la curación". Pero yo no lo sabía entonces. Cuando un Maestro cura, sabe exactamente cuánta energía y en qué chakra en particular es necesaria, posible y correcta, utilizar. Eso es algo que nosotros no conocemos. Trabajamos a ciegas.

Pero si el motivo es amoroso, y la curación se deja en manos de los poderes curativos del Amor de Dios o de los Maestros, o como quiera que lo llame, lo que sea correcto se hará. Usted, el sanador personal, manténgase apartado de ello. Cada uno de nosotros es un canal de curación si queremos serlo, y cuando se nos pida, tenemos el deber humano de tratar de ayudar.

¿Se ve afectado el chakra del corazón cuando alguien se siente con el 'corazón roto'? (Febrero '84)

Sí, pero indirectamente. Un 'corazón roto' no tiene nada que ver con el chakra del corazón, sino con el cuerpo emocional. El chakra afectado, por lo tanto, sería el plexo solar. Sin embargo, cualquier alteración importante en su función afectaría a la transmutación de energía desde el chakra solar al chakra del corazón y por esa razón afectaría al chakra del corazón.

¿Me preguntaba si es posible emplear los mensajes grabados de Maitreya para propósitos curativos, por la radio o de otra forma (sin la relación con un Maestro) – quizás en hospitales e instituciones para enfermos mentales donde hubiera servicios de radio difusión? (Julio/Agosto '83)

Sí, por supuesto, eso sería posible. No tengo ninguna duda de que las energías liberadas de estas grabaciones serían beneficiosas para muchos tipos de pacientes.

Tengo una joven amiga que está recibiendo hipnoterapia para superar su timidez y sensibilidad. ¿Cuál es la opinión de la Jerarquía sobre el hipnotismo? (Julio/Agosto '83)

No puedo hablar en nombre de la Jerarquía, pero mi opinión es ésta: la hipnosis como un proceso terapéutico es muy antigua, al menos en Oriente. Esta ciencia de la sugestión ha sido degradada en Occidente por hipnotizadores de escenario, pero en realidad es una herramienta muy útil en la reprogramación de nuestro ordenador subconsciente. Todos hemos sido condicionados desde la infancia por sugestiones restrictivas y negativas que, en muchos casos, originan una gran limitación de la expresión y mucho sufrimiento más tarde en la vida. La hipnosis, hábilmente realizada, puede ayudar a revertir este proceso con sugestiones positivas. El problema es que los resultados beneficiosos pueden ser sólo temporales. La mejor hipnosis, que proporciona sugestiones duraderas, es la auto–hipnosis. Cualquier buen hipnotizador actuará con la intención de llevar al paciente a la auto–hipnosis. Las regresiones a vidas pasadas mediante la hipnosis es otra cosa.

¿Hará Djwhal Khul asequibles las verdaderas enseñanzas sobre la curación que los estudiantes serios como yo esperan? (Mayo '86)

Tal como yo lo entiendo, sí. No sólo D.K. sino un grupo de Maestros proporcionarán más información que abrirá las puertas a los nuevos métodos de curación.

¿Está un Maestro determinado encargado de cada rama principal de la curación esotérica, o está un único Maestro encargado de toda curación espiritual, o todos Ellos trabajan en general en este ámbito? (Mayo '85)

No todos los Maestros están ocupados en el trabajo de curación, pero la mayoría lo están, de una forma u otra. Cada rayo tiene su propio acceso específico a la curación y así Ellos trabajan de acuerdo con Su propia línea de rayo. También trabajan en grupos y muy a menudo a través de grupos en los planos internos o físicos. Mi Maestro, por ejemplo, trabaja con un grupo de otros tres Maestros, ya sea directamente o a través de discípulos (individuos o grupos), tanto en el plano interno como en el externo y, por supuesto, con diferentes ramas de la evolución Dévica.

¿Son los devas utilizados por los Maestros en la curación? (Noviembre '85)

Mucho, especialmente, pero no exclusivamente, los devas verde y violeta, los "devas de las sombras".

En 1937, el Vaticano concedió permiso a Edmond Szekely para traducir algunos evangelios cristianos nestorianos guardados en sus bibliotecas. El primero de ellos en ser traducido dio forma a un pequeño libro muy hermoso que Szekely tituló El Evangelio de los Esenios. Proporciona enseñanza sobre la curación de la enfermedad mediante una dieta vegetariana cruda, el ayuno y por medio del sol y el agua, es decir por medios naturópatas. ¿Dio Jesús realmente estas enseñanzas? (Noviembre '85)

Sí, más o menos. Con esto quiero decir que, educado por los esenios, Él se suscribió en general a estas enseñanzas, pero eso no quiere decir que Él las recomendase. Su enseñanza fue acerca de las relaciones – del hombre con el hombre y el hombre con Dios. No fue un caprichoso seguidor fanático de los vegetales crudos. De hecho, por lo que dicen todos los relatos, comió pescado, bebió vino, y, creo, comió queso de cabra. Siendo un alto iniciado (4º grado), Su método de enfocar la enfermedad fue el de responder a la necesidad individual, (a) por compasión, y (b) para demostrar una verdad filosófica o psicológica. Creo que sería inexacto, por tanto, llamarle un naturópata preocupado por la enfermedad física.

¿Es el péndulo una auténtica y fiable herramienta para recibir consejo e información? (Mayo '85)

En determinados campos el péndulo es ciertamente una herramienta útil. Lo importante es conocer las limitaciones de su uso. Se utiliza a menudo como un "oráculo" para recomendar acciones y decisiones que en realidad deberían ser tomadas la persona misma. Refleja todo lo que se desea desde un nivel subconsciente y por lo tanto, a mi entender, es bastante ineficaz como 'orientación'. El péndulo absorbe y responde a las vibraciones que emanan de las personas u objetos y (sobre la base de que lo semejante atrae a lo semejante) puede relacionar esa vibración con la misma (o similar) vibración. De ahí su valor en la prescripción homeopática, donde la vibración del paciente pueden ser relacionada con la vibración de uno o más remedios para la enfermedad. Es extremadamente sensible a la energía mental y de esta manera a los pensamientos dirigidos. La necesidad de una completa objetividad e imparcialidad en su utilización es por tanto evidente.

El espléndido artículo "Los Portales del Corazón" (Share International, Marzo de 1983) parece insinuar que los experimentos quirúrgicos modernos con el corazón artificial no podrían tener nunca éxito. ¿Qué dice el Maestro? (Abril '84)

No tengo que preguntar al Maestro. Es importante darse cuenta a qué corazón se refiere el artículo, y todas las referencias antiguas en él. La Biblia dice: "el corazón del sabio está en el lado derecho; el corazón del necio está en el izquierdo". El 'necio' es el hombre que piensa sólo en el corazón físico, mientras que el 'sabio' sabe que él tiene otro, el centro del corazón espiritual, en el lado derecho del pecho. Es este centro del corazón espiritual el que se menciona en el artículo. Ninguna cantidad de experimentación en relación con el corazón físico tiene algo que ver con la comprensión intuitiva (Buddhi) del corazón espiritual.

Creo que estoy atrayendo malas vibraciones de la gente a mi alrededor por medio de su antipatía, envidia, etc., y esto me está haciendo enfermar. ¿Es probable que esto sea así? (Mayo '85)

Noventa y nueve veces de cada cien esto no es así. Las diversas enfermedades que las personas sufren son casi siempre el resultado de su propio desequilibrio emocional, el mal uso de la energía de los planos astral, mental y del alma. Por supuesto que hay algunos casos en los que existe una causa exterior, pero éstos son tan pocos como para ser ignorados en su mayoría. Es más sabio y más exacto, por lo general, no echar la culpa a otras personas por nuestras propias dolencias físicas. Lo importante es aspirar al control mental del cuerpo emocional y al desapego de las emociones, y así fortalecer el aura.

¿Debo ponerme en contacto con usted para recibir curación? (Mayo '85)

Sí. No hay manera de que usted pueda ser puesto en la Lista de Curación de mi Maestro a menos que yo sea informado de que usted lo ha solicitado o quiera aceptarlo. Luego paso el nombre a mi Maestro, Quien, trabajando con un grupo de Maestros, realiza la curación (en la medida que el karma lo permita).

¿Puedo ser puesto en la Lista de Curación para ayudarme con mis problemas personales, de matrimonio, encontrar un trabajo, etc.? (Junio '85)

No. Estas áreas pertenecen en realidad a sus propias luchas, decisiones y esfuerzos de su vida. Ningún Maestro puede dirigir nuestras vidas por nosotros. Si así lo hiciera, nunca creceríamos.

Escuelas de Misterios

¿'Establecerá' Maitreya una escuela o ashrams? (Octubre '82)

El ashram del Cristo es, naturalmente, la Jerarquía, de la que Él es el Guía; en realidad la Jerarquía en conjunto es el ashram de Sanat Kumara, el Señor del Mundo. Por lo que tengo entendido, el Cristo, personalmente, no establecerá escuelas o ashrams. Serán establecidas por los Maestros. Los ashrams externos serán una expresión o reflejo de Sus ashrams en los planos internos. Sin embargo, Maitreya inaugurará el sistema de las Escuelas de Misterios, llamadas en la literatura esotérica "los antiguos límites". Las Escuelas de Misterios de la antigüedad, de los días de la Atlántida, se volverán a abrir y prepararán a los candidatos para la iniciación. El Cristo, como muchos sabrán, es el Hierofante que oficia en las dos primeras iniciaciones, y una de sus funciones más importantes durante los próximos dos mil años es la de oficiar, abiertamente en el mundo, en estas dos primeras expansiones de conciencia.

Las Escuelas de Misterios, tanto preparatorias como avanzadas, se establecerán en diversas partes del mundo para proporcionar la disciplina y enseñanza necesarias para la experiencia iniciática. El Cristo irá de país en país visitando los templos que se construirán en esos países concretos para que millones, en formación grupal, pasen a través de la experiencia que llamamos iniciación.

¿Para cuándo ocurrirá esto? (Octubre '82)

Aún más allá de los próximos cincuenta años – son tantos los que permanecen actualmente en el umbral, preparados para ese acontecimiento extraordinario – cientos de miles atravesarán los portales de la iniciación.

¿Por qué no dan las Escuelas de Misterios la misma información que usted? (Agosto '82)

¿Qué Escuelas de Misterios? No existen Escuelas de Misterios todavía. Se abrirán en el futuro, pero no hasta que nosotros hayamos establecido el orden en el mundo, puesto en práctica el principio de compartir, y el Cristo inaugure la nueva religión mundial. Habrá dos en el Reino Unido, dos en los EE.UU., por ejemplo. Estas se encuentran en antiguos emplazamientos donde las Escuelas de Misterios existían en la época atlante. Hay algunos grupos engañados que se llaman a sí mismos Escuelas de Misterios, pero las Escuelas de Misterios verdaderas no existen todavía.

Como la humanidad actual tiene la oportunidad de recorrer el sendero de iniciación en el fragor de la vida cotidiana, ¿significa esto que una instrucción exotérica específica estará a disposición de los aspirantes? ¿Podríamos esperar una exteriorización de las Aulas de Aprendizaje y de Sabiduría? (Junio '83)

Es precisamente en el fragor de la vida cotidiana que las renuncias y las expansiones de conciencia conducen (y constituyen) a que la iniciación tenga lugar. Sin embargo, según el Maestro DK, el plan es que los ashrams esotéricos de los Maestros, que constituyen el Aula de Aprendizaje, lleguen a exteriorizarse en el plano físico. Pero es importante recordar que todo trabajo de iniciación es iniciado y regulado por uno mismo. El Maestro trabaja mediante sugerencias y estímulos, ofreciendo campos de servicio en vez de por instrucción directa, tal como podríamos entender esa palabra.

¿Cuáles son los pros y los contras de la Masonería? (Mayo '84)

La Sociedad de los Francmasones es la más antigua sobre la tierra, se remonta a los tiempos de la Atlántida. Encerrados en sus rituales y símbolos se encuentran algunos de los secretos de la iniciación. Cuando haya tenido lugar la necesaria purificación, la Masonería constituirá uno de los senderos de iniciación. Esta purificación es necesaria debido a los agregados en los últimos ocho mil años que han decolorado la enseñanza. Para muchos miembros hoy en día, por supuesto, es poco más que un club social de hombres de negocios.

¿Seguirá siendo la Masonería una orden masculina? Al menos en los Países Bajos existe una Masonería mixta, así como también una asociación femenina, pero estas no son reconocidas por la Masonería 'regular'. (Septiembre '84)

Una vez más, los Países Bajos, que en muchos aspectos están a la vanguardia, lo han hecho bien. (Hay, por supuesto, co–masones en Gran Bretaña y otros países.) La Masonería, como uno de los Senderos hacia la Iniciación, estará abierta a todos los hombres y mujeres que se preparan para la entrada a los Misterios, y para quienes, de acuerdo a su rayo, la Masonería es el sendero natural.

Capítulo V. Evolución e Iniciación

El Proceso de Evolución

El proceso de evolución tiene lugar de igual forma en los niveles individual, planetario y cósmico. A medida que avanzamos en éste, el reino humano, reconoceremos que es un reino muy importante en el esquema de este planeta, pero sin embargo es una fase de transición entre los reinos animal y espiritual, y que el viaje evolutivo que cada uno de nosotros está realizando tiene lugar en virtud de leyes que gobiernan en todo el cosmos. No hay nada en todo el cosmos que, de acuerdo con la ley de las correspondencias, no esté actuando bajo estas mismas leyes de la evolución.

Somos, esencialmente, Mónadas, chispas de Dios, manifestando la divinidad a nuestro minúsculo nivel individual. Tenemos dentro de nosotros la potencialidad de toda la divinidad, y el proceso que se nos ofrece para manifestar esa divinidad es el renacimiento. El renacimiento es un procedimiento que permite a Dios, por medio de un agente (nosotros mismos), descender a Su polo opuesto – la materia – con el fin de traer esa materia de regreso hacia Sí mismo, totalmente imbuida con Su naturaleza. Es una cosa extraordinariamente interesante y hermosa que está teniendo lugar en la creación. Es sorprendente en su belleza, su complejidad, su lógica, en la oportunidad también para el cambio creativo, porque no es una cosa mecánica fija, sino un proceso vivo de extraordinaria belleza.

Somos Mónadas ya sea de Voluntad, de Amor o de Inteligencia. Las Mónadas se reflejan a sí mismas como almas, diferenciándose entre sí en siete energías distintivas o tipos de rayo. El alma, el verdadero Yo, el hombre interior, se manifiesta de nuevo en el plano físico, tomando una personalidad de una u otra de estas energías, que muy bien puede cambiar de vida en vida; un cuerpo mental, un cuerpo astral y un cuerpo físico, los rayos de los cuales también pueden cambiar, recorriendo toda la gama de los diversos tipos de estos hasta que haya incorporado en su vehículo todas las cualidades de todos los rayos, sintetizados en este sistema solar por el 2º rayo de Amor–Sabiduría. De esta manera, el alma puede manifestarse como amor cada vez más a través de sus sucesivas expresiones de la personalidad – hasta que lo haga totalmente.

El objetivo del viaje evolutivo (en primer lugar) es llevar las vibraciones de los vehículos físico, astral y mental a frecuencias tan similares que la persona se integre en un todo. Tiene que existir esta sincronización de vibración para hacer posible las grandes crisis del viaje evolutivo llamadas iniciaciones.

Cuando el individuo está preparado para el aprendizaje de las últimas vueltas del maratón evolutivo, el alma conduce a su vehículo, el hombre o la mujer, hacia algún tipo de meditación. Esa primera vez podría ser una experiencia muy fugaz, pero tarde o temprano la meditación llega a ser una actividad importante en la vida.

El alma hace esto para con el tiempo absorber la atención de su vehículo de una manera tal como para construir un eslabón, un canal a través del cual puede enviar su energía y su naturaleza hacia el vehículo y así realizar sus propósitos. El alma, cuando encarna, lo hace con determinados planes y propósitos, y la encarnación es la oportunidad para el vehículo de llevar a cabo el propósito del alma. Esto ocurre una y otra vez, y por supuesto cuanto más cerca lleguemos a la recta final, el fin de la maratón, más correctamente, más completamente estaremos manifestando los planes y propósitos, la voluntad, del alma. Todo lo que sabemos del propósito y significado de la vida viene desde el nivel del alma.

La naturaleza del alma es amar y servir, y sacrificarse por el Plan del Logos. El alma no tiene otro propósito que servir por medio del amor y el sacrificio y de hecho es la voluntad de autosacrificio del alma la que la lleva a la encarnación. Grupos de almas vienen a la encarnación juntas (aunque la personalidad del individuo puede ser ignorante de que es una de un vasto grupo de almas), expresando cada grupo un determinado tipo de energía y conducido a la encarnación específicamente para manejar esa energía.

Las energías de los rayos vienen a la manifestación cíclicamente. Durante los últimos 2.000 años, la vida en este planeta ha estado dominada por el 6º rayo del Idealismo o Devoción. Con su advenimiento, un inmenso número de almas del 6º rayo fueron traídas a la encarnación porque tienen la capacidad de expresar las cualidades de ese rayo en particular. Estamos actualmente en un período en el que el 7º rayo de Organización u Orden está viniendo a la manifestación. Hay siempre varios rayos (nunca más de cuatro) en manifestación en un momento dado, pero el 7º rayo traerá un grandísimo número de almas del 7º rayo y de personas con personalidades del 7º rayo que serán capaces de manejar la nueva energía entrante. En el artículo escrito por mi maestro para Share International (Vol. 5, Nº 7/8), habla específicamente sobre la venida a la encarnación de grupos bajo una determinada cualidad de rayo que les dará la posibilidad del correcto manejo de los problemas. Él comienza con el axioma esotérico de que cada período trae a la encarnación a esas almas equipadas con la capacidad de enfrentar y manejar los problemas del momento.

Cada ciclo cumple esta ley. Cualesquiera de los problemas que enfrentamos en el mundo podemos estar seguros de que en la encarnación, o viniendo a la encarnación en el futuro inmediato, estarán grupos de almas preparadas para resolverlos. Como dice el Maestro, esta es la garantía de progreso para la humanidad; nos da esperanza y nos proporciona una mejor comprensión del funcionamiento del Plan. Nos enfrentamos actualmente con problemas extraordinarios porque estamos en una fase de transición entre una era y otra. Pero a medida que avance la era, en otros, digamos, 300 años más o menos, vendrán grupos de almas que encontrarán una situación completamente diferente. Pertenecerán a una era mucho más estable. Estos grupos estarán equipados con el conocimiento, las ideas, cualidades y aptitudes para manifestar más de nuestro potencial divino, sobre todo el sentido de Unidad, de fusión, que es el objetivo evolutivo básico de este próximo ciclo.

Estamos entrando en la "crisis del amor". Esta es la experiencia a la que la raza humana se enfrenta a medida que entra en ese período de su viaje evolutivo en que manifestará, de manera global, la cualidad del Amor y ocupará su lugar en el Reino de las Almas, la Jerarquía Esotérica. Durante la era de Acuario, el objetivo del Cristo, Maitreya, el Hierofante de las dos primeras iniciaciones, será iniciar a millones de personas, en formación grupal, en la Jerarquía. Con el tiempo, al final de la era, la inmensa mayoría de la humanidad habrá ocupado sus lugares en el Reino Espiritual, la Jerarquía Esotérica, en una u otra etapa. Un gran número recibirá la primera iniciación y algunos recibirán la segunda. Este es un acontecimiento extraordinario que sucederá a gran escala. Muestra el éxito del Plan evolutivo tal como está concebido por el Señor del Mundo, Sanat Kumara, en Shamballa, y llevado a cabo por sus agentes, la Jerarquía planetaria.

Al igual que todo en el Cosmos, la evolución procede de acuerdo con leyes definidas. El resultado de la experiencia y el progreso evolutivos es llegar a una conciencia despierta más profunda de estas leyes y del mecanismo por el que se regulan las energías en la base de toda la creación. Dios, podría decirse, es la suma total de todas las energías en la totalidad del universo manifestado y no manifestado y al mismo tiempo las leyes que rigen estas energías, y su interrelación. Dios, como dice la Biblia, es un fuego consumidor. Dios es energía, fuego; no un fuego sino muchos fuegos. Su interrelación e interacción crea el universo visible e invisible. A medida que comprendemos su funcionamiento, llegamos a ser manipuladores de estas leyes. Los Logos de los distintos planetas y los grandes Seres como el Cristo y el Buda han evolucionado en la conciencia despierta de estas leyes, han comprendido sus funcionamientos y saben cómo manipularlas correctamente, científicamente, de acuerdo con el Plan del Logos Solar.

Evolución del Alma

¿Cómo vino a la existencia la raza humana? (Diciembre '85)

Según las enseñanzas esotéricas, la raza humana comenzó hace 18,5 millones de años. En aquel tiempo, el primitivo hombre–animal había alcanzado un estado de desarrollo relativamente alto. Tenía un cuerpo físico poderoso y coordinado, un cuerpo sensitivo sensible o astral, y el germen de la mente que podría más tarde formar el núcleo de un cuerpo mental. La energía de la mente, el quinto principio, fue traída a este planeta desde Venus por los 'Señores de la Llama', resultando un estímulo enorme para la evolución. Los egos (almas) humanos, que esperaban en su propio plano del alma una oportunidad semejante, encarnaron entonces en un hombre–animal por primera vez. La individualización del hombre–animal llegó a ser un hecho y la historia humana comenzó. La historia bíblica de Adán y Eva es una presentación simbólica de este acontecimiento histórico.

¿Por qué algunos escritores dicen que somos ángeles caídos? ¿Qué sucedió? (Septiembre '84)

Esto está relacionado con la 'caída del hombre del paraíso' de la Biblia. Esencialmente, cada uno de nosotros es un alma en encarnación, un ángel solar. En el plano del alma, cada alma es una parte individualizada de una Súper alma; la separación que experimentamos en el nivel de la personalidad es una ilusión – la gran herejía. La 'caída' se refiere a la decisión de las almas humanas de entrar en la encarnación, por primera vez, hace 18,5 millones de años, y dejar el 'paraíso' – el estado natural de perfección del alma – por la experiencia del 'fruto del árbol del conocimiento'. Este es un gran sacrificio para el alma humana, ya que supone una gran limitación de su esfera de expresión. Sin embargo el sacrificio es asumido de buen grado, para llevar adelante el Plan de Evolución del Logos del planeta. Así que la 'caída' es realmente simbólica.

Si esto es así, ¿hay alguna relación entre 'la caída' y el sufrimiento? Sin esa caída, ¿podríamos haber crecido hacia Dios sin el sufrimiento? (Septiembre '84)

Sin esa 'caída' no habría evolución. El alma no conoce el sufrimiento. El sufrimiento es el resultado de la incapacidad de la personalidad para expresar correcta o completamente la naturaleza del alma, que es totalmente desinteresada, que no conoce la sensación de separación. La evolución (en lo que concierne al hombre) es el proceso por el cual la personalidad, funcionando bajo el principio del deseo, es conducida gradualmente por medio del sufrimiento a renunciar a los obstáculos o impedimentos para la expresión del alma en el plano físico. La manera de acabar con todo sufrimiento, enseñó el Buda, es acabar con el deseo. Este es el sendero de la renunciación, que nos lleva a la liberación del deseo – la atracción de la materia – y a la total reconciliación con la fuente divina.

Aunque la humanidad es Una, nosotros somos también individuales debido a las diferentes experiencias en nuestras diversas encarnaciones. Pero, dejando a un lado el karma, ¿hay algo innatamente individual en cada uno de nosotros? (Abril '83)

Un gran Deva o Ángel enalma a la humanidad y cada alma humana es parte de esa Superalma. Sin embargo, cada uno de nosotros es único e individual y esa individualidad contribuye al Todo.

Si la Biblia enseña que hemos sido creados a imagen de Dios, ¿por qué cree usted en la evolución? (Octubre 84)

No son, en mi opinión, conceptos que se excluyan mutuamente. Ciertamente es posible ver al hombre como creado "a imagen de Dios", es decir, que tiene el potencial de toda la Divinidad inherente dentro de él pero que necesita el proceso evolutivo para manifestar ese potencial en su integridad. El Cristo y los Maestros de Sabiduría han completado ese proceso (en lo que a este planeta se refiere). Ellos son perfectos – Dioses – pero han evolucionado hasta esa perfección y así pueden demostrar la Divinidad potencial en todos nosotros.

¿Es la evolución una fuerza que no puede pararse? Si nos hiciéramos explosionar a nosotros mismos, ¿adónde irían nuestras almas? ¿Evolucionarían más tarde en otro planeta? ¿Qué harían mientras tanto? (Abril '84)

La evolución es en efecto un proceso que nada lo puede detener – sólo demorar. Si fuéramos tan insensatos como para hacernos explosionar a nosotros mismos, continuaríamos nuestro viaje en algún planeta menos evolucionado, perdiendo el beneficio de millones de años de evolución. Esto sería un descenso a una existencia primitiva, "un descenso al mismo infierno, cuyo ascenso de allí sería interminable y lleno de indecible dolor y sufrimiento".

¿Qué se entiende por el "Imán Cósmico" al que se refiere en las enseñanzas del Agni Yoga?

El Imán Cósmico es la suma total de las fuerzas y energías que se mueven en espiral a través del espacio según las Leyes de nuestro Universo. Es su manifestación cíclica la que es responsable de la evolución de los sistemas, planetas y reinos.

Si se considera el movimiento cíclico de nuestro sistema solar y la influencia de las constelaciones, casi se podría pensar que la evolución espiritual es algo automático. ¿Podemos resistirnos a las energías de Acuario o es nuestro libre albedrío un engaño? ¿Qué influencia tenemos sobre las instituciones y formas de pensamiento del mundo? (Noviembre '85)

Nuestro libre albedrío no es un 'engaño', pero es limitado. Podemos resistirnos a la fuerza o movimiento de la evolución durante un tiempo – y sufrir por ello – pero a la larga, el poder del imán cósmico nos arrastra en su irresistible empuje para avanzar. Es útil darse cuenta de cuán importante es, y puede ser, nuestra influencia en la inauguración de las nuevas instituciones y formas de pensamiento.

¿Por qué es necesario para un nuevo Avatar venir después de la Era de Acuario, que será una era tan buena? (Noviembre '84)

La evolución avanza en espiral. En comparación con el pasado, la Era de Acuario verá a la humanidad hacer grandes progresos en su sendero espiritual; será una era dorada. Pero en comparación con los logros del futuro, la humanidad en conjunto habrá dado sólo los primeros pasos. Hasta que todo sea perfeccionado, la necesidad de Avatares continuará, cada uno más grande que los anteriores, cada uno mostrándonos el camino a seguir hacia logros aún mayores.

¿Cuál es el objetivo final, en términos esotéricos, del viaje de cada individuo a lo largo del sendero evolutivo? (Octubre '85)

Muchas respuestas se podrían dar a esta pregunta. Una podría ser: completa sintonía e identificación con el Propósito del Logos.

Una vez que la supervivencia de la especie sea garantizada y la fusión haya tenido lugar, ¿cuál será entonces el propósito del hombre? ¿Y cuál es su propósito – es éste conocido, o está todavía por crearse mientras el hombre evoluciona? (Noviembre '84)

El propósito final del hombre es sólo conocido por el Logos creador y aquellos pocos, como el Cristo y el Buda, que tienen conciencia Logóica.

Hay varios 'anteproyectos' de esa perfección, y todos ellos son posibles. El hombre mismo, mientras evoluciona y crea en cooperación con el Logos, determinará cuál de estas posibilidades se precipita realmente.

Si el alma es perfecta, ¿por qué tiene que evolucionar? (Abril '84)

Es el alma en encarnación la que evoluciona. El alma, perfecta en su propio plano, encarna para evolucionar o espiritualizar la materia. Este es su servicio al Plan del Logos.

'El alma del hombre es perfecta'. ¿Era el alma de Hitler perfecta? (Octubre '84)

Sí, por supuesto. Como todas las demás almas, la de Hitler es divina. La personalidad malvada de Hitler estaba completamente aislada de la influencia de su alma y así pudo ser utilizada (en realidad obsesionada) por los partidarios del mal. Es por eso un 'alma perdida'.

Seguimos oyendo que muchas 'almas viejas' están encarnando en esta época. ¿A qué se refiere el término 'alma vieja'? (Julio/Agosto '86)

Se dice que hay 60 mil millones de almas dentro y fuera de la encarnación, y varían enormemente en su experiencia de vida. Un 'alma vieja' es la que a través de una larga y frecuente experiencia encarnatoria ha viajado más lejos, a lo largo del sendero hacia la perfección final, que la mayoría de las 'almas jóvenes' que comenzaron el viaje evolutivo mucho más tarde (en el tiempo). Las 'almas viejas', por lo tanto, representan las unidades más avanzadas del reino humano.

¿Están los niños de hoy más evolucionados que las generaciones anteriores? (Enero '83)

Muchos niños que ahora vienen a la encarnación están más evolucionados que las generaciones anteriores. Ellos son más sensibles a las energías espirituales – y son más intuitivos. Esto es parte del proceso de la evolución. Cada período trae a la encarnación a las personas que están preparadas para hacer frente a los problemas de su época. Son capaces de ofrecer soluciones a los problemas propios de su tiempo. Hemos llegado actualmente a un punto en que están naciendo más niños que están preparados para el nuevo tiempo; ellos transformarán nuestra vida. En los próximos veinticinco o treinta años el mundo cambiará radicalmente. Muchos de esos seres que nacen en este momento tendrán una intuición despierta. (Se está formando, en realidad, una nueva sub–raza, la sexta subraza de nuestra quinta raza raíz. Véase el artículo de mi Maestro,

"Razón e Intuición", en Share International, Vol. 1, N° 9 .) Así como nosotros hemos comenzado a perfeccionar la capacidad de la mente racional inferior, de la que nuestra ciencia y tecnología son expresiones, así las almas entrantes que formarán los comienzos de la sexta subraza evidenciarán más intuición. La intuición es una función de la mente superior. Se puede ver actualmente en algunos niños; traen consigo ciertas facultades – el conocimiento directo y la telepatía, por ejemplo. La telepatía está en potencia en todas las personas. Cuando, por medio de la meditación y el servicio, el aura se vuelve magnética, la telepatía sigue como una consecuencia directa. Naturalmente, puede ser desarrollada con entrenamiento y práctica, pero es una facultad innata hasta ahora poco desarrollada en la mayoría de la gente. Gradualmente, cada vez más personas relativamente avanzadas vendrán a la encarnación; tendrán esta y otras habilidades bien desarrolladas. De hecho, con el tiempo el habla desaparecerá; la telepatía sustituirá al lenguaje, que sólo se usará en relación con aquellos que aún no hayan desarrollado la capacidad telepática.

En las obras del Maestro D.K., Él alude al despertar de 'entidades dormidas' como un cumplimiento real de la profecía para el tiempo futuro; ¿puede usted arrojar más luz sobre este curioso misterio, ya que evidentemente se refiere a otra cuestión que la reaparición de Maitreya? (Abril '84)

Estas 'entidades dormidas' existen como Avatares que esperan el momento en la evolución de la humanidad cuando Ellos puedan ser invocados provechosamente. Esto requiere la presencia en el mundo de otras determinadas entidades y grupos de hombres relativamente avanzados.

El mal – ¿ha existido siempre en el planeta Tierra, o fue invadido por él? (Septiembre '85)

Lo que nosotros llamamos el mal existe en ese aspecto de Dios que conocemos como materia. Es inherente a la sustancia misma y es la consecuencia de la actividad de la divinidad en el anterior sistema solar. En ese primer sistema, Dios era actividad inteligente trabajando a través del aspecto forma o materia. En el presente (segundo) sistema solar, Dios es amor, pero ese amor es expresado imperfectamente a través de la materia, de aquí el mal.

¿Se avanza si uno no ejerce el libre albedrío? (Octubre '85)

No. En realidad nosotros sólo tenemos el potencial para el libre albedrío. El libre albedrío sólo puede funcionar cuando tomamos decisiones basadas en alternativas. Esto presupone la capacidad de pensar, y así el libre albedrío sólo se manifiesta cuando la gente piensa – como la humanidad en conjunto está ahora empezando a hacer.

¿Mientras dormimos estamos en comunicación o somos uno con nuestras almas? (Julio/Agosto '84)

Depende del nivel de sueño. Para la mayoría de la gente, hay momentos de sueño muy profundo en los que se establece contacto con el alma y las baterías espirituales se recargan. Estos son seguidos por fases de sueño relativamente ligero durante las cuales tienen lugar los sueños – una actividad de la mente inferior.

Me ha dicho un psíquico que mis problemas de salud se deben a una dieta errónea que está originando un pensamiento obsesivo que impide el contacto con el alma. ¿Podría esto ser cierto? Tengo dudas de creerlo sin una autoridad superior. (Marzo '86)

No me acepte como una 'autoridad superior', pero, ¡cielos, vaya tontería! Si el contacto con el alma dependiera de lo que comemos, cualquier persona en cualquier punto de evolución tendría acceso a su alma por un simple cambio de dieta. ¡Si fuera tan fácil! No puedo entender cómo las personas pueden tomarse en serio estos llamados 'psíquicos'.

Gurdjieff habla en uno de sus libros acerca del órgano 'Kundartiguador' del que se decía que había sido implantado en el hombre por la Jerarquía en el principio de los tiempos. Esto fue necesario después de un desastre: la tierra, se decía, fue golpeada por un cometa y en el mismo momento la luna vino a la existencia. La luna amenazaba con caer sobre la tierra. Cuando todo estuvo de nuevo en equilibrio el órgano 'Kundartiguador' fue quitado. Con el paso de las eras el nombre de este órgano degeneró a kundalini. Parece un cuento de hadas, pero Gurdjieff no es precisamente un cualquiera que pueda ser fácilmente descartado. ¿Puede usted hacer algún comentario? (Diciembre '84)

Por supuesto no es cierto – pero tampoco es del todo falso. Se trata de una alegoría. Se refiere a la época de la destrucción de la Atlántida. Durante millones de años una larga tradición espiritual fue mantenida y muchas grandes civilizaciones espiritualmente fundamentadas florecieron bajo la guía de la Jerarquía de la época. Los hombres conocían su herencia y descendencia espiritual y eran directamente conscientes de su realidad interna como almas.

Después de la destrucción de la Atlántida (ningún cometa cayó a la Tierra), todo esto cambió. La Jerarquía de la Luz se retiró a las montañas y desiertos, trabajando desde entonces sólo en el plano de la conciencia (el plano del alma). Un 'Kundartiguador' – una 'clase de amortiguador' – surgió entre el hombre y su percepción de la realidad. Se olvidó de su origen divino y retrocedió a la ignorancia y oscuridad primitivas, desde las que está evolucionando gradualmente de nuevo a la luz por medio de la acción de la invisible Jerarquía de Maestros. La Kundalini, naturalmente, es el poder serpentino, la energía de la tierra en sí, el aspecto Madre, enroscada en la base de la columna vertebral. La referencia a la misma por Gurdjieff no es simplemente un vuelo de la fantasía, sino que contiene una verdad. Es cuando la kundalini se despierta y asciende a través los chakras (preparados de antemano para ello) que la percepción espiritual y los poderes internos se manifiestan.

¿Es posible que encarnemos en otros planetas durante nuestra evolución? (Junio '86)

Para la mayoría de las personas la Tierra es el área de actividad desde el principio hasta la perfección. En algunos casos, sin embargo, hacia el final del ciclo encarnatorio, un período o estancia temporal en los planetas superiores puede llegar a ser posible. Esto está gobernado por intrincadas leyes regidas por el karma y la oportunidad espiritual.

¿Está nuestra evolución dificultada por tener una estrella variable (el sol)? Existe la teoría de que las emisiones irregulares del sol crean violencia y tensiones en la humanidad. (Mayo '84)

No. Las emisiones energéticas de nuestro sol obedecen a leyes cósmicas. Ellas crean tensión – sin la cual no habría evolución – pero no tensiones y violencia. Estas son el resultado del mal empleo de la humanidad de estas energías impersonales.

Evolución de las Formas de Vida

¿Cómo puede el hombre que 'procede del animal' tener necesidades espirituales? (Octubre '84)

Detrás de esta pregunta, por supuesto, está la controversia secular entre los grupos fundamentalistas cristianos y la teoría de la evolución de las especies de Darwin: si el hombre es creado por Dios y a imagen de Dios ¿cómo puede haber evolucionado desde los albores del animal? La controversia surge a partir de un completo malentendido – por parte de los grupos cristianos – acerca de la naturaleza de la evolución propuesta por Darwin. Su teoría, naturalmente, describe la evolución del cuerpo físico del hombre, que ha evolucionado en efecto durante millones de años, desde el primitivo hombre–animal. El aspecto divino en el hombre, el alma, encarna en este cuerpo animal para traer su naturaleza divina a la manifestación en el plano físico. El hombre es la única situación en la evolución donde se reúnen el espíritu y la materia. De este modo, la materia es espiritualizada progresivamente – el verdadero propósito del hombre es espiritualizar la materia. Por lo tanto, hasta que se perfeccione, el hombre como una personalidad con un cuerpo físico, astral y mental – todos los cuales son materia – necesita la influencia espiritualizadora de su verdadera realidad como un alma y, más allá de eso, como una Chispa de Dios.

Usted ha declarado que en términos del aspecto forma, cada reino evoluciona a partir del inferior a él. En *La Doctrina Secreta*, sin embargo, HP Blavatsky declara bastante enfáticamente que en esta cuarta ronda el reino humano, incluyendo sus formas, ha evolucionado como una especie separada. Por favor ¿Podría aclarar esto?

No hay ninguna contradicción entre estas dos declaraciones. Es cierto que el cuerpo humano ha evolucionado desde el reino animal, pero la individualización del hombre–animal primitivo en los tiempos de Lemuria (hace 18,5 millones de años), cuando las almas humanas encarnaron por primera vez y se introdujo la energía de la mente que hizo esto posible, ha creado una especie totalmente nueva. Desde el aspecto forma, los animales no evolucionan para ser hombres; sólo pueden hacerlo con el estímulo del aspecto conciencia. Y, por supuesto, los hombres no encarnan como animales. Las especies están ahora completamente separadas.

¿Quién o qué creó todas las maravillosas formas de vida sobre la Tierra? ¿Se 'materializaron' en algún momento desde otra dimensión, como el plano astral? (Enero '86)

Todas las formas a través de las cuales la Vida Una se manifiesta fueron originalmente formas mentales en la mente del Logos creador, el Hombre Celestial que enalma este planeta. Son traídas a la existencia por medio del trabajo de los 'constructores activos', la evolución dévica o angélica, tanto la subhumana como la sobrehumana. Ellos trabajan con la sustancia primordial, precipitando las formas que nosotros vemos en toda su variedad desde el 'etérico' al físico 'denso'. (El plano físico tiene siete subplanos, de los cuales nuestros físicos reconocen únicamente los tres inferiores: denso, líquido y gaseoso) Las formas se 'materializan', por lo tanto, no desde el plano astral sino desde el plano físico etérico.

¿Hemos pasado todos nosotros por las etapas del mineral, vegetal y animal hacia la de la humanidad? Si es así, ¿es correcto decir que

los elementos (minerales) del presente serán las personas del futuro? (Septiembre '84)

La pregunta planteada de esta manera muestra una confusión entre la vida y la forma. Como vida, esa energía ha pasado sin duda por todas las formas que llamamos mineral, vegetal, animal y humana. Somos la expresión de la vida en nuestro nivel. Eso no es lo mismo que decir que hemos sido minerales o que los minerales de hoy son los hombres del futuro.

¿Pasarán todas las formas de vida por una etapa de evolución humana? (Marzo '84)

Sí. Cada forma de vida en el universo está en proceso de llegar a ser humana o, habiendo sido humana, de llegar a ser sobrehumana. Esto es tan cierto para cada diminuto elemental dévico (que constituyen la materia de nuestros cuerpos físico, astral y mental) como lo es para el Hombre Celestial, el Logos de este planeta, en cuyo cuerpo de manifestación nosotros somos diminutos centros de fuerza.

Reino Animal

Usted afirma que el reino animal evoluciona a través de nosotros, y que nosotros, a su vez, nos hemos desarrollado del reino animal. ¿Cómo evolucionaron los reinos inferiores antes de la aparición del hombre en la escena evolutiva? (Junio '84)

Hay que distinguir entre la evolución del aspecto forma y la evolución de la conciencia. Desde el aspecto forma, cada reino se ha desarrollado del reino inferior – el vegetal del mineral; el animal del vegetal; el humano del animal; y el espiritual (la Jerarquía esotérica) del humano. Desde el punto de vista de la conciencia cada reino evoluciona por medio de la actividad del reino superior a él.

¿Siente ya el reino animal, a su propia manera, la venida del Cristo y los beneficios para su propio reino, como quizás se atestigua en el incremento intensivo de varias especies que se mueven físicamente más cerca de los centros de civilización, por ejemplo, zorros, tejones, ardillas, pájaros, etc.? (Noviembre '83)

En el sentido de que el reino animal podría estar respondiendo a la 'idea' del retorno del Cristo, no. No puede alcanzar tal respuesta mental, o tener consciencia de los beneficios que resultan para sí de Su presencia. Sin embargo, en el nivel astral, el reino animal sí lo hace y responderá a la energía del Cristo. Su vida emocional se verá estimulada debido a ello.

Creo que las razones para el incremento de animales (que normalmente se encuentran sólo en la naturaleza) cerca de las grandes ciudades, etc., se encontrarán en los cambios en su hábitat natural en lugar de en su respuesta a la presencia del Cristo.

¿Qué están haciendo exactamente los Maestros que están a cargo del reino animal? (Mayo '84)

Una de Sus tareas es seleccionar aquellos animales que, de su estrecha asociación con el hombre, ya demuestran una cierta individualidad que los capacita para entrar al reino humano cuando la puerta de ese reino sea reabierta. Estos animales no incluyen sólo gatos y perros sino también caballos, elefantes, bueyes, camellos, que se han asociado ocultamente con el hombre. Están ahora mismo siendo separados del grupo, pero no pasarán por la individualización en algunos millones de años.

Las aves proporcionan el puente desde el animal a la evolución dévica, entrando en ella en lugar de en el reino humano.

Reino Mineral

¿De dónde vino el reino mineral? (Septiembre '84)

El reino mineral es una precipitación en el plano físico denso de las energías de los planos físico etéricos. El 'diseño' de las formas minerales ya existe en los planos etéricos.

Evolución Planetaria

Usted ha dicho que Venus y otros planetas están mucho más evolucionados que la Tierra. ¿Puede dar los planetas por orden de su evolución? (Julio/Agosto '86)

Los siete planetas sagrados son, naturalmente, los más evolucionados. Un planeta sagrado es aquel en el que el Hombre Celestial, el Logos del planeta, ha recibido la iniciación cósmica que corresponde a la tercera (u otra superior) iniciación en el hombre. En orden de evolución son estos: 1) Urano; 2) Mercurio; 3) Vulcano; 4) Venus; 5) Júpiter y Neptuno; 6) Saturno. Los planetas no sagrados en orden de evolución son: 1) Marte; 2) Tierra; 3) Plutón y un Planeta oculto; 4) un Planeta oculto.

¿Tiene algo que ver el cometa Halley con el aspecto cósmico de la reaparición del Cristo? (Enero '86)

No. El cometa Halley, como todos los cometas, está "tejiendo una tela cósmica", como dice mi Maestro. Los cometas transportan materia y energía de diferentes frecuencias de una parte a otra de la Galaxia, creando de este modo complejas redes de energía por todo el espacio galáctico. Siembran las semillas del desarrollo futuro donde quiera que aparecen, llevando así a cabo el propósito de "Aquel de Quien nada puede decirse", la inimaginable Entidad Que enalma la Galaxia.

Usted dice que los cometas intercambian 'frecuencias' entre los sistemas solares. ¿También intercambian grupos de almas entre planetas? Si es así, ¿realizaron los cometas Halley y Kahoutek funciones semejantes? (Junio '86)

No. El intercambio de almas entre planetas tiene lugar en un nivel mucho más 'local'. La actividad de los cometas es galáctica.

En el *Tratado sobre Fuego Cósmico*, el Maestro D.K. habla sobre nuestro "Centro Cósmico". ¿Puede dar más información en cuanto a dónde y qué es esto? (Junio '86)

Se refiere a nuestro Logos galáctico, "Aquel de Quien nada puede decirse".

Evolución Dévica

¿Cuál es para la humanidad el significado de un mayor contacto con la línea de evolución dévica? (Diciembre '82)

Estas son dos grandes líneas de evolución paralelas que con el tiempo se juntarán en un futuro muy lejano para formar lo que se denomina el 'hermafrodita divino'. Cada una complementa a la otra, como un reino, el humano representa el aspecto masculino y el dévico el aspecto femenino de la única realidad. Los Devas son las 'hijas del sentimiento'. Trabajan por medio del sentimiento y de la perfección del sentimiento, mientras que nosotros trabajamos por medio de la mente y de la perfección de la mente. Así que tenemos, cada uno de nosotros, una gran cualidad divina para dar al otro.

Los devas son mencionados como los 'constructores activos', y la Jerarquía es llamada el centro de energía del aspecto constructor (*La Telepatía y el Vehículo Etérico*, de Alice Bailey). ¿Cuál es aquí la correlación? ¿No están los devas involucrados en una evolución separada, aunque similar, a la nuestra? (Enero '86)

La Jerarquía es el centro donde se manifiesta el Amor de Dios. El amor es el aspecto constructor, la fuerza magnética y cohesiva que une las partículas de la materia; es también el aspecto relacionante, que relaciona el espíritu con la materia. Los devas son efectivamente los 'constructores activos', que trabajan inteligentemente con la sustancia para crear las formas de todo lo que vemos, bajo el control de la Jerarquía. Trabajando con el aspecto Crístico – las fuerzas de reconstrucción – la Jerarquía pone en marcha y supervisa la ejecución del Plan a través de la acción de los devas. La evolución deva es una evolución separada, paralela a la humana.

¿Es posible para los humanos fusionarse con la evolución Dévica? (Julio/Agosto '84)

La evolución Deva es muy compleja, siendo tanto subhumana como sobrehumana. Existen muchas entidades Dévicas muy evolucionadas, que ahora son sobrehumanas, y que una vez fueron humanas. Todas las formas de vida están en proceso de llegar a ser humanas, son humanas, o van más allá de la etapa humana.

Usted dijo que Maitreya ha traído al mundo determinados grandes devas que trabajarán en estrecha colaboración con la humanidad. ¿Quiere usted decir que algunas personas trabajarán conscientemente con los devas? (Diciembre '82)

No todo el mundo, pero, cada vez más, los miembros sensitivos de la raza aprenderán cómo invocarlos y percibir, contactar y recibir enseñanza y preparación de ellos. Esta es una actividad especializada. Conozco muchos grupos que afirman tener este contacto en la actualidad, pero creo que eso es más o menos fantasía, espejismo.

Usted ha mencionado en sus artículos a los elementales que constituyen nuestro cuerpo. ¿Podría explicar la naturaleza de estos elementales? (Julio/Agosto '84)

Nuestros cuerpos (físico, astral y mental) están hechos de las formas de vida de diminutos devas de cada uno de estos tres planos. Nuestros cuerpos están literalmente constituidos por los suyos, y de esta manera los devas adquieren la experiencia de vida que con el tiempo los preparará para la conciencia humana. Son infinitésimamente pequeños, se requieren miríadas de ellos para crear la sustancia de nuestros vehículos.

Algunas personas dicen que han experimentado la visión de hadas; ¿es posible que estas sean las mismas entidades que los elementales? (Julio/Agosto '84)

No. Exactamente, las hadas, gnomos, etc., son 'los constructores inferiores', que utilizan la sustancia elemental de los niveles etérico o astral para crear la vegetación de la tierra.

La Historia del Evangelio y el Sendero de Iniciación

El viaje evolutivo en el que estamos comprometidos se halla jalonado por cinco puntos importantes de crisis, grandes expansiones de conciencia, los cinco pasos hacia la Liberación y la Maestría. Estas son las cinco iniciaciones planetarias que nos liberan de futuras experiencias de encarnación en esta Tierra. Todos los Maestros han tomado estas cinco iniciaciones (algunos han tomado iniciaciones superiores), y Su presencia en este mundo es el resultado de una decisión consciente para servir al Plan de Evolución y no de ninguna necesidad de encarnar por karma personal.

El proceso esotérico que llamamos iniciación es un proceso artificial de maduración introducido en nuestro planeta a mediados de los tiempos atlantes para acelerar el proceso evolutivo. Sin él, llegaríamos inevitablemente al mismo punto de desarrollo que evidenciamos hoy, pero nos llevaría millones de años más para hacerlo.

En aquellos lejanos días, se produjo una crisis en otra parte de este sistema solar que requirió la presencia de algunos de los miembros más avanzados de la Jerarquía de nuestro propio planeta, Quienes en esa época eran de Venus. El proceso de iniciación fue introducido, por lo tanto, para que los miembros más avanzados de la evolución de la Tierra pudieran experimentar este proceso acelerado de maduración, y así prepararlos para hacerse cargo de los puestos inferiores de la Jerarquía, eximiendo así a los Maestros Mayores para otros trabajos.

La iniciación más alta posible para un hombre de la Tierra en aquella época era la tercera iniciación, y entre el primer grupo en alcanzar ese logro estaban el Cristo y el Buda, que han permanecido a la vanguardia de nuestra evolución hasta nuestros días.

Visto desde el punto de vista esotérico, la historia del evangelio es realmente la historia de la iniciación, una historia presentada a la humanidad una y otra vez, de diferentes maneras, mucho tiempo antes del cristianismo. El relato de la vida de Jesús es la presentación simbólica, dramáticamente representada para nosotros, del viaje del iniciado hacia la Perfección.

La primera iniciación es llamada el Nacimiento del Cristo y está simbolizada por el nacimiento del Discípulo Jesús en Belén.

Cuando la energía evolutiva que llamamos el Principio Crístico o Conciencia Crística se despierta en el corazón humano (el centro del corazón espiritual en el lado derecho del pecho), el hombre o la mujer se halla en condiciones de prepararse para recibir la primera iniciación.

Es importante darse cuenta de que la persona es ya un iniciado antes de que él o ella se presente ante el Iniciador. El alma humana, el primer maestro, lleva a su vehículo al momento de la iniciación por medio de su experiencia en la vida y la meditación. Entonces el Maestro (de la Jerarquía) interviene, y mediante una combinación de estímulos, pruebas y la oportunidad de servicio presentada, preparan al candidato para presentarse ante el Hierofante para recibir el impacto de la energía del cetro de iniciación que Él empuña. El Cristo, Maitreya, es el Hierofante de la primera y segunda iniciaciones, la tercera e iniciaciones superiores se toman ante el Señor del Mundo, Sanat Kumara, en Shamballa. "Yo soy el Camino". "Ningún hombre puede conocer al Padre sino es por mí". Estas palabras del Cristo son esotéricamente ciertas, pero han sido bastante malinterpretadas por las iglesias, dando a entender que el cristianismo (o, más correctamente, el iglesianismo) es el único sendero religioso; que sólo si un hombre acepta los dogmas y doctrinas (hechas por el hombre) de la iglesia cristiana puede conocer a Dios. El Cristo personifica el Principio Crístico en este planeta. Esta es una energía que fluye de Él hacia nosotros. Es a través de la manifestación de este Principio que nosotros nos reorientamos y entramos en el Sendero Iniciático. En este sentido, Él es realmente "el Camino". Del mismo modo, sólo cuando uno se ha presentado ante el Cristo en las dos primeras iniciaciones puede establecer contacto con la Mónada, el Espíritu, el "Padre en el Cielo", que conduce a la tercera iniciación ante Sanat Kumara, el Señor del Mundo.

Los grupos de cristianos "renacidos" tienen un vislumbre de la verdad, de que la primera iniciación es el "segundo nacimiento" de la Biblia, pero, por supuesto, esta es una experiencia compartida por millones de personas hoy en todo el mundo, y no exclusiva de los cristianos "renacidos".

La primera iniciación pone de manifiesto el control sobre el cuerpo físico, en particular sobre las diminutas vidas dévicas (o elementales) que forman el cuerpo físico del hombre. La segunda iniciación pone de manifiesto el control sobre el cuerpo emocional astral o vidas elementales que forman ese vehículo. Esta es llamada la Iniciación del Bautismo y está simbolizada para nosotros por el Bautismo de Jesús en el Jordán.

La tercera – la primera iniciación verdadera del alma, – es llamada la Transfiguración y está simbolizada por la Transfiguración de Jesús en la Montaña. Pone de manifiesto el control sobre el cuerpo mental y el elemental de ese plano, y se entra en contacto con la energía de la Mónada o espíritu por primera vez: "La joya en el corazón del Loto".

Jesús vino al mundo en Belén como un iniciado de tercer grado y así sencillamente simbolizó estas tres etapas de desarrollo para nosotros. Tenía que pasar por la cuarta iniciación, y así lo hizo en plena realidad física para dramatizar, simbólicamente, por nuestro bien, la experiencia de la Renunciación. En Occidente, esta iniciación se conoce como la Crucifixión; en Oriente se llama la Gran Renunciación, cuando se renuncia a todo – posición, familia, incluso a la vida misma si es necesario – por la vida espiritual superior.

Entonces sigue (y este es el núcleo de la historia del evangelio cristiano) la quinta iniciación, la Resurrección, simbolizada por la resurrección del cuerpo de Jesús después de la crucifixión. Cada iniciación atrae a los cuerpos del iniciado materia de partículas subatómicas – literalmente, luz. En la cuarta iniciación los cuerpos del iniciado son tres cuartas partes de materia subatómica o luz. Este proceso se completa en la quinta o Iniciación de la Resurrección, cuando el iniciado se libera de la atracción de la materia para siempre, es un Maestro perfeccionado. La meta evolutiva ha sido alcanzada y el Maestro ha terminado su experiencia de vida en este planeta. Su elección para permanecer en esta Tierra y así servir al Plan de nuestro Logos Planetario es solamente Suya.

Hay iniciaciones superiores que requieren del Maestro un mayor esfuerzo. La Ascensión, simbolizada por la ascensión del Cristo después de Su aparición ante los discípulos en el cuerpo resucitado de Jesús, marca la sexta experiencia iniciática y confiere Conciencia Cósmica y la completa inmortalidad del cuerpo al Maestro Ascendido.

Visto de esta forma, la historia del evangelio mantiene ante la humanidad la promesa de la Divinidad, una Divinidad realizada no sólo por un hombre extraordinario, el "Hijo de Dios", sino una Divinidad accesible por todos los que hacen el esfuerzo necesario por expandir su conciencia para abarcar los niveles espirituales; una Divinidad lograda, también, mediante un proceso científico, del que el Cristo y los Maestros son los custodios, el proceso de iniciación. (Abril '82)

Los Requisitos para la Iniciación

He mostrado la historia del evangelio como la presentación a la humanidad, en forma simbólica, del sendero esotérico de la iniciación. Muchas personas actualmente están en, o en el umbral de, este sendero, aunque muy poco se sabe sobre los verdaderos requisitos para estas grandes expansiones de conciencia que constituyen la iniciación. Parecería apropiado, por tanto, dedicar algo de tiempo para referirme a estos requisitos, recordando siempre que un artículo de esta clase no puede hacer más que abarcar, bastante superficialmente, lo más esencial. La iniciación es un tema complejo, profundamente esotérico y misterioso, y aquellos lectores que deseen leer más profundamente sobre ella son remitidos a los escritos del Maestro D.K. a través de Alice A. Bailey, en particular a *Iniciación Humana y Solar*.

Es importante recordar que la iniciación es un proceso, no una ceremonia (aunque se recurra a la ceremonia), ni la superación de un examen. Es el resultado de una expansión gradual de la conciencia. Es una creciente conciencia despierta y la demostración de las realidades espirituales que yacen detrás de nuestra expresión externa en el plano físico – nuestro Yo Superior o alma, y aquello del cual el alma misma es un reflejo, la Mónada Divina o Chispa de Dios. Es un proceso mediante el cual las sucesivas y graduales etapas de unificación e identificación tienen lugar entre el hombre o mujer en encarnación y estos aspectos superiores de nuestra triple constitución.

Hay muchas iniciaciones menores además de estas cinco iniciaciones mayores planetarias. Cada una representa una etapa definitiva de integración e identificación alcanzada por el iniciado. La meta se logra cuando, en la quinta iniciación, el Maestro liberado permanece en total unión con la Mónada, Su "Padre en el Cielo". Ha expandido Su conciencia para abarcar los planos espirituales y no necesita más experiencias de encarnación en este planeta. Para el Maestro hay unificaciones superiores – con los Logos planetarios y del sistema – de las que no es preciso que nos ocupemos.

La iniciación indica un punto de realización, pero no produce esa realización. La vida misma es el campo de desarrollo del proceso; son las experiencias, las pruebas y fracasos de la vida diaria, y el dominio gradual de uno mismo que produce el control sobre la materia y la conciencia en todos los planos, lo que caracteriza al Maestro Iniciado.

Técnicamente, la iniciación es un proceso científico artificial que acelera el proceso evolutivo; históricamente es muy antiguo. No es obligatorio

– individualmente los hombres pueden tomarlo siempre y cuando ellos quieran lograr la perfección – pero proporciona los medios por los cuales aquellos que estén preparados y dispuestos a hacer el esfuerzo para pasar por las dificultades y pruebas, y sobre todo a hacer los sacrificios y renunciaciones que la iniciación requiere, pueden acelerar el viaje de la evolución enormemente, y así servir más plenamente el Plan del Logos.

Los requisitos para cada iniciación han cambiado necesariamente a medida que la humanidad ha evolucionado; cada nueva etapa alcanzada por la humanidad en conjunto eleva estos requisitos. Hoy en día, desde el punto de vista de los Maestros, la tercera es la primera verdadera iniciación (del alma); la primera y la segunda son en realidad preparatorias, que ponen de manifiesto el control de los vehículos – físico y astral respectivamente – de la personalidad. A través de estos cuerpos purificados e integrados el hombre interno divino, el alma, hace sentir su presencia, apoderándose de los vehículos y brillando por medio de la personalidad. Cuando esta integración incluye el cuerpo mental controlado, la tercera iniciación puede experimentarse. La sincronicidad de la vibración es la clave para este proceso. El alma sólo puede manifestarse en gran parte a través de vehículos de vibración análoga. Es por esta razón que se ha puesto tanto énfasis, en todas las enseñanzas, en la pureza – del cuerpo físico, de los sentimientos, de la mente y de la intención.

El proceso de purificación comienza exactamente en el Sendero Probatorio; para cuando el Sendero Iniciático está siendo hollado, se espera que los hábitos de pureza estén ya establecidos y sean automáticos.

El cuerpo físico es el primero en pasar por la purificación, y por eso aquellos que se preparan para la primera iniciación una dieta vegetariana llega a ser esencial. Comer carne tiene un efecto reductor de la vibración del cuerpo físico del hombre y debe eliminarse de la dieta. Es interesante observar como muchas personas hoy en día, especialmente los jóvenes, se interesan por el vegetarianismo. No hay duda de que esto está relacionado con el hecho de que varios millones en la actualidad se encuentran en el umbral de la primera iniciación; consciente o inconscientemente, están respondiendo a los preceptos internos del alma.

La conciencia de un plano es algo muy diferente del control de ese planto, y la iniciación es el resultado, no sólo de la conciencia, sino también del control. En la primera iniciación el control del alma (o Ego) sobre el cuerpo físico debe estar bastante avanzado. Los deseos del cuerpo de comer, beber, sexo, sueño, reposo, ya no deben dominar. Esto no quiere decir que el aspirante debe dejar de comer, beber, dormir o tener sexo, sino que deben hacerse de forma moderada, ordenada, y bajo el control del alma. Este control es en realidad sobre el elemental físico. Todos nuestros cuerpos, materiales y espirituales, están formados por los cuerpos de diminutas vidas dévicas (angélicas) o elementales, los llamados pitris lunares y solares. Los pitris lunares forman el cuerpo físico, astral y mental del hombre inferior, mientras que los pitris solares constituyen el cuerpo del alma – el cuerpo causal.

La primera iniciación se llama la Iniciación del Nacimiento. Es el resultado del nacimiento de la conciencia Crística en la caverna del corazón, y los aspirantes que han pasado por esta experiencia se sentirán atraídos hacia la vida espiritual – que no significa necesariamente la vida religiosa. Una rectitud general de conducta y pensamiento y una actitud de buena voluntad se pondrá de manifiesto. El carácter tendrá todavía muchos defectos (lo ideal raras veces se alcanza), pero se mostrará una nueva y más comprensiva e inclusiva actitud hacia todos los seres, y el deseo de servir será intenso. Como consecuencia del control del elemental físico se manifestará una mayor creatividad. Esto se debe al cambio del flujo de energía desde los chakras inferiores al centro de la garganta. No es por casualidad, por lo tanto, que la cultura de cualquier civilización sea creada por los iniciados.

La segunda iniciación pone de manifiesto el control emocional, el control del elemental astral, así como la primera ponía de manifiesto el control del elemental físico. Se dice que esta iniciación es la más difícil. El iniciado, atrapado en las confusiones del deseo, las brumas del astral, tiene que clarificar sus respuestas a la realidad y liberarse de las ataduras emocionales. Tan poderosa es la naturaleza astral del hombre que ésta es una tarea enormemente difícil y puede durar muchas vidas en lograrse. El alma, por medio de la mente, ha de controlar el cuerpo emocional y hacerlo limpio y claro para su verdadero propósito: un vehículo adecuado para el nivel búdico o intuitivo de la conciencia.

El quinto principio de la mente, trabajando a través del cuerpo mental, actúa como director y organizador de la reacción astral y por tanto como disipador del espejismo. El Maestro D.K. ha escrito: "La segunda iniciación es una iniciación profundamente difícil de recibir. Para aquellos que son del primer y segundo rayo de aspecto es probablemente la más difícil de todas ellas". Sin embargo, con el advenimiento del Cristo, que actúa como el disipador del espejismo a escala mundial, el camino a seguir por el gran número de aspirantes que ahora se acercan a esta experiencia se verá simplificado, y muchos, después de haber recibido hace mucho tiempo la primera iniciación, pasarán a través de los portales por segunda vez durante esta vida.

Pasada la segunda iniciación, el iniciado tiene que aprender el control de su vehículo mental. Al igual que las confusiones del espejismo en el plano astral tuvieron que ser disipadas, así ahora las ilusiones del plano mental deben ser disueltas en la luz que emana cada vez más brillante desde el alma. La tercera iniciación, la Transfiguración, pone de manifiesto la personalidad completamente integrada, infundida por el alma y que responde ahora a la energía de la Mónada. Amor, sabiduría y voluntad dinámica, los atributos del alma, brillan ahora claramente a través de la personalidad, y adviene una vida creativa de servicio mundial y eficacia.

Estas tres primeras iniciaciones planetarias mayores deben recibirse siempre en encarnación, en el plano físico. De esta forma la conciencia del iniciado se pone de manifiesto por medio de ambos, la mente y el cerebro.

Para concluir este breve y necesariamente incompleto relato de los requisitos para cada iniciación, cito de nuevo de los escritos del Maestro D.K.: "Cuando un hombre recibe la cuarta iniciación actúa en el vehículo del cuarto plano, el búdico, y ha escapado definitivamente del 'círculo no se pasa' de la personalidad. Este gran acto de renunciación, señala el momento en que el discípulo no posee nada que lo relacione con los tres mundos (físico, astral y mental) de la evolución humana. Su contacto con esos mundos en el futuro será puramente voluntario y para propósitos de servicio". (*Los Rayos y las Iniciaciones*, p. 570.)

"El hombre que recibe la cuarta iniciación, o la Crucifixión, suele tener una vida de gran sacrificio y sufrimiento. Es la vida del hombre que hace la Gran Renunciación, y que aún exotéricamente es considerada difícil, intensa y penosa. Todo lo abandona, incluso su perfecta personalidad, sobre el altar del sacrificio, y queda despojado de todo. Renuncia a todo, amigos, dinero, reputación, carácter, posición, familia y hasta la vida misma." (*Iniciación Humana y Solar*, p. 81.) (Marzo '84)

Expansión de la Conciencia

¿Cuál es el significado de la "experiencia del desierto"? (Diciembre '82)

Eso se refiere al período después del Día de la Declaración. Es una experiencia para toda la humanidad – la humanidad se enfrentará a una alternativa: tomar la decisión de rechazar el inmenso materialismo. El género humano está hoy encadenado al materialismo. Ha rechazado su relación con Dios, con la realidad, con todo el mundo natural del cual forma parte. El hombre ha expoliado ese mundo y mantiene una relación totalmente equivocada consigo mismo – y con sus hermanos y hermanas. En vez de una correcta relación, ha establecido una existencia material que es del todo falsa. No quiero decir que uno no debería tener lavadoras, o coches, o disfrutar de una comida en un restaurante, etc. Lo que quiero decir es que una gran parte de la humanidad – unas dos terceras partes del mundo – vive en la absoluta degradación y miseria, mientras que al mismo tiempo, una tercera parte vive en el lujo.

Esto es indigno. Si vas al Sur de California, Alemania Occidental, o Japón, podrás ver el lujo y la opulencia, que son impensables en amplias zonas del mundo. Es esta situación profundamente no espiritual, la falta de correctas relaciones, a la cual me referí como materialismo desmesurado, la que necesitamos rechazar. Durante un tiempo, la humanidad tendrá que renunciar a su ansia por las cosas, por la vida material a expensas de la vida espiritual. No hay nada malo en la prosperidad. Lo que está mal es que es parcial, sin relación con la realidad interna, la divinidad del hombre y el mundo en su conjunto. En consecuencia es extremadamente injusta.

La experiencia del desierto, en particular para Occidente, es la aceptación de una forma de vida más sencilla, de manera que todas las personas en todas partes puedan vivir. De hecho, una de las principales tareas del Cristo es liberar la humanidad del espejismo del materialismo. Es este espejismo, esta niebla de irrealidad, lo que impide al hombre saber quién es realmente y cuál es realmente el significado de la vida.

Usted dijo que la conciencia grupal es el objetivo del propósito evolutivo en la era de Acuario. Por favor, explíquelo.

El progreso evolutivo hasta ahora ha sido formar la individualidad. Esta tiene que lograrse antes de que pueda ser superada. El individuo poderoso, altamente integrado, que se sirve a sí mismo, con el tiempo tiene que dar paso al servidor del mundo. La esencia de la conciencia acuariana es el concepto de grupo. Las energías de Acuario, que fluyen hacia nosotros en potencia siempre ascendente con cada año que pasa, crearán, inevitablemente, las condiciones para la conciencia grupal. Las energías de Acuario no pueden ser sentidas, comprendidas y utilizadas excepto en formación grupal. No es posible hacerlo de forma individual.

La clave para este cambio en la conciencia es el amor, y a través del amor, el servicio. A medida que sirves llegas a estar más descentralizado, hasta que finalmente estás totalmente identificado con aquello que sirves – la humanidad, después con la creación misma. Entonces tienes conciencia grupal, la conciencia que el Maestro conoce.

La Tríada espiritual tiene tres niveles: átmico, búdico, y manásico. El átmico es el nivel desde el que la Voluntad de Dios, la voluntad y el propósito de la Mónada se refleja. El búdico es el nivel desde el cual el Amor–Sabiduría es reflejado y el nivel manásico refleja la Mente Superior. Estos tres niveles son los planos espirituales, y cada uno de ellos se manifiesta sucesivamente. El Mental Superior o nivel manásico se hace sentir primero, porque es el más cercano al mental inferior, nuestro foco normal. Lo que llamamos intuición es en realidad la acción de ese nivel manásico. Cuando tenemos la sensación de que sabemos algo, cuando ni siquiera pensamos en ello, sino que sólo lo sabemos, estamos realmente trabajando desde el nivel manásico. La verdadera intuición es otra cosa.

Para los Maestros, la intuición es realmente la conciencia grupal, la acción de buddhi, Amor–Sabiduría. Se manifiesta a sí misma en el plano físico a través del vehículo astral purificado como conciencia grupal no separada. Nosotros no tenemos esto todavía, pero durante los próximos 2.500 años esa clase de conciencia llegará a ser gradualmente la norma entre los grupos del mundo.

Un gran Avatar, el Avatar de Síntesis, ha sido invocado por la Jerarquía. Permaneciendo detrás y trabajando a través del Cristo, la energía de este Ser trabaja por medio de la Jerarquía y de la humanidad como grupos. Trabaja a través de la Asamblea de las Naciones Unidas como grupo (no a través del Consejo de Seguridad cuyos miembros tienen derecho de veto y trabajan contra la expresión grupal en las Naciones Unidas). La energía del Avatar, una energía que sintetiza, fusiona, armoniza, fluye a través de la Asamblea de las Naciones Unidas, armonizando con el tiempo a las naciones del mundo en una unidad de servicio. Entonces ellas servirán al mundo en conjunto en vez de a sus propios intereses nacionales independientes, como hacen actualmente.

El grupo a través del cual trabaja con más fuerza es el Nuevo Grupo de Servidores del Mundo. Son el eslabón entre la Jerarquía y la humanidad porque tienen un pie en ambos campos. Son todos ellos discípulos. Habrán recibido la primera y quizás la segunda iniciación, algunos de ellos la tercera y unos pocos la cuarta. Son los Servidores del Mundo. No son necesariamente los esoteristas del mundo, sino que se encuentran en todas las áreas de la actividad humana; en cada campo están dando expresión a su sentido de las necesidades de la humanidad en este tiempo de transición.

Son la esperanza del mundo. A través de ellos se construirá la nueva civilización. Están ahora tratando de establecer los cimientos sobre los que las nuevas estructuras – políticas, sociales, económicas, religiosas, sociales, científicas, educativas, culturales – se construirán; para crear la civilización de la era de Acuario, de la que el aspecto más importante será la creación de la conciencia grupal, el sentido de la Humanidad Una, la realización de que Dios, la naturaleza y el hombre son Uno.

El Maestro Morya en *Las Hojas del Jardín de Morya II* (de Helena Roerich) habla de la "energía primaria". ¿Qué quiere decir con eso? También habla de la "disciplina del espíritu". ¿Se refiere a la disciplina de la personalidad? (Octubre '84)

La energía primaria es la energía psíquica, la energía de la conciencia misma. Por "disciplina del espíritu" creo que se refiere a la que lleva a la entrada en el sendero evolutivo (Él está hablando a iniciados y discípulos), la energía de la Voluntad Espiritual, que gradualmente sustituye a la 'aspiración' con sus connotaciones emocionales.

Comenzando con el primer reducido grupo de hombres alrededor de Jesús que llegaron a ser discípulos y apóstoles, el hecho de estar en presencia del Cristo ha transformado el carácter y acelerado enormemente la evolución espiritual del hombre. En el Día de la Declaración ¿sucederá esto a una gran parte de la humanidad? (Mayo '85)

En el mismo Día de la Declaración, no, no podemos esperar que ocurran cambios tan tremendos. Todo cambio evolutivo avanza lentamente, y las personas permanecerán más o menos como eran durante un largo tiempo (medido en términos de progreso evolutivo). Lo que sucederá es que lo mejor de las personas será evocado por el Cristo, y mientras la humanidad hace los cambios necesarios en las esferas política, económica y social (en las que nuestra crisis espiritual está focalizada en la actualidad), eso que llamamos lo mejor de las personas llegará a ser cada vez más la norma. Sin embargo, el Día de la Declaración evocará seguramente un enorme sentimiento de alivio de la tensión y el temor, e inspirará a millones hacia una nueva vida de aspiración y servicio.

¿El hecho de que el continente de la Atlántida esté resurgiendo en 2,5 pulgadas por año, y que este proceso se completará en un tiempo de 700–800 años, tiene alguna relación con la elevación de la conciencia de la humanidad hacia el reino espiritual? (Mayo '85)

La Atlántida se está elevando lentamente (de tres a cuatro pulgadas por año, no dos y media) de una manera controlada que durará unos 800–900 años. Durante ese período, la humanidad efectuará indudablemente una enorme expansión de conciencia, pero los dos acontecimientos no están relacionados de una manera directa.

[Para más información sobre la Atlántida, véase el capítulo sobre la Civilización Antigua en *La Reaparición del Cristo y los Maestros de Sabiduría*, de Benjamin Creme.]

En *El Discipulado en la Nueva Era*, el Maestro D.K. afirma que América es un resto de la antigua Atlántida. ¿Cómo puede ser esto? La Atlántida se hundió bajo el mar hace mucho tiempo y estaba localizada lejos en el Océano Atlántico – o eso pensaba yo. (Julio/Agosto '86)

América es efectivamente un resto de la antigua Atlántida (que dio su nombre al océano), pero el énfasis está en la palabra "resto". Una gran parte del inmenso continente de la Atlántida, que se extendía hasta Europa occidental, se hundió bajo las aguas del océano. La mayor catástrofe se produjo hace unos 98.000 años. Un último vestigio, la isla de Poseidón, donde están ahora las Azores, se hundió hace unos 15.000 años.

¿Puede enseñarse la sabiduría? (Mayo '85)

No. La sabiduría es un atributo del alma y se desarrolla de forma natural mientras el alma se manifiesta a través de la personalidad. El conocimiento puede enseñarse; la sabiduría es la comprensión amorosa o conocimiento iluminado por el amor. Procede del nivel búdico de la conciencia.

En una entrevista con usted en Holistic Health Magazine, dijo que tener la figura del Buda en un cenicero, no es una blasfemia. ¿Cuál es su definición de blasfemia? (Junio '84)

En esa entrevista dije (en broma) que tener Su figura en un cenicero significaba que el Buda había 'llegado' – ¡después de 2.600 años! Es, por supuesto, una muestra de poco respeto y nunca sucedería en Oriente (al igual que la figura del Cristo en un cenicero sería inverosímil en Occidente), pero no es una blasfemia. En lugar de tal ignorante falta de respeto o irreverencia, yo definiría como blasfemo aquello que es contrario a la realidad espiritual de la vida. Un claro ejemplo de blasfemia, por lo tanto, es la existencia de millones de personas hambrientas en un mundo de abundancia, mientras que la realidad espiritual interna es la Unidad de toda la humanidad.

Puesto que la crianza de ganado vacuno para carne es una forma poco rentable de utilizar el cereal (ya que el ganado consume más

que los humanos), ¿no es por lo tanto necesario fomentar la difusión del vegetarianismo en el mundo? ¿Y el comer carne no refrena nuestro desarrollo espiritual? (Octubre '85)

Alimentar al ganado con cereales es sin duda una forma poco rentable de emplearlo (en términos absolutos; en realidad, sin embargo, es mucho más complicado). A pesar de este hecho, no hay realmente escasez de cereal en el mundo – sencillamente no está bien distribuido. Los vegetarianos como grupo están muy dispuestos a animar a otros para dejar de comer carne y por supuesto usan todos los argumentos posibles para sostener su punto de vista. No obstante, según el Maestro D.K., comer carne es perfectamente correcto para las masas de la humanidad; es en el sendero del discipulado y especialmente en el sendero iniciático que la carne debería eliminarse de la dieta.

No hay una respuesta sencilla a la segunda parte de la pregunta – depende del punto de evolución de la persona en cuestión. Hasta cierto punto, sí, el consumo de carne retrasa el progreso espiritual, ya que la estructura atómica de la carne no es bien absorbida por el sistema humano. Después de una determinada etapa, sin embargo, la carne puede comerse sin peligro – o no, como el iniciado elija.

Las Etapas de la Iniciación

¿Cuál es la importancia de conocer nuestro propio grado de iniciación? (Abril '84)

No es esencial conocer el punto exacto donde uno está en el Sendero. Hay muchos iniciados activos trabajando en el mundo que no saben conscientemente que son iniciados. Por otro lado, conocer en qué etapa está uno es útil, a condición de que el conocimiento no alimente el espejismo propio – ya sea el espejismo de logro o el espejismo la autodesprecio. Ayuda a poner las cosas en perspectiva el saber que uno tiene tal o cual distancia aún por recorrer en el Sendero, que existen aquellos más avanzados así como también aquellos menos avanzados, y que estamos todos avanzando juntos. Ayuda, también, a dar propósito a la vida el saber, no sólo teóricamente sino con exactitud, que uno se encuentra en un punto determinado. Esto invoca a la voluntad. El peligro, por supuesto, es que este conocimiento puede invocar un sentimiento de complacencia, de satisfacción con el logro ya alcanzado.

¿Es posible determinar cuál es el punto de evolución de uno? (Febrero '84)

Sí, es posible calcular, con un grado razonable de exactitud, nuestro propio punto de evolución – si uno es razonablemente objetivo. Estudie los requisitos para la iniciación tal como se indican en *Iniciación Humana y Solar*, de Alice Bailey. Considere, tan objetiva y honestamente como sea posible, hasta donde cumple usted o no con esos requisitos. De esta manera, debería ser capaz de evaluar su probable punto de evolución. Por supuesto, la objetividad y el conocimiento de sí mismo son aquí de fundamental importancia: yo sé de alguien que está justo en el punto de la primera iniciación que, después de estudiar la obra citada, llegó a la feliz conclusión de que ¡estaba entre la tercera y cuarta iniciación! Un vistazo a la lista de rayos de los iniciados ayudará aún más a la autoevaluación. Pone las cosas en perspectiva el darse cuenta de que figuras mundiales de gran alcance como Gandhi o Hitler fueron iniciados de segundo grado. Recuerde que el discípulo es conocido por el control que tiene de su entorno, mientras que el iniciado se reconoce por el alcance de su servicio mundial.

[Por favor, consulte el apéndice de la Lista de Iniciados. Se dan los rayos y las etapas de evolución (o grado iniciático) de algunas importantes figuras del pasado.]

¿Qué se puede hacer de manera consciente para acelerar el proceso de polarización mental aparte, o además, de la meditación de transmisión? (Septiembre '85)

La polarización mental es el resultado de un cambio gradual de la conciencia del plano astral/emocional al plano mental, y abarca el período comprendido entre la primera y la segunda iniciación. El vehículo astral es el cuerpo más poderosamente desarrollado que la humanidad tiene; le ha llevado millones de años perfeccionarlo, y la mayoría de las personas están dominadas por su acción (o más bien por los elementales astrales de los que está formado). El Maestro D.K. ha escrito que el mayor servicio que uno puede dar al mundo es controlar el vehículo astral. Esto se hace desde el plano mental y lleva muchas o varias vidas realizarlo.

Los planos astrales (hay siete en total) son los planos de la ilusión o el espejismo. Cuando las brumas del espejismo son disipadas por la luz del plano mental, tiene lugar un cambio gradual en la polarización. Muchas personas confunden los procesos emocionales y mentales. Imaginan que están 'pensando', cuando en realidad están revistiendo sus reacciones emocionales con formas mentales astrales que confunden con pensamientos. Cualquier cosa, por lo tanto, que hace fijar la mente, que la lleva a actuar en cualquier situación o reacción, acelera el proceso de polarización. La meditación, de cualquier tipo (excepto ese estado de ensoñación negativa que a menudo es confundido con la meditación), es un excelente impulsor en esta dirección; una determinación diligente para contemplar todas nuestras reacciones tan impersonal y honestamente como sea posible, en cada situación, especialmente la más perturbadoras; una comprensión de nuestra estructura de rayos – y por tanto de los propios espejismos; una dedicación de nuestra vida al servicio de la humanidad, conducen a una mayor descentralización. Todo esto ayuda a cambiar la conciencia a un plano superior, introduciendo así la luz del alma en cada situación de vida.

En *Cartas sobre Meditación Ocultista*, D.K. dice respecto del cuerpo emocional: "Es una unidad completa, a diferencia de los cuerpos físico y mental". ¿Cómo y por qué se considera al cuerpo astral/emocional una unidad más completa que los cuerpos mental y físico? (Julio/Agosto '86)

Porque está desarrollado más completamente. Se dedicó mucho más tiempo (doce millones de años) en su desarrollo – el doble que para el cuerpo físico, mientras que hasta ahora sólo una fracción de ese tiempo se ha dedicado a la evolución del cuerpo mental. El desarrollo completo del vehículo físico ha tenido que esperar a un proceso de refinamiento – sólo ahora se hace posible a gran escala – que dará visión etérica a la raza por un desarrollo del ojo físico. Después viene un cambio sutil en la estructura atómica del cuerpo del iniciado que con el tiempo confiere la inmortalidad física al Adepto.

La unidad mental de la humanidad en conjunto está lejos de completarse.

¿Cómo se recibe la primera iniciación? (Mayo '86)

La propia alma le lleva a uno a la iniciación a través de la meditación y el servicio, el Maestro actúa como una especie de comadrona para "el nacimiento del Cristo en la caverna del corazón". Cuando el candidato está preparado – cuando sus chakras pueden resistir el impacto de la energía del cetro de poder – él o ella es conducido ante el Cristo, el Iniciador en la primera y segunda iniciaciones.

Si yo tuviera una experiencia mística, ¿cómo podría saber si era o no la primera iniciación? (Mayo '84)

¡Si usted tuviera una experiencia mística podría estar bastante seguro de que no era la primera iniciación! Cuando el hombre interno, con los centros ardiendo por el fuego del centro de iniciación, retorna al cuerpo físico, la primera reacción es casi siempre un desequilibrio físico. Con frecuencia, una sensación de muerte inminente – a pesar de todas las indicaciones de buena salud – es la sensación más intensa. A estas reacciones meramente físicas le pueden seguir, tarde o temprano, vagos recuerdos de acontecimientos o ceremonias místicas, pero esto no siempre es así.

¿Por qué tenemos que recibir la iniciación en encarnación física? (Abril '84)

La iniciación es en realidad la manifestación de la espiritualización gradual de la materia por el alma. Cada iniciación registra y estabiliza una vibración superior y confiere una proporción creciente de luz a los vehículos. Esto solamente puede suceder en el plano físico.

¿Las personas que han recibido la primera o segunda iniciación en una vida anterior descubren que poseen, sin esfuerzo, las facultades obtenidas en la vida anterior (es decir, el control del cuerpo físico, o el control del cuerpo emocional en el caso del iniciado de segundo grado)? ¿O tienen que reafirmar estas facultades recibiendo de nuevo estas iniciaciones antes de proseguir con un trabajo superior (en cuyo caso supongo que el proceso es más fácil)? (Julio/Agosto '84)

El grado de control (que bien puede no ser completo a pesar de haber recibido la iniciación) alcanzado en una vida es transferido a la siguiente. La tasa vibratoria de cada cuerpo es determinada por la tasa vibratoria de los átomos permanentes (físico, astral y mental) alrededor de los cuales se forma la materia de los nuevos cuerpos. Cada iniciación se recibe solo una vez y estabiliza esa tasa vibratoria.

En *Iniciación Humana y Solar* (de Alice A. Bailey), el Maestro D.K. dice que en la primera iniciación es por lo general el centro del corazón el que es vivificado, y el centro de la garganta en la segunda. Después en *Los Rayos y las Iniciaciones*, dice que con la primera iniciación la energía del centro sacro se traslada a la garganta, y con la segunda la energía del plexo solar asciende, en parte, hasta el centro del corazón. ¿Qué centros (chakras) están generalmente involucrados, y cómo, para las iniciaciones primera y segunda? (Julio/Agosto '86)

Los centros involucrados en estas dos iniciaciones son exactamente los que cita anteriormente D.K. Creo que la confusión del lector surge del hecho de que los resultados de estas transferencias energéticas tardan mucho tiempo en establecerse. Por ejemplo, en la primera iniciación el centro del corazón es efectivamente, por lo general, el único vivificado.

Esto trae consigo el "Nacimiento del Cristo en la caverna del corazón", el despertar del Principio Crístico en el centro del corazón espiritual (en el lado derecho del pecho). A partir de entonces – y esto generalmente lleva varias vidas (un promedio de seis a siete) – el objetivo del discípulo es el control del plano astral/emocional por sí mismo dirigiendo sus energías a través del poder del Cristo (Principio) interno. Esto desplaza gradualmente la energía del plexo solar al centro del corazón, y entonces pude recibirse la segunda iniciación.

Al igual que en la primera iniciación, que pone de manifiesto el control del elemental del plano físico, las energías sexuales del centro sacro comienzan a ascender al centro de la garganta. Mediante la vivificación del centro de la garganta en la segunda iniciación, estas energías llegan a estar disponibles en una forma completamente más potente para el trabajo creativo. La cultura de una época es siempre el resultado de la creatividad de los iniciados.

Cuando una persona recibe la primera, segunda o tercera iniciación, ¿se debe esto a una actividad especial de Maitreya? (Diciembre '84)

Maitreya actúa como el Hierofante, el Iniciador, en las dos primeras iniciaciones. Una de las funciones de Maitreya es la de actuar como el "Alimentador de los pequeños", de "los bebés en Cristo" – aquellos que han recibido las iniciaciones primera y segunda y necesitan Su 'alimento' espiritual para prepararlos para la tercera, la Transfiguración. La tercera iniciación, desde el punto de vista de la Jerarquía, es la primera iniciación verdadera alma.

En este período de cambio rápido y evolución acelerada muchas almas pueden evolucionar con extraordinaria rapidez. ¿Hay almas recibiendo actualmente más de dos iniciaciones en una vida? (Septiembre '84)

No. Siempre hay varias vidas entre la primera iniciación y la segunda, pero la segunda y la tercera o la tercera y la cuarta pueden tener lugar en la misma vida. Sin embargo, mi información es que, hasta ahora, nadie ha recibido tres en una sola vida.

En la Lista de Iniciados (que figura en el Apéndice), los puntos de evolución están indicados en décimas de grados, tal como 1.7, 2.3, etc. ¿Significa esto que diez pequeñas iniciaciones tienen lugar entre las cinco mayores?

En cualquier momento que una expansión de conciencia se produce, se puede decir que una especie de 'iniciación' tiene lugar. Sin embargo, en el sentido de las iniciaciones planetarias mayores, sólo hay cinco. El sistema de notación desarrollado por mi Maestro y por mí se utiliza tan sólo por conveniencia para ilustrar la diferencia entre alguien que acaba de recibir la primera iniciación, por ejemplo, y alguien al borde de la segunda. No tiene ningún otro significado intrínseco más que eso.

¿Un iniciado en vida conoce su iniciación y su estructura de rayos? (Marzo '84)

No necesariamente. Siempre existen muchos iniciados, hasta e incluso la tercera iniciación, que no saben nada de estos temas y que no tienen ningún interés en las enseñanzas esotéricas. De hecho, en sus respectivas especialidades, pueden servir mucho mejor en esta vida sin ese interés. (Pienso, por ejemplo, en los 'hombres de acción' políticos o industriales que necesitan un enfoque hacia el exterior, y para quienes la introspección que acompaña a la meditación sería un obstáculo.) Hay muchos, además, que han recibido la primera o incluso la segunda iniciación en una vida anterior, pero no tienen ningún recuerdo del hecho – aunque estén familiarizados con las enseñanzas. Del mismo modo, puesto que la psicología esotérica está en su infancia, por así decirlo, hay relativamente muy pocos que conocen su estructura de rayos. Esto, por supuesto, va a cambiar a medida que se amplía el interés en estos temas.

¿Cómo podemos explicar la aparente desigualdad entre el inmenso número de personas en encarnación cumpliendo eficazmente un trabajo mental complejo (actuarios, matemáticos, etc.)

y el número relativamente más pequeño estimado de aquellos que están por encima del nivel del iniciado de primer grado, o, más concretamente, por encima del grado 1.5 y por lo tanto mentalmente polarizados?

Esta es una pregunta muy interesante. La respuesta radica en el hecho de que la gran cantidad de actividad mental inteligente demostrada por millones de personas hoy en día sigue siendo la actividad de la mente inferior. El trabajo mental verdaderamente creativo de los inspirados matemáticos, científicos, etc., es siempre llevado a cabo por iniciados de algún grado. Eso que no puede ser enseñado es el resultado de la intuición, la mente superior, y la consecuencia del desarrollo e influencia del alma. Además, 1.5 es sólo la etapa inicial de la polarización mental, que no se considera completa hasta cerca del 2,5, cuando comienza la polarización espiritual.

Otro factor es este: la conciencia en un plano (y por lo tanto la capacidad de utilizar las energías de ese plano) es una cosa muy distinta del control de ese planto. El iniciado tiene que demostrar el control en cada plano – físico, astral y mental – a medida que él o ella avanza hacia la perfección.

¿No indicaría la capacidad de elaborar con precisión problemas complejos el estatus de iniciado, o esta facultad podría deberse también a otros factores?

Esta es básicamente la misma pregunta que la anterior y, creo, ya fue contestada allí. La capacidad de elaborar problemas complejos es el resultado del aprendizaje. Demuestra un alto nivel de raciocinio, pero sigue siendo una función de la mente inferior. Si el elemental físico es controlado por la mente, el individuo puede recibir la primera iniciación, y si el astral es controlado, la segunda iniciación. Desafortunadamente, este no es el caso de los millones de personas que pueden pensar lógica y racionalmente. Sólo alrededor de 800.000, de los que ahora se encuentran en encarnación, han recibido la primera iniciación.

¿Cómo podría yo reconocer a un iniciado de primer grado entre mis amigos? (Mayo '84)

El iniciado de primer grado habrá establecido un considerable grado de control sobre los deseos del cuerpo físico. Él o ella tendrá una actitud general de inclusividad y buena voluntad y un intenso deseo por el servicio altruista. Dependiendo del campo de servicio elegido puede o no estar interesado en la enseñanza esotérica, pero una creatividad a lo largo de una u otra línea se pondrá de manifiesto. El idealismo será por lo general intenso, junto con un sentido creciente de conciencia grupal. Podría añadir que el iniciado es cada vez más consciente del mundo de significado y de una creciente necesidad y capacidad para expresar esa conciencia despierta.

¿Es la persona que está, por ejemplo, en el proceso de la tercera iniciación consciente de ello? Si es así, ¿cómo sería esto de relevante en la vida cotidiana? (Junio '86)

Dependería de su campo de actividad si sería consciente o no de tal iniciación. De lo que sería consciente – y manifestaría – es un deseo, una necesidad de servir en alguna forma. En esa etapa su servicio sería potente y a una amplia escala de eficacia.

En su artículo, "Los Requisitos para la Iniciación", se cita al Maestro D.K. que dice que la segunda iniciación es probablemente la más difícil de todas para aquellos del 1er y 2º rayos de aspecto. ¿Por qué es así para estos rayos? (Abril '84)

Debido a la naturaleza y la peculiar intensidad de los espejismos que se encuentran en las personas de estos rayos. Aquellos del tercer rayo, con el foco puesto más en el aspecto forma, tienden a ser más objetivos. Son más propensos a la ilusión que al espejismo y por lo tanto encuentran en la tercera iniciación el mayor obstáculo.

Gandhi fue un iniciado de segundo grado y por lo tanto había controlado su cuerpo emocional, pero aún tenía dificultades para controlar sus deseos sexuales. ¿Por qué? (Mayo '84)

Hay dos temas aquí: el ideal del control total del alma de los vehículos inferiores no siempre (quizás rara vez) se logra en este punto de nuestra evolución, y podrían citarse muchos ejemplos de realización incompleta o desequilibrada. No obstante, siempre se alcanza un amplio grado de control antes de que la iniciación pueda recibirse. El otro tema es este: no hay nada inherentemente erróneo en los deseos sexuales; son el resultado de nuestra manifestación a través de nuestro cuerpo animal y son perfectamente naturales en el hombre. Es simplemente una cuestión de regulación y control. Gandhi, sin embargo, estuvo acribillado por la culpabilidad sexual. Su naturaleza fanática de 6° rayo le obligó a intentar librarse (y todos a su alrededor) de estos, para él, malos impulsos – por inhibición en vez de por transmutación. El resultado inevitable fue que sólo aumentó el deseo (por centrar su atención en él), lo que le hizo luchar aún más por conrtrolarlo. Si no hubiera tenido tal carga de culpabilidad, y hubiera aceptado más la función del sexo, el control de su alma se habría puesto de manifiesto automáticamente.

¿Puede decirnos cómo gente realmente malvada como Hitler y Stalin son iniciados de segundo grado y por lo tanto de la misma etapa en la escala evolutiva que personas piadosas como Annie Besant y Mary Baker Eddy, etc.? ¿Entraron Hitler y Stalin en el sendero de la izquierda en sus encarnaciones anteriores? De lo contrario, parecería que el poder en vez de la bondad es el criterio para el progreso. (Octubre '83)

Se dice que incluso un Arhat puede caer, y un Arhat ha recibido la cuarta iniciación y es casi perfecto. Hay que diferenciar entre las personas ansiosas de poder como Stalin, que hizo algunas cosas muy perversas pero no estaba en el sendero de la izquierda, y Hitler, que claramente lo estaba; de hecho, estaba totalmente obsesionado, poseído, por las fuerzas del mal, como llamamos a los señores de la materialidad.

La iniciación confiere poder. La segunda iniciación es una etapa difícil en el sentido de que el iniciado tiene el poder sin que esté aún completo el proceso de infusión del alma (que garantiza el altruismo divino).

La simple bondad, sin embargo, no es necesariamente la marca del iniciado. Hay innumerables personas muy buenas que no han recibido la primera iniciación. Es realmente una cuestión de conciencia despierta consciente; es la expansión de esta conciencia despierta la que nos lleva a la iniciación. Esto puede ser en la línea de poder o de inteligencia tanto como en la del amor, aunque se esperaría generalmente que el aspecto amor se manifieste de alguna manera – quizás en un servicio dedicado al país de uno, tal como Stalin sin duda entendió el trabajo de su vida.

Si un iniciado cae, como en el caso de Hitler, ¿significa esto que él es entonces sólo equivalente a un aspirante, o es todavía un iniciado – en cuyo caso es de suponer que tendría que reafirmar su grado de iniciación? (Julio/Agosto '84)

Él seguiría siendo un iniciado de su grado particular, pero tendría que deshacerse del karma involucrado en su 'caída' antes de avanzar de nuevo.

El Maestro D.K. critica a San Pablo, pero cita frecuentemente su descripción de Dios como "Aquel en Quien vivimos, nos movemos y tenemos nuestro ser", y Pablo parece estar inspirado en algunas ocasiones. Así que la pregunta es, ¿fue Pablo adumbrado por Maitreya? (Octubre '85)

Pablo fue en efecto inspirado (por su propia alma y por su Maestro), pero no fue adumbrado por Maitreya. Era un iniciado de tercer grado. (Este acontecimiento fue narrado dramáticamente en la Biblia como su 'conversión' en el camino de Damasco y su ceguera de tres días.) La crítica del Maestro D.K. a San Pablo (a quien a pesar de todo llama "ese gran iniciado") se refiere a la distorsión parcial que Pablo hizo de la nueva enseñanza para acomodarla a la antigua enseñanza judía. Puso demasiado énfasis en la divinidad de Jesús y la hizo exclusiva. Es el misticismo de San Pablo el que hasta la fecha colorea el enfoque de las iglesias cristianas.

Nuestra interpretación occidental de la cuarta iniciación puede estar un poco distorsionada. H.P. Blavatsky recibió la cuarta en su vida; sin embargo no hubo violencia evidente. ¿Indica esto que es posible otra forma de 'crucifixión', tal vez psicológica? (Septiembre '83)

La cuarta iniciación es realmente la de la Renunciación, por cuyo nombre se la conoce en Oriente. No significa necesariamente una vida de sufrimiento violento, sino más bien una deliberada renunciación y abandono de todo lo que nos ata a los tres mundos (físico, emocional y mental) de la evolución humana. Como una personalidad infundida por el alma, la unificación del iniciado de cuarto grado es ahora con su Mónada ("el Padre en el Cielo"), y todo lo que él hace es hecho en virtud de la Voluntad Divina (la Voluntad al Bien) para el Plan Jerárquico.

En Occidente, la crucifixión de Jesús en Palestina simbolizó para nosotros esta Gran Renunciación y ha prestado su nombre a esta experiencia.

La vida de Madame Blavatsky de ningún modo fue una vida fácil bajo ningún concepto. Cargó con muchas cruces, y no fueron menos las calumnias y traiciones de aquellos más cercanos a ella, además del escarnio, antagonismo y difamación por parte de un gran número de sus contemporáneos. Los últimos doce años como mínimo de su vida y trabajo fueron vividos en condiciones de gran enfermedad y sufrimiento físicos. Sólo una voluntad indomable y la ayuda de su Maestro la mantuvieron en el cuerpo.

¿En qué momento recibió Jesús realmente la cuarta iniciación? (Julio/Agosto '85)

La expresión externa de la cuarta experiencia iniciática de Jesús fue la crucifixión – el símbolo de la renuncia interna que caracteriza al iniciado de cuarto grado. Todos los iniciados, de cualquier grado, sin embargo, son ya 'iniciados' antes de pasar por la experiencia iniciática final.

Si somos almas en encarnación, ángeles solares, ¿qué queda en encarnación después de la cuarta iniciación, cuando el cuerpo causal, el alma, se desintegra? (Diciembre '84)

En la cuarta iniciación es el cuerpo causal, no el alma, lo que se destruye – porque ya no es necesario. El cuerpo causal es el vehículo del alma, no el alma misma, que es reabsorbida en la Mónada o chispa divina de la cual es un reflejo. Lo que queda en la encarnación es la personalidad totalmente infundida por el alma, manifestando todas las cualidades y atributos de su alma que se relaciona ahora con la Mónada. El alma es el Intermediario Divino entre la Mónada y el hombre o mujer en encarnación. El cuerpo causal se vuelve superfluo y es destruido cuando la fusión del alma y su reflejo, la personalidad, se completa.

¿Podría por favor enumerar la cantidad de iniciados en cada etapa del sendero? (Abril '84)

Actualmente hay en encarnación aproximadamente 800.000 que han recibido la primera iniciación; 240.000 que han recibido la segunda;

2–3.000 que han recibido la tercera; y 450 iniciados del cuarto grado.

¿Hay alguna relación, directa o indirecta, entre los estados progresivos de conciencia descritos por Maharishi Mahesh Yogi como: (1) conciencia Cósmica, (2) conciencia de Dios, (3) conciencia de Unidad, y las iniciaciones primera, segunda y tercera como se describe en *Iniciación Humana y Solar* de Alice Bailey? (Abril '85)

Las iniciaciones primera, segunda y tercera tienen que ver con la conciencia de Unidad, la cuarta y la quinta confieren conciencia de Dios, y la sexta y séptima, conciencia Cósmica. Creo que el Maharishi utiliza los términos Cósmico, Dios y Unidad de una manera bastante diferente que el Maestro D.K., es decir, en orden inverso de realización.

En el Vol. III, págs. 213 y 551 de *La Doctrina Secreta*, H.P. Blavatsky dice que Sócrates no fue un iniciado, pero en la "Lista de Iniciados" Sócrates fue un iniciado de segundo grado. ¿Por qué la discrepancia, o cuál es la diferencia? (Mayo '86)

Desde el punto de vista de los Maestros, una persona no es un verdadero iniciado hasta que haya recibido la tercera iniciación; las dos primeras se consideran como grados de integración de la personalidad, mientras que la tercera es la primera iniciación verdadera del alma. En ese sentido Blavatsky tiene razón. Sin embargo, Sócrates (como Platón) fue un iniciado de grado 2,4, que por aquel tiempo era verdaderamente muy avanzado.

En la lista de iniciados, usted dice que Leonardo da Vinci era un iniciado de cuarto grado. ¿Dónde está él ahora y cuál es su grado? (Junio '86)

Está en Sirio. Su grado es ahora el equivalente, en la Tierra, a un iniciado de octavo grado (como, por ejemplo, el Buda). De hecho, él no provenía de la evolución de nuestra Tierra, sino que era un Avatar del planeta Mercurio.

Capítulo VI. Los Siete Rayos
Una Visión General

La ciencia exotérica moderna ha comprobado el antiguo y fundamental axioma esotérico: nada hay en la totalidad del universo manifestado sino energías, en alguna relación, cada una vibrando en una frecuencia particular. La ciencia esotérica postula que hay siete corrientes de energía o rayos, cuya interacción, en cada frecuencia concebible, crea los sistemas solares, galaxias y universos. El movimiento de estos siete rayos de energía, en ciclos espirales, atrae a todo Ser dentro y fuera de la manifestación, y lo colorea y satura con sus propias cualidades y atributos individuales. Esto es tan cierto para un grano de arena como para un hombre o un sistema solar. Cada uno es la expresión de una Vida.

En lo que a nuestro propio sistema solar se refiere, estas siete energías son la expresión de siete grandes Vidas personificadas por siete estrellas de la constelación de la Osa Mayor. Uno de estos rayos, el segundo, está enfocado en nuestro sistema. Los otros seis rayos son por lo tanto sub–rayos de este rayo básico. La manipulación de estas subdivisiones por nuestro Logos Solar crea todas las variantes de la vida dentro de Su sistema.

Tan complejo es el tema de los rayos, tan penetrante e incluyente es su influencia, que sólo será posible en este artículo tocar ligeramente la superficie de su acción, y mostrar algo de su relevancia para nuestras vidas y relaciones. El objetivo será demostrar el valor de conocer las cualidades de los rayos que nos rigen a nosotros mismos y a nuestras naciones y de esta manera estimular al lector a entrar en un estudio más profundo de estas fuerzas que, en todos los planos, condicionan nuestra naturaleza y nos hacen lo que somos.

Los rayos son determinados tipos de energía; el énfasis está en la cualidad que esa energía manifiesta en lugar de en la forma que crea. Decir que un hombre o una nación o un planeta está "en" el 1er o 2º rayo, es decir que ellos están coloreados por, y expresan la cualidad de, ese rayo. Por consiguiente, hay personas de los siete tipos de rayos, y la idea del septenario se encuentra en muchos niveles y en muchos aspectos de nuestras vidas: "el séptimo hijo de un séptimo hijo", "los siete Planetas sagrados", "El siete es un número mágico", como Dylan Thomas lo expuso.

Hay tres rayos primarios, o rayos de aspecto, y cuatro rayos secundarios de atributo. Tienen muchos nombres que describen sus muchas cualidades y acciones, pero son, por lo general, enumerados de la siguiente manera:

Rayos de Aspecto

1er rayo de Poder, Voluntad o Propósito

2º rayo de Amor–Sabiduría

3er rayo de Inteligencia Activa y Creativa

Rayos de Atributo

4º rayo de Armonía a través del conflicto, o Belleza, o Arte

5º rayo de Ciencia Concreta o Conocimiento

6º rayo de Idealismo Abstracto o Devoción

7º rayo de Orden Ceremonial o Magia o Ritual u Organización

Cíclicamente, según el plan del Logos, los rayos entran en manifestación, produciendo mediante su influencia la sucesión de civilizaciones y culturas que marcan y miden la evolución de las razas. Los tres centros planetarios principales, Shamballa, la Jerarquía y la Humanidad, son, respectivamente, los exponentes de los tres rayos mayores de aspecto: Voluntad, Amor–Sabiduría e Inteligencia Activa.

Cada ser humano se encuentra en una u otra de estas siete energías, y todos somos gobernados básicamente por fuerzas de cinco rayos: el rayo del alma, que permanece el mismo durante incontables eones; el rayo de la personalidad, que varía de una vida a otra hasta que todas las cualidades son desarrolladas; el rayo que gobierna el cuerpo mental; el que gobierna el equipo astral–emocional; y el rayo del cuerpo físico, incluyendo el cerebro. Todos estos rayos varían cíclicamente. Cada rayo trabaja principalmente a través de un centro (o chakra), y juntos determinan la estructura y la apariencia física, la naturaleza astral–emocional y la cualidad de la unidad mental. Nos predisponen a ciertas actitudes de la mente y a determinadas fortalezas y debilidades (las virtudes y vicios de los rayos). Ellos nos dan nuestro particular color y tono general de la personalidad en el plano físico. Durante la mayor parte de nuestra experiencia evolutiva en esta tierra los rayos de la personalidad gobiernan nuestra expresión, pero cuando ya hemos andado dos tercios del sendero, el rayo del alma comienza a dominar y a expresarse.

"Hombre, conócete a ti mismo", decían los antiguos griegos. "Hombre, conoce tus rayos", dice el esotérico. Un conocimiento de nuestros rayos provee a uno de una visión interna de las fortalezas y limitaciones propias, de la línea de menor resistencia en esta vida y también de una comprensión de los puentes y las barreras entre uno mismo y los demás, levantados por nuestra estructura de rayos particular. Aquellos de rayos similares tienden a ver las cosas desde el mismo punto de vista, a tener el mismo enfoque de la vida, mientras que aquellos de rayos desiguales tienen dificultad para llegar a un entendimiento y significado de sus respectivas actitudes. Será evidente cómo este factor condiciona la calidad de la vida matrimonial. Afecta, también, al éxito o al fracaso de las reuniones de los líderes de las naciones, especialmente cuando se comprende que cada nación está gobernada por dos rayos: el rayo superior del alma, que expresa los más altos ideales (generalmente aún no manifestados) de la nación; y el rayo inferior de la personalidad, que rige los deseos egoístas nacionales de la población.

Ver la historia desde una comprensión de los rayos que gobiernan a las naciones y razas es verla con una nueva luz. Se hace patente por qué algunas naciones son aliadas, mientras que otras tienen poco en común y son tradicionalmente hostiles entre sí. Se vuelve fascinantemente claro por qué las ideas singulares, los movimientos y las religiones florecen en un período y entran en decadencia en otro; por qué algunos países surgen durante un tiempo y llegan a ser influencias dominantes en el mundo mientras que otros están en barbecho, por así decirlo, esperando su hora de despertar mediante el estímulo de un rayo entrante.

Un conocimiento de la estructura de rayos de algunos de los grandes individuos que han creado nuestra cultura y civilización nos permite ver cómo sus rayos les hicieron ser lo que fueron, condicionaron sus acciones y cualidades, y forjaron sus destinos.

La ciencia de la psicología está en su infancia. Trata de comprender el funcionamiento de la psique humana, y en la psicoterapia se trabaja para aliviar los síntomas del estrés y el trastorno. Pero hasta que no se alcance una comprensión del hombre como un alma en encarnación, gobernado por las influencias de determinados rayos, mucho permanecerá oscuro. Es el alma la que determina los rayos (y por lo tanto las influencias y factores limitadores) de la personalidad y sus vehículos. La nueva psicología, actualmente esotérica, partirá de esa premisa. (Enero '83)

Influencias de los Rayos Mayores

Detrás de la discordia de los agitados tiempos actuales se encuentran dos grandes energías. El 7º rayo de Orden Ceremonial o Ritual está (desde

1675) entrando en manifestación. El 6º rayo de Idealismo Abstracto o Devoción está (desde 1625) saliendo gradualmente. Nuestro problema actual es el resultado del hecho de que estas dos energías sumamente potentes están funcionando simultáneamente, y más o menos a la misma potencia, por lo que sus efectos están equilibrados. Ninguna domina.

En consecuencia, el mundo está dividido política, económica, religiosa y socialmente en dos grupos predominantes; y estos grupos están en confrontación en todo el mundo. Por un lado, están los exponentes del enfoque del 6º rayo que, por amor a las viejas formas, se aferran a las estructuras obsoletas, manteniendo una desesperada lucha para su conservación. Este grupo forma las fuerzas conservadoras y reaccionarias en todos los campos por todo el mundo. El otro, las fuerzas progresistas, son aquellos capaces de responder a las nuevas energías entrantes, que sienten la necesidad de nuevas formas de vida a través de las cuales la civilización de la nueva era pueda manifestarse. Los más impacientes barrerían con todo, tanto lo bueno como lo malo, y necesitan la mano moderadora de la Jerarquía para producir un cambio ordenado.

Desde mucho antes de la era cristiana, el 6º rayo ha crecido en intensidad (siendo el cristianismo el resultado de su influencia), y aunque ahora está disminuyendo, sus cualidades saturan y colorean todas nuestras estructuras e instituciones, todas nuestras formas de pensar, sentir y relacionarnos.

La cualidad característica del 6º rayo es la devoción al ideal – frecuentemente una adhesión fanática al ideal a expensas de todos los demás. Este ideal, por supuesto, puede expresarse en todos los niveles, desde el más fundamental deseo egoísta para "hacer un millón", a una devoción altruista a una causa o una visión abstracta de sacrificio. Es por esta razón que la crucifixión ha sido el símbolo indiscutible del cristianismo. El sacrificio de Jesús ha sido visto como una expiación sufrida por él por nuestros pecados. Esta energía del 6º rayo ha producido, como su tipo culminante de aspirante, el místico. En términos religiosos, la historia de los últimos dos mil años es la historia del desarrollo del misticismo, tanto en Oriente como en Occidente. Las grandes figuras religiosas y santos de Europa han sido invariablemente místicos, mientras que la misma (abstracta) aproximación a Dios ha caracterizado a los maestros y seguidores del Islam, los Sufíes, los Budistas y los Jainistas. La adhesión fanática y la defensa militante a su propio ideal han conducido, por supuesto, a la larga sucesión de guerras religiosas que continúan hasta nuestros días.

Esta misma influencia del 6º rayo ha sido responsable no sólo del sectarismo, sino también del nacionalismo y el patriotismo, la exclusividad dogmática y doctrinal, la estrechez de miras en la ciencia y escuelas filosóficas de pensamiento – en resumen, ha estimulado las tendencias individualistas y separatistas de la humanidad. Al mismo tiempo, ha presentado como ideales abstractos las ideas de amor y fraternidad, de justicia y libertad. Estos ideales están ahora firmemente establecidos en las mentes y corazones de la humanidad que aspira, y sólo necesita la influencia del entrante 7º rayo de Orden Ceremonial para traerlos a la manifestación en el plano físico.

Como los rayos entran cíclicamente a la manifestación (nunca hay más de cuatro – y por lo tanto, nunca más de cuatro tipos de personas – fuertemente presentes a un tiempo) arrastran a la encarnación a aquellas almas de su propia línea de fuerza. Este proceso es especialmente acentuado al final de una era y el comienzo de otra. Actualmente estamos en un momento semejante. Durante la era de Piscis que ahora está terminando, el 6º rayo introdujo millones de almas del 6º rayo mediante las que podía expresar su propósito y cualidad. Con la disminución de su influencia, la mayor parte de las almas de 6º rayo serán apartadas gradualmente de la manifestación, lugar que ocuparán las almas del 7º rayo que dominarán durante el ciclo de Acuario.

El mayor problema para el exponente del 6º rayo ha sido que no puede exteriorizar su ideal. Sus más altos ideales siguen siendo abstracciones. No puede llevarlos más abajo del plano en el que está enfocado – el plano astral, el plano de las emociones. De acuerdo con el plan divino, cada uno de los rayos prepara el camino para su sucesor. El 7º rayo relaciona el espíritu con la materia, de esta manera sintetiza estos opuestos. A través de sus exponentes, este rayo traerá a la manifestación, como una realidad del plano físico, los ideales y visiones de los ciclos anteriores. Así como el 6º rayo fomentó el separatismo y la exclusividad, el 7º rayo producirá la fusión y la unidad armonizada. Al igual que el 6º rayo estimuló el desarrollo de la individualidad, el 7º promoverá el espíritu y la conciencia de grupo. Es un rayo intensamente práctico. Sus exponentes tienen sus 'pies en la tierra' y reconocen la necesidad del orden, el ritmo y el trabajo ritual. Así como el 6º rayo produjo al místico, el 7ª producirá – y está produciendo – al mago, el trabajador en magia blanca. ¿Qué son las maravillas de nuestra ciencia contemporánea sino las aplicaciones mágicas de determinadas leyes? Esta es la magia de hoy, en una vuelta superior de la espiral de aquella de los primeros tiempos de la Atlántida, cuando el énfasis estaba en el lado 'negro'. El 7º rayo también era la influencia dominante en aquel tiempo lejano.

Estas dos energías, aunque dominantes, no son las únicas fuerzas que actúan en y a través de la humanidad, y a través de todos los reinos.

Los rayos dos, tres, cinco y siete están 'en encarnación', manifestándose abiertamente. El rayo cuatro, el de la Armonía a través del Conflicto, es siempre subjetivamente influyente en lo que a la humanidad concierne – el conflicto que engendra crea un rápido desarrollo – pero no entrará hasta el próximo siglo; entonces, el aspecto armonía será predominante. Su influencia proporcionará el estímulo para el desarrollo de la intuición y de todos los tipos de arte, incluyendo, para las masas en todas partes, el arte de vivir.

El 1er rayo de Voluntad o Poder no está en encarnación, pero sin embargo la potencia de su aspecto destructivo se ha expresado muy potentemente por medio de los líderes de la Alemania Nazi, la mayoría de los cuales fueron exponentes del 1er rayo, junto con otros en Italia y Japón. Esta es la energía del anti–Cristo acerca del cual hay tanto malentendido. Es el aspecto destructivo del 1er rayo lo que destruye las viejas formas caducas de una civilización agonizante para preparar el camino a las fuerzas constructivas del aspecto Crístico. Ha hecho su trabajo destructivo que, como veremos, a su debido tiempo beneficiará al Plan.

Desde 1975, el aspecto creativo de esta potente y estimuladora energía del 1er rayo ha sido liberado directamente en la humanidad (es decir, sin pasar a través de, ni ser "reducida" por, la Jerarquía). Esta es la fuerza de Shamballa, la Voluntad al bien, la fuerza de la Vida misma. Es liberada cada año por el Buda en el Festival de Wesak en mayo, y continuará siendo liberada en potencia creciente hasta el año 2000. (Febrero '83)

Virtudes y Vicios de las Características de los Rayos

Las diversas características y cualidades de cada uno de los rayos son dadas por el Maestro D.K. a través de Alice A. Bailey en *Psicología Esotérica, Tomo 1*, y en otras obras (publicadas por Lucis Trust). Son las siguientes:

Rayo 1: Voluntad o Poder.

Virtudes: Fortaleza, valor, constancia, veracidad proveniente de la absoluta falta de temor, fuerza de voluntad, determinación, poder de gobernar, visión, poder para el bien, liderazgo.

Vicios: Orgullo, ambición, voluntariedad, inflexibilidad, arrogancia, deseo de controlar a los demás, obstinación, ira, soledad, poder para el mal.

Virtudes a adquirir: Ternura, humildad, simpatía, tolerancia, paciencia.

Rayo 2: Amor–Sabiduría.

<u>Virtudes</u>: Calma, fuerza, paciencia y resistencia, amor a la verdad, lealtad, intuición, inteligencia clara, temperamento sereno, amor divino, sabiduría, tacto.

<u>Vicios</u>: Excesiva concentración en el estudio, frialdad, indiferencia hacia los demás, desprecio por las limitaciones mentales ajenas, egoísmo, suspicacia.

<u>Virtudes a adquirir</u>: Amor, compasión, altruismo, energía.

Rayo 3: Actividad, Adaptabilidad o Inteligencia.

<u>Virtudes</u>: Amplio criterio sobre cuestiones abstractas, sinceridad, intelecto claro, capacidad de concentración, paciencia, cautela, no le preocupan las trivialidades ni quiere preocupar a otros, iluminación mental, punto de vista filosófico.

<u>Vicios</u>: Orgullo intelectual, frialdad, aislamiento, inexactitud en los detalles, distracción, obstinación, egoísmo, crítico, poco práctico, impuntual, holgazán.

<u>Virtudes a adquirir</u>: Simpatía, tolerancia, devoción, exactitud, energía, sentido común.

Rayo 4: Armonía, Belleza, Arte y Unidad.

<u>Virtudes</u>: Fuertes afectos, simpatía, valor físico, generosidad, devoción, intelecto y percepción rápidos.

<u>Vicios</u>: Egocentrismo, preocupación, inexactitud, falta de valor moral, fuertes pasiones, indolencia, extravagancia, intuición velada.

<u>Virtudes a adquirir</u>: Serenidad, confianza, autocontrol, pureza, altruismo, exactitud, equilibrio mental y moral.

Rayo 5: Conocimiento Concreto o Ciencia.

<u>Virtudes</u>: Exactitud, justicia (sin clemencia), perseverancia, sentido común, rectitud, independencia, intelecto agudo, veracidad.

<u>Vicios</u>: Crítica severa, estrechez mental, arrogancia, inclemencia, falta de compasión, prejuicios, tendencia al aislamiento, separación mental.

<u>Virtudes a adquirir</u>: Reverencia, devoción, conmiseración, amor, amplitud mental.

Rayo 6: Idealismo Abstracto o Devoción.

<u>Virtudes</u>: Devoción, firmeza, amor, ternura, intuición, lealtad, reverencia, inclusividad, idealismo, simpatía.

<u>Vicios</u>: Amor egoísta y celoso, arrogante, parcialidad, autoengaño, sectarismo, superstición, prejuicios, conclusiones precipitadas, fuerte ira, violencia, fanatismo, suspicacia.

<u>Virtudes a adquirir</u>: Fortaleza, autosacrificio, pureza, veracidad, tolerancia, serenidad, equilibrio, sentido común.

Rayo 7: Orden Ceremonial o Magia o ritual.

<u>Virtudes</u>: Fortaleza, perseverancia, valor, cortesía, meticulosidad, confianza en sí mismo, creatividad, consideración, organización.

<u>Vicios</u>: Formalismo, intolerancia, orgullo, estrechez mental, criterio superficial, arrogancia, excesivo énfasis en la rutina, superstición.

<u>Virtudes a adquirir</u>: Comprensión de la unidad, amplitud mental, tolerancia, humildad, amabilidad y amor.

¿Es posible para un individuo invocar la energía de un rayo para un propósito específico o sólo la Jerarquía es capaz de hacer esto? (Julio/Agosto '83)

No, no es posible para un individuo o incluso un grupo invocar la energía de un rayo para algún propósito. Incluso la Jerarquía únicamente puede invocar estas energías de acuerdo con el Plan que emana de Shamballa y el Consejo del Señor del Mundo. Los rayos tienen una manifestación cíclica, pero de vez en cuando, para un estímulo específico a corto plazo, un rayo puede ser invocado por Shamballa y la Jerarquía para este propósito.

Me pregunto si estoy en lo cierto al suponer que a medida que un nuevo rayo se dirige a la humanidad predomina el lado positivo, y después mientras se acerca el momento de manifestarse otro rayo, predomina el lado negativo, relacionándose con el auge y caída de grandes civilizaciones. (Julio/Agosto '84)

No, no es como usted sugiere. El rayo entrante tarda un largo tiempo en manifestarse a través de la humanidad con relativa pureza. La cristalización de la civilización anterior tarda un tiempo considerable en disolverse, por así decirlo, y desaparecer, así que al principio es principalmente falta de armonía lo que el rayo entrante crea. Esto cambia gradualmente a una situación más estable mientras el nuevo rayo supera los patrones cristalizados del tiempo anterior. Hacia el final del ciclo, por supuesto, las nuevas formas llegan a cristalizarse a su vez.

Al encarnar más almas del 7º rayo, ¿causará esto fricción con una humanidad en su mayoría del 2º rayo? (Junio '84)

Fricción no es exactamente la palabra correcta a emplear, pero sin duda la mayor parte de la humanidad actual tendrá que aprender a adaptarse al tipo de trabajo y procedimientos del 7º rayo, cambiando de un modo místico a un modo más científico y práctico de afrontar y comprender la realidad. El 7º rayo entrante producirá su impacto sobre todo lo que se halla en encarnación y gradualmente cambiará estos modos.

Relaciones entre los Rayos de las Naciones

Cada nación, como cada individuo, se rige por dos rayos: un rayo del alma, que es percibido y expresado por los iniciados y discípulos de la nación; y un rayo de la personalidad que es la influencia y expresión dominante de la mayoría de la gente. En la actualidad, la mayor parte de las naciones actúan para sus propios intereses separatistas en vez de para el interés de la comunidad mundial en conjunto, y están expresando por lo tanto su rayo de la personalidad. Cada cierto tiempo, sin embargo, por medio de la actividad de los iniciados y discípulos del país, el rayo del alma puede expresarse y puede verse la verdadera cualidad de la nación. A modo de ejemplo, en el militarismo agresivo de Alemania (entre 1870 y 1945) vemos una expresión de su personalidad de 1er rayo; mientras que, a través de la labor de sus grandes compositores – Bach, Beethoven, Haendel, Wagner, Schumann y Brahms; sus filósofos Hegel y Kant; sus poetas Goethe y Schiller; sus pintores Durero, Holbein y Grunewald – se manifestó la belleza de su alma de 4º rayo. La estirpe racial alemana es antigua, pero la nación es joven, astral y mediúmnica, y por lo tanto respondió con facilidad a la potente fuerza del 1er rayo, materialmente enfocada, de su dictador Hitler (él mismo un médium), y de von Bismarck, que tenía tres vehículos de 1er rayo en su constitución. El Maestro D.K. ha profetizado que un día, cuando su rayo del alma domine, Alemania dará al mundo el diseño de una correcta (es decir, espiritualmente orientada) forma jerárquica de gobierno. El lema nacional de Alemania (desde el ángulo esotérico) es: "Yo preservo", pero el esfuerzo hasta ahora ha sido preservar una pureza racial imposible.

Dos rayos, sobre todo, están en todo momento condicionando a la humanidad: el 2º rayo de Amor–Sabiduría, y el 4º rayo de Armonía a través del Conflicto. De ello se desprende, por tanto, que aquellas naciones que tengan estos dos rayos como influencias dominantes, ya sea en el nivel del alma o de la personalidad, pueden ser influyentes para la humanidad en conjunto. De las grandes naciones, sólo Gran Bretaña y los EE.UU. tienen el 2º rayo en el nivel del alma, mientras que Brasil tiene una personalidad de 2º rayo y un alma de 4º rayo. (Existe una estrecha conexión entre los rayos 2º y 4º.) La India e Italia tienen personalidades de 4º rayo y Austria un alma de 4º rayo.

El alma de la India es de 1er rayo, que es el rayo de la personalidad de Gran Bretaña y enlaza estrechamente los destinos de estas dos naciones. La característica sobresaliente de Gran Bretaña es su facultad de gobierno, que se debe a la influencia de este 1er rayo. El lema nacional de Gran Bretaña, "Yo sirvo", se llevará a cabo cuando el aspecto sabiduría – comprensión amorosa – de su alma de 2º rayo se ponga al servicio de la raza. En la Mancomunidad Británica de Naciones, Gran Bretaña ha dado al mundo un primer anteproyecto de una federación de estados nacionales autónomos, mientras que los Estados Unidos está haciendo un servicio similar mezclando a personas de muchos países en una nación federada.

Actualmente, el 6º rayo, con sus tendencias separatistas fanáticas, condiciona la expresión de la personalidad de los EE.UU. y Rusia e impide su respuesta correcta a la necesidad mundial. Cada una está tan segura de que su propio camino, capitalista o comunista, es el único camino para toda la humanidad que no alcanzan a comprender la situación mundial o escuchar el clamor por la justicia del mundo en desarrollo. El rayo del alma de Rusia es el 7º, y es el responsable del deseo por el orden impuesto por sus líderes. El fallo no reside en el orden, sino en su imposición desde arriba. El mundo espera la expresión (como en el Plan Marshall después la Segunda Guerra Mundial) del aspecto amor del alma de 2º rayo de Estados Unidos. Entonces el idealismo de los pueblos americano y ruso se encontrarán en un terreno común, y se abrirá el camino hacia un nuevo orden mundial y la hermandad final.

Durante siglos Francia mantuvo la luz de la civilización en Europa. Su rayo del alma es el 5º, mientras que su personalidad es de 3º rayo. La brillante mentalidad francesa ha contribuido mucho a la historia europea, pero Francia siempre ha sido su propia preocupación e interés principal. Su problema es que ella ha respondido a la acción separatista del 5º rayo de la mente inferior combinada con las tendencias materialistas y manipuladoras del 3º. Cuando su respuesta sea a la función reveladora de su rayo del alma, que domina la personalidad, Francia, ha profetizado el Maestro D.K., puede tener la gloria de revelar, científicamente, la realidad del alma.

La interacción de fuerzas entre las naciones, que condicionan sus acciones, es incesante, y esto es sólo una breve indicación de su complejidad e interés. No es por accidente, por ejemplo, que tantas personas de Italia y Rusia hayan establecido sus hogares en los Estados Unidos. El vínculo común del 6º rayo los ha reunido. Esto también es cierto para otros grandes grupos nacionales que residen actualmente en EE.UU., pero cuyos rayos no se dan aquí. El hecho de que Rusia y España tengan ambos los rayos 6º y 7º ha convertido a cada una en un importante campo de batalla de ideas en este siglo; su conflicto interno es inevitable.

Mucho más podría escribirse acerca de la transmutación gradual de las características de la personalidad de las naciones por el rayo de su alma. Ellas actúan exactamente como lo hace el individuo, aunque más lentamente. El hecho de que los individuos cambien y se conviertan en servidores del mundo es la garantía de que las naciones harán lo mismo. Bajo el estímulo del Cristo y la Jerarquía, este proceso se acelerará enormemente. (Marzo '83)

Los Rayos de las Naciones

El Maestro D.K., a través de Alice A. Bailey, ha dado los rayos de diversos países en El Destino de las Naciones. Sin embargo, en algunos casos los rayos no fueron dados, la razón es que los países en cuestión estaban pasando por un período de cambio de rayos. Mi Maestro ahora ha cubierto algunas de estas omisiones y añadido más países con sus rayos. Estos se indican con asteriscos.

Nota: Para la segunda edición, esta lista fue ampliada para incluir los rayos que fueron puestos a disposición por el Maestro de Benjamin Creme y publicados en la revista Share International en octubre y noviembre de 1990.

	Alma	Personalidad
Afganistán*	6	4
Albania*	2	7
Alemania	4	1
Argentina*	1	6

Australia	2	7
Austria	4	5
Bangladesh*	7	6
Bélgica*	5	7
Birmania*	4	6
Brasil	4	2
Bután*	6	2
Bulgaria*	6	7
Camboya*6	2	
Canadá*	2	1
Checoslovaquia*	4	6
China	1	3
Corea*	6	4
Dinamarca*	3	2
EE.UU.	2	6
Egipto*	1	7
España	6	7
Filipinas*	6	2
Finlandia*	3	2
Francia	5	3
Gran Bretaña	2	1
Grecia*	1	3
Hungría*	6	4
India	1	4
Indonesia*	6	2
Irlanda*	6	6
Islandia*	3	4
Israel*	3	6
Italia	6	4
Japón*	6	4

Laos*	4	6
Malasia*	3	3
Mongolia*	3	6
Nepal*	6	3
Países Bajos*	5	7
Noruega*	2	4
Pakistán*	6	4
Polonia*	6	6(4)
Portugal*	6	7
Rumania*	6	7
Sri Lanka*	6	4
Suecia*	3	2
Suiza*	2	3
Tailandia*	7	6
Tibet*	7	4
Turquía*	3	6
Unión Soviética	7	6
Vietnam*	4	6
Yugoslavia*	6	7
África, en conjunto*	6	7
Asia, en conjunto*	6	4
Europa, en conjunto*	4	3
Escandinavia, en conjunto*	3	2

Nota a la segunda edición: Según el Maestro D.K., el rayo de la personalidad de Polonia era el 4º rayo, pero el Maestro de Benjamin Creme reveló que Polonia ha pasado relativamente hace poco por una fase de cambio y ha iniciado en la actualidad un nuevo ciclo en la expresión de su personalidad, con el 6º rayo del idealismo abstracto como el factor dominante. Por esta razón, se proporcionan ambos rayos en la tabla.

Los cambios en el rayo de la personalidad ocurrirán con más frecuencia mientras el ritmo del cambio global continúa acelerándose. Varias otras naciones de Europa Oriental (Yugoslavia, Albania, Rumania y en particular Bulgaria) están también entre dos ciclos y sus rayos actuales de la personalidad pueden cambiar en un futuro cercano.

Bangladesh es todavía una nación joven y su rayo de la personalidad está en proceso de formación. En este momento el 6º rayo ejerce la mayor influencia.

En *El Destino de las Naciones* de Alice A. Bailey, encontramos que la energía del 1er rayo en sus primeras fases conduce inevitablemente a la destrucción. Especialmente, la energía del 1er rayo provoca la muerte de aquellas formas materiales y grupos organizados que impiden la libre expresión de la vida de Dios y no aceptan la nueva cultura. Al leer esto, estuve pensando en los muchos judíos que fueron aniquilados en la segunda guerra mundial. Los judíos no reconocieron al Cristo y, de esta manera, negaron la nueva cultura. ¿Es este un ejemplo de la energía del 1er rayo? y, si es así, ¿no es raro que las fuerzas del mal, trabajando a través de los líderes nazis, de una manera curiosa ayudaron a realizar el plan de Dios?

¿Cómo podemos distinguir entre las fuerzas del mal y la fuerza destructiva de la energía del 1er rayo? Entiendo que el 1er rayo apunta a la unidad, mientras que el mal origina separatismo. ¿Cómo puedo saber yo cuándo la destrucción está produciendo unidad o separación? (Junio '85)

Si bien es cierto que los judíos no reconocieron al Cristo en Palestina hace 2.000 años, esto no les marca para el poder destructivo del 1er rayo. Si este fuera el único criterio, entonces todos los no cristianos – hindúes, musulmanes, budistas, taoístas – serían candidatos para tal destrucción y este, evidentemente, no es el caso. Aunque unos seis millones de judíos murieron en los campos del horror nazi, no fueron los únicos en sufrir este destino. Millones de polacos, rusos, gitanos y muchos otros, cristianos y no cristianos, sufrieron lo mismo. Los judíos, sin embargo, son 'escogidos' en el sentido de que son un microcosmos, representativo de la humanidad, teniendo dentro de sí todo lo bueno y todo lo malo de la humanidad. Su destino bajo el régimen nazi, por lo tanto, es una demostración, por decirlo así, del odio de los nazis (o más bien las fuerzas del mal que trabajaron a través de ellos) a toda la humanidad.

Es importante entender que el primer aspecto de Dios tiene dos fases, una creadora y otra destructora; una evolutiva y otra involutiva. Las fuerzas del mal están, por supuesto, en el arco involutivo, mientras que nosotros estamos en el evolutivo. El factor principal determinante en relación a toda la energía es el motivo que está detrás de su uso. La energía en sí misma es impersonal. No hay una regla sencilla para poder discriminar entre las energías creativas y destructivas excepto por sus efectos. Tal discriminación se adquiere gradualmente por medio de la experiencia. El problema para la humanidad, naturalmente, es ver cómo la destrucción de las formas puede conducir a una mayor unidad en cuanto a la vida. La destrucción es siempre dolorosa y espantosa para nosotros, pero desde el punto de vista del Logos creador (y también de los Maestros) es inevitable y beneficiosa cuando es dirigida por el Propósito Divino.

¿Hay en el mundo elementos responsable de todos los vicios humanos? (Julio/Agosto '84)

Un vicio es un atributo de un rayo expresado incorrectamente. Todos los rayos tienen virtudes y vicios específicos a su energía. El alma expresa sólo las virtudes del rayo, mientras que la personalidad imperfecta expresa, más o menos, los vicios. El objetivo evolutivo es transmutar el vicio del rayo en su aspecto (virtud) superior. Si el interrogador quiere decir realmente que existen fuerzas del mal en el mundo, la respuesta es sí. El mal de este (todavía) planeta imperfecto es inherente a la materia misma.

Usted ha mencionado el hecho de que las naciones expresan tanto un rayo del alma como de la personalidad; ¿desaparece a veces una nación antes de que el rayo del alma consiga su manifestación? (Febrero '84)

Sí, especialmente en la antigüedad cuando muchas naciones desaparecieron de la historia antes de que el rayo del alma llegara a manifestarse. A medida que las personas, y por lo tanto las naciones, evolucionan, esto llega a ser poco frecuente. Sin embargo, la expresión del rayo del alma (mediante el trabajo de los iniciados de la nación) es a menudo espasmódica y las naciones pasarán por ciclos en los que uno u otro rayo del alma o de la personalidad tiende a dominar.

¿Qué hace que un país cambie de rayos? (Febrero '84)

Una nación tiene ciclos de cambio en su rayo de la personalidad que corresponden a las encarnaciones sucesivas del individuo. En cada caso, el rayo del alma permanece el mismo. La razón de este cambio tiene que ver con el patrón evolutivo de la nación en conjunto, bajo el impacto de la energía del rayo del alma como es enfocada por los iniciados y discípulos de la nación. De esta manera, el alma de la nación busca una más amplia y más rica expresión de su propósito en ciclos sucesivos o 'encarnaciones'.

Cuando un país tiene el 7º rayo como su rayo del alma, ¿está este país predispuesto a un gobierno totalitario? (Abril '85)

Supongo que el interrogador está pensando en la Unión Soviética, que es el único país (dado en la lista) con un alma de 7º rayo. Tener un alma de 7º rayo predispondría a una nación a crear orden, estructuras normalizadas, pero no necesariamente por medio de una forma totalitaria de gobierno. Después de todo, han sido (y son hoy) muchos los gobiernos totalitarios de naciones con rayos completamente diferentes. Por ejemplo, la Alemania de Hitler fue extremadamente totalitaria. Los rayos de Alemania son: alma, 4; personalidad, 1. Italia, totalitaria bajo el mandato de Mussolini, tiene un alma de 6º rayo y una personalidad de 4º rayo. España, que fue una dictadura en tiempos de Franco, tiene un alma 6º rayo y una personalidad de 7º rayo. Argentina tiene un alma de 1er rayo y una personalidad de 6º rayo.

Hay otras formas de totalitarismo, también, además del político. Cualquier imposición de una forma o denegación de libertad es totalitaria. Así, por ejemplo, tenemos totalitarismo económico en los EE.UU. (rayos: alma, 2; personalidad, 6), y totalitarismo religioso en la Iglesia católica (el cristianismo es una religión de 6º rayo).

La Constitución de Rusia (como la de los Estados Unidos) defiende los derechos del individuo y trata de funcionar bajo principios democráticos. Lamentablemente, tanto en los Estados Unidos como en otros lugares, el ideal se manifiesta pocas veces. Llegará un momento, sin embargo, en que la aspiración del pueblo ruso, bajo la influencia de su alma de 7º rayo, dará vida al embrión de la nueva religión mundial. La oligarquía actual en Rusia tiene una permanencia limitada.

¿Cree usted realmente que una mayoría de estadounidenses, con su amor por el consumo y las posesiones, su inquebrantable fariseísmo y su dogmatismo religioso, efectuarán los cambios que propugna Maitreya? Si es así, ¿por qué?

¡Tal vez debería aclarar que esta pregunta proviene de un estadounidense! La respuesta es sí, lo creo. La cara opuesta de la moneda del materialismo estadounidense, "inquebrantable fariseísmo y dogmatismo religioso" (todas ellas manifestaciones de los espejismos de la personalidad de 6º rayo de Estados Unidos) es un intenso idealismo y capacidad para el autosacrificio. El mundo está esperando realmente la manifestación de la naturaleza del alma de 2º rayo de Estados Unidos (el amor), y cuando se manifieste, bajo la inspiración del Cristo, ese idealismo y capacidad para el autosacrificio se extenderá rápidamente a través de los Estados Unidos e impulsará un cambio de dirección. Por supuesto, no estoy insinuando que esto sucederá de la noche a la mañana o sin dolor, pero doloroso o no debe suceder. Estados Unidos, como el resto del mundo, no tiene otra alternativa salvo la autodestrucción.

¿Tienen las instituciones y organizaciones su propia estructura de rayos del alma y la personalidad? (Junio '83)

No. Cada institución u organización es la creación de personas con diferentes estructuras de rayos. Ellas tienden a reflejar los rayos de las personas dominantes involucradas.

Los Rayos y los Planetas

¿Es posible que en nuestro sistema solar de 2º rayo haya Instructores Mundiales que pertenezcan a otros tipos de rayo? (Diciembre '83/Enero '84)

Sí. Ellos no siempre están en el 2º rayo. Por ejemplo, Hércules y Rama fueron almas del 1er rayo. Aunque ellos no tuvieron el cargo de Instructor del Mundo en la Jerarquía – que está siempre en el 2º rayo – fueron, para la humanidad, los más granes instructores de Su época.

Puesto que hay Siete Hombres Celestiales y doce planetas, ¿hay un Hombre Celestial dando alma a más de un planeta al mismo tiempo? (Julio/Agosto '84)

No. Cada planeta tiene su deidad u Hombre Celestial que le da alma. Los Siete Hombres Celestiales son los "Siete Espíritus ante el Trono", – los Logos de los siete planetas sagrados – que focalizan las energías de los siete rayos. Estos planetas son: Vulcano, Júpiter, Saturno, Mercurio, Venus, Neptuno y Urano. Los otros cinco, incluyendo a la Tierra, todavía no son planetas sagrados.

¿Hay sistemas solares construidos con más de siete rayos? (Junio '86)

Pese al hecho de que algunos grupos hablan de doce (o más) rayos, y del joven norteamericano que conocí una vez cuyo grupo había estado "trayendo el décimo rayo", hay sólo siete rayos moviéndose en espiral a través del Cosmos, que son la expresión de siete grandes Vidas, y cuya interacción crea el universo visible. Teniendo en cuenta los vicios o espejismos de los rayos (su expresión imperfecta), estoy muy feliz de conformarme con siete. ¡La mente vacila ante los posibles espejismos del Undécimo Rayo del Comportamiento Mediocre, o del Duodécimo Rayo de la Fantasía Nueva Era!

¿Puede contarnos cómo entran las energías de los rayos en la vida de este planeta por medio del zodíaco y los planetas sagrados? ¿Y qué energías vienen de los planetas no sagrados? (Julio/Agosto '83)

Cada uno de los siete rayos (cada uno de los cuales es la expresión de una Vida Solar) se expresa a través de tres constelaciones del zodíaco o por medio de un triángulo de energías. Es esta relación la que constituye la base de la Ciencia de los Triángulos y de la astrología misma. Relaciona nuestro planeta con el sistema solar y el sistema solar con la gran totalidad. Los rayos se expresan y se transmiten mediante las constelaciones de la siguiente manera:

Rayo 1: **Aries** – Leo – Capricornio

Rayo 2: Géminis – **Virgo** – Piscis

Rayo 3: **Cáncer** – Libra – Capricornio

Rayo 4: Tauro – **Escorpio** – Sagitario

Rayo 5: **Leo** – Sagitario – Acuario

Rayo 6: Virgo – **Sagitario** – Piscis

Rayo 7: Aries – Cáncer – **Capricornio**

Las constelaciones en negrita son los factores que controlan – hoy – en los triángulos. Los rayos utilizan los planetas como agentes de transmisión. En este ciclo del mundo cada planeta transmite la siguiente energía:

Planetas Sagrados:

Vulcano – 1er rayo

Mercurio – 4º de rayo

Venus – 5º rayo

Júpiter – 2º rayo

Saturno – 3er rayo

Neptuno – 6º rayo

Urano – 7º rayo

Planetas no Sagrados:

Marte – 6º rayo

La Tierra – 3er rayo

Plutón – 1er rayo

La Luna (tapando un planeta oculto) – 4º rayo

El Sol (tapando un planeta oculto) – 2º rayo

Los planetas sagrados son aquellos en los que el Señor de la Vida planetaria (Logos planetario) ha recibido la iniciación cósmica que corresponde a la tercera iniciación en el hombre, la Transfiguración. Los Hombres Celestiales que dan alma a los planetas no sagrados no han alcanzado todavía esa etapa de la evolución, y Su cuerpo de expresión, el planeta, expresa y transmite la cualidad del rayo particular con menos pureza que lo hacen los planetas sagrados.

¿Puede dar los planetas por orden de su evolución? (Julio/Agosto '86)

Por orden de evolución, los planetas sagrados son: 1) Urano; 2) Mercurio; 3) Vulcano; 4) Venus; 5) Júpiter y Neptuno; 6) Saturno. Los planetas no sagrados por orden de evolución son: 1) Marte; 2) Tierra; 3) Plutón y un planeta oculto; 4) un planeta oculto.

Los Rayos y el individuo

En el apéndice se presenta por primera vez (excepto en *Share International*), una lista de los rayos que rigen a algunas de las más grandes figuras del mundo, tanto históricas como recientes, cuyo pensamiento y acción han creado nuestra cultura y civilización. Ellos han sido los medios por los que el Plan ha sido llevado a cabo. Las energías a su disposición a través de sus estructuras de rayos han condicionado nuestra vida y sensibilidades y nos han predispuesto, durante estos últimos dos mil años, para una gran expansión de conciencia y la preparación para las nuevas revelaciones y relaciones.

Un estudio de esta lista mostrará cómo ciertos rayos y combinaciones de rayos inclinan al individuo hacia un determinado tipo de actividad y línea de servicio – su línea de menor resistencia – a través de la que, en cualquier vida particular, puede servir mejor al mundo y llevar a cabo su destino personal.

De importancia crucial, por supuesto, para comprender el servicio al mundo de un individuo es el conocimiento de su punto de evolución.

Por primera vez, el grado iniciático alcanzado por estos discípulos en esa vida se da en la lista. Muchos de ellos, naturalmente, son desde hace largo tiempo Maestros, y como tal continúan su servicio al Plan. La lista da los rayos mayores en el orden siguiente: alma, personalidad, cuerpo mental, cuerpo astral y cuerpo físico.

El 1er rayo es el rayo de Poder, y esto se muestra claramente en la lista: cada estadista o líder político importante estuvo fuertemente influenciado por este rayo. Mao Tse Tung (1–1–1–2–1) y Abraham Lincoln (1–2–1–2–1) (ambos discípulos de Shamballa en vez de la Jerarquía) tuvieron cuatro y tres fuentes de esta energía respectivamente, y la mayoría de los demás tuvieron este rayo como influencia principal, ya sea como almas o personalidades, o ambas.

Es interesante ver también cómo muchas de las grandes figuras de la historia del mundo tuvieron este rayo gobernando su cuerpo mental. A través de él podían influenciar poderosamente el pensamiento de sus círculos sociales y de su época. Proporciona amplitud de visión y el arrojo necesario para el servicio mundial. Por ejemplo, los soldados von Hindenburg y Paul Kruger comparten la estructura 1–1–1–6–7 con Carlomagno, el Príncipe Metternich y Juan Perón, mientras que Bismarck fue 1–1–1–6–3.

El Maestro D.K. ha escrito (a través de Alice A. Bailey) que los artistas se encuentran en todos los rayos, sin embargo es evidente en la lista de iniciados que el 4º rayo de la Armonía o Belleza tiene un papel especial en los artistas de todos los campos, tales como pintores, escultores, músicos y escritores. Todos los grandes artistas tienen este rayo influyendo fuertemente en sus vidas y su obra, desde Praxíteles (siglo IV a. C.), uno de los más grandes escultores de la antigua Grecia (4–4–4–6–1), a Gustav Mahler (1860–1911), el gran compositor y director de orquesta austriaco (4–4–4–6–3), además de Donizetti (4–4–4–2–7), Puccini (4–4–4–6–7), el compositor francés Milhaud (2–4–4–4–7) y el pintor italiano Modigliani (6–4–4–4–7), y muchos más. El 4º rayo confiere en cualquier pintor un sentimiento para el color, y le da a un compositor el don de la melodía. No es una casualidad, por tanto, que los grandes maestros de la melodía fueron fuertemente dotados con esta energía. Mozart (4–4–4–4–3) tuvo cuatro 4º rayos y Hector Berlioz (4–4–4–6–3) tres.

El Maestro D.K. también ha escrito que la combinación de los rayos 4º y 7º produce el tipo de artista más elevado. Casi todos los grandes artistas o compositores tenían estos dos rayos en su estructura. Aunque parezca increíble, Leonardo da Vinci (4–7–7–4–7) sólo tenía estos rayos, y Rubens (4–7–1–4–7) los tenía en cuatro niveles.

Las conexiones entre diferentes individuos y la estructura de sus rayos son interminables. Los rayos de Richard Strauss fueron 1–6–4–4–7, mientras que los de Wagner, a quien tanto admiró y emuló, fueron 1–1–4–4–7.

Una de las más interesantes de estas relaciones es proporcionada por el famoso trío musical, Cortot (piano), Thibaud (violín) y Casals (violonchelo), formado en 1905. Los rayos de Cortot son 4–2–4–2–3, mientras que los de Thibaud son 2–2–4–4–3 y los de Casals 2–4–7–6–3. Casals fue un iniciado de segundo grado, mientras que sus colegas todavía no habían recibido la segunda iniciación. Este hecho y la presencia de su cuerpo mental de 7º rayo, hace probable que Casals, también director de orquesta y organizador de festivales de música, fue la influencia dominante en ese famoso trío. No sólo eso, sino que fue el único que adoptó una postura muy positiva y comprometida en relación con los acontecimientos políticos y sociales del mundo.

Otro virtuoso músico famoso de la época, Fritz Kreisler, tenía la estructura de rayos 4–2–2–4–3, mientras que Stradivarius, cuyos instrumentos tanto Thibaud como Kreisler sin duda tocaron, fue 2–4–2–4–7. Los compositores Brahms y Benjamin Britten tuvieron los mismos rayos: 2–4–4–6–3, al igual que la escritora George Sand y los pintores Mark Rothko y Ben Nicholson.

Los lectores pueden estar interesados en saber que Mozart, cuyos rayos, como ya se mencionó fueron 4–4–4–4–3, fue en su siguiente vida un desconocido fabricante de violines. En esa vida sus rayos fueron más prácticos, 4–4–5–2–3. Él es ahora un maestro.

El nombre de John Dalton (1766–1844) puede ser desconocido para los lectores, pero fue un iniciado de segundo grado y uno de los más grandes químicos. El 5º rayo práctico y científico es potente en su composición: 2–5–5–4–3, como lo es en el científico holandés e inventor del microscopio, Anton van Leeuwenhoek (1632–1723) 3–5–5 –2–7; en Brunel, el gran ingeniero del siglo XIX: 2–5–1–6–5; y en Richard Arkwright, inventor de la revolucionaria máquina de tejer, la "rueca múltiple", 2–1–5–4–5.

No es casualidad que los rayos del gran reformador religioso suizo, Ulrico Zwinglio (1484–1531): 6–6–1–2–3, son exactamente los mismos que los de su gran contemporáneo alemán y compañero reformista, Martín Lutero (1483–1546). Están también muy estrechamente relacionados con varios otros reformadores importantes de su época; como por ejemplo, John Knox (6–6–1–6–3), Juan Calvino (6–1–6–6–3), George

Wishart (1–6–6–6–7) y Hugh Latimer (6–6–6–2–3); mientras que los rayos del erudito bíblico, Miles Coverdale, y el traductor Inglés, William Tyndale, también contemporáneos, fueron 6 –6–7–6–3. Además, los rayos del místico alemán, Meister Eckhart, fueron también 6–6–1–6–3, y los de Charles Taze Russell, el fundador de los Testigos de Jehová, fueron 6–2–1–6–3.

En cada caso, estos son los rayos del fanático. Esta combinación de dos o tres rayos 6° con el 1° o 7° dieron precisamente el tipo de poder unidireccional (por no decir fanático) para llevar adelante la Reforma, uno de los movimientos más influyentes de nuestra historia. El Diccionario Biográfico Chambers dice lo siguiente acerca de Knox, por ejemplo: "Knox es el tipo preeminente del Reformador religioso – dominado por su única idea trascendente, indiferente u hostil a todo interés en la vida que no sirviera a su realización". Una descripción muy precisa del tipo de 6° rayo.

El 6° es también el rayo del sacrificio, y Wishart fue martirizado y quemado hasta la muerte por sus "herejías", mientras que Zwinglio murió en el campo de batalla, luchando por su fe.

No es por casualidad que todos los santos cristianos tengan este rayo muy presente en sus estructuras de rayos. Santa Catalina (6–6–6–6–7) tenía cuatro vehículos en este rayo y San Francisco (6–6–6–2–3) tres. Tal estructura ofrece todos los requisitos para la devoción y el autosacrificio.

Es interesante observar cómo pocas personas en esta lista tienen almas de 7° rayo. Esto cambiará a medida que se desarrolla la nueva era y la energía del 7° rayo aumenta. Uno de estos pocos fue Edvard Kardelj (7–6–7–6–1), casi desconocido en Occidente. Fue 'la mano derecha' del Presidente Tito y fue responsable de la Constitución de Yugoslavia. Un iniciado de segundo a tercer grado (2,5), ejerció enorme influencia detrás del poder del Presidente que era del mismo grado pero en la línea de poder: 1–1–1–4–1.

Estas semejanzas interminables y posibles relaciones no pueden ser casuales. Las estructuras de rayos dadas por el alma han ejercido su influencia y guiado al discípulo hasta su campo de servicio y de expresión elegido. De este modo se determina la naturaleza de esa vida en particular, influyendo en la sociedad en mayor o menor medida, dependiendo del grado de iniciación logrado.

Hazel Hunkins Hallinan, aunque prácticamente desconocida incluso para escritores de temas feministas, fue durante siete décadas una valiente e incansable luchadora por los derechos de las mujeres. Hazel Hunkins nació en 1890 en Aspen, Colorado, pero hizo de Londres, Inglaterra, su hogar desde 1920 hasta su muerte en mayo de 1982.

Una iniciada de segundo grado, estudió química en la universidad, pero al graduarse descubrió que era imposible, a pesar de sus decididos esfuerzos, para una mujer ser empleada como químico en aquella época. Fue la frustración del reconocimiento de este hecho lo que la condujo hacia el movimiento por los derechos de las mujeres.

Su estructura de rayos (3–4–1–6–7) la dotó con un amplio equipamiento para su tarea. Como iniciada de segundo grado estaba polarizada en el plano mental, y su poderosa mente de 1er rayo, dándole gran amplitud de visión, la capacitó para influir en un gran número de mujeres para "La Causa". Su personalidad de 4° rayo, bajo la influencia de su alma de 3er rayo, le dio el impulso y entusiasmo característico del 4° rayo (cuando es exaltado por una causa).

Ella solamente medía cinco pies y una pulgada de altura, pero era absolutamente intrépida – e indomable – en sus muchos enfrentamientos con la autoridad. En su lucha por el sufragio de las mujeres, padeció los sufrimientos y humillaciones de la prisión y muchas veces la alimentación forzada. Este mismo 4° rayo (y su amplio punto de vista) trajo un sentido del humor y equilibrio a su actividad que de otra manera, a través de la influencia de su cuerpo astral de 6° rayo, se habría echado a perder por el fanatismo.

A través de su cerebro de 7° rayo, su cuerpo mental de 1er rayo encontró la expresión perfecta y práctica. Fue capaz de organizar y motivar en igual medida, y canalizar los más amplios conceptos idealistas hacia propuestas políticas prácticas.

Su alma de 3er rayo hizo de la política, y particularmente de la lucha política por el mejoramiento de las mujeres y de toda la humanidad, un campo natural de servicio.

Helen Adams Keller fue notable en todos los sentidos. Su historia es bien conocida, extraordinaria y perdurablemente alentadora. Nació en Tuscumbia, Alabama, en 1880, se quedó sorda y ciega a la edad de diecinueve meses. Aislada del contacto sensorial con el mundo, creció siendo casi como un animal salvaje. Su comportamiento demostró una tremenda frustración, que no sorprende cuando se conoce su estructura de rayos. Como una iniciada (1.7–8) con una poderosa alma de 1er rayo y una personalidad de 1er rayo, las tensiones internas debieron ser insoportables. Este mismo equipamiento de 1er rayo, sin embargo, le proporcionó la fuerza de voluntad para superar sus incapacidades físicas.

Entonces entró en su vida otra mujer, casi igual de notable, Anne M. Sullivan (Mrs. Macy). Esta mujer de increíble paciencia y perseverancia cogió al animal salvaje y lo enseñó a hablar. A la edad de 24 años, Helen Keller había dominado tanto sus dificultades que fue capaz de estudiar una carrera universitaria. Vivió hasta los ochenta y ocho años y se distinguió como oradora, escritora y erudita.

Su característica más sobresaliente fue, por supuesto, la fuerza de voluntad, pero su cuerpo mental de 4º rayo, en el que su alma estuvo focalizada, le produjo una facultad altamente intuitiva y una gran imaginación para influir en su tarea y su trabajo posterior. Su cerebro de 5º rayo le proporcionó el enfoque metódico y la perspicacia necesaria para el erudito, y para hacer frente a las enormes dificultades del aprendizaje en los primeros años.

Su cuerpo astral de 2º rayo relativamente purificado le dio una serenidad emocional sin la cual, sin duda, su tarea habría sido casi imposible.

Este es un claro ejemplo, se podría pensar, de una situación kármica, traumática en su naturaleza, pero en la que el alma ha proporcionado el equipamiento de rayos para superarla. (Octubre y Noviembre '83)

Preguntas sobre la Lista de Rayos

En la lista de rayos de iniciados (dada en el apéndice), ni un sólo iniciado con un alma de 3er rayo (excepto Confucio) ha alcanzado la tercera iniciación. ¿Han sido tan pocas las almas de 3er rayo en encarnación en los últimos siglos, o es más difícil para ellas evolucionar? Si es así, ¿por qué? ¿Hay otras razones? (Diciembre '83/ Enero '84)

Es importante recordar que la lista de rayos dada no tiene por qué ser representativa ni da necesariamente, a pesar de intentar hacerlo así, una visión equilibrada de los discípulos del mundo a través de los siglos. Yo soy artista y conozco el trabajo de más artistas – pintores, escultores, músicos, poetas, escritores – que de discípulos que trabajan en otros campos. Debe haber muchísimas personas muy avanzadas trabajando (quizás en gran parte anónimamente, en grupos) en los campos científico, educativo o político y económico, de cuya presencia no tengo conocimiento.

Otro factor puede ser que me he ocupado únicamente de personas que ya no están en encarnación. Podría ser que si se incluyeran a discípulos vivos de los campos arriba mencionados se vería que muchos han recibido la tercera iniciación. Debería recordarse, sin embargo, que sólo hay en encarnación entre dos y tres mil personas que han recibido la tercera iniciación.

Otro factor importante puede ser este: el Maestro D.K. menciona que es más difícil para los tipos de 3er rayo entender correctamente la dimensión espiritual de la Realidad, centrados como están en el aspecto forma. (Este foco en el mundo material es el que provoca que el sendero de la izquierda sea una mayor tentación para el tipo de 3er rayo que para otros.) Sin embargo, una vez que este tipo ha respondido a la vida espiritual interior él es más rápido en aplicar esa revelación en su vida. El tipo de 3er rayo, por otra parte, sufre menos de espejismo que de ilusión. Por lo tanto, encuentra en la tercera iniciación, más que en la segunda, la mayor dificultad.

¿Cómo es posible que sólo unos pocos filósofos de la lista de iniciados tengan una personalidad o cuerpo mental de 3er rayo, aun cuando sobre todo el 3er rayo da capacidades filosóficas? (Diciembre '84)

En primer lugar, la lista no pretende ser completa. Si bien es cierto que no todos los filósofos de la lista tienen fuertes influencias del 3er rayo en sus estructuras, muchos de ellos las tienen, ya sea en el nivel del alma, de la mente, o del cerebro físico. El 3er rayo – cuando es expresado correctamente – da la capacidad del pensamiento abstracto. También proporciona a su exponente un poderoso sentido del mundo de la forma y la capacidad para expresar experiencia en el plano físico. Hay más de una aproximación a la realidad por medios filosóficos, y se requieren otros rayos para proporcionar esta variedad de acercamiento. Qué triste sería para el mundo si el 'Positivismo Humanista' de Bertrand Russell (tenía tres rayos 3) fuera el único planteamiento filosófico disponible. Dijo que el siguiente paso lógico en su pensamiento sería aceptar que Dios existe – ¡pero que ese era un paso que no estaba dispuesto a dar!

¿Por qué se ha omitido el grado de iniciación de varios nombres de la lista? ¿Fue intencionado, o un descuido, o la información no se dio? (Mayo '83)

La información se dio pero la omisión fue intencionada. Todas las personas involucradas fueron Avatares y no de la evolución humana. Fue sencillamente por cortesía hacia Ellos, como invitados de honor de este planeta, por decirlo así, que retuve la información. Hice esto tras consultar a mi Maestro Quien, por supuesto, dio toda la información sobre los nombres.

¿Hay algo que pueda obtenerse mediante el estudio de las vidas de los grandes iniciados que pueden haber expresado en sus vidas las cualidades superiores de sus rayos si, como es probable, nosotros expresamos más de los aspectos inferiores? (Febrero '84)

Yo lo creería con toda seguridad. Pocas personas, incluso grandes iniciados, son totalmente completos y equilibrados en la expresión de su estructura de rayos, y mucho puede aprenderse mediante un estudio de sus rayos y de cómo el iniciado en cuestión afrontó (o no logró afrontar) las fortalezas o debilidades inherentes en su constitución. También, quizás sobre todo, un estudio semejante, como el de las vidas de los Santos, pueda ser una gran fuente de inspiración. Un conocimiento de los rayos de individuos y naciones, arroja una luz completamente nueva sobre la psicología y la historia y proporciona un fascinante y enriquecedor campo de estudio.

En los libros de Alice A. Bailey se dan los rayos de algunos individuos (por ejemplo, el Buda, Hércules, Napoleón) y son a veces diferentes de los que usted ha dado. ¿Puede explicar la razón de esto? (Abril '85)

Por desgracia, al dar los rayos de las personas (o animales), el Maestro D.K. (por medio de Alice A. Bailey) omitió decir si estaba dando los rayos mayores o los sub–rayos. En esta lista, mi Maestro ha dado los rayos mayores de los iniciados. Es mi información que D.K. dio los rayos más influyentes que rigen a las personas en consideración – ya fueran mayores o secundarios. Es muy frecuente el caso de que el sub–rayo es más influyente que el rayo mayor.

Tal vez en alguna fecha futura, si mi Maestro tiene el tiempo (y la disposición), dará los sub–rayos de los iniciados de la lista, mostrando cuales fueron los rayos más influyentes, mayores o secundarios.

Rayos Mayores y Sub-Rayos

¿Qué significado tienen los sub–rayos en la estructura de rayos? ¿Indican por lo general cosas por venir, atributos que actualmente se están formando? (Diciembre '85)

La función de los sub–rayos es cualificar o (si es el mismo) reforzar al rayo mayor. Con mucha frecuencia, los sub–rayos representan las influencias principales de la vida inmediatamente anterior que todavía afecta a la persona, cuyas influencias con el tiempo serán absorbidas y reducidas por los rayos mayores. Muy a menudo los sub–rayos son más potentes que los rayos mayores, representando así la tarea para esa vida particular – es decir, la superación de estas influencias y el claro establecimiento del rayo mayor.

Cuando el sub–rayo es más influyente que el rayo mayor, ¿por qué no es entonces el rayo mayor? (Marzo '86)

El sub–rayo es el sub–rayo del rayo mayor en cada caso. Si bien puede ser más influyente ahora, eso no significa que el rayo mayor no llegará a ser dominante en el transcurso de la vida. Los sub–rayos cualifican las cualidades de los rayos mayores.

¿Son los sub–rayos de un individuo esos rayos que están en decadencia de una vida anterior, o son una influencia de rayo que aparecerá con más intensidad en una próxima vida? (Septiembre '86)

Los sub–rayos son muy a menudo influencias que todavía afectan al individuo desde una vida anterior (cuando fueron muy probablemente los rayos mayores), pero también pueden ser la manifestación (no necesariamente por primera vez) de una influencia que será más intensa en una próxima vida. El primero es el caso más frecuente.

¿Cuál es el propósito cuando el rayo mayor y los sub–rayos son los mismos? (Marzo '86)

Cuando el sub–rayo es el mismo que el rayo mayor, intensifica y refuerza la cualidad del rayo mayor.

¿Cómo sabemos la diferencia entre rayos mayores y sub–rayos? (Junio '85)

Es difícil saber cuáles son los más influyentes, los mayores o los sub–rayos. El procedimiento normal es abordar primero los rayos mayores, tener estos confirmados, y luego ponerse a descubrir los sub–rayos, que cualificarán o reforzarán a los rayos mayores.

En lo que concierne a los sub–rayos dentro de una estructura de rayos personal, si, por ejemplo, el rayo de la personalidad fuera el 6º rayo con un 2º sub–rayo ¿significa esto el 2º sub–rayo del 6º rayo o el 2º sub–rayo del 2º rayo? (Noviembre '85)

Quiere decir el 2º sub–rayo del 6º rayo.

¿Las influencias de los rayos menores de las personas nunca cambian durante una encarnación específica? Por ejemplo, ¿el rayo del cuerpo mental o del astral? (Julio/Agosto '83)

No. Los rayos siguen siendo los mismos durante toda la encarnación.

Estructura de Rayos Personal

¿Cómo nos ponemos a descubrir nuestra estructura de rayos personal? (Junio '83)

Estudiando las virtudes y vicios de cada uno de los siete rayos hasta que tenga una imagen firme de cada rayo tal como se expresa a sí mismo por medio de estas cualidades y, tan honesta y objetivamente como pueda ser, relacionándolos con uno mismo – como un alma y como una personalidad con tres vehículos, mental, emocional y físico. Trate de permitir a su intuición funcionar y trate de no hacer juicios de valor sobre, o mostrar preferencias por, rayos particulares. Estos prejuicios inhibirán el funcionamiento de su intuición.

Por mi experiencia, la mayoría de las personas quiere ser poderosos, amorosos y efectivos, y por lo tanto tienden a verse como poseedores del 1er, 2º y 7º (porque es el rayo entrante) rayos en su constitución, sea esto así o no. Muchas personas se ven como poseedoras del 1er rayo de poder cuando en realidad están manifestando el fanatismo y fervor del 6º rayo.

Los conflictos emocionales por los que todas las personas pasan (especialmente entre la primera y la segunda iniciación, cuando se está haciendo el esfuerzo para controlar el elemental astral) no son necesariamente una indicación de que la persona se encuentra en el 4º rayo de Armonía a través del Conflicto. Desde luego, este rayo nunca está lejos del sendero evolutivo humano, pero estos conflictos ocurren en todos los rayos. Discernimiento, intuición y honestidad son por lo tanto condiciones previas para descubrir nuestra estructura de rayos, pero esto no es tan difícil ni tan fácil como podría pensarse. Requiere trabajo.

Ciertos maestros dicen – o incluso venden – a la gente sus estructuras de rayos. Aparte del hecho de que no hay garantía de que conozcan la estructura correcta (en mi experiencia, este no es desde luego el caso), el verdadero valor de conocer los rayos de uno radica en conocerse a sí mismo – lo que requiere esfuerzo y objetividad. Sencillamente al ser revelados los rayos de uno, aunque sean correctos, se nos priva de esta valiosa experiencia de crecimiento y, si no son correctos, solamente sirve para confundir y retrasar el progreso.

¿Cuál es la mejor manera de determinar el origen de una cualidad reconocida?, es decir, ¿cómo podemos saber si esa cualidad es el resultado de, por ejemplo, el cuerpo mental o del rayo de la personalidad? (Junio '83)

El rayo de la personalidad da el tono general de una persona, el rayo mental da la tendencia o cualidad del pensamiento. Estudiando los libros de los atributos de los rayos y, manteniendo la cualidad en la mente y la imaginación, trate de sentir e intuir a qué vehículo pertenece. Esto parece difícil pero en la práctica (y con la práctica) no lo es tanto. Es realmente mediante una combinación de percepción directa e intuición como lo sabemos.

¿Hay alguna fórmula para calcular los rayos? (Marzo '84)

No. Es necesario estudiar las cualidades, las virtudes y los vicios asociados con cada rayo y relacionarlos con uno mismo u otros tan objetivamente como sea posible. Con la práctica, desde luego llega a ser posible reconocer las influencias y expresión de los rayos.

¿Cómo podemos distinguir las diferencias entre el 1º y 6º rayos?

Los vicios (que son los espejismos) son similares. En mi experiencia, muchas personas confunden los dos. Casi sin excepción, las personalidades de 6º rayo, cuando estudian su estructura de rayos, se imaginan como personalidades de 1er rayo. Esto se debe a la similitud de los espejismos (o vicios) de cada uno. Sin embargo, uno tiene que ver con los espejismos de la voluntad y el otro con los espejismos del deseo. El 1er rayo es el rayo de la voluntad, o poder; el 6º rayo de la devoción está basado en el deseo. Por ejemplo, la ira es un vicio de ambos rayos, pero derivada de causas diferentes. El deseo de controlar a otros es un vicio del 1er rayo. Viene del poder dominante del 1er rayo. El deseo de controlar a otros es también, diría yo, un espejismo del 6º rayo, pero lo es para un propósito diferente. Es la creencia fanática en, y la adhesión a, el propio ideal de uno lo que conduce al deseo de controlar a otros. No proviene de la voluntad, viene del deseo del 6º rayo, totalmente encerrado en su propia rectitud, la devoción a su ideal y a sí mismo, y de la determinación de imponer ese ideal a todo el mundo.

Los rayos con los mayores espejismos son el 1º, 2º y 6º. Los espejismos de los rayos 1º y 6º son más parecidos, porque el principio del deseo en el 6º rayo alcanza su máximo reflejo, o correspondencia, en el 1er rayo. Cuando el deseo pertenece a la personalidad, entonces es voluntad de poder, mientras que cuando la voluntad viene del alma es amor esencial. No estoy diciendo que la personalidad de 1er rayo esté más infundida del alma que la personalidad de 6º rayo, no es así. No obstante, la característica del 6º rayo es que trabaja a través del principio del deseo, mientras que la voluntad del 1er rayo trabaja por medio del principio del deseo sólo cuando es un espejismo. Cuando es del aspecto superior, vemos que manifiesta, en el caso del 1er rayo, la voluntad y el poder del alma, cuyas cualidades incluyen fortaleza, coraje, determinación y unidad de propósito, y en el caso del 6º rayo idealismo abstracto, intuición, devoción, ternura y una evidente unidad de propósito. Las virtudes y vicios del 6º rayo son diametralmente opuestos. Las virtudes se convierten en lo más opuesto de sí mismas. Eso es lo que los vicios y espejismos son realmente – la cualidad de un rayo expresándose erróneamente.

¿Quiere decir que las virtudes y los vicios del 6º rayo son más dramáticos por contraste?

Exactamente. Las diferencias entre las virtudes y vicios del 6º rayo son más dramáticas que en cualquier otro, y de aquí la especial dificultad para enfrentarse con el problema del espejismo. En mi experiencia, el 6º rayo es el que tiene más espejismos de todos los rayos. ¿Por qué? Porque está focalizado en el plano astral. Viene a través del plexo solar, que es el vehículo para la energía astral, y el problema para el exponente del 6º rayo es bajar sus ideales desde el plano astral al mundo físico externo. Sin embargo, el alma de 6º rayo es tan perfecta como cualquier otra alma. Las cualidades del alma de 6º rayo son maravillosas: idealismo abstracto y devoción, compasión, amor, intuición y veneración. Lo que me gustaría añadir a la lista el Maestro D.K. es el autosacrificio – una de las mayores cualidades del alma de 6º rayo.

¿Cómo se distingue entre el rayo de la mente y el del cerebro (dónde acaba uno y comienza el otro)? (Junio '83)

El rayo del cerebro es el rayo del cuerpo físico – lo que podría hacerlo más fácil de reconocer. Cada rayo crea un tipo más específico de cuerpo físico que es completamente reconocible incluso con diferentes tipos raciales y nacionales.

¿Es posible describir los diferentes tipos emocional y mental según los rayos? (Abril '86)

Sí. Son precisamente los rayos los que dan las diferentes cualidades de los diversos tipos.

¿Cómo es que a pesar de tener determinados rayos las personas no muestran sus características? Por ejemplo, las personalidades de 2º rayo no son necesariamente amorosas, ¿por qué? (Junio '83)

La realidad es que los rayos sólo dan a uno la potencialidad para determinados atributos. Así, por ejemplo, tener un alma o personalidad de 2º rayo no significa necesariamente que las cualidades del 2º rayo de amor y sabiduría, compasión, etc., se manifestarán. Por el contrario, bien pudiera ser que esas cualidades tengan aún que ser desarrolladas. El alma ha previsto la posibilidad de que esto ocurra por medio de la influencia del 2° rayo.

¿Por qué es que las personas cuyos rayos deberían hacerlas amables, tranquilas y reservadas, por ejemplo, parecen ser mucho más enérgicas, etc., lo que cabría esperar simplemente de la estructura de rayos? (Junio '83)

Una vez más, la respuesta es la misma que para la pregunta anterior. Los sub–rayos, también, podrían ser totalmente diferentes. También existe la posibilidad de que rayos completamente diferentes de encarnaciones anteriores sigan todavía influyendo fuertemente la expresión de la persona en esta encarnación. Esto introduce otra influencia que sólo puede ser percibida por un Maestro.

En la lista de rayos de los iniciados, sólo seis personas tienen un cuerpo físico de 2° rayo. Además de eso, la mayoría de ellos murieron muy jóvenes (Chopin tenía 39 años, Giorgione 33, John Keats 26, Schubert 31, y U–Thant, como una excepción, tenía 65). ¿Es esto común para los cuerpos físicos de 2° rayo y puede decirnos más al respecto? (Julio/Agosto '86)

Es cierto que no es el cuerpo físico más poderoso del mundo, pero eso no significa que las personas con físicos de 2° rayo vivan necesariamente sólo vidas cortas. Por el contrario, especialmente si el sub–rayo es el 7, 3 ó 5, una persona con un cuerpo físico de 2° rayo puede realmente vivir hasta una edad avanzada. Simplemente significa que es un tipo de cuerpo especialmente sensible y por lo tanto tiende a sufrir el impacto sobre el sistema nervioso de su hipersensibilidad.

¿Es posible describir los diferentes tipos físicos según los rayos? (Diciembre '83/Enero '84)

Sí. Cada rayo produce un tipo físico característico que parece no tener en cuenta las características familiares, nacionales y raciales del individuo.

El tipo de 1er rayo tiende a ser alto, fornido y de gran osamenta con un aire general de poder, autoridad natural y audacia física. Son a menudo bastante gordos (a causa del exceso más bien que de desórdenes glandulares), pero también a menudo son delgados, recios y 'longevos'. Los militares y policías son frecuentemente de 1er rayo. Entre los atletas, los boxeadores de peso pesado, los levantadores y lanzadores de peso tienden a tener físicos de 1er rayo.

El tipo físico de 2° rayo es por lo general (pero no siempre) de constitución pequeña y delicada, con un sentido de refinamiento y sensibilidad muy exigentes. Él o ella no serán jugadores natos, excepto quizás de cartas y otros juegos mentales que requieren sensibilidad e intuición.

El tipo físico de 3° rayo (con el 7° rayo el más común) viene en todos los tamaños y aspectos. Un gran número de atletas son de este tipo, que se caracteriza por un efecto de coordinación física y adaptabilidad (cuando está sano y en forma).

Tienen el aspecto normal y corriente, ya que los vemos por todas partes – grandes y pequeños, gordos y delgados. Tienden, excepto cuando son particularmente grandes, a tener fisonomías de tamaño medio.

El tipo físico de 4° rayo me parece que tiene algunas de las características de los rayos 2° y 3°: algo de la delicadeza y refinamiento del gesto del 2° más algo de la energía básica (pero más febril) del 3°. Tienden a ser más bien pequeños. Charles Chaplin tenía un cuerpo físico de 4° rayo.

El tipo físico de 5° rayo da una cierta apariencia rígida; una tendencia a la torpeza y descoordinación en vez de coordinación física. Son a menudo de cabeza y hombros cuadrados, con ojos bastante hundidos bajo unas cejas cuadradas.

Los tipos físicos de 6° rayo tienden a ser grandes y propensos a engordar. Tienen una apariencia bastante blanda y flácida con caras anchas. Parecen ser algo raros en Europa (nuestra lista sólo tiene dos), pero son más comunes en EE.UU.

El tipo físico de 7° rayo puede ser alto o bajo pero es por lo general alto y delgado. Es un tipo extremadamente longevo, muy atlético, especialmente en deportes que requieren resistencia – el corredor de fondo en lugar del velocista. Elegante en el movimiento y la pose, con rasgos bien definidos y proporcionados. A menudo dan una impresión de curtidos.

¿Tienen las figuras famosas del deporte frecuentemente físicos del 1er rayo? (Julio/Agosto '83)

No, excepto en deportes de pesos pesados como el boxeo, lucha libre, o levantamiento de pesas. El mejor rayo físico para los deportes parece ser el 3er rayo. Este proporciona la coordinación y la capacidad de adaptación necesarias en los deportes. El 7° rayo, también, se encuentra a menudo, especialmente cuando la resistencia es una necesidad importante. El tipo físico de 1er rayo parece ser más propicio para los políticos, dotándoles de un cerebro poderoso, presencia y resistencia físicas.

¿Es el rayo del cuerpo físico el resultado de la herencia – es decir, el grupo en el que uno ha encarnado – o hay razones más sutiles? (Noviembre '85)

El alma determina los rayos de su vehículo – mental, astral y físico. Estos pueden o no tener alguna relación con la estructura de rayos de los padres de uno. Con frecuencia, el rayo físico de los padres es compartido por todos los miembros de la familia, pero este de ningún modo es siempre el caso.

Si uno pudiera verse expresando lo más bajo, las cualidades negativas de un rayo determinado ¿podríamos traer las cualidades de otro rayo para contrarrestar esto y superarlo? y si es así, ¿podemos hacer esto en una sola vida? (Febrero '84)

Sí, efectivamente. Un estudio de los rayos en la biografía de Gandhi (ver *Share International*, edición de Diciembre '83/Enero '84) nos mostrará esto: las cualidades inclusivas del 2º rayo se utilizan (consciente o inconscientemente) para contrarrestar la tendencia separatista del 6º rayo, aunque él nunca superó el aspecto fanático de ese rayo. Por supuesto, el objetivo es incorporar las virtudes de los rayos, pero ciertas debilidades, por ejemplo la timidez y la falta de confianza que a menudo aparecen en las personalidades de 2º rayo, pueden ser reforzadas si también existe un rayo en la línea 1–3–5–7 cuya cualidad más fuerte puede traerse para sobrellevarlo. El éxito o no para lograr este equilibrio en cualquier vida determinada depende, naturalmente, del esfuerzo realizado.

¿Ayuda la influencia de un rayo a inducir el uso correcto de otro rayo? Por ejemplo, ¿podría la energía del 4º rayo ayudar a contrarrestar el fanatismo del 6º rayo? (Diciembre '84)

Sí. El secreto en la comprensión de los rayos está en saber cómo utilizar la cualidad de un rayo para compensar las debilidades o para contrarrestar los espejismos de otro. En mi opinión, el 5º rayo de la mente concreta tendría más éxito en contrarrestar el fanatismo del 6º rayo que el 4º rayo. O en su defecto, el segundo, que es inclusivo y magnético.

¿Las personas con la misma 'constitución' de rayos tienden a atraerse y a simpatizar mutuamente? ¿Hay algunos rayos que tienden a rechazarse entre sí? (Mayo '83)

Es cierto que las personas con la misma estructura de rayos tenderán a comprender sus puntos de vista y el enfoque general a la vida y así se atraerán, pero también es cierto que en el nivel de la personalidad no nos gustan las personas que son muy parecidas a nosotros. Es un tópico decir que lo que más nos desagrada en otros son nuestros propios defectos.

Las personas de 2° rayo tienden a ser rechazadas y asustadas por la manifestación del poder del 1er rayo, mientras que los exponentes del 1er rayo a menudo no les gusta el sentimentalismo del tipo de 2° rayo. Por supuesto, a nivel del alma, no hay rechazo; todas las almas puedan trabajar juntas en armonía cualquiera que sea el rayo – de ahí la necesidad de aproximarse a las personas como almas y tratar de contactar con ellas a ese nivel.

¿Los gemelos que son muy parecidos tienen los mismos rayos? (Abril '84)

No, no necesariamente. Pueden ser y a menudo son completamente diferentes.

¿Las personas que viven juntas absorben las energías de los rayos una a la otra hasta el punto de parecer expresar los rayos de la otra persona en vez de los suyos? Si es así, ¿es bueno? (Julio/Agosto '83)

No, las personas no absorben las energías de los rayos de otras personas hasta tal punto. Cuando parece que las personas llegan a parecerse una a otra estamos viendo un caso de empatía hasta el punto de la imitación, cuya empatía sería la expresión de una influencia de rayos existentes, en particular del 2° rayo. En realidad sólo podemos expresar lo que ya somos.

¿Cómo trabajan juntos el 1er y 2° rayos? (Diciembre '84)

Depende completamente del individuo. En general, el 1er rayo trae fuerza de voluntad, propósito dinámico e intrepidez, mientras que el 2° aporta comprensión amorosa, intuición e inclusividad. Por lo tanto, se complementan mutuamente.

¿Es el orgullo espiritual una característica de una fuerza de un rayo en particular? (Julio/Agosto '84)

Las personas de 1° y 6° rayo son más propensas al espejismo del orgullo espiritual.

¿Debe el aspecto destructor de la divinidad ser manejado siempre por un seguidor del sendero de la izquierda? (Septiembre '86)

No, de ningún modo es este el caso. El aspecto destructor es el 1er rayo de la voluntad o poder. No hay razón para suponer que todos los exponentes de la energía de 1er rayo, incluso en su aspecto destructivo, estarían en el sendero de la izquierda.

Cuando reconocemos en nosotros mismos la energía de rayos que no están en nuestro equipamiento personal ¿cuál puede ser la razón para ello? (Abril '84)

La razón principal será, lo más probable, la influencia de un rayo poderosamente presente en la encarnación inmediatamente anterior.

La influencia del grupo en el que se está trabajando puede tener también un efecto poderoso. Así mismo, el rayo de la nación de uno también tiene un efecto penetrante sobre la expresión de la propia personalidad.

¿Podemos comprender verdaderamente un rayo que no está en nuestra constitución? (Diciembre '84)

Para la mayoría de nosotros esto es muy difícil. Sin embargo, cuanto más avanzada llega a ser una persona, más de las cualidades de todos los rayos – sintetizadas por su propio rayo – tendrá incorporadas en su equipamiento, y más funcionará desde el nivel del alma. En ese nivel no hay ninguna dificultad en comprender.

¿Cuando te gusta mucho la música de un determinado compositor, se puede concluir que tienes más o menos los mismos rayos? (Diciembre '84)

Por supuesto debe suceder a veces, pero si su gusto por la música es razonablemente amplio se descubrirá que este de ningún modo es siempre el caso. Muchos otros factores están trabajando en la apreciación musical. Además, el gusto y las simpatías intensas de uno por la música a menudo cambian a lo largo de la vida.

El Alma y los Rayos

¿Quién elige el rayo del alma? (Noviembre '85)

El alma misma.

¿Es posible para un alma encarnar con todos sus cuerpos en el mismo rayo? (Septiembre '85)

En teoría, sí. En la práctica esto rara vez se encuentra. Incluso entonces, sólo a lo largo de la línea 2–4–6.

¿Es posible que el alma pudiera seleccionar el mismo conjunto de rayos durante dos vidas consecutivas? (Septiembre '86)

Aunque poco frecuente, esto sucede.

Tengo la impresión de que cuando las almas encarnan como hombres toman especialmente los rayos de la línea 1–3–5–7, y cuando como mujeres la línea 2–4–6. ¿Es esto así? (Diciembre '83/Enero '84)

No. Un rápido vistazo a la lista de iniciados y sus rayos mostrará que el número de discípulos se divide igualmente entre las dos líneas, ya sean hombres o mujeres.

¿Tienden los rayos pares a producir personas más introvertidas que los rayos impares? (Diciembre '83/Enero '84)

Sí. La línea 1–3–5–7 tiene que ver con la forma, el mundo concreto, con la función de la materia, de manera que aquellos en esa línea tienden a ser extrovertidos al exterior, el aspecto forma de la vida. Los rayos 2–4–6 están conectados con la vida interior, espiritual, con la expresión a través del medio de la forma, con la cualidad, y aquellos en esta línea se sienten por lo tanto más atraídos por la cualidad interna del alma a través de la introversión.

Parecería que aquellos en la línea o actividad de rayos 2–4–6 son transmisores verticales y horizontales de la energía, mientras que en la línea 1–3–5–7 estarían más orientados a la actividad, los verdaderos transformadores físicos. ¿Es este el caso? (Enero '86)

Para decirlo en los términos utilizados por el interrogador, yo diría que la propuesta 2–4–6 es más vertical, mientras que la 1–3–5–7 es más horizontal.

¿Los rayos que están presentes en el momento del nacimiento permanecen los mismos en la vida que sigue? (Marzo '83)

Sí. Los rayos de la personalidad y sus vehículos, mental, emocional y físico, pueden (y por lo general lo hacen) cambiar de vida en vida, pero permanecen los mismos durante la duración de cada vida en particular. El rayo del alma se mantiene constante de una vida a otra, y cambia sólo al comienzo de un nuevo ciclo mundial, lo que por supuesto es muy raro.

Cuando la primera y segunda iniciaciones se han alcanzado en una vida anterior (o vidas), ¿qué sucede cuando el individuo encarna la próxima vez con una estructura de rayos diferente? ¿Impone el alma el control fácilmente o es una lucha? (Junio '83)

Depende del individuo. Hablando en términos generales, el período entre la primera y la segunda iniciación proporciona el campo de batalla principal entre el alma y su reflejo, la personalidad, que a menudo resiste fuertemente al creciente control del alma. La segunda iniciación, se dice, es la más difícil de conseguir por esta razón. Por lo general, una vez que la segunda iniciación ha sido alcanzada el progreso es rápido. Esto tiende a ser el caso independientemente de la estructura de rayos, que en todo caso, es elegida por la propia alma.

¿Hay etapas evidentes para aprender a trabajar con los rayos, y es el sendero de iniciación una de las etapas finales? (Junio '83)

El sendero de iniciación (en la que hay cinco etapas principales) es precisamente el aprendizaje para controlar las fuerzas y trabajar con ellas, que son las fuerzas de los rayos, subyacentes en todas las apariencias. Cada encarnación ofrece la posibilidad de una expresión más pura de la cualidad subyacente del rayo (del alma). Esto comienza a lograrse en la tercera iniciación, momento en el que el rayo de la Mónada (la chispa divina) se hace sentir. El Maestro de la quinta iniciación expresa el rayo monádico en su pureza y tiene control en todos los planos.

Si un discípulo tuviera un alma de 2º rayo, ¿es concebible que podría tener un Maestro en uno de los otros rayos? (Julio/Agosto '85)

No – a menos que fuera 'prestado' a otro Maestro para algún propósito o aprendizaje determinado. Esto sucede con frecuencia.

Ya que todos los iniciados de 4º y 6º rayos deben transferirse al 2º rayo principal, ¿podemos suponer que Jesús es ahora un alma de 2º rayo aún cuando Él es el Chohan del 6º rayo? (Octubre '85)

No. En la tercera iniciación el iniciado se alinea con la Mónada o aspecto Espíritu que está siempre en los rayos 1, 2 ó 3. Aquellos cuyas almas están en los rayos secundarios (4, 5, 6 ó 7) deben encontrar en ese momento su correspondencia en uno de estos tres rayos principales, o rayos de aspecto como se les llama. Esto no quiere decir que uno cambia de rayo. El Maestro Jesús está todavía en el 6º rayo, aunque la Mónada sea de 2º rayo, y es el Chohan del 6º rayo – el guía del ashram principal del 6º rayo.

La unidad del grupo, sin el tipo de liderazgo de Piscis puede ser un gran problema, especialmente cuando el número aumenta. ¿Hay algunas pautas útiles mientras tratamos de construir la base de los grupos de la Nueva Era? (Noviembre '84)

Este es un problema común que evidentemente aumentará a medida que se forman más grupos a lo largo de las diferentes líneas del pasado. Si podemos dar por sentado que la mayoría de los miembros del grupo son por igual sinceros y dedicados al propósito del grupo, eso sería un buen comienzo. La mayor división dentro de los grupos se debe a las ideas diferentes sobre procedimiento y modo de hacer las cosas. Esto es inevitable, dadas las diferentes estructuras de rayos dentro del promedio del grupo. El mundo en este momento está saturado con la energía del 6º rayo (la energía de Piscis) con su tendencia a la exclusividad y al fanatismo. Tanto si se dan cuenta como si no, la mayor parte de los miembros de la mayoría de los grupos 'nueva era' son exponentes de la energía del 6º rayo, que por supuesto es la razón de su idealismo, pero también de su dificultad para trabajar con, y no sólo para, un grupo. La única manera de superar estos problemas consiste en fomentar una fuerte relación de amor entre los miembros del grupo y aprender a reconocer y trabajar desde el nivel del alma de cada uno. Cualquiera que sea su rayo, el alma es altruista e inclusiva. Aprendan que en los grupos, las diferencias y deseos de la personalidad no cuentan. Eviten la crítica mutua y fomenten el autosacrificio por el bien mayor. Recuerden que este es un período de transición en el que las dificultades son inevitables. Cada uno está aprendiendo, más o menos, las mismas lecciones.

Foco del Alma y Polarización

En relación con las estructuras de rayos, ¿cuál es la diferencia entre 'polarización' y 'foco del alma'? ¿Cambian o se desplazan ambos de vida en vida? (Noviembre '84)

Por 'polarización' se entiende el plano – físico, astral, mental o espiritual – en que la conciencia del individuo está habitualmente enfocada. Cada raza ha tenido el objetivo evolutivo de lograr la conciencia en un plano y de perfeccionar el vehículo apropiado de respuesta. Por ejemplo, la tercera raza raíz – la Lemuriana, la primera raza verdaderamente humana – tenía la finalidad de perfeccionar el cuerpo físico y lograr la plena conciencia en el plano físico. La cuarta raza raíz, la Atlante, tenía el objetivo de lograr y perfeccionar la conciencia astral, la percepción sensorial del hombre para responder a los estímulos externos. La nuestra, la quinta raza, la Aria, tiene el objetivo de perfeccionar la conciencia en el plano mental. Toda la humanidad actual tiene conciencia física y astral y algún grado de conciencia mental.

Tener conciencia en un plano no es en absoluto lo mismo que tener control en ese plano. Por lo tanto, el control en el plano físico (en realidad el control de las diminutas vidas dévicas que crean la sustancia del cuerpo físico) se manifiesta sólo cuando puede recibirse la primera iniciación. Cuando el elemental astral es controlado la segunda iniciación se hace posible, y la tercera iniciación pone de manifiesto el control en el plano mental. El foco de la conciencia se desplaza así hacia arriba a medida que avanza la evolución. Incluso hoy en día, la mayoría de la humanidad está polarizada en el plano astral; aún conserva la conciencia del tipo Atlante. Esta polarización astral continúa hasta un punto a medio camino entre la primera y la segunda iniciación. Hay, pues, un período en el que la polarización oscila entre astral y mental hasta que se logra la polarización mental completa y la segunda iniciación puede ser recibida. El estado de polarización mental continúa hasta alrededor de la mitad del camino entre la segunda y tercera iniciación, cuando la polarización espiritual comienza y la intuición se hace cargo gradualmente de las funciones de la mente inferior. Esto se logra totalmente en la cuarta iniciación.

Por 'foco del alma' en relación con la estructura de rayos se entiende el cuerpo o vehículo – personalidad, mental, astral o físico – a través del cual el alma está enfocando su principal estímulo en cualquier vida determinada. Este foco puede, y así lo hace, cambiar de vida en vida, mientras el alma – para sus propios fines – da un estímulo especial a un rayo particular que gobierna un vehículo determinado. El desplazamiento de la polarización, por el contrario, se produce lentamente, durante muchas o varias vidas.

¿Cuál es el valor real de estar mentalmente polarizado? (Septiembre '85)

Estar mentalmente polarizado permite al alma trabajar a través del cuerpo mental y destruir el espejismo de la actividad del plano astral. Cada acto de la mente que controla correctamente el cuerpo emocional y lo relega a su justo lugar es una ayuda para la polarización mental final.

¿Cómo se podría ver la diferencia cuando el alma está enfocada en el cuerpo mental o en la personalidad? Por ejemplo, ¿afecta el tipo de actividad elegida o la forma de aplicación? (Diciembre '84)

La forma de aplicación. El mayor estímulo dado al rayo del cuerpo en el que el alma está enfocada aumenta la actividad y la influencia general de ese cuerpo en la estructura.

(1) ¿Se puede ser un iniciado de primer grado y estar todavía el alma enfocada en el cuerpo emocional? (2) ¿En qué punto podemos estar enfocados en la mente y puede esto tener lugar durante una vida? (Mayo '86)

(1) Sí. (2) Esta pregunta muestra una confusión común (resuelta anteriormente) entre los términos 'foco del alma' y 'polarización'.

Este foco del alma en cualquier vida determinada puede estar en cualquiera de sus vehículos: personalidad, mental, astral o físico. La polarización es el nivel – físico, astral, mental o espiritual – en el que la conciencia esta habitualmente centrada. Esta polarización se desplaza hacia arriba por medio del proceso evolutivo.

Hay por lo general muchas vidas (un promedio de 6–7) entre la primera y segunda iniciación. Con el inicio de la polarización mental en '1.5' el proceso se acelera, y la segunda iniciación puede muy bien recibirse en esa vida.

Durante una encarnación ¿puede cambiar el alma su foco de un cuerpo a otro, por ejemplo, del mental a la personalidad o viceversa? Si es así, ¿bajo qué circunstancias ocurre? (Julio/Agosto '85)

El alma, debemos suponer, podría cambiar su foco pero de hecho no lo hace, bajo ninguna circunstancia. La evolución, desde el punto de vista del alma, no tiene prisa; no tiene conciencia del tiempo y avanza de manera intencionada, inteligente, y cuidadosa. Durante muchísimo tiempo la respuesta de su reflejo – la personalidad – es verdaderamente lenta.

He leído que el rayo de la personalidad cambia con arreglo a diferenciaciones cíclicas. ¿Puede esto suceder en una vida? Es decir, se podría comenzar la vida con un rayo de la personalidad dominante y terminar con otro? (Septiembre '85)

El rayo de la personalidad no cambiaría en el curso de una vida, pero si el rayo mayor y los sub–rayos fueran diferentes uno de ellos podría obtener el predominio, especialmente si el foco del alma estuviera en un vehículo de rayo similar, y así estimularía el rayo de la personalidad, mayor o menor.

¿Por qué elegiría el alma enfocarse en el cuerpo astral y no en el mental? (Septiembre '85)

Para estimular un rayo determinado. Para resaltar ciertas cualidades de la sensibilidad (no necesariamente emocionales) y de esta manera corregir una sobreestimulación de un rayo de la encarnación anterior. Por ejemplo: una persona mentalmente polarizada podría, en el proceso, haber llegado a ser bastante fría y aislada en la relación con los demás. El alma podría entonces enfocarse en el vehículo astral, a lo largo de la línea 2–4–6, para invocar la calidez y la naturaleza del amor en el equipamiento.

¿Se pueden tener dos rayos iguales y sin embargo no ser ellos la influencia dominante? (Diciembre '83/Enero '84)

Sí, este es frecuentemente el caso. Por ejemplo, si el rayo del alma es uno de estos dos y no está controlando la personalidad, entonces ellos no serían dominantes, especialmente si el otro fuera el rayo del cuerpo físico. Una persona podría tener los mismos rayos para el cuerpo físico y mental, pero estar fuertemente enfocada en el cuerpo astral. En este caso, el rayo del cuerpo astral sería dominante. Otro caso podría ser cuando un rayo se da dos veces para atraer una influencia todavía sólo potencial.

¿En qué medida influyen los rayos mental, astral y físico en el rayo de la personalidad? ¿Es esta una cuestión de dónde estamos polarizados, o es una mezcla de los rayos del cuerpo con la fuerza donde el alma está enfocada? (Diciembre '84)

La influencia de los rayos mental o astral sobre el rayo de la personalidad depende del punto de polarización – sea mental o astral. Pero si el foco del alma está en los cuerpos astral o físico de alguien mentalmente polarizado, entonces la mayor influencia vendrá del rayo astral o físico. El alma situará muy a menudo su foco en el cuerpo mental de alguien polarizado en el astral, precisamente para provocar el desplazamiento necesario de la polarización desde el astral al mental.

Más Personalidades – Sus Rayos e Iniciaciones

Estaría interesado en saber los verdaderos sentimientos de Poncio Pilatos cuando juzga a Jesús. ¿Hay algo que usted pueda decir al respecto y puede revelar su estructura de rayos? (Abril '85)

Él sentía una cierta simpatía por Jesús, pero pensó que no había nada que pudiera hacer en esas circunstancias sin molestar a los Ancianos judíos, así que tomó la línea de menor resistencia, aún contra su mejor criterio – y naturaleza. Fue un iniciado de primer grado (1.4). Sus rayos fueron 2–6–3–6–7 (sub–rayos: personalidad 6, mental 3, astral 4, físico 1).

¿Puede dar la estructura de rayos y el punto de evolución de la difunta Indira Gandhi? (Abril '85)

Indira Gandhi fue una iniciada de segundo grado. Sus rayos eran 1–1–7–6–3 (sub–rayos: personalidad 1, mental 1, astral 6, físico 3). Con cuatro rayos 1 en su constitución ejerció el poder con facilidad. Se podría decir que nació para gobernar. El foco de su alma estaba en el cuerpo mental (en particular a través del subrayo de 1er rayo) y al ser una iniciada de segundo grado estaba mentalmente polarizada. Su verdadero logro fue la unificación (al menos hasta cierto punto) de los diversos pueblos y fuerzas de la India. Su alma de 1er rayo con su amplia visión de sintetización podía trabajar con facilidad por medio de la poderosa mente y personalidad de 1er rayo. El 6º rayo astral (reforzado por el sub–rayo) tendía en cambio a trabajar en la dirección opuesta, dándole a veces una ceguera extraordinaria a las realidades a su alrededor, y una preocupación sobre-exclusiva por lo que ella veía como intereses de la India. Esto redujo, algo, la influencia para el bien en los asuntos internacionales que de otro modo podría haber sido suya. Tuvo, por supuesto, la audacia característica típica del tipo de 1er rayo.

¿Cuáles fueron los rayos de Hermann Hesse? (Diciembre '84)

Sus rayos principales fueron: 4–4–3–6–3 (sub–rayos: personalidad 2, mental 6, astral 6, físico 4). Fue un iniciado de segundo grado (2.1).

¿Podría dar la estructura de rayos y el nivel de iniciación de Nicholas Roerich? (Octubre '85)

Su estructura de rayos era: 7–7–7–6–7 (sub–rayos: personalidad 4, mental 1, astral 4, físico 7). Su punto de evolución, en términos exactos, fue el de iniciado de grado 2.1.

Puesto que ha fallecido hace poco, ¿puede dar la estructura de rayos y el punto de evolución del pintor Marc Chagall? (Mayo '85)

Estaba al borde de la segunda iniciación, de hecho, 1.9. Sus rayos fueron: 2–4–4–6–7 (sub–rayos: personalidad 7, mental 2, astral 4, físico 3). Él estaba, por supuesto, mentalmente polarizado; el foco de su alma estaba en la personalidad, rayos 4 y 7. Con tres rayos 4 y dos rayos 7 estaba bien equipado para su vocación.

Ya que ha fallecido hace poco, ¿puede darnos la estructura de rayos y el grado de Krishnamurti? (Abril '86)

Sus rayos fueron: 2–2–4–6–7 (sub–rayos: personalidad 6, mental 4, astral 2, físico 7). Fue un iniciado de cuarto grado.

Puede dar la estructura de rayos y el punto de evolución de Olof Palme que fue asesinado recientemente? (Abril '86)

3–6–7–4–7 (sub–rayos: personalidad 4, mental 4, astral 6, físico 3). Fue un iniciado de grado 2.1.

¿Es Bhagavan Swami Brahmananda Saraswati Guru Dev, el instructor de Maharishi Mahesh Yogi, un Maestro? Si es así, ¿cuándo llegó a ser un Maestro? ¿En su vida pasada? ¿En qué rayo? (Abril '86)

Sí, Guru Dev es un Maestro muy evolucionado, que ha recibido la Iniciación de la Ascensión. Es por lo tanto un iniciado de sexto grado. Está en el 6º rayo de devoción o idealismo abstracto.

Podría por favor dar la estructura de rayos de Guru Nanak, reformador hindú del siglo XIV?

6–6–1–2–3 (sub–rayos: personalidad 7, mental 4, astral 2, físico 7).

¿Es posible dar a los rayos de Baha'U'llah? (Abril '86)

El fundador de Bahai, Baha'U'llah, fue un iniciado de tercer grado. Su estructura de rayos era: 6–6–6–4–7 (sub–rayos: personalidad 6, mental 6, astral 4, físico 7). Fue impresionado mentalmente (no adumbrado) por Maitreya con las enseñanzas Bahai, pero fue en realidad un discípulo del Maestro Jesús. Pensó que recibía las enseñanzas directamente de 'Dios' y creyó que él mismo era el Cristo. Informó al Papa y a los líderes mundiales de la época con este propósito.

El movimiento Mahikari se basa en la transmisión de la luz y su propósito es la purificación del mundo y la humanidad. (1) ¿Es una hermosa forma de servicio a la humanidad? (2) ¿La luz viene directamente de Dios o del nivel astral? (3) ¿Está esta forma de trabajar en sintonía con la forma descrita en *Psicología Esotérica Tomo II*, de Alice A. Bailey, pág. 461–463? Si no es así, ¿cuál es la principal diferencia? (4) ¿Puede darnos la estructura de rayos y el grado de la iniciación de su fundador, Yoshikazu Okada? (Abril '86)

(1) Sí. (2) El astral superior. (3) Sí. (4) 6–6–6–4–3 (sub–rayos: personalidad 4, mental 3, astral 6, físico 7). Fue un iniciado de grado 2.1.

¿Fue el fallecido L. Ron Hubbard, fundador de la Cienciología, influenciado o guiado por un Maestro o discípulo? ¿Cuál era la estructura de rayos de Hubbard y su estatus iniciático?

Fue influenciado por un Maestro, no externamente o conscientemente sino subjetivamente, en el plano interno. Su estructura de rayos era: 3–7–1–6–3 (sub–rayos: personalidad 4, mental 6, astral 4, físico 7). Fue un iniciado de grado 1.8.

¿Cuáles fueron los rayos y punto de evolución de Erich Fromm? (Septiembre '86)

6–2–4–6–7 (sub–rayos: personalidad 4, mental 6, astral 6, físico 3). Fue un iniciado de grado 1.6.

Animales

¿Vienen todos los animales bajo el mismo rayo? (Diciembre '83/Enero '84)

No. Se han dado solamente los rayos de los animales domésticos. En la página 211 de *Psicología Esotérica Tomo I*, el Maestro D.K. da los siguientes: elefantes – 1er rayo; perros – 2º rayo; gatos – 3er rayo; caballos – 6º rayo. En la página 142 de la misma obra se da una serie diferente: elefante – 2º rayo; gato – 4º rayo; perro – 6º rayo. Esta discrepancia resulta del hecho de que en la segunda enumeración citada es el sub–rayo del rayo principal el que se ha dado.

¿Son los animales influenciados solamente por los rayos en el nivel físico – o también en los niveles superiores? (Diciembre '83/Enero '84)

El reino animal es influenciado principalmente por el 3er rayo de la inteligencia activa (en realidad mucho más potentemente de lo que es el hombre) y por el 6º rayo de la devoción. Este 6º rayo estimula la naturaleza astral del reino animal, mientras que su incipiente equipamiento mental es estimulado por las mentes de los hombres (5º rayo). Esto es especialmente exacto, por supuesto, en relación con los animales domésticos. Con el tiempo, el control del reino animal tendrá lugar a través de la mente controlada y enfocada del hombre.

Capítulo VII. Reencarnación

Vida después de la Muerte y Renacimiento

Una de las grandes tragedias de nuestra perspectiva actual sobre la existencia es nuestra actitud hacia ese acontecimiento recurrente que llamamos muerte. Lo abordamos, en su mayor parte, con temor y aversión, tratando por todos los medios resistir a su llamada, prolongando, a menudo más allá de su utilidad, la actividad del cuerpo físico como una garantía de "vida". Nuestro miedo a la muerte es el miedo a lo desconocido, a la completa y total disolución, a "ya no" ser. A pesar de la gran cantidad de evidencias reunidas a lo largo de los años por los numerosos grupos espiritistas de que la vida de algún tipo continúa después de la muerte; a pesar de la aceptación intelectual por muchos de que la muerte es sólo un despertar a una vida nueva y más libre; a pesar de la creencia cada vez mayor en la reencarnación, y a pesar del testimonio de los más sabios Instructores de todos los tiempos, continuamos abordando esta gran transición con temor e inquietud.

Lo que hace que esta actitud sea tan trágica es que está muy lejos de la realidad, siendo el origen de mucho sufrimiento innecesario. Nuestro miedo a la muerte es nuestro miedo a que nuestra identidad sea aniquilada. Esto es lo que aterra. Sin embargo si nos diéramos cuenta y experimentáramos nuestra identidad como un Ser inmortal que no puede morir o ser aniquilado, nuestro miedo a la muerte desaparecería. Si, además, comprendiésemos que después de la llamada muerte entramos en una nueva y más clara luz en la que el sentido de nuestra identidad es del todo más vívido, que hay todavía aspectos superiores de nuestro Ser esperando nuestro reconocimiento de los cuales hasta entonces no éramos conscientes, nuestro completo enfoque sobre la muerte cambiaría para mejor.

Veríamos la muerte y la vida en el plano físico como etapas de un viaje interminable a la perfección, y la muerte como la puerta hacia una experiencia mucho menos limitadora en ese camino. Liberada de los límites del mundo físico, nuestra conciencia encontraría nuevos grandes horizontes de significado y de belleza hasta ahora desconocidos. En el futuro cercano, los Maestros y Sus discípulos enseñarán la verdad de esa experiencia que llamamos muerte y harán accesible para todos una magnífica libertad nueva. Aprenderemos a aceptar la muerte como lo que es: la restitución de nuestros vehículos a su origen – "cenizas a las cenizas, polvo al polvo" – y la liberación hacia una nueva y significativa vida.

Llegaremos a comprender que el único acontecimiento trascendental que ahora llamamos muerte es una sucesión ordenada de etapas por las que el alma se separa, cada uno en su momento, de los vehículos que ha creado.

El proceso de la muerte comienza cuando el alma retira su energía del cuerpo físico denso. Esto puede ocurrir en un período de tiempo más largo o más corto. Una serie de infartos o una enfermedad que llega a ser cada vez más grave podría ser la señal de que el alma está iniciando este proceso. Tan pronto como se produce la muerte, los cuerpos sutiles – los cuerpos astral y mental dentro del vehículo etérico – se separan del cuerpo físico denso. Esto, también puede ocurrir rápidamente, o más lentamente, pero los Maestros aconsejan que se debería esperar tres días antes del entierro o (preferiblemente) la incineración para asegurarse de que el cuerpo etérico se ha separado completamente de su contraparte física.

La conciencia individual se queda entonces en el cuerpo etérico, que en su momento también será desechado. Las partículas de sustancia que componen el vehículo etérico fluirán entonces de regreso hacia el océano de energía etérica que nos rodea. La rapidez de ese proceso de desintegración depende del karma del individuo.

Cuando el vehículo etérico ha sido desechado, la envoltura astral da a la persona conciencia en el plano astral, donde permanecerá durante un tiempo en uno u otro de los siete planos astrales que mejor se corresponde con su naturaleza astral. Allí, una vez más, tendrá que enfrentarse con sus deseos que trae consigo de su vida terrenal y a menudo queda atrapado en ellos.

Para la mayoría de las personas, el mayor temor de la muerte existe en su expectativa de la pérdida de la identidad y de la conciencia, de la soledad y el cese del contacto con la familia y amigos. Lejos de experimentar semejante pérdida, el difunto, libre de las limitaciones del vehículo físico, descubre que su conciencia despierta se intensifica enormemente. Ve en ambos sentidos: el mundo de las formas que acaba de dejar y el nuevo mundo al que ha llegado, con personas familiares a su alrededor dispuestas a darle la bienvenida a ese estado más libre. Al mismo tiempo, todavía puede sintonizar los sentimientos y pensamientos de los que quedan atrás. Lejos de ser una experiencia traumática, la muerte para muchos es tan dulce y tranquila que no se dan cuenta de que están muertos, necesitando la ayuda de aquellos cuya tarea es ponerlos al corriente de este hecho. Hay discípulos, iniciados y algunos Maestros activos en el plano astral, protegiendo a las personas y haciéndolas conscientes de su muerte.

En el plano astral uno hace lo que, normalmente, habría estado haciendo en la encarnación en el plano físico. Si la conciencia está muy enfocada en el astral, con muy poco enfoque mental, tal persona podría permanecer en el plano astral durante mucho tiempo – 'mucho' para nuestra manera de pensar, porque fuera del ámbito del cerebro físico no existe tal cosa como el tiempo. Aunque la vida en el plano astral es un hecho, tal como es un hecho en el plano físico denso, sin embargo sólo es una ilusión. Todas nuestras esperanzas, temores y agresividad, nuestros odios, envidias y vicios, forman potentes formas mentales que deben tarde o temprano disolverse. Por lo tanto, el único infierno que existe es el que nosotros mismos hemos creado en los planos astrales. El infierno que encontramos es el infierno de nuestros propios deseos, nuestras atrocidades, nuestra propia separación y nuestros propios resentimientos y miedos que habitan el reino astral. Este es el principio detrás del consejo de los Maestros: que aprendamos a controlar nuestros pensamientos y reacciones emocionales.

Por esa razón también, es importante elevar la conciencia tan alto como sea posible en el momento de la muerte, utilizando el último reflejo nervioso para dirigir la conciencia a través de los niveles astrales y mentales inferiores hacia los niveles mentales superiores tan lejos, tan rápido y tan conscientemente como sea posible. Debería haber una preparación deliberada para la muerte, por lo tanto, y en el futuro las personas serán instruidas en como morir conscientemente con el fin de hacer esto.

Después de la muerte del cuerpo físico, el individuo afectado permanece en aquellos planos astrales que mejor se ajustan al punto de desarrollo alcanzado por él en la vida física. En esos niveles sutiles nuestras facultades de percepción se liberan del proceso de pensar y razonar que funcionan a través del cerebro físico. Todo conocimiento y experiencia puede ser visto, oído, sentido y conocido directamente en su completo significado. Hay percepción instantánea, conocimiento y belleza, y un tipo de alegría y liberación como no podemos conocer en el plano material.

En los niveles astrales superiores esta experiencia directa es de carácter más estático, de una naturaleza emocional superior, más refinada, que corresponde a los niveles astrales superiores del centro del corazón. Una persona que ha alcanzado un cierto nivel de desarrollo antes de la muerte experimenta un éxtasis y alegría casi constantes en esos niveles, una sensación de belleza y esplendor que es el reflejo en ese plano de buddhi, o amor–sabiduría. Buddhi es en realidad un estado de éxtasis que puede ser experimentado en el plano físico, cuando se alcanza un alto grado de contacto búddhico durante la meditación.

La experiencia en el plano mental es de un tipo completamente diferente. Aquí es menos una cuestión de éxtasis que de conocimiento o sabiduría; no sólo el éxtasis, sino que la gran importancia y significado subyacente puede ser conocido en ese nivel. Alguien lo suficientemente evolucionado, intuitivamente consciente, comprende esto y el Propósito y la Voluntad de Dios.

Para las personas más avanzadas, la existencia en el plano mental sería la última experiencia antes de venir a la encarnación otra vez. Sin embargo es posible que el cuerpo mental a su vez podría ser disuelto, después de lo cual el individuo afectado viviría en un estado de pralaya, en devachán. Este es un estado de existencia no–mental, no–astral, no–material en algún punto entre la vida y la muerte. Es un estado de Ser, fuera de la encarnación, donde el impulso de vida está en suspenso. Es un estado de dicha sin fin, una experiencia de perfecta paz. Vivir en pralaya no significa que uno está inconsciente, sino que ningún proceso de aprendizaje consciente tiene lugar antes de tomar la encarnación de nuevo. Es un estado de ser absorbido en lo Absoluto, desde donde se retorna, según la ley, cuando la necesidad del grupo lo requiere.

En pralaya el alma vive en su propio reino sin otro propósito que ser el alma. Puesto que no hay vehículos inferiores en este estado de existencia, el alma no obtendrá ninguna experiencia, como hace en los otros niveles. El progreso de un tipo específico sólo puede hacerse en estos otros niveles. El alma viene a la encarnación dirigida por el Logos de acuerdo con el propósito grupal y el Plan. Es un gran sacrificio para el alma descender al plano físico y encarnar, lo cual tiene lugar bajo su propia voluntad de autosacrificio. Este poder de autosacrificio de la voluntad del alma es una gran fuerza impulsora. En pralaya no hay voluntad de encarnar. Es posible permanecer en pralaya durante docenas de años o innumerables miles de años, hasta que un grupo de almas es enviado fuera del pralaya hacia la encarnación porque el tiempo es el más indicado y las circunstancias las adecuadas. El cuerpo del alma, o cuerpo causal, adquiere experiencia de esta manera. El cuerpo causal recibe más conocimiento del alma, conciencia del alma, a medida que sus vehículos llegan a ser más refinados.

Este proceso de refinamiento de los vehículos del alma (los cuerpos etérico, astral y mental) tiene lugar por medio de los llamados 'átomos permanentes'. Estos son átomos de sustancia física, astral y mental alrededor de los cuales se forman los cuerpos para una nueva encarnación. Los átomos permanentes retienen la frecuencia vibratoria alcanzada por el individuo hasta el momento de la muerte. Si esa persona ha hecho grandes progresos, sus cuerpos en encarnaciones sucesivas serán más refinados, semejantes a la vibración de este átomo permanente y, debido al trabajo mágico del alma, atraerán cada vez más materia de naturaleza subatómica. De esta manera, los átomos permanentes girarán en espiral hasta alcanzar frecuencias cada vez mayores. Debido a que un cuerpo atrae hacia él materia de una frecuencia vibratoria similar, cada avance a través de cada vida creará un cuerpo más refinado de vibración cada vez mayor. Los átomos permanentes son, por lo tanto, núcleos que atraen a las partículas atómicas de las cuales se forman primero el cuerpo mental, luego el astral, y posteriormente el etérico–físico – después de lo cual el cuerpo físico denso 'se precipita'.

Los átomos permanentes de un individuo están conectados al cuerpo causal del alma y no son influidos por la experiencia cuando sale de la encarnación. El cuerpo causal se encuentra en el más alto de los cuatro niveles mentales, y es una especie de depósito o almacén de toda percepción, todo conocimiento y toda experiencia de los planos físico, astral y mental. Un 'cordón de plata' conecta el alma y su cuerpo con los tres átomos permanentes. La conciencia es continua en este cordón, de modo que cuando es el momento para el alma de reencarnar de nuevo, las partículas de materia de vibración semejante son atraídas mágicamente para tomar forma alrededor de los átomos permanentes. Los átomos permanentes aún vibran a la misma frecuencia que en la vida anterior y están impregnados de la conciencia, la vibración energética, de esos niveles.

Al comienzo de las encarnaciones posteriores, cuando los vehículos están preparados, el alma da forma a sus envolturas mental, astral y física. El conocimiento y la experiencia acumulados, adquiridos a lo largo de una sucesión de vidas anteriores, fluyen hacia abajo desde el nivel del alma al cerebro físico, que retiene tanto como puede absorber, usar y conocer conscientemente. Este conocimiento no puede realmente aprovecharse hasta que los centros del cerebro estén lo bastante despiertos para ser utilizados de esta forma. Cuando esto ocurre, tenemos lo que llamamos 'un genio'. En el alma están reflejadas la Mónada o Voluntad Espiritual, Buddhi, la intuición espiritual, y Manas, la mente superior. Un genio es capaz de armonizarse al nivel del alma y al de la conciencia o pensamiento manásico o búdico. Esta es la fuente de ese conocimiento más alto y talento superior almacenados en la experiencia de vidas anteriores. Un genio, por lo tanto, es alguien que tiene un contacto directo e instantáneo con el alma, y puede traer la sabiduría y el conocimiento desde ese nivel hacia abajo al cerebro físico porque los centros del cerebro, que en la mayoría de las personas no se utilizan, han sido abiertos. (Octubre '82)

Estoy angustiado por la información que leí en *Share International* y agradecería una aclaración. En el artículo de Aart Jurriaanse (Vol. 5, Nº 3) leí que la personalidad "se desintegrará y será absorbida en el mundo etérico a la muerte de la forma" (el cuerpo). Si la parte que actualmente se identifica como 'Yo' se disuelve y no existe más, ¿por qué debería esforzarme en la práctica espiritual que beneficiará a un alma que tiene la intención de disolver el 'Yo', junto con el cuerpo, en la muerte? (Abril '86)

Esta pregunta indica precisamente la razón principal del temor de la gente a la muerte: la idea de la disolución, el miedo a que el 'Yo' no existirá más, y es el resultado de la identificación con la parte 'indebida' o limitada de uno mismo. La personalidad no es el ser, sino un reflejo temporal del Ser o alma, que cambia en cada nueva experiencia de encarnación hasta que refleja realmente la naturaleza del alma. De hecho, en la muerte hay un sentido más grande y más intenso del Ser, una mayor libertad de la que es posible para cualquiera sin continuidad de conciencia, es decir, sin ninguna interrupción en la conciencia entre los estados vida–muerte–vida.

¿Cómo mantiene el alma su identidad a lo largo de las diversas encarnaciones? ¿O lo hace, en el sentido usual de la palabra? (Abril '85)

El alma es el aspecto conciencia en el Ser triple (espíritu–alma–personalidad) que llamamos hombre, y es el origen del sentido de identidad. Sin embargo, el sentido de identidad personal separada sólo pertenece al nivel de la personalidad. El alma no tiene sentido de separación pero es consciente (aunque de una forma totalmente impersonal) a través de su vehículo, el cuerpo causal, de cada esfuerzo y logro o no logro en la encarnación.

¿Cómo estamos seguros (nuestras almas) de que no 'perdemos terreno' o nos deslizamos hacia atrás cuando salimos de la encarnación y retornamos menos evolucionados? (Marzo '86)

Cada vehículo físico, astral y mental tiene un átomo permanente, que se convierte en el núcleo del nuevo cuerpo en cada plano. El alma forma mágicamente alrededor del átomo permanente los cuerpos de materia – física, astral y mental – cuyos átomos vibran a la misma frecuencia que los átomos permanentes. Esto asegura que comenzamos una nueva encarnación exactamente en el punto alcanzado al final de la anterior.

¿Cómo ocupan nuestras almas su tiempo mientras estamos en encarnación? (Julio/Agosto '84)

Es el alma, no la personalidad, la que está en encarnación. En el nivel del alma, el tiempo no existe (¡así que el alma no tiene necesidad de estar ocupada, o entretenerse para evitar el aburrimiento!). Cíclicamente, el alma medita en Eso de lo que el alma es un reflejo – la Mónada o Espíritu – y, de nuevo cíclicamente, vuelve su atención sobre su propio reflejo, la personalidad humana.

Su respuesta a la pregunta anterior, que es una respuesta muy profunda, me recuerda a una respuesta dada por la Fuente de *Un Curso de Milagros* que, cuando se le pregunta si la reencarnación es un hecho, responde de un modo indirecto: Puesto que no existe el tiempo (en un nivel superior), no puede haber verdaderamente reencarnación (aunque la Fuente continúa diciendo que el concepto no es perjudicial si recuerda a la gente la continuidad de la existencia). Yo interpreto que su respuesta quiere decir: Las almas viven en un nivel atemporal. La encarnación es un reflejo o proyección del alma en base al tiempo más la personalidad. Pero, si eso es así, no puedo encajar la primera frase de su respuesta: "Es el alma, no la personalidad, la que está en encarnación" – ni tampoco estoy completamente seguro de cómo funciona el karma. ¿Estoy en lo cierto al pensar que el alma absorbe influencias kármicas durante el curso de la vida, y luego entre dos vidas las 'procesa', por decirlo así, para permitirle hacer su próxima elección correctamente? (Enero/Febrero '85)

Es cierto que yo creo que el alma vive en un nivel atemporal, un Ahora siempre presente. Sin embargo, su cuerpo de manifestación, el cuerpo causal, que existe en el más alto de los cuatro planos mentales, es el receptáculo de todas las experiencias de su reflejo – es decir, el hombre o mujer en encarnación – a lo largo de todas las vidas. Es esta experiencia total la que finalmente es accesible al cerebro físico alrededor de la cuarta iniciación, cuando el cuerpo causal es destruido, no siendo ya necesario. Por "es el alma, no la personalidad, la que está en encarnación", quiero decir que es el alma la que hace la elección consciente de reflejarse hacia abajo en los planos físico, astral y mental, funcionando a través de la personalidad, y que es la portadora del principio de vida y conciencia a esa personalidad. Cuando el cuerpo muere, es la decisión del alma, la que entonces extrae esa fuerza de vida. El alma, tal como yo lo entiendo, es consciente de la acción del karma – causa y efecto – pero son en realidad los Señores del Karma quienes toman las decisiones acerca de cómo esa ley kármica opera realmente en una determinada vida. A lo que el alma responde cooperativamente, por decirlo así, organizando la situación de la vida, etc, de sus diversos períodos encarnacionales. El tiempo, como usted sabe, es un concepto del cerebro físico y no tiene existencia fuera del plano físico. Parece que nuestros físicos más avanzados están llegando también a esta conclusión.

¿Por qué el espíritu de los fallecidos a veces 'flota' de un lado para otro durante años antes de reencarnar? El mejor ejemplo de esto es citando una de sus propias enseñanzas, de que Jesús de Nazaret murió en el año 9 d.C. y en el 16 d.C. reencarnó como Apolonio de Tiana. De esta manera, Jesús estuvo espiritualmente a la deriva durante siete años aproximadamente. ¿Qué hizo su espíritu durante este intervalo de siete años? ¿Fue visto Jesús en forma espectral por algún espectador humano (o por alguno de sus seguidores) durante estos siete años? (Julio/Agosto '86)

Me temo que hay un malentendido de lo que escribí acerca de Jesús de Nazaret y Su reencarnación como Apolonio de Tiana. Jesús estuvo fuera de la encarnación durante siete años aproximadamente, pero no estuvo, como usted dice, "espiritualmente a la deriva". En el artículo anterior traté de mostrar los diversos niveles de experiencia en los que una persona puede estar involucrada después de la llamada muerte. Jesús, por aquel entonces un iniciado de cuarto grado, no estuvo "a la deriva" en ningún sentido en absoluto, sino que trabajó en estrecha colaboración con su Maestro, el Cristo, y sus compañeros iniciados en los planos internos durante esos siete años. Durante una parte de ese tiempo estuvo en pralaya – una especie de equivalente de la idea cristiana del paraíso, un estado de dicha constante. No fue visto en ninguna forma "espectral" por ningún humano durante esos siete años porque no caminó por la tierra. Los fantasmas o formas "espectrales" son la excepción en vez de la norma, y se producen sólo con individuos relativamente poco evolucionados, atados al plano físico por algún deseo o experiencia emocional intensa, como una muerte violenta, etc. Lo "normal" es que las personas abandonen el plano físico completamente poco después de la muerte.

¿Dónde está almacenada la información de nuestras encarnaciones anteriores? (Enero/Febrero 85)

En el cuerpo causal, el vehículo del alma, que se encuentra en el más elevado de los cuatro planos mentales.

¿Por qué es que normalmente no recordamos nuestras vidas anteriores y cuál es el mecanismo que nos lo impide? (Enero/Febrero '85)

Es porque no poseemos continuidad de conciencia (es decir, de la 'vida' a la 'muerte' y nuevamente a la 'vida'). Durante unas cuantas semanas o meses (dependiendo del propio niño) el bebé recuerda verdaderamente su vida anterior, pero ésta se desvanece rápidamente ya que las impresiones del mundo exterior afectan cada vez más a su conciencia. Aunque de ningún modo es siempre el caso, en el momento de recibir la tercera iniciación, la continuidad de conciencia comienza a establecerse. Finalmente, en la quinta iniciación, se consigue el recuerdo completo de todas las experiencias pasadas.

Cuando salimos de la encarnación ¿tenemos recuerdo completo de la experiencia de la vida pasada? (Abril '84)

Momentáneamente, sí. Hay un punto en el que la conciencia de la personalidad se encuentra cara a cara con el Ángel de la Presencia, el Ángel Solar, el alma. En ese breve encuentro (visto desde nuestra experiencia del tiempo) la totalidad de la vida pasada es vista en términos de su valor para el alma y si los propósitos del alma han sido cumplidos o no.

De los muchos relatos de la muerte y del morir, se vislumbraría que los moribundos parecen 'ver' a parientes o amigos fallecidos (invisibles para los demás presentes); ¿es esta una alucinación o la satisfacción de un deseo? ¿En realidad ven a alguien? (Octubre '85)

No hay ninguna razón para creer que este fenómeno es simplemente una alucinación o la satisfacción de un deseo. Los muertos son en efecto recibidos y saludados "al otro lado del velo" por aquellos seres queridos que los han precedido. Hay motivos para creer, por lo tanto, que los moribundos ven a estos amigos antes de su muerte.

¿Por qué es que los espíritus de los muertos algunas veces se aparecen en una forma espectral que es similar a la forma física de la encarnación anterior? Por ejemplo, algunos cuentan que han visto (en una sesión de espiritismo) el 'fantasma' de Winston Churchill varios años después de su muerte. Por favor, explique esto. (Julio/Agosto '86)

Lo que usted llama los 'espíritus de los muertos' – en otras palabras 'fantasmas' – toman la forma física de la encarnación anterior por medio del poder de la forma mental de su identidad física personal. Esto es cierto en todos los casos. De hecho, los Maestros Mismos, en la construcción de su cuerpo de manifestación, el mayavirupa, lo hacen así de la forma mental de Ellos mismos de la encarnación en la que lograron la Maestría.

Con respecto al 'fantasma' de Winston Churchill visto varios años después de su muerte, esto es completamente erróneo. Winston Churchill fue un iniciado de tercer grado en esa vida, y bajo ninguna circunstancia aparecería como un 'fantasma' en una sesión de espiritismo. A su muerte ascendería inmediatamente a los planos mentales superiores, inaccesibles a una sesión de espiritismo. (Estas sesiones de espiritismo están llenas no tanto del engaño sino de ilusión.)

¿Tiene algún valor la oración por las almas de los difuntos, por ejemplo para elevarlos a un plano superior si su destino está en uno inferior? Yo lo dudo porque la Biblia dice que seremos juzgados, "según nuestra medida", y "tal como sembremos así cosecharemos". Pero por otra parte dice, "orad los unos por los otros". ¿Significa esto incluir las almas de los difuntos? (Mayo '85)

A mi entender, no hay forma de que podamos influir en el destino del alma de un difunto una vez que ha ocurrido la muerte (al menos después de haber transcurrido tres días). El valor de la oración es para personas que aún permanecen en el plano físico. Sin embargo, las oraciones para y con una persona a punto de experimentar la transición, puede ser útil para enfocar su atención en el nivel del alma y así aumentar la tensión espiritual requerida para alcanzar los planos superiores. Orar "los unos por los otros" en el plano físico es siempre beneficioso.

Si algunos no pueden ser curados y padecen gran sufrimiento y dolor, ¿tienen el derecho de acabar con su sufrimiento físico mediante el suicidio? (Junio '85)

Sí, desde luego tienen el derecho. Eso no significa que sería una cosa sensata de hacer. ¿Quién puede decir lo que el día siguiente traerá de alivio?

Las Leyes que Gobiernan la Reencarnación

El factor importante en relación con el proceso de la encarnación es que nosotros encarnamos, no individualmente, sino en grupos. Aunque, por supuesto, la encarnación individual tiene lugar, es sólo circunstancial al acontecimiento más grande del renacimiento grupal. El renacimiento grupal se desarrolla cíclicamente, según ciertas leyes que gobiernan la manifestación de las energías o Rayos, y se relacionan también con el punto de evolución de los grupos implicados.

A menudo se plantea la pregunta sobre el periodo de tiempo entre encarnaciones, y se ha publicado una gran cantidad de información sobre este tema, mucha de ella errónea y necesariamente especulativa. El hecho es que hay enormes diferencias en la duración de los períodos fuera de la manifestación física, tanto de los individuos como de los grupos. Algunas almas tienen un ciclo extraordinariamente rápido de encarnaciones y 'pralayas', mientras que otras pasan eones entre cada experiencia de encarnación y la siguiente. No hay un tiempo 'promedio' (recordando siempre que estamos hablando del tiempo en el plano físico; fuera del cerebro físico, el tiempo no existe). Sin embargo, es posible dar una imagen generalizada que (con muchas variaciones) explica el modelo de encarnación de los tres grupos principales dentro de la humanidad, bajo el impacto de tres leyes.

Las masas humanas están hoy en gran parte enfocadas en el vehículo emocional–astral – su conciencia sigue siendo principalmente la de la Atlántida o cuarta raza raíz, cuyo objetivo evolutivo era la perfección del cuerpo astral. Muchos millones actualmente en encarnación fueron parte de la raza atlante y todavía manifiestan poderosamente las tendencias emocionales de esa raza.

Para ellos, los menos avanzados, el período fuera de la encarnación es generalmente corto. Siendo 'jóvenes', como egos, todavía tienen mucho que aprender, y son atraídos magnéticamente hacia la vida del plano físico por las formas mentales que los ata al plano de la tierra y por el flujo y reflujo kármico que se ha originado en la tierra. Ellos mismos no tienen mucho que decir sobre este asunto, pero, en virtud de la Ley de Evolución, son empujados cíclicamente, una y otra vez, a encarnar, aprender, experimentar, y por medio de probar y cometer errores, del dolor y el sufrimiento, con el tiempo elegir libremente: el retorno consciente desde la materia de vuelta hacia el espíritu y la liberación.

Aquellos que están algo más evolucionados tienden a permanecer durante un período más largo fuera de la encarnación, debido al hecho de que no han creado vínculos terrenales tan fuertes y son más flexibles, más libres, con mayor enfoque mental. Además, necesitan más tiempo para absorber y asimilar (a causa de su más rica experiencia de la personalidad) lo que sólo puede ser adquirido y asimilado en los planos superiores, fuera de la encarnación.

Como ya he dicho, los egos más evolucionados pasan un período de 'tiempo' más largo o más corto en pralaya, un estado de existencia entre la muerte y el renacimiento en el que no hay impulso para encarnar de nuevo. Pralaya, o la experiencia en Devachán, corresponde a la idea cristiana del paraíso. Allí estas almas esperarán, a veces durante períodos cortos, a veces durante innumerables eras, hasta que surge la necesidad de la presencia de ese grupo particular en el plano físico.

Todas las almas están en una u otra de las siete corrientes de energía – los siete rayos – y a medida que estos rayos entran en manifestación, también lo hacen los grupos de almas de estos rayos. Estos egos más avanzados no vienen individualmente, ni son arrastrados ciegamente de acuerdo con la Ley de Evolución como sucede con sus hermanos menos avanzados. Encarnan de acuerdo con la ley grupal para un determinado propósito, bajo la influencia de un rayo de energía específico, y en relación con algún aspecto del Plan. Cada generación trae a la encarnación un grupo equipado con el conocimiento y la capacidad para enfrentarse, más o menos, con los problemas de ese periodo. De esta forma, el Plan se desarrolla y revela gradualmente por medio de la labor de los sucesivos grupos que encarnan una y otra vez, grupos que bien pueden desaparecer de la encarnación durante eones al final de una era.

Nunca hay más de cuatro rayos en manifestación en un momento dado, así que en cualquier período podemos ver cuatro tipos de rayos diferentes en encarnación. Por ejemplo, la mayoría de los individuos actualmente en encarnación son almas de los rayos 2º, 3º, 5º y 6º. El 6º rayo de la devoción o idealismo abstracto está saliendo rápidamente de la manifestación, de manera que las almas de 6º rayo desaparecerán también gradualmente de la vida del plano físico y entrarán en pralaya hasta que sean 'requeridas' nuevamente. Un número cada vez mayor de almas de 7º rayo renacerán durante el siguiente periodo de 2.000 años, porque el 7º rayo de orden ceremonial predominará durante la era venidera. Estos grupos se convierten en canales y exponentes del rayo de energía particular y así pueden trabajar fácilmente en respuesta a su estímulo.

Hay otro grupo que se encarna muy rápidamente: los individuos más avanzados, los discípulos e iniciados. Ni la Ley de Evolución ni la Ley Grupal gobiernan su retorno, sino otra ley los empuja a renacer: la Ley del Servicio. Ellos eligen conscientemente encarnar por su propio libre albedrío. Porque conocen y desean servir al Plan, deciden, bajo la dirección de su propio Maestro personal o no, cómo pueden servir mejor. Sin embargo porque son iniciados, el Maestro, que conoce el sendero que los conducirá a su objetivo, vela por ellos y les aconseja cuando deberían volver a determinados entornos y circunstancias. El iniciado también querrá volver entonces para continuar donde él o ella lo dejó, con el fin de seguir prestando servicio. Una y otra vez regresan rápidamente a la encarnación para completar las últimas etapas del Sendero de Iniciación. El objetivo del iniciado es desprenderse rápidamente del karma y así llegar a estar libre y equipado para el servicio. El alma impresiona en su vehículo este deseo durante la encarnación y así evita cualquier deseo del discípulo por la dicha del pralaya en el Devachán.

Otra razón para los ciclos rápidos de encarnación puede ser la necesidad de 'completar' el equipamiento del discípulo concentrándose durante varias vidas únicamente en adquirir alguna cualidad de la que carece, o para aportar alguna cualidad especial, perfectamente desarrollada en él, al trabajo de un grupo o nación particular.

Toda alma encarna y reencarna según la Ley de Renacimiento. Grupos de almas vienen juntas con el fin de agotar el karma creado en el pasado. Por lo tanto, esta ley ofrece la oportunidad de pagar antiguas deudas, reconocer y trabajar con viejos amigos, aceptar antiguas responsabilidades y obligaciones, y traer a la superficie para reutilizar aptitudes y cualidades adquiridas hace mucho tiempo. Qué belleza y orden hay, por tanto, en esta ley que gobierna nuestra aparición en este plano.

Para resumir, podemos decir que la reencarnación depende del destino particular del individuo. Si él o ella no está suficientemente desarrollado, no hay un destino aún; el individuo es sencillamente atraído de nuevo a la encarnación. Cuando el hombre o la mujer ha progresado algo más, su destino llega a ser un destino grupal. En el caso de un discípulo o iniciado, sin embargo, los ciclos de encarnación se rigen por el destino individual y, sobre todo, por el deseo de servir. (Diciembre '82)

¿Cómo hace su elección el alma en cuanto a dónde, cuándo y en quién nacerá? (Abril '85)

Depende de la evolución del alma. Según la Ley de Evolución, las almas no evolucionadas son atraídas magnéticamente a los cuerpos preparados por la necesidad kármica; tienen poca elección. La humanidad más avanzada, que viene bajo la Ley Grupal, es atraída a familias particulares y grupos nacionales (con los que tienen conexiones kármicas) según la necesidad del mundo por las energías de tales grupos en un tiempo determinado. Los iniciados entran bajo la Ley de Servicio y eligen (con la ayuda de su maestro) la familia, condiciones, etc, que les permitirán servir mejor en su forma especial.

¿Escogimos al nacer a nuestras familias para ser puestos en una situación en la que el deseo de servir aumentaría, a causa de esa situación particular, digamos, habiendo nacido de padres alcohólicos, etc.?

El alma no está demasiado interesada en el modo de vida de los padres en los que elige encarnar. En lo que está interesada es en la estructura de rayos, es decir, los patrones de energía, posición en la sociedad y, sobre todo, sus puntos de evolución. La familia elegida proporciona el campo de experiencia para un alma en un punto determinado de evolución, con propósitos particulares y también con limitaciones particulares determinadas por su propia estructura de rayos. El alma tendrá todo esto en cuenta a la hora de elegir una familia.

La relación familiar no es tan crucial para las masas, pero con las unidades avanzadas de la humanidad comienza a ser mucho más crucial. Con los más avanzados, los discípulos e iniciados, es absolutamente crucial. Con los individuos avanzados, el alma es ayudada por el Maestro en la elección de una familia.

¿Cómo eligen los discípulos e iniciados a sus padres para la encarnación?

El factor principal en este caso es el punto de evolución del alma que trata de encarnar, y el de los padres. Los padres proporcionarán un cuerpo de una tasa de vibración particular que esa alma necesita para realizar su actividad de servicio en el mundo. Un iniciado de tercer grado no tendría posibilidad de tomar la encarnación con unos padres que estuvieran relativamente poco evolucionados. Tiene que haber un grado de vibración semejante. Además, ¿qué objeto tendría un iniciado de tercer grado encarnando entre los menos evolucionados de la humanidad? Él tiene un don para dar. Tiene la experiencia como alma y la radiación de un iniciado para distribuir al mundo. Si él intentara hacer eso en circunstancias no recíprocas, todo el propósito se perdería. Así que lo crucial es el grado de evolución.

¿Está uno siempre relacionado kármicamente con todos los miembros de su familia? (Abril '85)

Normalmente, pero no siempre. De vez en cuando 'sangre nueva' es introducida en la mayoría de las familias. Naturalmente, nuevos vínculos kármicos están formándose todo el tiempo.

¿Por qué la reencarnación debe ser tan incestuosa? Por ejemplo, "tú eres mi marido ahora, la vez pasada fuiste mi madre", y esa clase de cosas.

Para muchas personas, el renacimiento tiene lugar bajo la ley grupal. Esto es lo que explica el hecho de que las relaciones íntimas de familia, con permutaciones, se repiten una y otra vez. Esto proporciona las oportunidades para pagar deudas kármicas, corregir viejos agravios, reanudar alianzas de trabajo, etc. El hecho de que las relaciones sean tan "incestuosas" muestra la necesidad de la inofensividad en todas las relaciones.

Si las almas encarnan en grupos, ¿elige uno a los padres que tengan el mismo rayo del alma que el de uno? (Enero/Febrero '85)

Es normalmente el caso que los padres y los hijos tengan el mismo rayo del alma, pero esto de ningún modo es siempre así.

¿Cómo funciona el mecanismo, si lo hay, que decide que uno vaya a nacer como niño o niña? (Marzo '83)

Es el alma la que decide. Según su propósito en cualquier vida particular, el alma crea su vehículo de expresión en el plano físico en todos los aspectos. En realidad somos una expresión de nuestra alma. En el plano del alma no hay ni masculino ni femenino, y la división de los sexos en este nivel no es más que un reflejo de las polaridades del Dios Padre–Madre cuya unión nos trae como almas a la existencia. A través de la experiencia repetida tanto como hombre o como mujer, finalmente ponemos estos dos aspectos en equilibrio.

En una época de madres de alquiler y bancos de esperma, ¿se le hace más difícil al alma el trabajo de descubrir sus padres deseados? (Enero/Febrero '85)

No. Un alma avanzada, al menos, elegirá nacer sólo de aquellos padres con quienes tiene conexión kármica.

¿Podemos elegir conscientemente nuestros padres, sexo, país, etc, para nuestra siguiente vida? (Enero/Febrero '85)

No. Estas decisiones son tomadas por la entidad que encarna, el alma, de acuerdo con su(s) propósitos(s).

¿Puede un padre obtener una indicación del propósito del alma de su hijo/hija para la vida actual estudiando el signo ascendente astrológico y los aspectos de esa posición? (Enero/Febrero '85)

No. Lo que puede aprenderse provechosamente de un estudio semejante son las fuerzas particulares que probablemente puedan estar influyendo al alma en esa vida. Por supuesto, la relevancia de esa información cuando se aplica dependerá del punto de evolución del niño.

¿Cambian de opinión algunas almas encarnadas poco después del nacimiento, explicando así algunas de las muertes súbitas que se producen entre niños aparentemente sanos? (Enero/Febrero '85)

No es una cuestión del alma "cambiar de opinión" en tales casos, sino de la personalidad que rechaza la nueva experiencia, tal vez debido a una encarnación inmediatamente anterior particularmente intensa.

¿Qué le sucede a un alma que no se desarrolla durante varias vidas? (Julio/Agosto '85)

Puede necesitar, y recibir, algún estímulo kármico especial. Vivimos en un Cosmos cíclico, un mundo cíclico; creamos en ciclos, vivimos nuestra vida en ciclos. Del mismo modo, el alma se manifiesta cíclicamente. Lo hace de tal manera como para conseguir el mejor resultado para su intención y propósito. Cuando su reflejo, la personalidad, no está progresando mucho, quizás durante una serie de encarnaciones, el alma puede poner a su vehículo en una situación de adversidad, de limitación. Esto generaría entonces tensión, y por tanto el progreso necesario, porque nunca hay progreso sin tensión. El avance es siempre el resultado de la tensión espiritual. La tensión espiritual es esa fuerza motivadora que conduce a la liberación y actividad renovada.

¿Tendemos a nacer en el mismo país o continente nuevamente, o somos migratorios? Si es así, ¿lo hacemos también en grupos? (Julio/Agosto '85)

No hay regla general, excepto que encarnamos en grupos. Una persona o grupo puede nacer en el mismo país o continente una y otra vez y después tener una serie de encarnaciones en muchos lugares diferentes.

Parece haber algo contradictorio en su declaración de que las almas encarnan en grupos (o familias o razas) y los informes de personas que recuerdan vidas anteriores, por ejemplo durante la hipnosis regresiva. Estas personas declaran a menudo que recuerdan vidas en las que han sido un hombre o mujer blancos, un africano, chino, hindú, etc. (Marzo '83)

En realidad no hay contradicción. Si bien la tendencia es que los grupos de familias encarnen más o menos en la misma zona del mundo durante muchos siglos, este de ningún modo es siempre el caso, y mucho de acá para allá tiene lugar. Por ejemplo, el Maestro D.K. ha declarado que los británicos son en gran parte reencarnaciones de los romanos, y que muchos los los británicos de hoy día fueron hindúes en vidas anteriores, mientras que muchos hindúes actuales fueron británicos en vidas pasadas.

¿Por qué algunas personas parecen portar sus características físicas o raciales de vidas anteriores tan evidentemente en su vehículo físico actual; por ejemplo algunas personas, aunque europeos blancos de ascendencia británica, tienen un aspecto muy oriental? (Junio '83)

Si bien es posible portar las características físicas a través de vidas anteriores, es muy poco frecuente. No hay razas puras hoy en día. Las razas y nacionalidades están compuestas de una mezcla increíble que ha sido creada a través de largos períodos de tiempo. Cuando vemos europeos con características orientales estamos viendo por lo general el resultado de la mezcla racial, y no el resultado de encarnaciones anteriores. Los casos poco frecuentes se producen cuando discípulos muy avanzados encarnan, quizás por primera vez, en situaciones completamente diferentes de una larga serie de encarnaciones en otros lugares.

En una vida específica como occidental, ¿podría todavía ser visible que uno proviniera de Asia o de África en una encarnación anterior? (Enero/Febrero '85)

En las características físicas, no, pero en las formas de pensar, en el enfoque general hacia el mundo, sí.

¿Es posible encarnar sin uno de los cuerpos o vehículos – etérico–físico, astral o mental–? y si es así, ¿cómo podemos asegurarnos de la cohesión de la actividad física? (Marzo '86)

No, no es posible encarnar sin todos los vehículos inferiores. En la etapa alcanzada actualmente por la humanidad, todos los vehículos deben estar presentes – aunque sus niveles de desarrollo podrían ser diferentes.

¿Qué determina cuánto tiempo hay entre encarnaciones? (Julio/Agosto '85)

El karma y el destino. En una palabra, el Plan. Depende del punto de evolución de uno y del rayo del alma. No todos los rayos están en manifestación a la vez.

Ahora que la evolución está siendo acelerada, ¿está siendo acortado el tiempo entre encarnaciones: (1) para los discípulos; (2) para la población general? (Julio/Agosto '85)

(1) Sí. (2) Todavía no.

¿Hay algo semejante a la reencarnación también en el mundo de los devas? ¿Cómo tiene lugar la procreación en el mundo de los devas?

Las evoluciones dévicas no están en manifestación física densa así que no hay encarnación (y por lo tanto reencarnación) como tal, sino oleadas sucesivas de actividad y reposo. Además, los devas son o subhumanos y por lo tanto no individualizados, o super–humanos y entidades conscientes individualizadas. Miríadas de vidas elementales y dévicas constituyen el cuerpo de expresión de un Señor Dévico superalma. La procreación, o mejor dicho, la creación, tiene lugar por la acción del Deva superalma.

Cristianismo y Reencarnación

Durante los tiempos bíblicos, ¿fue la reencarnación ampliamente aceptada? (Julio/Agosto '85)

Sí, esto parece ser así. (Ver el artículo, "Reencarnación y Karma en la Biblia" en la edición especial de Share International, Vol. 4. Nº 1/2 pág. 16.)

Puesto que sabemos que la idea de la reencarnación ha estado presente durante mucho tiempo, ¿cómo se perdió? Las iglesias cristianas la enseñan raramente. (Junio '85)

Por supuesto este concepto nunca se ha perdido en Oriente. En Occidente, sin embargo, parece haber sido comúnmente aceptada hasta el siglo VI d.C. Muchos de los primeros instructores y teólogos cristianos, Orígenes (185–254 d.C.) en particular, pusieron gran énfasis en esta ley básica del renacimiento. Fue el Emperador Justiniano quien obligó a los Padres de la Iglesia en el V Concilio Ecuménico en el año 553 d.C. a proclamar esta enseñanza como anatema. Desgraciadamente esta prohibición ha entrado a formar parte de las enseñanzas establecidas de la iglesia.

¿Qué efectos prevé usted que tendrá la aceptación de la reencarnación en el mundo occidental? (Septiembre '85)

Parece obvio que una verdadera comprensión de las implicaciones de la reencarnación (y no solamente una aceptación intelectual) transformará completamente el enfoque occidental de la realidad. La idea de que la vida no es corta, brutal y arbitraria; que hay un propósito y un plan; que estamos en un proceso de perfeccionamiento gradual; sobre todo que la gran Ley de Causa y Efecto gobierna nuestra existencia, debe cambiar nuestro punto de vista. La necesidad de correctas relaciones humanas, de inofensividad, llegará a ser muy evidente.

Reencarnación, Karma y Vidas Pasadas

[Este artículo es una transcripción editada de una conferencia dada por Benjamin Creme en Ubbergen, Holanda, el 16 de febrero de 1986.]

En el mundo de hoy, hay en realidad tres enfoques de la idea de la reencarnación.

Un doble enfoque en Occidente, donde la idea en sí misma es casi inexistente: o una creencia en la transmigración de las almas – en la cual podrías ser un ser humano en una vida y un animal en la siguiente, y por lo tanto que hay gran peligro en golpear moscas y pisar hormigas porque podría ser tu abuela – o simplemente un interés en las vidas pasadas. Ese es casi el único interés en el concepto del renacimiento en Occidente.

En Oriente, en términos generales, las gente sí cree en la reencarnación. Y, acertadamente, en relación con la Ley del Karma. Por desgracia, incluso en Oriente, la Ley del Karma se ve desde un punto de vista erróneo. Por supuesto, aquí y allá, tanto en Oriente como en Occidente, hay una interpretación y un enfoque correcto a la idea del renacimiento, y su estrecha relación con la Ley de Acción y Reacción, Causa y Efecto.

En Oriente, la mayoría de la gente que cree en la Ley del Karma aceptan lo que son y donde están a causa de sus acciones en una vida anterior – lo cual es cierto; pero desafortunadamente creen que no pueden hacer nada por cambiar su situación particular – lo que no es cierto.

En Occidente, tendemos a pensar que controlamos totalmente nuestro destino (y lo hacemos hasta cierto punto), pero que no hay una ley mayor que gobierne nuestro destino, lo que no es cierto. Hay un malentendido, en Oriente y Occidente, acerca de la Ley del Karma y su funcionamiento mediante la Ley del Renacimiento.

El occidental tiende a rechazar la idea de una vida futura. Es una idea que apenas está empezando a ocupar las mentes de la gente. Si es que piensa acerca de ello, en realidad lo piensa en términos de "si tengo una vida futura, debo haber tenido una vida pasada; y si he tenido una vida pasada, es interesante saber quién era yo". La literatura popular en Occidente acerca de la reencarnación es casi exclusivamente sobre existencias anteriores. En la actualidad hay muchas técnicas –auténticas o no– divulgadas y utilizadas para llevar a las personas a una experiencia de sus vidas pasadas: hipnosis, renacimiento, etc. Naturalmente se está llevando a cabo una investigación seria sobre el tema en varios países. El trabajo del profesor Ian Stevenson y otros están recopilando muchas pruebas que indican la probabilidad del hecho de la reencarnación. Pero, ¿es tan deseable conocer nuestras vidas pasadas? Creo que si la mayoría de nosotros conociera realmente sus vidas pasadas puede que haya algunas cosas de las cuales podríamos avergonzarnos, y tal vez preferiríamos no conocerlas.

Hay una ley poco conocida que cuando llegamos a ser verdaderamente conscientes de nuestra vida pasada participamos del karma de aquel momento. La mayoría de nosotros tenemos una carga de karma bastante pesada para resolver en esta vida sin una carga innecesaria de alguna vida anterior, que, afortunadamente, no estamos todavía llamados a resolver.

Ni qué decir tiene, que siempre habrá clarividentes. El canal, el sensitivo, está más que contento –por un precio– de mirar en su pasado y contarle sus vidas anteriores, sin embargo ¿cómo sabe si tiene o no razón? ¿De qué manera posible puede verificar lo que cualquier supuesto clarividente le cuenta? Es mejor para usted que conserve su dinero. Si le cuentan que en una vida anterior fue alguien importante y poderoso (generalmente un rey, reina, sacerdotisa), una sacerdotisa de Egipto, por ejemplo, ¿cómo puede probarlo? ¿Y es usted hoy, como mínimo, alguien equivalente en importancia, influencia y poder en el mundo, aportando algo original y creativo a la vida?

Es también la cosa más fácil del mundo estar equivocados con nuestros propios 'recuerdos'. Déjeme ilustrarle con un ejemplo de mi propia experiencia que surgió en mi conciencia durante una meditación profunda que duró alrededor de cinco horas. Me vi a mí mismo (no me parecía a como soy ahora pero no obstante me reconocí) como un sacerdote durante las persecuciones religiosas en algún lugar de Europa alrededor del 1650. Mi iglesia daba a una plaza. Yo me encontraba en los escalones de fuera de la iglesia escuchando los gritos y llantos de dolor y terror. Sabía lo que significaba: los protestantes estaban siendo atacados por los soldados y pasados a cuchillo. Por una esquina de la plaza la gente venía corriendo, gritando, perseguida por los soldados. Corrían diagonalmente a través de la plaza y hacia la iglesia, buscando refugio. Yo estaba de pie en la entrada de la iglesia, era alto y fornido y vestía una larga sotana negra, apremiando a las aterrorizadas personas hacia la iglesia. Los soldados subían los escalones, apuñalando y golpeándolos con sus espadas. Yo no tenía ningún miedo (tenía aspecto, tal como lo recuerdo ahora, de haber tenido un físico de primer rayo) sino que alargué mis brazos hacia los lados para bloquear su paso. Dije: "Este es un lugar sagrado". Para mi sorpresa ellos no estaban impresionados lo más mínimo y uno me atravesó con su espada. Puedo verlo vívidamente ahora – este hombre alto, de amplia constitución y la espada atravesando su pecho. Caí y puedo aún sentir claramente la sensación de la dura y fría piedra en mi mejilla mientras yacía moribundo sobre los escalones de mi iglesia. Durante años, creí que había recordado con total claridad, como una película, mis últimos minutos de una vida anterior y no fue hasta hace unos diez años que supe de mi Maestro que la experiencia fue real, que había sucedido, pero no a mí. No tenía nada que ver conmigo; yo nunca había vivido cerca de esa ciudad o sido el pastor de la sotana negra. Fue una experiencia de clarividencia de la muerte de alguien íntimamente relacionado conmigo en el plano del alma. Así que, ¿cómo se sabe lo que se está captando? ¿Cómo se puede estar seguro?

Los orientales tienen un punto de vista diferente. Ellos no están tan preocupados sobre quienes fueron en su vida pasada. Creen que si son pobres, están hambrientos, son miserables, están endeudados con su arrendador, con apenas lo suficiente para alimentar a su familia, es que antes fueron alguien realmente terrible. Creen que es la Ley del Karma, porque fueron tan malos, obscenos, horribles, seres humanos tan ordinarios en su vida pasada, que merecen la miseria en la que se encuentran ahora. Ellos creen eso; es la enseñanza. Y creen, porque es la Ley del Karma, que no hay nada que puedan hacer al respecto. Lo aceptan totalmente, fatalistamente, como su merecido según la Ley. También creen que si aceptan su sino humildemente y tratan de ser 'buenos' serán recompensados con un estatus superior durante la próxima vez. Si hay una cosa que ha mantenido a Oriente oprimido, en términos de su nivel de vida, su felicidad social, democracia e igualdad social, es la aceptación de la Ley del Karma sobre esa base. No hay nada que impida a los intocables de la India de transformar sus vidas excepto la aceptación de que su condición de intocables es debida a sus fechorías en vidas anteriores. Algún tipo de equilibrio tiene que ser alcanzado, tanto desde el punto de vista oriental como occidental, para aproximarse a estas dos grandes leyes: la Ley del Karma, Causa y Efecto, y la Ley de Renacimiento, su corolario.

La Ley de Causa y Efecto es la ley fundamental que gobierna nuestra existencia en este sistema solar y es el resultado de la acción de la energía del 'alter ego' de nuestro sistema, la constelación de Sirio. Al igual que nuestras personalidades exteriorizan, más o menos bien, las intenciones de nosotros mismos como almas, igualmente este sistema solar actúa bajo las intenciones de Sirio como su 'alma'. Para decirlo de manera más sucinta, la relación entre Sirio y este sistema solar es la misma que la relación entre nuestra alma y su reflejo, la personalidad. Cada pensamiento, cada acción que tenemos y llevamos a cabo, pone en marcha una causa. Estas causas tienen sus efectos. Estos efectos crean nuestras vidas, para bien o para mal. Estamos ahora, hemos estado, y continuaremos, construyendo nuestras vidas a cada momento. Tarde o temprano, las causas puestas en marcha por nuestros pensamientos y acciones producirán efectos que repercutirán en nosotros; y lo experimentaremos como 'buen' o 'mal' karma. Cuando es desagradable lo llamamos mal karma. Y cuando es buen karma, cuando la vida es agradable, fácil, no reparamos en ello. Lo recibimos como nuestro derecho, nuestra recompensa, porque eso es lo que esperamos de la vida como tal. La gente realmente sólo habla de karma cuando se refiere a mal karma. Es importante tener en cuenta y recordar que tenemos más 'buen' karma que 'mal' karma.

Al igual que todas las leyes, la Ley del Karma está bajo el control, la jurisdicción, de determinadas entidades —en este caso, los Señores del Karma. Los Señores del Karma son como jueces cósmicos. Ellos consideran esta acción y reacción de causas y efectos que ponemos en movimiento, y regulan esto según nuestras necesidades como almas en evolución. Nuestras almas encarnan en una personalidad con una determinada estructura de energías, rayos, que están relacionados con el karma y las posibilidades de esa encarnación particular. Las almas cooperan con los Señores del Karma para decidir, podrían pensar ustedes, qué dolor o placer sufriremos en cualquier vida particular. Esa, por supuesto, es precisamente la forma equivocada de describir lo que sucede. El alma no tiene ningún interés, ni los Señores del Karma, en nuestro placer o nuestro sufrimiento. Estas son simplemente reacciones psicológicas a los acontecimientos. En lo que sí están interesados es en el desarrollo de la Ley, la Ley cósmica de Causa y Efecto. Además, el alma tiene sus propios objetivos para cada encarnación determinada. Se provee de un vehículo, la personalidad, con cuerpos mental, emocional y físico que proporcionarán la posibilidad para que sus objetivos sean realizados en esa vida particular. Ese propósito podría no ser logrado, pero el alma proporciona la posibilidad. ¡El alma vive siempre en la esperanza!

El objetivo final es vivir la vida de tal manera que no fabriquemos karma personal. Podemos hacer eso, o bien siendo perfectos o bien estando muertos. Ya que ser perfecto es mucho más interesante que estar muerto, la mayoría de la gente acepta la premisa de tratar, más o menos, de realizar el propósito del alma y para hacerlo permanece así hasta el último momento posible. De este modo, trabajamos con esta carga de karma que nosotros mismos hemos creado en la vida presente y en pasadas vidas. Tratamos, consciente o inconscientemente, de llegar a ser perfectos. No tenemos ningún control sobre los acontecimientos de la vida. Lo único que podemos controlar es nuestra reacción a estos acontecimientos. Así que el objetivo es lograr una medida tal de desapego de los acontecimientos que podamos controlar.

De esta manera podemos con la carga de karma en cualquier encarnación dada. No se trata de quedarnos sentados en un estado de estupor catatónico, de modo que no hacemos nada y por lo tanto no creamos karma. Lo que podemos hacer, en cada acontecimiento, en cada situación, es distanciarnos de ese acontecimiento. Mirando el acontecimiento como estando ahí fuera, con nosotros mismos aquí, y no reaccionar. De esta manera creamos gradualmente una actitud impersonal en relación con la vida, un desapego en relación a los acontecimientos, llegando a ser indiferentes de si nuestro karma es 'bueno' o 'malo'.

Visto correctamente, la vida evolutiva es una renuncia gradual de lo inferior por lo superior. Como alma en encarnación, un nivel superior de la divinidad encarna en un nivel inferior de la divinidad. El viaje hacia la perfección, la meta evolutiva, es la renuncia gradual de estos niveles inferiores por medio de la encarnación, en estos niveles inferiores, de lo superior; llegando a ser cada vez más lo que uno es, esencialmente, como un alma. El alma hace su viaje a la encarnación durante eones de tiempo, y después regresa, sin la necesidad de encarnar. El sendero de retorno para el alma es la liberación gradual de sí misma de las limitaciones de los planos físico, astral y mental. Esto se hace infundiendo a sus vehículos, físico, emocional y mental, con sus energías y cualidades.

Dos cosas suceden a la vez en este proceso. Una es la espiritualización gradual del vehículo por el alma. La otra es la carga que deliberadamente pone el alma a su vehículo, para consumir karma antiguo. A medida que el alma progresa en su experiencia de la encarnación, así su reflejo, el hombre o mujer en encarnación, recibe una carga de karma cada vez más pesada. Hasta que en la penúltima encarnación de todas, en la que la persona será un iniciado de cuarto grado, la carga llega a ser máxima. Es por esta razón que a la cuarta iniciación se llama en occidente, la Crucifixión; y en oriente, la Gran Renunciación. En esa experiencia se renuncia a todo, todos los aspectos inferiores, en favor de la más elevada realidad espiritual. Es por eso que la vida del iniciado de cuarto grado es por lo general, desde el punto de vista del mundo, dolorosa, verdaderamente pesada. La gente se imagina que, a medida que un hombre o mujer progresa en la evolución, él o ella debería estar cada vez más libre de karma. La verdad es lo contrario. No sólo eso, sino que cuando un hombre o una mujer se convierte en discípulo, en iniciado, un servidor del mundo, él o ella recibe cada vez más peso del karma del mundo. Ellos son los sostenedores del mundo. Sus espaldas son y necesitan ser, anchas. Imaginen un puente sobre un río, y que el río es el mundo y su karma. Los discípulos e iniciados son los pilares del puente, y los espacios en medio son las masas de gente. Donde hay espacios el agua fluye fácilmente a su través, los pilares del puente reciben la fuerza de la corriente, del agua. En un sentido muy real, los discípulos e iniciados del mundo sostienen el mundo. Esa es una razón por la que la vida del discípulo es, desde el punto vida del hombre medio, una vida muy difícil de llevar. Pero por supuesto él está regido por la gran Ley de Servicio.

Bajo esta Ley, los discípulos e iniciados vienen con mucha frecuencia a la encarnación para servir a la necesidad del mundo y finalizar esta experiencia terrenal lo más rápido posible. No para quitársela de en medio, sino para servir mejor. Cuanto más avanzada es una persona más puede servir, más útil puede ser al mundo. Cuando se alcanza un determinado nivel –el de iniciado de tercer grado– la relación con la Ley de Causa y Efecto cambia. Gradualmente, la ley es manejada por la persona misma. Como un alma divina consciente, trabajando en el mundo, llega a ser en realidad el piloto de su propia nave. Puede tener un copiloto, su Maestro, pero él es el piloto. No es un hecho automático, sino que este punto se alcanza gradualmente. Él tiene parte activa en su propia evolución, trabajando conscientemente con la Ley del Karma, bajo el control de su alma. Entonces puede suceder que sus vidas anteriores queden al descubierto ante su ojo interno. Cuando esto sucede, el karma de ese tiempo llega a estar expuesto para él en el plano físico lo que, naturalmente, incrementa la carga del iniciado. El objetivo es que para cunado la persona esté preparada para recibir la quinta iniciación y convertirse en un Maestro, todo el karma habrá sido resuelto, consumido, devuelto a la fuente de la que vino.

¿Cómo librarse del karma, cómo enfrentarse con él? No puede regalarse. Es demasiado pesado, nadie lo quiere. No hay ventas por excedente de karma; cada uno tiene suficiente con el suyo. Entonces, ¿qué hacer, cómo enfrentarse con esta carga que limita su actividad, su alegría, su felicidad? Hay un método muy simple. Se le llama servicio. El servicio es la vía 'por excelencia' para librarse del karma. Por supuesto no lo elimina, pero lo consume. El proceso es algo parecido a esto: a medida que uno sirve atrae para sí mismo energía. Al dar energía, se recibe energía; esa es la ley. Básicamente, es la Ley del Amor, que gobierna nuestra naturaleza, sin la cual el universo no existiría. Es por supuesto, en otro sentido, la Ley de Causa y Efecto misma. Al dar amor, se pone en marcha una causa, el efecto de la cual es el retorno de amor.

La propia Ley pone en marcha su propio cumplimiento. Mientras servimos, demostramos amor. A medida que demostramos amor, por ley, obtenemos amor. Eso fortalece y potencia al individuo de una forma tal que puede hacer frente a su propio karma. A medida que la persona progresa en el amor, en el servicio, se distancia automáticamente del efecto de los acontecimientos. Los acontecimientos ocurren, pero tienen cada vez menos efecto sobre su psicología. En Oriente dicen: "es mi karma". En Francia dicen: "c'est la vie". Poco a poco tenemos que desarrollar una actitud de "c'est la vie". Si lo que ocurre es bueno, fácil, c'est la vie.

Si es duro, difícil, doloroso, c'est la vie. En realidad tenemos que vivir con esa actitud.

Volviendo al asunto de las vidas pasadas. ¿Tiene algún valor conocer nuestras vidas pasadas? Hasta cierto punto, sí. Antes de ese punto, no sólo no tiene mucho valor, sino que puede ser realmente peligroso. Y es una irresponsabilidad por parte de los llamados clarividentes hablarle a las personas acerca de sus vidas pasadas, aunque tengan razón. Y si no tienen razón, aún así la gente creará formas mentales en torno a esa imagen incorrecta de sí mismos. Eso crea espejismo, ilusión. Si tienen razón, las personas involucradas llegan a estar expuestas al karma para el que puede que no estén todavía preparadas.

Hay ocasiones, en ciertas enfermedades de carácter mental, que no pueden ser tratadas de ninguna otra forma, en que puede ser útil retroceder a una vida anterior. Estas son relativamente pocas, y la manera es por medio de la hipnosis. El asunto entero está lleno de peligro y complejidad. Cuando nuestras vidas pasadas entran espontáneamente en nuestra conciencia, lo harán bajo la Ley. En realidad, es más importante comprender la Ley como ocurre ahora, no en el pasado. Por supuesto, es útil saber que uno fue un barrendero en la vida pasada; ello da un sentido de la proporción. Lo más importante es saber que en cada momento estamos creando karma, que estamos creando nuestra próxima vida ahora mismo.

La Ley del Karma es una gran Ley vinculante, pero es benigna. Nadie recibe más karma del que su alma, y los Señores del Karma, saben que pueden manipular provechosamente. Algunas vidas para algunas personas son muy duras, muy dolorosas, verdaderamente muy limitadas. Desde el punto de vista del alma, esto es probablemente intencionado y útil, productivo. El alma sabe que quemando de esta forma una carga de karma del pasado, puede hacerse un progreso más grande. Lo que nos detiene, lo que nos limita, es nuestro karma, nuestra carga de karma sobre nuestra espalda. Los esfuerzos realizados al enfrentarnos con el karma preparan el camino para períodos de crecimiento. Nuestro desarrollo procede así por ciclos.

La Ley del Karma no es una ley mecánica de castigo. Si usted golpea a alguien en la cabeza, no es inevitable que será golpeado en la cabeza. No es una cuestión de ojo por ojo y diente por diente. Es simplemente la consecuencia energética de causas anteriores puestas en marcha por nosotros mismos; todo lo que hacemos, volverá inevitablemente en una forma u otra. Sin embargo, podemos hacer algo al respecto. Los intocables de la India pueden cambiar sus vidas. No están obligados por el karma a ser intocables. Se trata de una estructura social, un sistema de clases, que obliga a las personas a una posición social particular en la vida. Es completamente artificial y creada por el hombre. La pobreza, la escualidez, la degradación y la miseria de la gente en el Tercer Mundo no es necesaria. No es un resultado del karma, sino de nuestra codicia. Y tenemos la gran responsabilidad de ayudarlos a cambiar estas condiciones y a participar en la vida verdadera.

La gente piensa del karma que siempre viene de la vida pasada, pero ¿qué pasa con el karma de ayer, o del día anterior, o de la semana pasada, o del karma del último mes? Es esta sucesión de momentos de acción y reacción a los que hoy estamos haciendo frente, a los que mañana y en nuestra próxima vida nos enfrentaremos. Hasta que entremos en relación correcta con los demás y con el Todo del cual somos parte, seguiremos creando mal karma. Es más importante, más provechoso, darse cuenta del beneficio de las relaciones correctas, y así utilizar adecuadamente las Leyes del Karma y Renacimiento, que conocer nuestras vidas pasadas. (Julio/Agosto '86)

Recuerdo de Vidas Pasadas

¿Hay alguna utilidad en conocer tus vidas anteriores? ¿No hay una tendencia a escapar de las dificultades de la vida presente hacia vidas anteriores más llevaderas? (Enero/Febrero '85)

Tiene valor conocer las vidas anteriores, si esto puede hacerse sin perderse en el espejismo. Puede ser instructivo y conducir a un sentido de la proporción. Da una perspectiva más amplia del viaje evolutivo que la mera creencia teórica en la reencarnación.

No creo realmente que un conocimiento de las vidas anteriores proporcione un medio de escape de las dificultades de la vida presente. Alguien que intente escapar de las dificultades actuales (probablemente la mayoría de nosotros en algún momento) lo hará, independientemente de si las vidas pasadas son conocidas o no. ¿Y si la vida recordada estuvo llena de grandes dificultades y sufrimiento? ¿Sería entonces una base para escapar?

Creo, sin embargo, que en Occidente el reciente interés en la reencarnación está centrado casi exclusivamente en el recuerdo de vidas pasadas, con los consiguientes espejismos perjudiciales que eso desencadena. La vida importante es aquella en la que nos encontramos ahora.

La gente habla mucho sobre las denominadas experiencias déjà–vu. ¿Tienen que ver necesariamente con recuerdos de encarnaciones? (Enero/Febrero '85)

A veces estas experiencias déjà–vu sí están relacionadas en efecto con recuerdos de la vida anterior, pero normalmente no es el caso. Hay muchas razones para esta sensación; muy frecuentemente es el resultado de un lapsus de atención y luego de recuperación, cuando alguna persona, lugar o suceso ocasiona una impresión intensa; en otras palabras un "recuerdo" de un acontecimiento muy reciente.

¿Es fiable la regresión a supuestas existencias anteriores por medio de la hipnosis? (Enero/Febrero '85)

No, absolutamente no. A veces parecería que las experiencias contactadas son ciertas y verosímiles (pero no necesariamente haberle ocurrido a la persona bajo hipnosis). En otras ocasiones se ha demostrado que no han sido posibles en la forma descrita. Así que la pregunta sigue siendo: ¿con qué estamos tratando en estas 'regresiones' – vivencias de vidas anteriores, o clarividencia y telepatía? Sugiero que a veces es lo uno, y a veces lo otro.

Si la hipnosis se produce por medio de la relajación, ¿por qué no habríamos de tener un conocimiento espontáneo de vidas anteriores durante la relajación del sueño? (Enero/Febrero '85)

En efecto, el recuerdo espontáneo de vidas anteriores sí tiene lugar algunas veces durante el sueño profundo, pero, al igual que con la hipnosis, no es fiable. El contenido principal de los sueños proviene de la actividad de la mente inferior en las fases de sueño ligero. La hipnosis se produce no sólo por medio de la relajación sino, como en la meditación, mediante el retiro de la atención del mundo exterior de los sentidos y el reenfoque de la atención hacia el interior (y, en la meditación, hacia arriba).

¿Es aconsejable o incluso útil intentar recuperar recuerdos de vidas pasadas por medio de psíquicos fiables? (Enero/Febrero '85)

Desde luego es posible intentarlo, pero en mi opinión no aconsejable. Después de todo, ¿qué es un psíquico 'fiable', y qué recuerdo evocado puede ser comprobado como auténtico?

¿Pueden algunos miedos y fobias actuales –sin razón aparente para existir– ser mejor comprendidos conociendo las experiencias de la vida anterior que los originaron? (Enero/Febrero '85)

Si los miedos se originaron en una existencia anterior entonces, por supuesto, sería valioso comprender las circunstancias de su origen. Pero la gran mayoría de nuestros miedos se originan en esta vida, tanto si vemos como si no, conscientemente, sus fundamentos.

¿Cómo podemos estar seguros de que incluso imágenes muy claras y vívidas de una supuesta vida anterior son verdaderamente reales? ¿No es muy fácil equivocarse o engañarse en este punto? (Enero/ Febrero '85)

La respuesta simple es que no podemos estar seguros. Es muy fácil confundir imágenes claras y definidas creyendo que son de existencias anteriores de uno cuando están siendo, por ejemplo, captadas telepáticamente de otra persona. (Pasé años creyendo que ciertos 'recuerdos' claros recibidos en meditación profunda eran vivencias de mis vidas pasadas, hasta que mi Maestro me dijo algo absolutamente diferente.)

Últimamente ha habido relatos acerca de personas que se han 'deslizado en otro marco de tiempo'. También sobre personas que de repente han desaparecido por completo. ¿Podría usted comentarlo, por favor? (Junio '85)

Si la persona que hace la pregunta quiere decir si yo creo estas historias, la respuesta es no. No hay tal cosa como 'otro marco de tiempo' en el que 'deslizarse'. El tiempo es relativo. Es una experiencia sólo del cerebro físico y la gente puede y experimenta el tiempo diferentemente o como no existente – que es la verdadera naturaleza de 'tiempo'.

¡Lo que yo creo es que la gente cree muy fácilmente las fantasías y fórmulas de la ciencia ficción (por muy interesantes que pudieran ser)!

¿Es coincidencia que las personas que parecen recordar vidas pasadas (aparte de aquellas que se inventan los recuerdos) han sido a menudo violentamente asesinadas en esa encarnación anterior? (Enero/Febrero '85)

No. El impacto por muerte violenta o repentina proporciona frecuentemente una fuente de tensión que impulsa la memoria hacia abajo hasta el cerebro.

¿En qué nivel de evolución seríamos definitivamente conscientes de nuestras vidas anteriores? Incluso los iniciados de tercer grado (Churchill, Mao) no parecen haberlo sido así. (Enero/Febrero '85)

Indudablemente para los de cuarto grado algunas vidas anteriores se recuerdan. El Maestro de quinto grado tiene recuerdo total de toda la experiencia pasada.

Que iniciados de tercer grado como Churchill y Mao no recuerden (suponemos nosotros) vidas pasadas, o quizás ni siquiera crean en la reencarnación, no es raro. Estos "hombres de acción" son a menudo tan extrovertidos en su vida activa que tal conocimiento del alma no sería útil para ellos. El General Patton del ejército de los Estados Unidos, por el contrario, fue a la vez un hombre de acción y un firme creyente en la reencarnación y afirmaba recordar vidas pasadas (¡también como soldado!).

¿Es posible conocer vidas futuras? Si es así, ¿implica esto que todo está, después de todo, predestinado? (Enero/Febrero '85)

Sí, es posible conocer vidas futuras. Aquellos que están familiarizados con El Discipulado en la Nueva Era de Alice Bailey, recordarán las frecuentes referencias a las vidas siguientes (y estructuras de rayos) de ciertos discípulos, y mi Maestro ya me ha dado mi estructura de rayos e indicado el área general de trabajo en mi próxima encarnación. La clarividencia o visión previa no es, por supuesto, monopolio de los Maestros, pero todo este campo de la clarividencia está tan saturado con el espejismo y la ilusión que yo personalmente lo creería únicamente de un Maestro.

¿Está todo, por tanto, predestinado? En cierto sentido, sí. Todo coexiste en el eterno Ahora (el Maestro y el alma ven ambos lados, los llamados pasado y futuro). Todas las posibilidades existen en el eterno Ahora, pero nuestros actos, decisiones y pensamientos determinan cuál de estas posibilidades se precipitarán, poniendo así en marcha la Ley de Causa y Efecto (o Karma).

¿Cuán altamente evolucionados necesitamos estar antes de que seamos capaces de prever una o más encarnaciones futuras? (Julio/Agosto '85)

Aunque esto no siempre es así, un discípulo entre la segunda y la tercera iniciación puede ser capaz de ver o serle dada una vaga noción de una encarnación futura. Esto no sería posible en un nivel más inferior.

¿Alguno de nosotros ha conocido al Cristo en vidas anteriores? (Nov. '82)

Sí, y Él mismo lo ha dicho en algunos de los Mensajes. Muchos han trabajado con Él anteriormente en vidas pasadas, algunos cuando Se manifestó a través de Jesús. Las personas descubrirán que Lo reconocen – no por Su apariencia física, sino por Sus cualidades. (En Palestina, trabajó a través del Maestro Jesús, pero no se parece a Jesús.) No hay duda de que hay muchos en encarnación ahora que trabajaron con el Cristo anteriormente en Palestina o en la India cuando apareció como Sankaracharya y Krishna. Muchos reconocerán determinadas cualidades y, de hecho, serán atraídos hacia Él a causa de aquel antiguo vínculo kármico. Esto ocurrirá tanto en Oriente como en Occidente.

Efectos Kármicos

¿Hay alguna forma de saber si el sufrimiento es causado por nuestro karma o por algo diferente? (Julio/Agosto '85)

Todo sufrimiento es el resultado de la acción de la Ley de Causa y Efecto, y por lo tanto kármico. Por kármico, creo que el interrogador probablemente quiere decir derivado de una acción transcurrida hace tiempo y este es frecuentemente el caso. Sin embargo, la mayoría de nuestro sufrimiento viene de nuestros pensamientos, acciones y reacciones del presente y del pasado inmediato. Nuestros odios, miedos, celos, envidias, frustraciones y ambiciones (malogradas) nos hacen sufrir a cada momento. Esto, también, es la acción del karma. Nosotros hacemos mal uso de la energía –del alma, mental, astral y etérica– y por eso sufrimos, a través de la Ley de Causa y Efecto, por ese mal uso. El principio del deseo nos tiene en sus garras, y sólo mediante su control – por medio de la mente – podemos superar el sufrimiento. La mayoría de nuestro sufrimiento es por lo tanto autoinfligido e innecesario. Compartimos, sin embargo, el sufrimiento kármico de la humanidad en conjunto, pero eso es otra cosa, la herencia humana.

¿Cuál es la función de los Señores del Karma? ¿Cómo trabajan?

Los Señores del Karma (hay cuatro en nuestro sistema) manejan la Ley de Causa y Efecto. Determinan los efectos de esa Ley en nuestras vidas según nuestras necesidades kármicas individuales en cualquier momento dado. Cada pensamiento y acción que creamos pone en marcha una causa; los efectos de estas causas crean nuestras vidas. Cosechamos lo que sembramos. Todo lo que nos sucede es el resultado de las acciones que nosotros mismos hemos hecho, y pensamientos que hemos tenido, en el pasado. Este proceso no es fortuito sino que se lleva a cabo según la acción, el juicio, de los Señores del Karma. Ellos no son jueces en el sentido legal de la palabra; sino que ejercen el juicio en el manejo de la ley. No imponen castigos, porque no hay involucrado ningún castigo. Trabajan con la Ley de Causa y Efecto y simplemente manejan las energías que son gobernadas por la Ley de Causa y Efecto de tal manera que –con total justicia, no como castigo– los efectos de nuestras acciones se manifiestan en nuestras vidas.

Los Señores del Karma también trabajan en relación con el planeta Saturno, que regula esta Ley y que es llamado, por lo tanto, el Planeta de la Oportunidad. Astrológicamente hablando, proporciona las situaciones que conceden las oportunidades para experiencias de aprendizaje (que es lo que son las reacciones kármicas) y por consiguiente para un crecimiento renovado.

También trabajan muy estrechamente con el Señor del Mundo y la Jerarquía de este planeta. Cuando alguien solicita ser incluido en la lista de curación de mi Maestro, el Maestro dice a veces, "Hay una situación kármica con la que no puedo interferir. Sin embargo puede ser posible apelar a los Señores del Karma, y lo haré a través del Cristo o del Buda". Yo creo que los Maestros deben conocer de antemano la probabilidad de que hay una buena posibilidad de que algo de energía mitigadora pueda ser empleada en pro de la persona. Entonces se recibe la orden de que esa intervención divina puede hacerse, quizás mediante el Buda o el Cristo, lo que permite que la curación se produzca, o se cambia la situación en la vida de esa persona lo que no sería de otro modo el caso. De vez en cunado se recibe la orden, "Es un caso en que la ley debe regir y no hay forma de que los Señores del Karma, o el Cristo, o el Maestro puedan interferir en la situación. El karma debe seguir su curso y ninguna curación puede concederse por ahora".

La Ley es, diría yo, a la vez hermosa y justa. Funciona bajo la Ley del Amor. El Amor está en la justicia; la justicia está en el Amor. Hay belleza en eso si sólo pudiéramos ver su acción y cómo ellos la manejan con el Amor más grande. Quizás, cuando seamos Maestros, veremos la belleza de ello. En la actualidad, todo lo que podemos hacer es estar agradecidos de que los Señores del Karma existan y recordar que siempre hay más karma "bueno" que karma "malo".

¿Se aplica la misma Ley al conjunto de la humanidad de la misma manera?

Sí. Y a los planetas dentro de un sistema y a los sistemas dentro de las galaxias y así sucesivamente. Como es arriba, es abajo. Hay grandes Señores del Karma a nivel galáctico que manejan el karma que gobierna la galaxia y los sistemas solares individuales, y también por supuesto, a nuestro nivel, la humanidad de este planeta en particular.

Como Avatares, el Cristo y el Buda pueden ser capaces de manejar las energías que funcionan bajo la Ley de Causa y Efecto, en una forma tal como para llevar a cabo a largo plazo, los planes, los propósitos, la Voluntad, del Logos. Si ellos fueran a permitir demasiada intromisión con esa Ley, el Propósito del Logos no se llevaría a cabo. El Logos de nuestro planeta debe trabajar por lo tanto de acuerdo con Su conocimiento de los planes del Logos del sistema solar. Y el Logos Solar debe trabajar en relación con los planes del Logos de Sirio (el álter ego de nuestro sistema solar). Y así, en algunos aspectos, también las manos de los Señores del Karma están atadas. Si una acción creara un cambio en el gradual desarrollo del Propósito del Logos, el del Logos Solar y el del Logos de Sirio, no sería permitida.

Evidentemente, pequeños como somos, nuestras acciones tendrían que ser colosales para afectar dichos Planes. Sin embargo Ellos están tratando con el karma de 60 mil millones de almas (hay 60 mil millones de Mónadas en nuestro planeta). El efecto de la acción y reacción de éstas, en conjunto, es colosal. Somos un reflejo del reflejo del Logos, y todo lo que hacemos y no hacemos, todo, cada pensamiento, cada acción, por pequeña que sea, se suma a un total de una acción de parte del conjunto de la humanidad. Por lo tanto afecta al karma de la humanidad en conjunto y a la transgresión o no de las Leyes que rigen el propósito evolutivo de nuestro Logos planetario. Esto está relacionado con el propósito evolutivo del Logos Solar y del Logos Galáctico y así sucesivamente. Todo lo que hacemos, por lo tanto, cada pensamiento y acción, tiene una reacción, una repercusión en alguna parte en el Cosmos.

¿Cómo funciona el karma en relación con la curación Jerárquica?

En una situación dada, un Maestro puede usar una determinada cantidad de energía con arreglo a la Ley. En algunos casos, quizás en un niño, esto será suficiente para proporcionar una cura total o parcial. En otros casos más antiguos o más graves, solamente puede evitarse el empeoramiento de la condición. Cuando la situación kármica (que es dinámica) cambia otra vez, se dispone de más energía y se administra, con mayor o menor efecto, según pueda ser el caso. Este proceso se repite hasta que el paciente se cura o se alivia la enfermedad, hasta el grado que el karma total lo permita.

¿Es siempre el infortunio un castigo merecido por las vidas pasadas o puede ser simplemente una oportunidad de crecimiento espiritual a través de la superación del sufrimiento? (Enero/Febrero '85)

Estamos tan acostumbrados a funcionar bajo el síndrome de placer–dolor que tendemos a considerar toda experiencia dolorosa como infortunio y necesariamente como un castigo merecido por las malas acciones pasadas. La Ley del Karma no tiene que ver con el castigo, sino con la causa y efecto. Nuestra vida se desarrolla en ciclos, algunos dolorosos –que representan oportunidades de crecimiento a través de la comprensión y obtención del desapego– y otros relativamente placenteros, que se desarrollan fácilmente por lo obtenido del esfuerzo anterior.

(1) ¿Cuál puede ser el beneficio o propósito del alma para encarnar en el cuerpo de una persona con Síndrome de Down? (2) Se dice que es el karma de los padres el que origina un niño con Síndrome de Down, ¿no es eso el karma del propio niño, o un tipo de karma combinado? (Enero/Febrero '85)

(1) Al tomar el cuerpo de un niño con Síndrome de Down el alma busca una limitación de su vida para adecuarse a su karma.

(2) Esta pregunta me recuerda a la pregunta de los discípulos de Jesús sobre el hijo ciego: "¿Cometió este niño o su padre un pecado para que naciera ciego?" – una clara insinuación de la aceptación de la doctrina de la reencarnación en la época de Jesús. El karma pertenece al propio niño, no a los padres.

(1) ¿Son siempre las discapacidades físicas el resultado del karma? (2) ¿Es posible utilizar las discapacidades físicas como medio para evolucionar más rápido, aún cuando no haya karma involucrado? (3) ¿Es inevitable para todos nosotros vivir, en una o más vidas, con tales discapacidades físicas o hay otras formas de resolver las deudas kármicas? (Enero/Febrero '85)

(1) No, las discapacidades físicas son con bastante frecuencia el resultado directo de accidentes al nacer. El karma no es sólo reacción sino acción. Nuevas causas –que producen el efecto, el karma– están siendo puestas en marcha continuamente.

(2) Sí. El esfuerzo que supone la superación de las discapacidades tiene a menudo un gran papel en la formación del carácter, ayudando así a la evolución.

(3) No. No hay una ley que diga que todos tenemos que experimentan discapacidades físicas. Donde sí tienen un origen kármico, sin embargo, son con frecuencia, aunque no siempre, el resultado de la crueldad física a otros en el pasado.

¿Provee el alma a su vehículo con discapacidades físicas para un propósito particular?

Hay determinadas limitaciones que el alma busca muy definidamente en la encarnación. Podría incluso buscar un cuerpo con deficiencias muy graves con el fin, precisamente, de limitarlo para esa vida, y al hacerlo consumir una carga de karma acumulado de vidas anteriores, que puede estar impidiendo la evolución del individuo. Es frecuentemente el caso de que, como resultado de la tensión generada por la superación de las limitaciones, la siguiente vida es una de gran progreso y desarrollo.

Ya que somos responsables de todas nuestras acciones, incluidos nuestros pensamientos, ¿están creando nuestros sueños resultados kármicos también? (Julio/Agosto '84)

Sí. Los sueños son el resultado de nuestra actividad mental inferior y astral/emocional que sigue activa durante el sueño. Están muy a menudo, como saben, manifestando deseos inconscientes y la actividad del pensamiento reprimido. Estas formas mentales auto–creadas producen inevitablemente efectos de algún tipo – y de ahí la reacción kármica.

¿Podemos soltar karma castigándonos o disciplinándonos? (Abril '84)

No. Tenemos que distinguir también entre disciplina y castigo. El auto–castigo no hace más que aumentar un sentimiento de culpabilidad, que es un gran obstáculo para adquirir un corazón puro y limpio, capaz de experimentar amor y alegría. La auto–disciplina, por otro lado, es necesaria para crear la integración de los vehículos para prepararlos para la iniciación. Un discípulo es alguien que está disciplinado. La manera de "soltar" karma es a través del servicio, llevado a cabo de forma altruista.

Se dice que venimos a la encarnación para mejorar relaciones anteriores y que estamos relacionados con las mismas personas una y otra vez. Si es así, ¿no deberíamos tratar de mantenernos casados pase lo que pase? Un divorcio podría ayudar esta vez, pero entonces tendríamos que pasar la misma experiencia con la misma persona en otra vida. (Enero/Febrero '85)

El matrimonio es una institución creada por el hombre y sus leyes y costumbres varían de país a país. No hay ninguna razón kármica por la que un matrimonio debería mantenerse intacto "pase lo que pase". Es la relación, que a menudo implica ataduras kármicas, lo que importa, no el matrimonio como institución. Las relaciones kármicas no suponen necesariamente el matrimonio – ¡de otra forma todos nos casaríamos muchas más veces que la clásica estrella de cine! La elección de casarse o no siempre es hecha en esta vida por las personas implicadas – no es una necesidad kármica. Del mismo modo ocurre con la decisión de poner fin a un matrimonio.

Usted ha dicho que nuestra 'situación de vida' actual se debe a nuestro karma pasado. ¿No se debe entonces la 'situación de vida' ac-

tual de los millones de hambrientos a su karma pasado? ¿No han sido puestos en esa situación de hambre a causa de los errores del pasado? Si no es así, parecería que la Ley del Karma no ha estado funcionando justamente en este caso. (Septiembre '83)

Creo que todos estamos de acuerdo en que nadie comprende el funcionamiento de la Ley del Karma mejor que Maitreya, el Cristo. Sin embargo, Él ha dicho: "Estas personas mueren por la única razón de tener la desgracia de haber nacido en una parte del mundo en lugar de en otra". No son "puestos en esa situación de hambre a causa de los errores del pasado", sino que son traídos a la encarnación en virtud de la ley grupal. La familia y los grupos tribales a los que pertenecen, probablemente, han vivido en estas zonas desde hace siglos. Ellos se mueren de hambre porque nosotros, las naciones desarrolladas, usurpamos y derrochamos tres cuartas partes de los alimentos del mundo – porque podemos tener los recursos para pagar el precio de mercado. Muchos países en desarrollo exportan alimentos, que necesitan sus ciudadanos hambrientos, para conseguir una "divisa fuerte" para pagar importaciones esenciales de petróleo y piezas de maquinaria. Además, puesto que la mayoría del capital para el desarrollo proviene del extranjero, la mayoría de los beneficios creados por su industria en desarrollo se va igualmente al extranjero. Nunca pueden recuperarse ya que los países ricos dictan las reglas del comercio internacional – en su propio beneficio. Así que la culpa no está en sus 'errores del pasado' sino en nuestra codicia y falta de compartir, por lo que nosotros en Occidente estamos generando una gran carga de karma para el mundo entero. El karma es un proceso activo, no pasivo en el que todos compartimos la responsabilidad.

¿Por qué no pueden los Maestros usar Sus poderes sobrenaturales para salvar del hambre a las inmensas masas de la humanidad de las zonas afectadas por la sequía, ya que usted ha dicho que el hambre y el sufrimiento predominante no son el resultado de su karma malo? (Mayo '85)

Para evitar el hambre de millones de personas del Tercer Mundo se requieren solamente 'poderes' normales y es responsabilidad del conjunto de la humanidad. Para los Maestros usar poderes 'sobrenaturales' para terminar con el hambre sería una injerencia en nuestro el libre albedrío y en contra de la ley kármica. Cualquier lector de Share International se dará cuenta de que el hambre en Etiopía, por ejemplo, es innecesaria – fue prevista y advertido de su riesgo con años de antelación por las agencias de ayuda humanitaria, y es el resultado no simplemente de la sequía (un 'acto de Dios'), sino de la pobreza y las maquinaciones políticas. La humanidad debe aprender a identificarse con todas las ramas de la familia humana y actuar como hermanos, mediante el compartir, para salvarse.

¿Hay circunstancias excepcionales en las que alguna vez una persona por su libre albedrío o de otra manera pueda redimir el karma malo de otro? (Septiembre '84)

En términos generales, no. Sin embargo, hay veces en las que un Avatar directamente, o trabajado por medio de un discípulo, puede en efecto 'asumir', o de alguna otra manera mitigar el karma de otro.

¿Tienen karma los animales? (Julio/Agosto '85)

Sí, no karma personal o individual (ellos no están individualizados), sino que comparten el karma grupal del reino animal.

Ha llegado a ser común poner un animal 'a dormir' mediante una inyección letal por razones humanitarias. ¿Esta interrupción brusca de la vida influye de alguna manera en el karma del animal y/o en el karma del dueño? (Junio '85)

No. Si se ha hecho humanamente y sin crueldad o segunda intención, no implica ningún karma negativo.

Aborto

¿En qué momento durante el embarazo entra el alma ("la vida") en el cuerpo del niño que va a nacer? (Marzo '83)

Alrededor de la cuarta semana el alma tiende un hilo de energía a través del cual vitaliza al vehículo venidero. Alrededor del cuarto mes el alma verdaderamente 'se apodera' del feto y activa poderosamente su vida física. Esta es la 'primera señal de vida' que cada madre experimenta. A partir de entonces el movimiento del niño es muy pronunciado.

¿Qué efecto tiene el aborto sobre el alma que reencarna? (Enero/ Febrero '85)

¡Evidentemente, impide la encarnación! Esto bien podría ser una buena cosa para impedir la encarnación prematura de un alma inmadura. Es importante recordar que muchas (demasiadas) almas se sienten arrastradas a la encarnación antes de tiempo por la atracción magnética causada por la (super)producción de cuerpos. Esta superproducción es, por supuesto, el resultado del mal uso del hombre de la función sexual. Los Maestros no apoyan el aborto pero cada caso debe ser considerado por separado.

Para Ellos, el aborto es a veces el menor de dos males. Un niño no deseado, no amado, que es traído a la encarnación podría sufrir más que el efecto de ser abortado.

¿Qué deuda kármica tiene un aborto creado por los padres? (Enero/Febrero '85)

Depende del propósito de la encarnación. No todas las encarnaciones tienen el mismo valor para el mundo. Si el alma venidera está muy o bastante avanzada, más perjuicio se hace. Por lo tanto, mayor es la deuda kármica.

¿Esta deuda (kármica) se incrementa o disminuye en relación con su nivel de evolución, es decir, cuanto más desarrollada espiritualmente tanto mayor es la responsabilidad y así mayor la deuda? (Enero/Febrero '85)

Sí. Exactamente.

¿El aborto espontáneo significa que el alma arrastrada a la posible encarnación ha 'cambiado de opinión' por así decirlo? (Octubre '85)

No. La gran mayoría de los abortos involuntarios ocurren debido a factores técnicos – el estado de salud de la mujer en cuestión, la introducción de medicamentos, o alguna otra causa física. Queda un pequeño porcentaje de casos en los que la entidad que encarna se resiste a la encarnación y aborta el embarazo.

Trasplantes de Órganos

¿Cuál es el efecto kármico de los trasplantes de órganos? ¿Es bueno hacerlos?

Básicamente, no es bueno hacerlos. Cada célula del cuerpo contiene en su interior el nivel vibratorio del punto de evolución de la persona implicada. Es el cuerpo del individuo, su experiencia y la culminación de todas sus experiencias encarnatorias hasta ese momento. Cuando aquella es trasplantada en otro cuerpo, que puede estar en un punto de evolución completamente diferente, y tener un nivel vibratorio totalmente diferente, se establece un antagonismo. El trasplante puede hacerse bien físicamente, pero el efecto kármico sería considerable. No debería realmente hacerse.

Si se está haciendo un esfuerzo para prolongar la vida del cuerpo físico (y esto no siempre es bueno hacerlo) como en el caso de un accidente, o el agotamiento de la función de algún órgano particular en una persona joven, el argumento a favor del trasplante podría parecer justificado. Sin embargo, el énfasis debería estar en encontrar una forma de producir órganos artificiales alternativos, y no en trasplantar órganos vivos de una persona muerta a otra que vive. Cuando el órgano del otro individuo es absorbido, la frecuencia vibratoria de las células y tejidos y una parte de la situación kármica que pertenece sólo a esa persona también son absorbidas. El karma de cada persona está relacionado únicamente con ella misma. Las vidas y muertes, la salud y enfermedad de uno, son el resultado directo de la propia actividad kármica de cada uno. Eso no debería ser transferido a otro. Cuando se transfieren órganos en el plano físico, en realidad se está contribuyendo a la complejidad kármica del individuo que recibe los órganos. Cada uno de nosotros tiene suficiente karma que resolver, sin estar implicado en el karma de otro.

¿Las transfusiones de sangre crean también problemas kármicos?

Exactamente la misma situación concierne a las transfusiones de sangre como a los trasplantes de órganos. Eso no quiere decir que nunca debería recibirse sangre en una emergencia. Sin embargo se aplica el mismo principio. El donante podría estar dando sangre con la mayor buena voluntad del mundo, pero por mucha buena voluntad con que se done la sangre, el cuadro kármico dentro de la sangre pertenece al individuo que la da y no al que la recibe.

La sangre transporta en sí la vida del individuo. Ella fluye a través de la sangre, que tiene la función vital de llevar el propósito del alma a través del cuerpo. La transfusión de sangre trastorna la situación kármica. Enturbia la corriente del karma entre dos individuos. Junta, kármicamente, a individuos que no tienen relación kármica aparte de compartir la sangre, o el órgano. No hay intención kármica de que estas dos personas deban juntarse de esa forma. También se puede recibir sangre de docenas de individuos que han donado, así que la corriente kármica puede ser enturbiada muchas, muchas veces.

Sin embargo, en el caso de la transfusión de sangre, esta condición es transitoria, porque la propia sangre de las personas siempre reemplaza a la del donante a su debido tiempo.

Podría ser interesante citar la declaración más simbólica del Maestro D.K. sobre las transfusiones de sangre (*La Curación Esotérica*, pag. 256): "La transfusión de sangre simboliza dos cosas: primero, que la sangre es vida y, segundo, que existe sólo una Vida que compenetra todas las formas, y por lo tanto es transferible cuando las condiciones son correctas. Es también un acto sintético de servicio".

Yo no creo que estas dos declaraciones sean mutuamente excluyentes sino que representan enfoques desde dos perspectivas diferentes.

¿Y qué pasa con las personas, como los hemofílicos, que han de recibir transfusiones completas de sangre cada tantos días?

Se debería encontrar un compuesto de sangre artificial. Tal compuesto no está más allá de la inventiva de la ciencia para desarrollarlo. Nunca nos hemos decidido a hacerlo, porque nunca hemos visto la situación kármica que está detrás de las transfusiones de sangre, de los trasplantes de órganos, etc. Deberíamos de poner nuestra energía creativa y de investigación en encontrar los medios de producir sangre y órganos artificiales (un paso se está dando en la actualidad con los corazones artificiales).

En su respuesta sobre las transfusiones de sangre, emplea usted la frase "no hay intención kármica de que estas personas deban juntarse..." Esto parece dar a entender que algunas relaciones están dentro de un 'escenario kármico', mientras que otras no lo están. ¿Podría usted explicar esto con más detalle, por favor?

Junto con lo que podría llamarse la Oportunidad Cósmica, dos leyes rigen la reencarnación: la Ley del Karma (Causa y Efecto) y la Ley de Renacimiento. La ley de Renacimiento misma funciona como la Ley de Evolución, la Ley Grupal y la Ley de Servicio. Para un gran número de seres humanos más avanzados, sus ciclos de encarnación se rigen por la Ley Grupal. Es la interacción entre la Ley del Karma y la Ley Grupal la que crea las unidades familiares y las relaciones tribales y de clan. Los 'lazos' kármicos creados entre las personas (por medio de la acción y reacción) establecen una atracción magnética que los arrastra a la encarnación juntos (bajo la Ley Grupal) una y otra vez. Se juntan, no sólo como parte de un grupo que encarna bajo el Plan como exponentes de ciertos tipos de energías, sino también para resolver las deudas kármicas contraídas en vidas anteriores. El Karma, sin embargo, es dinámico, no estático, y este proceso continúa hasta que, a través de la inofensividad y las correctas relaciones, dejamos de crear karma personal.

En los trasplantes de órganos y las transfusiones de sangre, la relación (compartir el órgano o la sangre y por tanto la frecuencia vibratoria) es completamente casual y debida al azar. No hay ninguna razón kármica para la relación.

¿Es un avance progresivo o regresivo para la humanidad el implicarse con la ingeniería genética? (Septiembre '84)

Creo que es tanto progresivo como regresivo. Es progresivo en que muestra el creciente control del hombre de los procesos de la naturaleza, lo que conduce finalmente al control de las energías del universo. Esto hará al hombre un colaborador de Dios. Es regresivo en que es un ejemplo más de nuestra (actual) falta de comprensión de las leyes que rigen el renacimiento y los efectos kármicos de los experimentos genéticos.

Otras Personalidades y Enseñanzas

Sai Baba

En el libro de Samuel Sandweiss, *El Hombre Santo y el Psiquiatra*, leí en la página 177/178 (versión inglesa) que Sai Baba dice que él mismo es el Cristo que, Jesús predijo, vendría nuevamente. Esto contradice lo que usted dice, que Maitreya es el Cristo y está viviendo en Londres desde 1977. Por favor explique estas diferencias. (Junio '83)

Con todo respeto, Sai Baba no dice que él es el Cristo. Si usted consulta de nuevo en estas páginas encontrará que él está diciendo algo todavía más extraordinario; ¡que él es aquel que envió al Cristo, y que el Cristo quiso decir que él, Satya Sai Baba, vendría otra vez!

El Cristo, Maitreya, y Sai Baba encarnan cada uno el mismo tipo de energía (el Principio del Amor), pero en niveles diferentes: Maitreya en el nivel planetario y Sai Baba en el nivel cósmico. Ambos son Avatares. Sai Baba no procede de nuestra evolución terrestre, sino que es un visitante cósmico, por así decirlo. Él es un Regente Espiritual. Al igual que un regente 'sustituye' a un rey, así un Regente Espiritual 'sustituye' a 'Dios', el Rey, Sanat Kumara, el Señor del Mundo en Shamballa. Él muy bien pudo haber estado involucrado en la decisión de enviar al Cristo, hace 2.000 años, en Palestina.

Maitreya encarna la energía que llamamos el Principio Crístico y ostenta el cargo de Instructor del Mundo en nuestra Jerarquía de la Tierra. Estos dos grandes Seres, uno Cósmico, otro Planetario, trabajan en estrecha colaboración para la regeneración del mundo.

¿Dónde se dice, en la Biblia, que Sai Baba encarnará? (Diciembre '85)

No creo que la Biblia diga nada de eso en absoluto. La Biblia Occidental es un trabajo (correctamente interpretado) de gran sabiduría esotérica, verdad y profecía; pero no es la única depositaria de tal sabiduría, verdad y profecía.

¿Es Sai Baba el creador del Cosmos? (Abril '86)

No. Sai Baba es un Avatar – un representante de la divinidad en el planeta.

Usted dice que el Señor Maitreya fue Krishna. Sin embargo, Sai Baba parece indicar que él fue Krishna. ¿Puede explicar esto, por favor? (Octubre '83)

Yo creo que Krishna fue una manifestación anterior de Maitreya, pero Sai Baba también tiene razón (si puedo así decirlo) al afirmar ser 'Krishna'. Es una cuestión del nivel de la energía asociada con Krishna, es decir, el amor. Sai Baba es un Avatar Cósmico y encarna esa energía a un nivel cósmico mientras que Maitreya, un Avatar planetario, lo hace a un nivel planetario. Cada uno es una manifestación del Amor de Dios. La conciencia individual de Maitreya, sin embargo, se manifestó a través de Krishna por adumbramiento (en forma muy parecida como en Palestina a través de Jesús), mientras que Sai Baba se identifica con el Krishna Cósmico o Principio Crístico.

Si Maitreya era Krishna, ¿podemos considerar que el Bhagavad Gita da una indicación razonable de Su enseñanza en aquel tiempo? (Junio '83)

Sí. A pesar del descoloramiento que se ha producido por su difusión a lo largo de los siglos, sigue siendo una declaración alegórica bastante exacta de Su enseñanza para aquel tiempo.

Además de Krishna y Jesús ¿hay algunas otras manifestaciones o adumbramientos importantes de Maitreya conocidos por nosotros en la historia?

Él también se manifestó como Sankaracharya.

Si Dios está aquí en la persona de Sai Baba ¿por qué debemos buscar un Cristo? (Febrero '84)

Incluso si aceptamos que Sai Baba es un Avatar, una encarnación divina (yo sí lo acepto, pero muchos evidentemente no), tiene una función diferente de la del Cristo. Viene, verdaderamente, para ayudar a Maitreya en Su trabajo. No es una cuestión del uno o del otro, sino de ambos. Nosotros somos doblemente bendecidos.

Si Sai Baba es un Regente Espiritual, ¿influye en millones de personas que no son ciertamente Sus devotos en ningún sentido de la palabra? (Julio/Agosto '83)

Sí, mucho. Él encarna el Amor Cósmico y esa energía fluye de Él hacia el mundo. La gente responde a ella desde donde está, en función de su capacidad de respuesta.

¿Tiene también Sai Baba algún cometido cuando alguien recibe una iniciación? (Diciembre '84)

No. Sai Baba no tiene un papel directo que desempeñar en las cinco iniciaciones planetarias, pero tiene un papel indirecto en estimular la naturaleza del amor de la humanidad en general, que abre el centro del corazón en aquellos que se aproximan a la primera iniciación.

¿Viene Sai Baba de Sirio? (Noviembre '84)

Sería mejor preguntar a Sai Baba. Pero ya que me lo pregunta la respuesta es no.

¿Cómo es que Sai Baba carece de la capacidad de hablar otros idiomas aparte de su propio dialecto nativo indio, mientras que Maitreya puede conversar en cualquier lengua por medio de sus capacidades telepáticas? (Septiembre '84)

Los idiomas han de ser aprendidos, incluso por los Grandes Seres. Maitreya puede conversar en efecto en muchas lenguas – pero no en cualquier idioma. Su adumbramiento a la humanidad en el Día de la Declaración tendrá como resultado que nuestros cerebros traducirán Su mensaje (dado telepáticamente) a nuestra propia lengua. No dudo de que, si fuera necesario, Sai Baba podría hacer lo mismo.

Kali Yuga

¿Qué dice específicamente la tradición hindú acerca del retorno de Krishna en este ciclo? (Febrero '84)

Según tengo entendido, los hindúes esperan el retorno de Krishna al final del Kali Yuga (algunas sectas esperan una nueva encarnación de Vishnu como Kalki Avatar, también al final del Kali Yuga, la era oscura). Las opiniones varían en lo que respecta a cuándo terminará el Kali Yuga, pero parece haber un consenso entre Sai Baba, Swami Premananda y mi Maestro de que el Kali Yuga está finalizando actualmente.

Annie Besant dice que el Kali Yuga fue durante los últimos 5.000 años. El Budismo ha dicho siempre 200.000 años. ¿Qué es lo correcto? (Febrero '84)

Besant está en lo correcto. Para ser exactos, mi Maestro dice que es

4.700 años. La cifra budista de 200.000 años atrás se refiere al mayor descenso de la espiritualidad en los últimos tiempos de la Atlántida que condujo a la destrucción del continente y civilización de los Atlantes hace cerca de 100.000 años. Esto puede considerarse como el comienzo de una 'era oscura'.

Enseñanzas del Agni Yoga

¿Puede usted hacer algún comentario acerca del papel de las enseñanzas del Agni Yoga en la Reaparición del Cristo? También, ¿cuál es específicamente la tarea del Maestro Morya en el mundo en esta época? ¿Las enseñanzas transmitidas a Helena Roerich siguen describiendo las condiciones actuales (aún cuando fueron dadas en los años 1920 y 1930)? (Noviembre '84)

En mi opinión, las enseñanzas del Agni Yoga constituyen uno de los mayores intentos de la Jerarquía para preparar a la humanidad para la nueva era. Son totalmente apropiadas para el tiempo presente – y el futuro. El primer libro de la serie, *La Llamada*, fue dado por el Mismo Maitreya, y tenía la intención de alertar a los discípulos del hecho de Su inminente retorno. El Maestro Morya, tal como he dicho en otra parte, es uno del primer grupo de Maestros en ser visto por la humanidad, y es el estímulo detrás de los grupos ocultistas de todo tipo. Su tarea inmediata es regenerar y purificar la enseñanza de estos grupos.

¿Cómo fueron dadas originalmente las Enseñanzas del Agni Yoga? (Octubre '85)

Por telepatía mental, en ruso, a través de Helena Roerich (discípula del Maestro Morya).

Usted dijo que Maitreya había dado el primer libro de las Enseñanzas del Agni Yoga (La Llamada). ¿Escribió alguno de los ostros? (Octubre '85)

Mi información es que La Llamada es su única contribución personal a la serie del Agni Yoga. No creo que esto sea comprendido en general por la Sociedad Agni Yoga, que parece atribuir todos los libros al Maestro Morya. La Llamada es también titulada: Las Hojas del Jardín de Morya, I.

¿Es cierto que el Maestro Morya fue en tiempos pasados el Emperador Akbar de la India? (Noviembre '85)

Según mi información, no.

H. P. Blavatsky

Según las Cartas de los Maestros de Sabiduría, de 1925, el Maestro K.H. escribió en 1885 que *La Doctrina Secreta*, cuando esté terminada, será la colaboración triple de Morya, H.P.B. y Él mismo. Sin embargo, usted dice en su libro que *La Doctrina Secreta* fue dada a H.P.B. por el Maestro D.K., que esto está implícito en determinados pasajes en los libros de A.A.B. Esto desconcierta a algunos teósofos. ¿Qué es lo correcto? (Octubre '83)

Mi información (dada por mi Maestro) es que las grandes líneas generales y el alcance de *La Doctrina Secreta* fue transmitido verbalmente a H.P.B. Por los Maestros K.H. y Morya, mientras que la mayor parte de la ciencia esotérica, le fue dada a ella telepáticamente por D.K. Ella misma dio las correspondencias entre la ciencia esotérica y la ciencia exotérica de su época. Fue de hecho un trabajo de grupo.

¿Por qué, en *Isis sin Velo* de H.P. Blavatsky, se evita o no se explica el concepto de la reencarnación, como lo está en *La Doctrina Secreta*? ¿Fue esto porque los Maestros pensaron que el mundo occidental no estaba preparado para enfrentarse con esta idea? (Julio/Agosto '86)

Sí. Recuerde que el mundo occidental todavía estaba tratando de afrontar a la idea de la "supervivencia" después de la muerte tal como la introdujo el Movimiento Espiritista. ¡Una gran idea a la vez!

Alice A. Bailey

¿Qué tan fiable fue Alice Bailey como canal? ¿Podría decirse que era infalible? (Septiembre '84)

No, ni tampoco creo que pretendiera ser infalible. Ni siquiera los Maestros pretenden serlo. Sin embargo creo que podemos estar seguros de que si un Maestro de Sabiduría (D.K.) permaneció trabajando a través de Alice A. Bailey durante treinta años, debe haber estado muy contento con su exactitud como mediadora.

San Patricio

Según C.W. Leadbetter en su libro, *Los Maestros y el Sendero*, Maitreya estaba viviendo en un cuerpo Celta, y David Anrias declara que estuvo en el cuerpo etérico de San Patricio. ¿Encarnó Maitreya como San Patricio? (Junio '83)

Según mi información, Maitreya nunca ha usado un cuerpo Celta, ni de San Patricio ni de ningún otro. Tampoco encarnó como San Patricio. Este último fue sólo un iniciado de segundo grado, mientras que Maitreya recibió la tercera iniciación (Él fue el primero de la humanidad terrestre en hacerlo) muy atrás en tiempos de la Atlántida, y hace mucho tiempo que es un Maestro, actualmente es un Maestro de séptimo grado – una Vida Planetaria.

En la Confesión de San Patricio en latín antiguo (su autoridad es mundialmente aceptada por los estudiosos celtas), él escuchó una voz que decía: Aquel que dio Su vida por ti está "hablando en ti". Usted dice que Maitreya no encarnó como San Patricio. ¿Es esta Confesión entonces un fraude? (Julio/Agosto '84)

No, la confesión no es un fraude, ni es totalmente exacta tampoco. Sin duda San Patricio pensó y creyó que el Cristo (o el Espíritu) estaba hablando en él, mientras que en realidad la "voz" que escuchó interiormente era la de su Maestro, el Maestro Jesús, que adumbró a San Patricio, y que "dio Su vida". Ni Maitreya ni el Maestro Jesús encarnaron como San Patricio, que, como se puede ver en la Lista de Iniciados y sus Rayos, no fue más que un iniciado de segundo grado. Ese grado era relativamente muy avanzado, por supuesto, en los siglos IV y V d.C.

Lao–tse

¿Podría dar una idea general de la relación entre el "camino" del *Tao–Te–King* de Lao–tse, y el "camino" de Maitreya, el Cristo, en la actualidad? ¿Está Lao–tse relacionado todavía con la Jerarquía? (Febrero '83)

Mi información es que Lao–tse ya no está en este planeta, aunque mantiene una relación duradera con nuestra Jerarquía. Cada instructor da sus enseñanzas para una época y lugar determinados. Fundamentalmente, todas las diversas enseñanzas encarnan la misma verdad; difieren únicamente en el énfasis y su trascendencia en ciertos momentos, lugares y gentes específicos. El denominador común es su revelación de la Unidad de toda vida. Esto es tan cierto para el Tao como para las enseñanzas de Krishna o el Buda, el Cristo en Jesús o de Maitreya hoy. Los "caminos" se funden en el principio del amor.

Krishnamurti

¿Qué papel desempeñará o está desempeñando actualmente Krishnamurti, quien fue anteriormente proclamado como el médium del

Señor Maitreya, ahora que el Instructor del Mundo ha reaparecido? (Julio/Agosto '83)

Krishnamurti es, por supuesto, un instructor, uno de los más influyentes de los muchos instructores de hoy en día. En cierta época estuvo efectivamente siendo preparando junto con algunos otros, mediante el adumbramiento, como un posible vehículo para el Instructor del Mundo. Cuando el Señor Maitreya decidió manifestarse por medio del cuerpo autocreado (mayavirupa) en el que actualmente vive entre nosotros, Krishnamurti comenzó su actual trabajo de enseñanza, que presumiblemente continuará.

Juan el Bautista y la Madre María

¿Fue Juan el Bautista adumbrado alguna vez por Maitreya? (Noviembre '85)

No.

Usted dice en su libro, *La Reaparición del Cristo y los Maestros de Sabiduría*, que Juan el Bautista es desde hace mucho tiempo un Maestro y que ya no está en el mundo. ¿Dónde está? (Octubre '84)

Se convirtió en un Maestro en el siglo II d.C. e inmediatamente se fue a Sirio. (Hay una relación directa entre Sirio y la Jerarquía de este planeta. "El Sendero a Sirio" es una de las siete vías de "la Evolución Superior" que rige la evolución de los Maestros.) Allí aguarda Su regreso a esta tierra como un Avatar dentro de aproximadamente unos 500 años.

Si los Maestros adquieren un cuerpo masculino en Su última encarnación, ¿regresó la Madre María después de su ascensión? (Abril '84)

La pregunta da a entender que María, la madre de Jesús, era un Maestro, lo que no es el caso. Su 'ascensión' fue una construcción de los Padres de la Iglesia, algunos siglos después de su muerte. Ella era, como lo fue su esposo, San José, una iniciada de segundo grado, y por lo tanto vino de nuevo a la encarnación varias veces antes de recibir la quinta iniciación de la Maestría. 'Ella' no está actualmente en encarnación.

El Príncipe Gautama

Usted dice que el Maestro Jesús, que fue el vehículo para el Cristo, está actualmente en Roma. ¿Dónde está el Príncipe Gautama que fue el vehículo para el Buda? (Junio '84)

Mi información es que el Príncipe Gautama ya no está en este planeta, ni siquiera en este sistema solar, sino que es actualmente un miembro de la Gran Hermandad Blanca de Sirio. Nuestra Jerarquía es una rama de la Hermandad y muchos Maestros van directamente desde esta Tierra a Sirio si ese es Su Sendero elegido en la Evolución Superior.

Otros

Estoy interesado en Gurú Nanak, reformador hindú del siglo XIV que llegó a ser el primer gurú Sikh. ¿Es ahora un Maestro y le conocemos de alguna otra encarnación? ¿Podría dar su grado de iniciación y los rayos? (Septiembre '85)

Él es ahora un Maestro de sexto grado pero no está en encarnación. Alcanzó ese grado en el siglo XVIII. Ninguna de sus otras encarnaciones son conocidas por nosotros. Sus rayos como Nanak fueron: alma 6; personalidad 6, subrayo 7; mental 1, subrayo 4; astral 2, subrayo 6; físico 3, subrayo 7.

Hace poco me enteré de su trabajo como 'heraldo' del 'Mesías' de la Nueva Era conocido como Maitreya. ¿Es este el mismo 'Mesías' que la psíquica Jeane Dixon dice que nació el 5 de febrero de 1962 cuando ocho planetas estuvieron alineados en la constelación de Acuario (un acontecimiento que no había sucedido en más de 2.000 años), y en cuyo día ella relató la siguiente 'visión' que describe como "la más significativa y conmovedora visión de mi vida"? "Vi a un Faraón muerto hace mucho tiempo y a la reina Nefertiti a su lado; él caminaba a grandes pasos hacia ella. La reina llevaba en sus brazos extendidos un bebé como ofreciéndolo al mundo. Los ojos del niño eran omniscientes, llenos de sabiduría y conocimiento. Mientras observaba fascinada, veía al niño hacerse adulto y una pequeña cruz que se formó encima de él comenzó a expandirse hasta esparcirse sobre la tierra en todas direcciones. Al mismo tiempo gentes de todas las razas, religiones y color, cada una arrodillándose y levantando sus brazos en adoración reverente, lo rodeaban. Eran todos como uno". La Sra. Dixon cree que el Mesías estaba reencarnado en el mundo como un bebé en el momento de su visión. Ella dice que "reunirá a toda la humanidad en una sola fe universal, fundará un nuevo cristianismo con todas las sectas y credos unidos, el mundo tal como lo conocemos será reformado y renovado en uno sin guerras ni sufrimientos". ¿Fue esta, entonces, la fecha exacta en que Maitreya nació realmente (por lo que ahora tendría 23 años de edad)? ¿O estaba equivocada la Sra. Dixon en su predicción? (Diciembre '85)

Es mi creencia que Jeane Dixon 'sintonizó' correctamente una forma de pensamiento astral sobre el retorno del Cristo. Donde creo que se equivocó fue en relacionar su 'visión' con el 'nacimiento' del Cristo en 1962. El Cristo no ha nacido como un bebé, ni en 1962 ni en ninguna otra fecha. Él creó Su cuerpo de manifestación – el mayavirupa – en los seis años anteriores a julio de 1977 y apareció en el mundo como un hombre adulto, maduro. Permanecerá con nosotros en ese cuerpo (que no envejecerá) hasta el final de la Era de Acuario. Inaugurará con el tiempo una nueva religión mundial que no será simplemente un 'nuevo cristianismo' sino que reconciliará los acercamientos a Dios tanto de Oriente como de Occidente.

¿Cree usted que Nostradamus vislumbró una visión de Maitreya viniendo desde los Himalayas cuando escribió la famosa cuarteta que aproximadamente se traduce como "Un rey alarmantemente poderoso descenderá de los cielos para elevar al Jagnerie (campesinado)?" (Septiembre' 84)

Creo que esta 'profecía' es el resultado de su propia imaginación astral y no tiene ninguna validez en absoluto.

En Seth Habla de Jane Roberts, Seth dice (páginas 370 a 375, edición inglesa) que la entidad Cristo se componía de tres personalidades: en primer lugar, Juan el Bautista, en segundo lugar, Jesús, y en tercer lugar, Pablo o Saulo. La Segunda Venida, dice, será iniciada por la tercera personalidad, Pablo, porque su papel no ha sido cumplido. Nunca he oído hablar de una interpretación semejante de la Segunda Venida. ¿Puede explicar esto? (Marzo '85)

Ciertamente estos tres individuos estuvieron profundamente implicados en la primera Venida, pero tenían funciones muy distintas y no constituyeron la 'entidad Cristo'. Juan el Bautista (que había sido Elías) preparó (algo) el camino y ya no está en este mundo; Jesús (actualmente el Maestro Jesús) se convirtió en el vehículo para el Cristo – Maitreya; y Pablo (actualmente el Maestro Hilarión) propagó (algo distorsionadas) las enseñanzas y consolidó los primeros grupos cristianos.

El Maestro Hilarión está implicado en la Segunda Venida – como están muchos de los Maestros – y formará parte del primer grupo que se dará a conocer a la humanidad, pero de ninguna manera puede decirse que Él haya iniciado la Segunda Venida. Esta fue realizada, en 1945, por el Mismo Maitreya.

No es mi norma comentar públicamente sobre las muchas 'enseñanzas' disponibles actualmente a través de diversos médiums, pero esta pregunta sí es de mi incumbencia. Muchas de estas enseñanzas son inspiradoras e informativas para muchos, pero todas adolecen en cierta medida de haber emanado de uno u otro nivel de los planos astrales – con las inevitables distorsiones que esos planos confieren; los planos astrales son, después de todo, los planos de la ilusión. 'Seth' no es un instructor individual sino un grupo de discípulos comunicándose (desde sus diversos niveles de evolución) desde el quinto de los siete planos astrales.

El libro de Orwell *1984* muestra la alternativa negativa ante nosotros. ¿Es coincidencia que eligiera situarla en 1984 o está esto ayudando a afilar la "Espada de la División" para facilitar nuestra elección? (Septiembre '84)

Orwell escribió su libro en 1948 y simplemente invirtió las dos últimas cifras de la fecha – 1984. No tiene más significado que ese.

¿Dónde se encuentra y cuál es la tarea de Karl Marx actualmente? (Noviembre '83)

No está en encarnación en esta época. Desarrolla un gran trabajo en relación con el del Maestro Inglés y el Maestro R.

¿Está Rudolph Steiner en encarnación en este momento? (Mayo '86)

Sí.

Hitler, Mussolini, Stalin, Churchill, ¿qué están haciendo ahora? ¿Están en encarnación física? (Abril '86)

Ninguno de ellos está actualmente en encarnación física.

Si instructores espirituales como el Maharishi y Rajneesh están trabajando dentro del mismo plan Jerárquico, ¿por qué están estimulando el separatismo diciendo a sus discípulos que sólo ellos tienen la enseñanza correcta y las mejores técnicas? (Diciembre '84)

Quizás creen realmente que tienen la única enseñanza correcta y la mejor técnica. Sea este el caso o no, puede usted imaginar la reacción del buscador medio si dijeran "mi enseñanza no es mala pero no mejor que la de cualquier otro gurú. Igualmente, mi técnica está bien pero es posible que usted consiga una mejor más adelante". ¿Cuántos se 'afiliarían' con una presentación de este tipo? Yo creo que no son los gurús los que promueven el separatismo, sino los seguidores que tienen una gran necesidad interior de ser discípulos de 'el mejor', o del 'único'.

¿Qué diferencia hay entre el Señor Maitreya y el Gurú Maharaji, Swami Prabhupadha (de los Hare Krishna), y otros líderes religiosos orientales que han venido a Occidente? (Noviembre '84)

Los diversos Gurús orientales que han venido a Occidente son discípulos de un determinado Maestro, enviados a Occidente para introducir una u otra forma de meditación o práctica espiritual. El Señor Maitreya es el "Maestro de Maestros", "El Instructor igualmente de ángeles y de hombres" (como ha sido llamado por el Señor Buda y San Pablo), el Guía supremo de nuestra Jerarquía Planetaria, que ocupa el Cargo de Instructor del Mundo, y viene como Instructor del Mundo para inaugurar la era de Acuario.

Capítulo VIII. Meditación y Servicio

La Meditación y el Servicio en el Crecimiento Espiritual

La psicología moderna ha dividido a la humanidad en dos tipos principales: el contemplativo, y el hombre o mujer de acción; la personalidad introvertida y la extrovertida. La psicología esotérica también reconoce estas diferencias en el enfoque de la gente a la vida, pero característicamente, ya que su meta es la síntesis en vez del análisis, ve su integración final. Para el esoterista, el introvertido es aquel cuya atención está enfocada hacia adentro, al alma, que tiene un buen y fácil contacto con ese aspecto de sí mismo, para quien la meditación convencional es atractiva como una forma más científica y organizada de profundizar ese contacto, pero cuyo contacto con el mundo exterior es relativamente fragmentario y limitado, dando lugar a dificultades de expresión y funcionamiento en el plano físico.

El extrovertido, por otra parte, es aquel cuyo contacto con el mundo exterior es intenso y vívido, que tiene poca dificultad para relacionarse con la gente y las situaciones, pero cuyo contacto con el alma es limitado y en gran parte inconsciente; su atención está dirigida hacia afuera.

Vida tras vida, nuestras almas crean vehículos, nuestras personalidades, a través de los cuales ambas modalidades pueden desarrollarse y perfeccionarse. El objetivo de la evolución es su integración final: un contacto directo, ininterrumpido y de unificación con el alma; y *a voluntad*, una relación abierta y fluida con el mundo exterior de la gente y los acontecimientos. Este es el ideal; y su logro caracteriza al iniciado.

Los dos caminos gemelos del sendero para esta integración son la meditación y el servicio. Por medio de la meditación, el contacto con el alma se vuelve más profundo y se fortalece, realizando gradualmente la infusión de la personalidad por el alma. Las energías y atributos del alma – Voluntad Espiritual, Amor e Inteligencia – se manifiestan cada vez más a través de la personalidad hasta el momento en que la fusión de las dos se completa.

Por medio del servicio, el propósito del alma se lleva a cabo. La naturaleza del alma es servir; ella sólo conoce el servicio altruista. Todo lo que ella es de Voluntad, Amor e Inteligencia trata de ponerlo al servicio del

Plan – el Plan del Logos del que ella es un reflejo. En Palestina, el Cristo reveló la realidad del alma e instituyó el Sendero del Servicio como al camino *por excelencia* para la realización de Dios.

Esto no es menos cierto hoy en día. La gran ilusión de la vida de nuestra personalidad es la sensación de estar en el centro del universo. Todos nos consideramos del mayor interés e importancia para nosotros mismos.

Nada es tan eficaz para descentralizarnos como el servicio. Nada nos ayuda tanto a adquirir perspectiva y crecer espiritualmente. Cuando servimos, nos identificamos cada vez más con "el otro", aquel al que servimos, y gradualmente desplazamos el foco de nuestra atención de nuestro pequeño yo separado. Adquirimos una visión más amplia e inclusiva del mundo y así llegamos a una relación más correcta con el Todo del cual somos parte.

Muchos, hoy, especialmente aquellos que trabajan en la tradición Oriental, bajo la influencia de uno u otro de los muchos gurús que enseñan actualmente en Occidente, ven la meditación como un fin en sí mismo. No ven la necesidad de servicio o acción externa para cambiar la sociedad para mejor; no ven ninguna posibilidad de cambio externo sin un cambio interno del corazón. Muchos creen también que simplemente con la meditación están haciendo más bien para el mundo del que podrían hacer de otra manera. Sin duda, si ellos fueran Maestros que han realizado a Dios bien podría ser así, pero incluso los Maestros trabajan incansablemente en el servicio al mundo; ninguno más que Ellos.

A través de la meditación, se atrae las energías y la inspiración del alma, que dan vida y sentido a la expresión de la personalidad. Donde a éstas se les impide su salida correcta en el servicio, tiene lugar un "estancamiento" en los vehículos de la personalidad – mental, emocional y físico – con resultados desafortunados. Muchas de las neurosis y otras enfermedades de los aspirantes y discípulos son el resultado de no emplear la energía del alma y del rechazo del propósito del alma.

La meditación sigue siendo el camino real para contactar con el alma, pero una vez que esto se logra, el camino a seguir para el verdadero aspirante al discipulado es a través de la aceptación, además, de la vida de servicio. Los centros interno y externo deben estar equilibrados, y debe emprenderse la marcha por el Camino Infinito, el camino del servicio, que llama a todos los verdaderos Hijos de Dios, desde el más humilde discípulo hasta y más allá del Cristo mismo. Es la misma necesidad de servir la que impulsa al Logos a la manifestación y nos da vida. (Marzo '82)

¿Cuál es el aspecto más importante del servicio: el porqué lo hacemos, lo que hacemos, o la actitud con que lo hacemos? (Enero '86)

No se puede poner al servicio demasiado alto como un sendero para obtener la iluminación espiritual, porque la iluminación en sí es despertar a la función del servicio. Los Maestros llaman a su trabajo el Gran Servicio, y a medida que evolucionamos hacia la Maestría final nos damos cuenta de que en todo el cosmos sólo hay en realidad una gran ley que gobierna la actividad total de lo que llamamos divinidad – que es el servicio. Dios viene a la encarnación, crea el universo manifestado, y las unidades de Dios, de las que somos el reflejo, vienen a la encarnación específicamente para servir. No hay ningún otro motivo. Es servir al Plan, que en sí mismo es servicio. Todos nosotros estamos, casi exclusivamente, limitados por nuestro sentido de nuestra propia realidad independiente – nuestro yo separado. Esto, en realidad, es una herejía. Es un mito. Sólo está relacionado con la consciencia cerebral de nosotros mismos, la conciencia que la personalidad tiene de nuestras vidas. Toda la función de la meditación y el servicio es llevarnos lejos de esa perspectiva hacia la verdadera realidad, donde no hay separación, porque fundamentalmente no hay separación.

Hay una gran Alma Suprema. Nosotros somos partes individualizadas del Alma Suprema. Nuestra sensación de estar separados es completamente errónea y se deriva de nuestra identificación con el aspecto más bajo de nosotros mismos, el cuerpo. Tan pronto como llegamos a comprender esto, damos el primer paso real de progreso hacia la realidad. Y descubrimos que la naturaleza verdadera de esa realidad es el servicio.

El Logos de nuestro planeta está sirviendo al Plan del Logos Solar al crear para sí mismo un cuerpo de expresión, que llamamos planeta Tierra. Todo lo que usted ve en el planeta – las personas, los árboles, etc. – vienen a la existencia como formas de pensamiento en la mente del Logos creador. Hace esto en servicio al Plan superior del Logos Solar, quien a Su vez está haciendo lo mismo a una escala más grande en servicio al gran Logos en el centro de la galaxia. El Logos Solar sólo conocerá probablemente una parte de ese Plan, pero lo que hace lo hace en servicio a la parte del Plan que Él conoce.

Así que realmente sólo hay servicio. Como almas estamos aquí para servir. El mecanismo es la atracción magnética del karma por medio de la ley de causa y efecto, pero el motivo de venir es para servir al Plan. La cuestión de suma importante en el servicio es el motivo que hay detrás de él. No es lo que uno hace. No importa qué tipo de servicio uno hace.

Todo puede ser servicio. Cada acción individual que uno hace puede ser servicio.

La forma de hacerlo es también importante. El servicio debe ser impersonal. El servicio por motivos personales no es servicio. Eso es servicio para el yo separado. El servicio impersonal – solamente es servicio si es impersonal – el servicio altruista, debe ser el objetivo. Esto trae consigo la ley del servicio, y tiene como resultado descentralizarnos, mientras que el servicio para uno mismo sólo conduce al reforzamiento del sentido de separación. Así que el motivo es absolutamente crucial.

¿Cómo se puede equilibrar (en términos de tiempo y energía) el deseo de servir a la humanidad de la forma más elevada posible y el deseo por las relaciones personales íntimas en la vida de uno? (Noviembre '84)

Este es un gran problema para muchas personas, especialmente si sus cónyuges no muestran una necesidad similar por el servicio. Lo que se requiere, creo, es tener un sentido de las necesidades de la época y un deseo de servir y satisfacer esa necesidad – además de un sentido de la proporción. Si se tienen deberes y responsabilidades como padre o esposo, éstos deben ser cumplidos. Se tiene que aprender a reconocer las prioridades e incluso a elegir entre las esenciales. Quizás ayude el recordar que los verdaderos servidores de la humanidad (es decir, aquellos que *sirven* y no solamente *desean* servir) son discípulos, tanto si se dan cuenta de ello como si no, y que el discípulo no pertenece a sí mismo, ni a su familia o amigos, sino al mundo. El verdadero discípulo, sin embargo, tendrá un sentido de la proporción, un fuerte sentido del deber y la capacidad de aceptar muchas responsabilidades.

¿Tiene usted algunas ideas acerca de cómo encontrar nuestro papel ideal en esta creación (en otras palabras, realizar la obra de Cristo)? (Octubre '84)

A menudo me preguntan las personas: ¿estoy donde se supone que tengo que estar? ¿Estoy haciendo lo que se supone que tengo que hacer? Es como si se imaginaran que están siendo manipuladas por algunas entidades o fuerzas invisibles hacia papeles ideales, acciones y lugares específicos. Mi respuesta es generalmente: ¿qué *quiere* usted hacer? ¿Dónde *quiere* estar? Hay un mundo entero angustiado que salvar, que regenerar, que servir. A mí me parece que lo importante es servir a la *necesidad*, las necesidades de la época, con cualquier equipamiento que tenga disponible, con lo mejor de su capacidad. Al servir uno *encuentra* un papel – un propósito.

¿Qué se quiere decir con la palabra "magnético" cuando se utiliza al referirse a un discípulo? ¿Es magnético en el sentido de atraer más energía o atraer a la gente? (Enero '86)

El discípulo se convierte en magnético en ambos sentidos. A medida que el discípulo avanza, él o ella se vuelve cada vez más radiante. El aura se vuelve magnética, atrayendo hacia sí energía de frecuencia cada vez más alta, así incrementando la radiación. Esta radiación crea un campo magnético alrededor del discípulo que atrae inevitablemente a aquellos con quienes el discípulo puede trabajar. Cuando el aura llega a ser suficientemente magnética la facultad telepática inherente se desarrolla de manera natural. Si las circunstancias lo requieren, el discípulo puede entonces ser contactado por la Jerarquía (en algún nivel) y serle ofrecida alguna línea de servicio.

¿Podría arrojar algo de luz, hablando prácticamente, sobre la diferencia entre el comportamiento impulsivo y el que resulta de los niveles intuitivos? (Junio '84)

El comportamiento impulsivo es siempre la respuesta a un estímulo emocional, mientras que la acción espontánea de índole intuitiva proviene del alma y es el resultado de un cierto grado de contacto con el alma. En la práctica, la acción que proviene del alma es siempre, en toda circunstancia, correcta y altruista por naturaleza. El comportamiento impulsivo, emocional, por otro lado, puede oscilar, como sabemos, entre todas las formas de aspiración emocional de tipo idealista hasta el egoísmo más evidente.

Meditación

¿Podría explicar lo que se entiende por "mantener la mente firme en la luz"? (Mayo '85)

A través de la meditación llevada a cabo correctamente, el "antahkarana", el canal de la luz entre el cerebro físico y el alma, se construye y fortalece gradualmente. Por medio de ese canal, la luz del alma se ancla en la cabeza del discípulo. Esta es vista como una luz brillante dentro de la cabeza durante la meditación. Con la atención llevada hacia adentro y hacia arriba en esa luz, la mente se mantiene 'firme', es decir, sin pensamiento o actividad de la mente inferior. En esa condición de ausencia de pensamiento, de atención enfocada, los niveles intuitivos de la mente pueden entrar en juego; gradualmente, esto se convierte en una condición instintiva y fija, que para lograrla no requiere del convencional 'ir hacia adentro' en la mediación.

Mucha gente cree que cualquier pensamiento o idea que entra en la mente durante la 'meditación' viene del nivel intuitivo del alma y que está guiando sus acciones. Este no es el caso en absoluto. Es extremadamente difícil para el aspirante o discípulo medios "mantener la mente firme en la luz" durante el tiempo suficiente para invocar la intuición, y la "guía" que la mayoría de las personas reciben es la de sus propias mentes inferiores a través del subconsciente.

En la oración dada por el Maestro D.K. (El Tibetano) "En el centro de la Voluntad de Dios yo permanezco", hay una línea, "Yo, el triángulo divino, cumplo esa voluntad dentro del cuadrado y sirvo a mis semejantes". ¿Qué quiere decir esto? (Mayo '86)

Lo triángulo divino es la Tríada Espiritual –Voluntad Espiritual, Amor–Sabiduría o Buddhi y Mente Superior o Manas– reflejada a través del alma. El cuadrado es la Humanidad misma. La línea por lo tanto significa: Viéndome como la tríada divina o espiritual (mi verdadera naturaleza), procuro cumplir esa voluntad y propósito divinos dentro y como parte de la humanidad y así servir a mis semejantes.

Me encontré con esta declaración en las *Cartas sobre Meditación Ocultista* de Alice Bailey: "Tengan siempre presente que la adquisición material del conocimiento para beneficio propio, produce estancamiento, obstrucción, indigestión y dolor, si no se transmite a otros con inteligente discriminación". (Pág. 248, Carta XI). ¿Podría explicarlo con más detalle? (Abril '85)

Es una ley que todo conocimiento adquirido debe ser compartido antes de que se pueda hacer más progreso. El progreso mismo es una consecuencia de la ley del servicio, de la que el compartir es una parte intrínseca. Al igual que la no distribución de los recursos del mundo conduce a la división, separación, hambre, dolor y sufrimiento para la humanidad, y a las tensiones que conducen a la revolución y la guerra, así el no compartir el conocimiento conduce a las diversas etapas de obstrucción, indigestión, y así sucesivamente, si no es transmitido "con inteligente discriminación". La última frase entiendo que quiere decir que debería ser compartido con aquellos que están abiertos y buscan ese conocimiento y no tratar de inculcarlo a la gente por la fuerza.

¿Está siendo enseñada la meditación ocultista en alguna parte actualmente? (Junio '85)

Este no es un tema que pueda enseñarse, pero puede ser y es practicada por muchos discípulos en diferentes partes del mundo y es supervisada por los Maestros.

¿Ya no será necesaria la meditación cuando ocurra la reaparición del Cristo? (Noviembre '85)

No, por el contrario. La presencia de Maitreya y los Maestros entre nosotros proporcionará un gran estímulo a todas las formas de meditación.

¿Habrá nuevas técnicas de meditación dadas por Maitreya? ¿Serán diferentes de las que ya existen? (Noviembre '83)

No. No será función de Maitreya dar nuevas técnicas de meditación. Eso es como esperar que el director general de una gran compañía internacional enseñe a los aprendices la rutina de la oficina. Las técnicas de meditación son, y seguirán siendo, enseñadas por discípulos de los Maestros. Con el paso del tiempo y cuando los discípulos estén preparados, las formas de meditación serán dadas por los Maestros mismos, que trabajarán exotéricamente.

¿Es cierto que la meditación disminuye el índice de criminalidad como los meditadores de la MT (Meditación Trascendental) mantienen? (Abril '84)

Creo que en alguna media lo hace. Toda acción humana es el resultado de la respuesta a las energías y a las ideas que encarnan esas energías. Un gran grupo de personas dedicadas a la meditación dinámica crea ondas de pensamiento de un tipo constructivo lo que debe tener alguna influencia en la atmósfera mental circundante.

¿Qué podemos hacer sobre el problema de la tensión que se siente en la cabeza y también de los dolores de cabeza resultantes debido a la meditación? (Noviembre '85)

Si la meditación se hace correctamente no debería haber tensión o dolores de cabeza. Quien hace la pregunta está evidentemente esforzándose demasiado, es demasiado vehemente y está ansioso por tener éxito. Es importante estar tan relajado como sea posible, especialmente en la cabeza, cuello y hombros. Durante la meditación personal, puede haber una sensación de presión y sentir como una banda alrededor de la cabeza –el flujo descendente de la energía del alma– pero esto es agradable, incluso cuando es intenso. Durante una Meditación de Transmisión, las energías igualmente dan una sensación de presión cuando pasan a través de los chakras. Pero en ambos casos la presión es temporal y no debería dar lugar a dolores de cabeza.

Con el florecimiento del centro etérico del corazón viene frecuentemente malestar al corazón físico. ¿Qué plan de acción, si hay algu-

no, podría tomarse para disminuir la severidad de estas reacciones? (Julio/Agosto '85)

Con todo respeto, yo no acepto esta declaración. La pregunta viene de la misma persona que sufre de tensión y dolores de cabeza debido a la meditación. Es un problema de tensión general. Mantenga la atención *lejos* del corazón físico. Si hay alguna duda sobre la salud del corazón, debería consultarse a un doctor para un reconocimiento médico.

En *El Descubrimiento del Tercer Ojo*, Vera Stanley Alder dice (pág. 134, versión inglesa) que una operación que produce las funciones del tercer ojo pertenece al reino de la magia negra. Sin embargo, T. Lobsang Rampa, un Abad superior de una lamasería tibetana, ha declarado que siendo joven sufrió una operación que le produjo un tercer ojo. ¿Es posible una operación de este tipo sin estar en el dominio de la magia negra? (Marzo '85)

Hay una idea generalizada pero errónea de que el tercer ojo está siempre 'ahí' y que sólo necesita ser abierto – por el toque de un Maestro, un proceso mágico, o, como en el libro de 'Lobsang Rampa', por una operación. El tercer ojo, en realidad, tiene que ser creado por el mismo discípulo, por medio de la meditación. Se forma gradualmente por la interacción y superposición de los campos de energía que es irradiada (con el tiempo) del cuerpo pituitario y la glándula pineal. No hay forma en la que una operación pueda provocar la función de este órgano puramente etérico.

¿Es posible que el Tercer Ojo cambie de posición? Vi que sucedió en el caso de un conocido. Se desplazó a la derecha y alguien más vio clarividentemente que sucedió lo mismo conmigo. Si esto es posible, ¿por qué se desplaza y por qué a la derecha? (Diciembre '85)

No es posible que el 'tercer ojo' se desplace, ni a la derecha ni a la izquierda. Sólo puedo atribuir su percepción y la del 'clarividente' a la alucinación. La persona podría ver un movimiento aparente debido al movimiento de las energías etéricas que están sobre, más allá, dentro y alrededor de él, pero el propio centro, el llamado tercer ojo, no se mueve. Al igual que una estrella parece moverse cuando se observa a través de la atmósfera de la Tierra y lo que realmente vemos es el movimiento de la atmósfera en lugar del de la estrella, así ocurre es con el 'tercer ojo': mantiene su posición, mientras que la energía de alrededor se mueve.

La Meditación de Transmisión – Su Papel Vital

El verdadero papel de la humanidad es actuar como un centro distribuidor de energías, una especie de subestación para que las energías por encima de la humanidad vayan a los reinos por debajo de nosotros. En el futuro, haremos este trabajo conscientemente, científicamente, para estimular, por ejemplo, el factor–inteligencia en el reino animal, o (como ya hacemos en alguna medida) para purificar y perfeccionar especímenes específicos del reino vegetal. Ni siquiera hemos empezado a utilizar el potencial creativo que tiene la humanidad en relación con estos reinos inferiores, cuya evolución es nuestra mayor responsabilidad. Ellos evolucionan por medio del estímulo que nosotros podamos darle. Cada reino se desarrolla del reino inmediatamente por debajo de él, el vegetal del mineral, el animal del vegetal, el humano del animal, el espiritual del humano. Cada reino evoluciona como consecuencia del estímulo del reino inmediatamente por encima de él. La forma física viene de abajo y el estímulo espiritual para la evolución viene de arriba. Es obvio que cuanto más estímulo evolutivo superior podamos aplicar a los reinos inferiores, más rápido y más perfectamente evolucionarán.

Nosotros podemos trabajar en relación con los reinos inferiores, exactamente como los Maestros de la Jerarquía Espiritual, el siguiente reino por encima del humano, actúan en relación con nosotros. Cada reino se mueve hacia el reino por encima de él mediante el proceso de hacerse 'radiactivo', irradiando energía. Cuando el reino mineral se vuelve radiactivo, los minerales más avanzados se transforman gradualmente al reino vegetal y del vegetal al animal y así sucesivamente, cada vez más arriba. Cuando un hombre o una mujer se vuelve radiactivo, él o ella puede comenzar a pasar del reino humano al reino de las almas, el reino espiritual. Será completamente obvio cuán importante es absorber del reino de las almas (la Jerarquía Espiritual del planeta, los Maestros e Iniciados de la Sabiduría), toda la energía espiritual que es enviada a nosotros y a través de nosotros.

La Meditación de Transmisión es simple y sin embargo realiza una serie de diferentes facetas del trabajo muy importantes. En primer lugar, es un acto de servicio. No conozco ningún otro medio de servicio al mundo de tal potencia, tal valor e importancia, que esté tan claramente de acuerdo con la línea de evolución del Plan, y que al mismo tiempo sea tan sencillo y fácil. Llegar a ser un santo es realmente bastante difícil; cuidar de los hambrientos, de los millones de indigentes de Calcuta es una tarea considerable – como bien sabe la Madre Teresa. No todos somos Madres Teresas. No obstante todos nosotros podemos dedicar unas pocas horas a la semana para sentarnos silenciosamente, absorbiendo y transmitiendo la energía de la Jerarquía.

Es muy sencillo, y sin embargo no puedo enfatizar suficientemente el valor de estas pocas horas empleadas de esta forma. Ayuda al mundo más de lo que podríamos imaginar, y es al mismo tiempo un medio de realización personal; no conozco otro método de servicio que contribuya a crear tan vasto y rápido desarrollo espiritual interno. Es un yoga y un campo de servicio entregado a nosotros 'en bandeja'. Es imposible hacer este trabajo durante cualquier periodo de tiempo sin descubrir que realza cualquier otro trabajo que podríamos hacer. La mayoría de las personas, después de seis meses más o menos de trabajar en un grupo de Transmisión se encuentran siendo sutil, pero definitivamente transformadas, interna y psicológicamente. Es imposible transmitir estas grandes fuerzas espirituales sin ser transformados al mismo tiempo.

Los Maestros, cuando miran hacia el mundo y ven a los aspirantes y discípulos, no sintonizan con sus pensamientos para saber lo que están haciendo y pensando. Ellos ven el estado de sus centros, ven la luz, brillante o no, que rodea a ese individuo. Esa luz, por supuesto, es el resultado de la actividad vibratoria de los centros. En la Meditación de Transmisión, las energías estimulan los centros a través de los cuales fluyen y el desarrollo tiene lugar automáticamente, y de una manera científica. Hay muchas técnicas de meditación y de yoga que aspiran a la misma estimulación de los centros, y aunque puedan tener valor pueden ser peligrosas si no se realizan bajo la guía de un Maestro. Este trabajo de transmisión, por el contrario, siempre se lleva a cabo bajo la supervisión de los Maestros y es perfectamente seguro.

Cada vez más personas están empezando a comprender el valor de la meditación grupal en vez de la individual. La meditación grupal intensifica, potencia, el valor energético de la meditación. En el grupo de Transmisión, se puede enviar más energía de forma segura a través del grupo de la que podría ser enviada por medio del mismo número de personas de forma individual. En un sentido muy real, hay seguridad en los grupos. La ventaja, también, de la Meditación de Transmisión es que no interfiere con cualquier otro tipo de meditación que uno podría hacer. Por el contrario, la Meditación de Transmisión aumentará el valor de su meditación personal.

Todo lo que se requiere es la determinación de realizarla con una rutina regular en la vida de uno. La regularidad es muy importante. Establece un ritual, un ritmo, que tiene su propio valor. Es importante que los miembros del grupo de Transmisión se reúnan regularmente, una o dos veces a la semana, o cuando sea, pero siempre el mismo día y a la misma hora. De esta manera los Maestros saben que en un determinado lugar y hora habrá un grupo preparado para transmitir la energía de Ellos al mundo. Descubriremos que este trabajo es una puerta que conduce a un sendero que nos lleva directamente a la Jerarquía. Es parte de un proceso planificado por la Jerarquía por el que los aspirantes y discípulos del mundo trabajarán de forma cooperativa unos con otros y con la Jerarquía misma.

Muchas personas quiere acercarse a la Jerarquía, tanto si están preparadas para ello como si no; ellas querrían encontrar un Maestro, trabajar con un Maestro. La Meditación de Transmisión no es una vía para encontrarse con Maestros, pero sin duda es la forma más sencilla de *trabajar* con Ellos. Los Maestros están ocupados desde hace literalmente millones de años, en transmitir la energía de la que son los custodios a través de los grupos en el mundo. Estos grupos pueden ser cristianos o judíos, hindúes o cualquier otro; pueden ser grupos específicos como los Teósofos o los Rosacruces, y así sucesivamente. Nunca ha habido un acto de adoración o servicio en una iglesia o un templo en cualquier lugar y tiempo, que no fuera a la vez una transmisión de energía. Podría haber sido una energía más o menos potente y la actividad más o menos consciente, pero la energía estaría allí. El continuo requerimiento de la Jerarquía es que haya grupos en el mundo preparados para transmitir Su energía para el beneficio del mundo.

Al comienzo de una Meditación de Transmisión, se utiliza normalmente el mantra u oración llamada la Gran Invocación, y por este medio se invoca la energía de la Jerarquía. Muchos grupos también utilizan casetes de los *Mensajes de Maitreya*, dados a través de mí, entre septiembre de 1977 y mayo de 1982. En el momento de escuchar un Mensaje, la energía, que fue liberada cuando el mensaje fue dado y está magnetizada en la cinta, se vuelve a liberar. Aquellos que no tienen casetes puede leer juntos en voz alta uno o dos de los mensajes antes de la Transmisión. Esto tiene el mismo efecto de invocar la energía de la Jerarquía. Es imposible, creo yo, leer en voz alta estos Mensajes con una intención seria sin invocar la energía del Cristo. Lo mismo, naturalmente, se aplica a la Gran Invocación, que fue dada específicamente para este propósito.

Un aspecto importante del trabajo de Transmisión es el alineamiento entre el cerebro físico y el alma. Cualquiera que haya hecho algún tipo de meditación está haciendo ya eso. Todo el propósito de la meditación es efectuar ese alineamiento y después la gradual unificación entre el cerebro físico y el alma. Mientras se dice la Gran Invocación o los Mensajes del Cristo, y durante toda la Transmisión, la atención debe ser mantenida en el centro entre las cejas. Este es el centro directriz. Se observará que la atención divagará. Cuando esto suceda, debe entonarse el mantra OM internamente, mentalmente, y la atención volverá a este centro automáticamente. Es importante estar relajado, física y mentalmente.

Esta actividad no es un acto de adoración. Muchas personas se acercan a estas Transmisiones como si estuvieran yendo a la iglesia. Debe hacerse de forma relajada y con alegría (ir a la iglesia también debería ser algo relajado y alegre, pero rara vez lo es). La Meditación de Transmisión es una actividad importante, seria y útil, pero debe hacerse suavemente y de una manera relajada. No meditamos en el OM, sino que utilizamos el OM para llevar la atención al chakra o centro. Eso es todo lo que hay que hacer – los Maestros hacen el verdadero trabajo. Es importante, sin embargo, permanecer *positivo* y *mentalmente equilibrado* – lo opuesto a un enfoque pasivo y negativo. Los Maestros eligen los centros. Ellos eligen la energía. Saben la cantidad de energía que cada persona puede manejar y la envían a través del grupo a donde se necesita. Nosotros no dirigimos la energía a ningún lugar, grupo o individuo en particular.

Este es un proceso forzado, o situación de invernadero. En un año de trabajo de Transmisión se puede alcanzar el desarrollo interno que se lograría con muchos años de otras formas de meditación.

¿Cuánto tiempo debería durar una Transmisión? Depende de la experiencia del grupo (tres o más forman un grupo) y del punto de evolución de sus miembros. Lo mejor es seguir meditando durante tanto tiempo como las energías fluyan. Sugiero un mínimo de una hora, aumentando gradualmente hasta alrededor de tres horas. Aquellos que quieran marcharse podrán hacerlo sin interrumpir la Transmisión de los demás. (Abril '83)

[Los lectores pueden consultar el libro *Transmisión – Una Meditación para la Nueva Era* de Benjamin Creme, para más información sobre la Meditación de Transmisión.]

La Energía de Transmisión

¿Son las energías que están llegando por medio del Impulso Espiritual dirigidas hacia los medios de comunicación, y harán que Maitreya se manifieste? (Junio '84)

[En la primavera de 1984, la Jerarquía planeó una manifestación importante – impulso espiritual – y todos los trabajadores espirituales y los grupos de Meditación de Transmisión en particular, fueron invitados a estar disponibles para el mayor servicio durante el período comprendido entre el final de marzo hasta junio – a lo largo del período de los tres Festivales de Primavera: el de Pascua, el de Wesak en mayo y el Festival del Cristo en junio]

Las energías liberadas durante el Impulso Espiritual no se dirigen a ninguna categoría especial de personas. Crean, más bien, una nueva atmósfera en la que se espera que puedan tomarse mejores decisiones con respecto a las relaciones internacionales. Toda mejora de la tensión y las condiciones del mundo facilitan el emerger de Maitreya (cumpliendo con las condiciones de Su emerger), pero no se puede decir simplemente que "harán que Él se manifieste". Esto depende más directamente del consumo que hagan (los medios de comunicación como representantes de la humanidad) de una determinada, simbólica, cantidad de energía en 'buscarlo'.

¿De dónde emanan las energías para el Impulso Espiritual? (Junio '84)

De los Ashrams de la Jerarquía, pero sobre todo de fuentes cósmicas. El Cristo, Maitreya, se halla en el centro de un triángulo de energías cósmicas y las transforma (las aminora) para que podamos hacer un mejor uso de ellas. Estas provienen de una Entidad cósmica llamada el Avatar de Síntesis que no es de nuestro sistema y no puede descender más abajo del plano mental de esta tierra; de una Entidad llamada el Espíritu de Paz o Equilibrio, Quién adumbra a Maitreya en una forma muy similar a la que Maitreya empleó para adumbrar a Jesús en Palestina; y del Buda, Quien trae el aspecto Sabiduría desde los niveles cósmicos.

Estas tres fuerzas están focalizadas a través de Maitreya como centro del triángulo. En el Wesak (en la luna llena de mayo), el Buda agrega la Fuerza de Shamballa; la energía Voluntad de nuestro principal centro planetario. Esto por lo general sustituye a la energía del Avatar de Síntesis, hasta la luna llena de Libra (Octubre), aunque, en los últimos años, se ha mantenido fluyendo hasta noviembre o diciembre, cuando el Avatar de Síntesis se hace cargo nuevamente. La energía del Avatar de Síntesis es similar a la Fuerza de Shamballa, pero está más ampliamente basada (sintetizando Voluntad, Amor e Inteligencia). Por lo tanto, es más segura de usar que la energía dinámica de Shamballa pero más lenta en su efecto.

¿Llevarán a cabo estas energías (durante el impulso espiritual) el trabajo de destruir las viejas formas o reconstruirán unas nuevas? (Junio '84)

Ellas están principalmente para cumplir con la creación de un nuevo ambiente y condiciones de confianza; un sentido de síntesis global; y el estímulo del idealismo espiritual en las masas de la gente. Todos estos esfuerzos conducen a la creación de nuevas formas.

¿Por qué es mayor el Impulso este año? (Junio '84)

El Impulso Espiritual ocurre cada año durante los meses de primavera, pero este año es extraordinariamente potente, lo que mi Maestro ha llamado una 'manifestación mayor'. Este es visto como un año de incremento de la tensión – debido a la forma mental de '1984' – y también como un año de oportunidad. Se piensa (por la Jerarquía) que la humanidad está ahora en condiciones de tomar ciertas decisiones sobre su futuro que hasta ahora no era capaz de hacer – al menos conscientemente. Esto podría conducir a una reducción de la tensión.

¿Qué hace la Jerarquía con todas estas energías? (Mayo '83)

Sólo la Jerarquía podría saber lo que hacen con ellas. Las envían a donde son necesarias, que podría ser a un país o área particular del mundo, o bien simplemente para 'reponer', como decimos nosotros, y mantener en un nivel alto, la reserva de las energías espirituales en el mundo. Es realmente muy importante que las personas de los grupos de Transmisión no dirijan las energías. Deberían dejar esto a los Maestros, que son los únicos que saben dónde son necesarias y en qué proporción y potencia particulares. Esta es una situación que cambia a cada momento que sólo el Cristo tiene la ciencia de comprender. Así pues, aunque pudiera haber una crisis en el Oriente Medio y ustedes pudieran pensar "qué buena idea enviar algo de energía buena al Oriente Medio", podrían estar haciendo totalmente lo incorrecto. La energía que fuera transmitida a través del grupo en ese determinado momento podría ser justamente la energía que no se necesita en el Oriente Medio; tal vez, al contrario. Así que no se debería enviar a ningún grupo, país, o persona en particular.

El Cristo está a cargo de estas energías todo el tiempo, en cualquier momento. Cuando Él mira al mundo con todos sus problemas, piensa sobre ello energéticamente; qué estímulo necesita, qué cuidadosa manipulación necesita, o qué energía necesita, tal vez, ser retirada. No sólo eso, sino que todas las energías tienen cualidades diferentes. Así que Él no envía lo que nosotros llamamos energía, sino la energía de voluntad, o de amor, o de organización, o cualquier otra. Es la combinación de éstas lo que produce efectos en el mundo. Así que pueden ver ustedes lo inútil que es tratar de decidir por uno mismo lo que esa energía podría hacer, o debería hacer. Es una ciencia tan compleja y oculta que sólo los Maestros pueden conocer.

¿Cuán eficaz es realmente la transmisión de las energías? (Noviembre '83)

No es posible para nosotros saber exactamente cómo es de efectiva la transmisión de las energía, pero el hecho de que la Jerarquía envía las energías y fomenta la formación de grupos de Transmisión muestra la importancia que Ellos dan a este trabajo. Mi información es que es, sin duda, de importancia primordial.

¿Es la Meditación de Transmisión acelerada en los puntos energéticos del mundo, por ejemplo, en Stonehenge en Inglaterra? (Abril '86)

No. Creo que aquí hay un malentendido. Las energías transmitidas no dependen de algún estímulo físico exterior sino del Plan de los Maestros que las envían, y del punto de evolución de las personas de los grupos de Transmisión. Cuanto más evolucionadas las personas, más potente puede ser la energía enviada de forma segura por la Jerarquía.

¿A través de qué chakras entran las energías, y a través de cuáles salen? (Mayo '83)

Esto depende del punto de evolución y también de la estructura de rayos de la persona en cuestión, la línea de fuerza en que las personas están, como almas, como personalidades, con los cuerpos mental, astral y físico – todos estos pueden ser de rayos diferentes. Así que no es posible decir que estas energías entran a través de un centro en particular y salen por otro; depende del individuo. Las personas varían enormemente según el estado de desarrollo de los chakras individuales. Así que si un chakra a través del cual esa energía de rayo particular fluiría normalmente no está abierto lo suficiente, otros chakras pueden ser utilizados por los Maestros para transmitir. Hay un límite hasta qué punto eso puede hacerse, pero dentro de estos límites se hace.

Por lo tanto, en términos generales, las personas recibirán y transmitirán energías de acuerdo con su propia línea de fuerza. Ustedes saben que hay siete energías de rayo, y las personas pueden estar a lo largo de la línea 2–4–6, o de la línea 1–3–5–7. Un grupo puede estar compuesto por personas de todos los diferentes rayos. Mientras las energías están siendo transmitidas, ustedes podrían encontrar que la mitad del grupo está transmitiendo las energías de los rayos 2-4-6 y la otra mitad transmitiendo las energías de los rayos 1-3-5-7. Y por supuesto, también hay algunos grupos que están en una línea u otra.

Estoy un poco confundido por su respuesta a una pregunta en la que habla de estar en la línea 2-4-6 o en la línea 1-3-5-7. Esto parece contradecirse con su lista de los rayos de las personas. Usted también parece hablar de la mezcla de las dos líneas en los grupos. ¿Es esto parte de la creación de la armonía a través del conflicto con la creciente influencia del cuarto rayo? (Julio/Agosto '83)

Sólo hay tres rayos de Aspecto: los rayos 1, 2 y 3. Los rayos 4, 5, 6 y 7 –los rayos de Atributo– surgen de estos tres básicos, cualificándolos añadiendo cualidades específicas. Los rayos 4 y 6 tienen una estrecha relación con el 2º, el 7º con el 1º, y el 5º con el 3º. Como *almas*, los grupos tenderán, por lo tanto, a estar a lo largo de una u otra de estas dos líneas de fuerza (1-3-5-7 y 2-4-6). Por supuesto, cada individuo puede tener cualquiera de los rayos que gobiernan sus vehículos inferiores, como en la lista antes citada.

Hay una tendencia en la Jerarquía para dar a cada línea de energía experiencia para manipular y transmitir la energía de la otra línea, que es un método más eficiente de distribuir las energías. Esto no tiene que ver específicamente con el 4º rayo entrante.

(1) ¿Alguien que no posee un determinado rayo sería capaz de canalizar ese rayo en la Meditación de Transmisión? (2) Presuponiendo que puedan sentir las energías, ¿sentirían las de ese rayo? (Octubre '86)

(1) Alguien que hubiera estado trabajando en un Grupo de Transmisión durante un tiempo considerable es casi seguro que sería capaz de canalizar la energía de un rayo que no fuera suyo. (2) Muy probablemente, si fueran sensibles a las energías, lo sentirían también. Dependería del individuo y del propio grupo.

Durante la Meditación de Transmisión, ¿pasan las energías de los Maestros a través de los siete chakras o sólo de los tres superiores – los centros del corazón, garganta y ajna? (Abril '86)

Depende del punto de evolución del individuo y por lo tanto de qué chakras están abiertos y pueden ser utilizados. Con la mayoría, son utilizados el del corazón, garganta y ajna. Con algunos, también se utiliza el chakra coronario. Con otros más avanzados, se utilizan todos los siete chakras.

Si nuestros chakras están insuficientemente abiertos (por razones kármicas), ¿puede la Meditación de Transmisión (1) provocar una mejora de nuestro estado general; (2) conducir a un agravamiento de nuestros problemas; (3) ser ineficaz; (4) dar lugar a una distorsión de estas energías; (5) en resumen, deberíamos y podemos todos transmitir? (Abril '86)

(1) Sí. (2) No. (3) Sí. (4) No. (5) Sí. La totalidad del proceso es altamente científico y está bajo el control de Maestros científicos.

¿Por qué la gente tiene la experiencia de que la energía de Transmisión es diferente en distintas noches? (Mayo '83)

Creo que aquí hay dos factores. Uno es que las energías en sí pueden ser diferentes, tener diferentes cualidades, y tener un efecto diferente en ustedes. El otro es que las personas varían de una noche a otra, debido a los patrones de trabajo, o la presión de la atmósfera; están más o menos cansadas, más o menos vitalizadas, y por lo tanto probablemente absorben, cuando la vitalidad es baja, menos energías que otras veces. El potencial de energía es exactamente proporcional a la tensión espiritual. Obviamente, las personas que están más avanzadas en la evolución absorberán y transmitirán energía de mayor potencia que aquellas que están menos evolucionadas. Tendrían una mayor tensión espiritual (no estoy hablando de tensión física).

Nuestra propia tensión espiritual varía cada día. Así que, de la misma forma, recibiremos tal o cual potencia de energía un día, y más o menos en otro día. Por supuesto, la tensión del grupo se compone de la suma total de las tensiones individuales.

Otra cuestión es que las propias energías son enviadas por los Maestros y son descendidas por Ellos a diferentes niveles. La energía una noche puede no parecer en absoluto fuerte, no porque no se esté enviando poderosamente, sino porque no se está recibiendo sensiblemente – podría ser tan alta que el aparato de las personas no puede percibirla. La misma energía descendida a un plano inferior la sienten como 'energía fuerte', porque son sensibles a ella en el nivel inferior. Cuanto más bajo sea el plano más sentimos la energía. Pensamos sólo que es 'fuerte', lo que sentimos fuertemente. Eso depende de nuestro instrumento. En realidad no tiene que ver con la fuerza u otra cualidad de la energía – puede ser, pero no necesariamente.

Si una persona está cerrada al esoterismo, ¿se puede establecer el contacto energético (en la Meditación de Transmisión)? (Abril '86)

Sin duda alguna. Este es un proceso científico y no depende de una 'creencia' o de un conocimiento académico.

¿Cuál es la mejor forma de aprovechar la energía vital primaria del universo? (Mayo '86)

Convirtiéndose en un estudiante de la Sabiduría Eterna y poniendo sus preceptos en práctica.

¿Cuánto tiempo deberíamos transmitir? (Mayo '83)

Los grupos varían enormemente en el periodo de tiempo sentados en la Transmisión – desde media hora a 5, 6 o 7 horas, una, dos o tres veces a la semana. Conozco grupos que comienzan a las siete en punto y terminan a las siete y media y luego toman té y pasteles, charlan y así sucesivamente, y están muy orgullosos de ser un grupo de Transmisión, media hora por semana. Algunos piensan que tienen que comenzar a una hora determinada y terminar a una hora determinada todos juntos. Este no es el caso. Es importante, conveniente y práctico, que un grupo empiece la Transmisión a la misma hora, pero no hay ninguna razón en absoluto por la que la duración de la Transmisión debiera ser regulada por la capacidad de concentración del miembro más débil. Muchos líderes de grupos me han dicho: "Pero ellos no quieres quedarse más tiempo, se cansan después de media hora, quieren irse a casa o tomar el té". Así que debería ser opcional. Aquellos que deseen permanecer más tiempo deben quedarse más tiempo y aquellos que deseen marcharse pueden irse.

Cuanto mayor es el número de miembros del grupo más puede potenciarse la energía. La energía no es enviada individualmente a través de los miembros del grupo. Si ustedes forman una unidad básica de tres personas, eso es un triángulo; si ustedes son seis personas, eso hace posible muchos triángulos, y es por medio de estas formaciones triangulares –que pueden expandirse y formar figuras de estrellas y diversas formas geométricas– que los Maestros envían la energía. Esto potencia la energía enormemente. Así que, obviamente, cada vez que alguien abandona el grupo para irse a casa el grupo se debilita. Sin embargo es aún mejor que la Transmisión continúe adelante con menos personas durante un tiempo más prolongado que estar todo el grupo durante un tiempo muy corto.

Conozco personas que a veces tienen que venir desde largas distancias, y además quieren reunirse socialmente después, así que quieren mantener la Transmisión corta. Sin embargo es más importante dar más tiempo a la Transmisión que charlar con el grupo. Eso puede ser agradable pero no es servicio, y el trabajo de Transmisión es servicio. No obstante cada uno tiene todo el derecho de dejar la reunión del grupo silenciosamente en cualquier momento y dejar a los demás continuar.

Yo sugeriría una hora como mínimo con el objetivo de aumentar gradualmente a tres o cuatro horas, o durante tanto tiempo como las energías fluyan.

En relación con la formación de los triángulos y su función en la potenciación de las energías, consideren lo siguiente: al agregar una persona a la unidad básica de tres personas aumenta el número de posibles triángulos a cuatro. Con sólo dos personas más, haciendo un grupo de cinco, hay diez triángulos. Seis personas hacen veinte triángulos, siete hacen treinta y cinco, ocho hacen cincuenta y seis triángulos, nueve hacen ochenta y cuatro y diez personas hacen posible ciento veinte. Y así sucesivamente. Es evidente, por lo tanto, que con la presencia de cada miembro adicional la actividad del grupo llega a ser más potente – y se debilitada por la ausencia de cada miembro. Por medio de esta multiplicidad de triángulos pueden transmitirse con seguridad energías enormemente potentes a través de grupos relativamente inexpertos.

Alineamiento del Alma

¿Qué tan importante es el alineamiento antes de la Meditación de Transmisión? (Septiembre '84)

Muy importante. Esencial. Es el alineamiento entre el cerebro y el alma lo que permite a los Maestros, que trabajan desde el nivel del alma, canalizar las energías a través de los grupos.

¿Es necesario haber alcanzado un nivel determinado para sacar provecho y servir por medio de la Meditación de Transmisión? (Noviembre '85)

Hay un proceso de auto–selección por el cual únicamente aquellos suficientemente evolucionados que *desean* servir serán atraídos a la Meditación de Transmisión. No obstante, aparte de esa disposición, no se requiere ninguna experiencia o pericia especial para transmitir de esta manera las energías Jerárquicas.

¿Oscurecen nuestros pensamientos el canal de alineamiento durante la Transmisión? (Mayo '83)

Sí, pero eso no quiere decir que si uno está pensando, no estaría transmitiendo las energías. Es una cuestión de grado. Tan pronto como se realiza el alineamiento entre el cerebro físico y el alma, la energía puede ser transmitida. Así que todo lo que tiene que hacer durante la Transmisión es mantener el alineamiento. Si puede mantener ese alineamiento y pensar a la vez, sus pensamientos no tienen efecto alguno sobre la energía. La concentración necesaria es realmente la concentración de mantener el alineamiento, pero si éste se mantiene allí todo el tiempo, normalmente no hay necesidad de la concentración para mantenerlo. Lo que interfiere, por supuesto, es la dirección del pensamiento. Las formas de pensamiento astrales decoloran realmente las energías. La naturaleza de la mente inferior es pensar, y mientras uno no siga al pensamiento, no lo dirija, éste no tiene ningún gran impacto sobre la energía. Si uno enfoca el pensamiento sobre una persona determinada, un grupo, o un país, dirige la energía a esa persona, grupo o país, que es exactamente lo que no se quiere. Así que mientras menos piense, tanto mejor, pero eso no significa que la actividad de la mente inferior tiene algún impacto importante sobre el flujo de la energía. La cuestión es que, la perfección es lo mejor, pero no es absolutamente esencial.

¿Hay disposiciones de ánimo o estados mentales que impiden a uno tener transmisiones útiles? (Mayo '83)

Sí que los hay. Las condiciones de angustia, ira, especialmente ira, temor – en otras palabras, las reacciones emocionales violentas, astrales no son propicias para el tipo de alineamiento del alma que es necesario para la Transmisión. Por otra parte, si uno puede hacer el alineamiento a pesar del desorden emocional, encontrará que las energías espirituales serán muy favorables para neutralizar ese estado de ánimo.

¿Deben hacer la Transmisión sólo personas mentalmente estables y bien centradas? (Mayo '85)

En principio, la Transmisión deberían hacerla sólo las personas mentalmente estables y bien centradas. En casos específicos puede beneficiar a alguien que no encaja necesariamente en estas categorías, pero en principio, las personas desequilibradas no deberían tomar parte. Las energías son demasiado elevadas y hay peligro de sobreestimulación.

¿No es peligroso decir: "Medite, usted no necesita trabajar, las energías harán el resto"? ¿No podríamos recibir, de esta manera, energías negativas si no tenemos los medios para diferenciar entre energías positivas y negativas? ¿No le parece que muchos de los principiantes podrían ser engañados de esta forma? (Abril '86)

En absoluto. Yo no digo: "usted no necesita trabajar, las energías harán el resto". Lo que digo es esto: La Meditación de Transmisión es extraordinariamente potente pero muy simple de hacer porque el "trabajo" verdadero lo hacen para uno los Maestros. Todas las energías que ellos envían de esta forma son espirituales y 'positivas'. Lo que se requiere, sin embargo, es mantener el alineamiento entre el cerebro físico y el alma. Esto asegura la continuidad del canal con la Jerarquía y un enfoque mental positivo y equilibrado.

¿La Meditación de Transmisión fortalece la intuición lo mismo que la meditación 'normal'? (Mayo '84)

Sin duda alguna. Toda actividad (meditación y/o servicio) que invoca las cualidades del alma en la vida de la personalidad fortalece la intuición. La Meditación de Transmisión es un proceso dinámico forzado, por medio del cual la naturaleza del alma es invocada poderosamente. Durante la Transmisión, debido a que los centros son activados y galvanizados, su mente se vuelve increíblemente clara y creativa. Por medio del alineamiento entre el cerebro físico y el alma, que es necesario para hacer la Transmisión, el antahkarana –el canal de la luz entre el alma y el cerebro– se mantiene abierto. Por lo tanto, es más fácil para el alma acrecentar la intuición del individuo.

También se consigue una actividad inspiradora. Las ideas fluyen a menudo desde el nivel del alma hacia las mentes de los individuos receptivos y muchas personas tienen muy buenas ideas durante la Transmisión. Pero ese no es el objetivo. El objetivo es el acto de servicio de reducir la energía para que llegue a ser útil a una amplia parte de la humanidad. La finalidad real, el verdadero motivo, es el servicio.

Entiendo que la meditación personal es una orientación hacia nuestra propia alma por medio de la construcción del antahkarana. ¿Prosigue también este proceso durante la transmisión? Y, ¿está el alma misma alineada hacia Maitreya y la Jerarquía? (Abril '85)

La respuesta a ambas preguntas es sí. La Meditación de Transmisión orienta a uno no sólo hacia la propia alma, sino al Reino de las Almas – la Jerarquía Espiritual, y potencia cualquier meditación personal que estemos haciendo. Además, básicamente, las Transmisiones tienen lugar desde el nivel del alma e implican tanto al alma como a su reflejo, el yo personal.

¿Cómo puedo saber la diferencia entre una Meditación de Transmisión y mi propia meditación personal? (Mayo '86)

Por las circunstancias y el 'tacto' de la energía. Una Transmisión sólo tiene lugar como resultado de una invocación, ya sea en grupo o no; fue por esta razón que se dio la Gran Invocación en 1945. En la propia meditación personal, la energía del alma, si se sintiera, entra en los vehículos –mental y/o astral y/o físico– del meditador. En una Transmisión ella *fluye a través* de los chakras hacia el mundo.

¿Cómo y cuándo podemos transmitir más apropiadamente la energía de nuestra alma? (Mayo '86)

Aquí y ahora. Hay muchas técnicas diferentes para invocar y transmitir la energía del alma. Un ejemplo es la utilización consciente de la voluntad y la imaginación en la meditación.

¿Podemos conscientemente proyectar nuestra energía del alma para ayudar en alguna de las crisis mundiales que aparecen en las noticias? (Mayo '86)

Sí.

Tiendo a mantener mi atención enfocada en el centro ajna continuamente, incluso durante las actividades diarias. ¿No es esto peligroso? (Julio/agosto '84)

Esto ciertamente no es peligroso. Si usted mantiene realmente la atención enfocada en el centro ajna continuamente entonces está en el buen camino hacia el logro de la polarización mental. No obstante, compruebe lo que sucede a su atención cuando se encuentra en una situación que estimularía normalmente una fuerte reacción emocional. ¿Permanece su atención en el centro ajna o ha caído al plexo solar? ¿Qué centro está entonces activo?

¿Mientras dormimos estamos en comunicación o fusionados con nuestras almas? (Julio/Agosto '84)

Depende del nivel de sueño. Para la mayoría de la gente, hay momentos de sueño muy profundo en el que se establece el contacto con el alma y las baterías espirituales son recargadas. Estos son seguidos por fases de sueño relativamente ligero durante las cuales tienen lugar los sueños – una actividad de la mente inferior.

En la Meditación de Transmisión, ¿no hay peligro de crear un estado hipnótico al entonar continuamente el OM cuando uno tiene dificultad en concentrarse? (Abril '86)

En la Meditación de Transmisión no se entona el OM continuamente sino sólo para llevar la atención nuevamente al centro ajna (entre las cejas) cuando se aleja. En la práctica, comprobará que las propias energías ayudan a mantener arriba la atención.

¿Es mejor utilizar el OM durante la Transmisión en lugar de tu propio mantra? (Mayo '83)

Yo aconsejaría limitar el uso de su propia técnica de meditación y todo lo que ella implica, para esa meditación, que sería normalmente de veinte minutos o media hora, dos veces al día. Por otra parte, durante una Transmisión utilice el OM. La mayoría de las meditaciones que usan un mantra son meditaciones para 'ir hacia adentro', pero el trabajo de Transmisión es un tipo de meditación muy ligero – que no implica 'adentrarse' en absoluto. Así que yo separaría las dos. Comprobará que mediante el estímulo de los centros el trabajo de Transmisión favorecerá la meditación personal.

¿En la Meditación de Transmisión puede el método de la 'Sagrada Presencia en nosotros' en el corazón, por ejemplo, reemplazar la repetición del OM? (Abril '86)

Para algunas personas, sí. El problema es que las personas en general no son conscientes de su punto de evolución o del método correcto de meditación en ese punto. Es más seguro y por lo general más valioso enfocar la atención en el centro ajna y usar el OM para mantenerla allí. Este es el centro del corazón en la cabeza, el centro directriz, y su uso desplaza el enfoque al plano mental.

Por favor, explique la diferencia entre el uso del OM internamente y entonarlo en voz alta. (Abril '84)

Si uno entona el OM en voz alta, fija la energía en el plano físico. Si lo dice internamente, está colocándola en los niveles superiores del plano astral, y si lo piensa, la coloca en los planos mentales.

Los planos son solamente estados de conciencia, energías que vibran en ciertos puntos que nos hacen conscientes. Tenemos conciencia del plano físico; por lo tanto el plano físico es una realidad. Tenemos conciencia del plano astral (emocional); por lo tanto el plano astral es una realidad. Tenemos (más o menos) conciencia del plano mental; por lo tanto los niveles inferiores de ese plano son una realidad para la humanidad. El plano superior es siempre más potente que el inferior. La gente piensa que el plano físico es el plano donde todo sucede, pero en realidad el plano físico es el plano menos potente en el que las energías actúan. El

OM correctamente entonado internamente, es en realidad más potente que entonado correctamente en el plano físico. Lo es más en un nivel superior.

Al comienzo de la reunión, puede desear entonar en voz alta el OM al unísono. Eso elevará inmediatamente la vibración de la habitación. (Si usted está en una habitación en la que hay un grupo de Transmisión establecido, no es necesario hacer esto.)

Cuando uno entona el OM en voz alta, está diciendo en realidad A–U–M. Cuando uno dice A vibra en la base de la columna vertebral; cuando dice U vibra en el centro del corazón, o entre el plexo solar y el corazón, dependiendo de quien sea; y cuando dice M vibra en la cabeza. Si dice AUM está llevando simultáneamente las tres vibraciones desde la base de la columna a la parte superior de la cabeza. Ese es el poder del AUM. La entonación interna del OM no se utiliza para fijar la energía, sino simplemente para ayudar a enviar la energía hacia el mundo. El OM se utiliza para llevar nuestra atención al nivel del plano mental, de donde la energía puede entonces salir. Si nuestra atención está abajo en el plexo solar, si es ahí donde está nuestro enfoque, entonces la energía sale hacia el mundo en el plano astral y todas las formas de pensamiento astrales decolorarán las energías espirituales que transmitimos. Como su atención divaga, entone el OM internamente para traer su atención de vuelta al plano mental.

¿Pueden los mantras producir efectos perjudiciales si no se entonan correctamente? (Abril '84)

Sí. Los mantras producen sus efectos en relación con el progreso (es decir, estado de conciencia) de quien lo emplea. Cuanto más avanzado sea quien usa el mantra, tanto más potentes y correctos los efectos. El uso de los mantras, sin embargo, puede tener un mero efecto hipnótico.

Mis hijos, que tienen cuatro y dos años de edad, dicen OM cuando meditan porque imitan a sus padres. ¿Existen realmente peligros y cuáles son? (Abril '86)

No. Los niños que utilizan el OM lo hacen a un nivel tan ineficaz que nada hay que temer.

¿Cuánto mejora la Transmisión la utilización del tetraedro? (Mayo '83)

El tetraedro en sí no atrae las energías y no mejora en ninguna forma su recepción. Sin embargo, mejora la *transmisión* de las energías. Estas vienen directamente de los Maestros a nosotros a través de los chakras. Después van de nosotros al tetraedro. Este instrumento no es esencial, pero es un complemento muy útil y fue dado para este trabajo por mi Maestro. Hay sólo unos pocos de estos instrumentos hasta ahora en el mundo, mientras que hay muchos grupos de Transmisión – y hacen un buen trabajo. El tetraedro transforma aún más las energías, hace que bajen más de lo que nosotros podemos y, al voltaje reducido, les da, por último, un impulso final – potenciación.

También asegura que las energías sean enviadas al plano mental inferior, que es el plano del propio instrumento. Solamente por la forma que tiene, transforma automáticamente las energías bajándolas hacia el plano mental. Si fuera una pirámide, transformaría las energías en el plano astral, que no es el plano que queremos estimular. Así que, en resumen, no es esencial sino un complemento, un beneficio para el trabajo. Recomendaría desde luego a los grupos construir uno.

Transmisión y Psiquismo Inferior

¿Son válidas las visiones y los mensajes que la gente parece recibir durante la Transmisión? (Mayo '83)

Muchas personas me han dicho, "Tuvimos una transmisión maravillosa el viernes pasado, todos los Maestros estaban allí, las energías fueron asombrosas, hermosas, y nos dieron enseñanzas maravillosas". Eso es un disparate. Es puro espejismo, ilusión, y debería evitarse a toda costa. Si uno está haciendo eso, que pare. Los Maestros no dan enseñanzas maravillosas durante las Transmisiones. No dan ninguna enseñanza en absoluto durante las Transmisiones. Ellos simplemente transmiten las energías a través de las personas del grupo. Y todas las 'enseñanzas' y todos los 'Maestros' alrededor de esas personas están en la imaginación astral de ellas. Debido a que muchas personas, que vienen del movimiento espiritista a este trabajo más esotérico, creen que esto es lo mismo, pero no es así. No tiene nada que ver con el mundo 'espiritista' ni tampoco con los maestros de los planos astrales. Es un proceso científico mediante el cual los Maestros, trabajando desde el nivel búdico, pueden transformar Sus energías bajándolas hacia el plano físico.

¿Podrían las personas tener contacto con 'entidades' durante las Transmisiones? (Junio '83)

Sí, las personas de tipo mediúmnico pueden con facilidad mantener un enfoque pasivo negativo en el plexo solar, y así abrirse a contactos con entidades astrales. El peligro es inherente en todo trabajo de meditación; de ahí la necesidad de mantener un enfoque *mental* positivo (en el centro ajna).

Si las personas tienen contacto con 'entidades' o 'inteligencias' ¿dónde es probable que estas entidades trabajen? (Junio '83)

Sin excepción en los planos astrales y ninguna atención debería prestarse a tales contactos. Las personas tienen libre albedrío, pero si un individuo insiste en mantener esos contactos debería ser invitado a continuar su trabajo por su cuenta, fuera del grupo de Transmisión.

¿Es probable que las 'entidades' estén dando sugerencias sobre el trabajo de Transmisión diferentes de su consejo? (Junio '83)

Es posible. Hay muchas entidades maliciosas en los planos astrales que podrían hacer eso por medio de una persona mediúmnica. Todo lo que aporte debería ser ignorado. No tiene ninguna relación con este trabajo que procede de la Jerarquía.

¿Es probable que esas entidades puedan influir en las energías? (Junio '83)

No, en absoluto. Las energías están bajo el completo control del Cristo y Su grupo de Maestros.

Cuando un grupo está transmitiendo ¿qué es lo que impide a alguna entidad o entidades dirigir las energías adonde ellas desean? ¿No es un espejismo pensar que los Maestros están dirigiendo las energías? ¿No está uno en cierto sentido renunciando a su libre albedrío? (Septiembre '84)

Si uno está trabajando en un grupo de Transmisión puede suponerse, creo yo, que habrá aceptado que las energías que se canalizan a través de uno vienen de la Jerarquía. Puesto que este es el caso, ¿no es también lógico que los Maestros envíen estas energías consciente y científicamente, dirigiéndolas según la potencia, el equilibrio y el destino? Siendo esto así, ¿no es también lógico suponer que siendo Maestros Científicos y Conocedores, Ellos pueden impedir, y así lo hacen, cualquier interferencia con su trabajo y propósitos? La Transmisión es un acto de servicio, emprendido voluntariamente. Por lo tanto, en ningún sentido estamos renunciando a nuestro libre albedrío.

¿Son los 'espíritus guías' una realidad? ¿Son ellos nuestras almas? (Octubre '84)

Es cierto que hay un gran número de entidades desencarnadas que habitan en los diversos niveles de los siete planos astrales o en los planos mentales inferiores que proporcionan 'orientación' a través de médiums y personas sensitivas en el plano físico. Esta orientación varía de las trivialidades más banales hasta enseñanzas de tipo altamente inspiradas y alentadoras. No son nuestras almas – que existen en el plano causal, el más alto de los cuatro planos mentales. Es en este nivel que los Maestros se comunican con Sus discípulos.

¿Es el alma nuestro ángel de la guarda, o están los devas involucrados? (Septiembre '86)

El alma no es el ángel de la guarda, sino el Yo superior. El ángel de la guarda es una entidad dévica que apoya y protege al ser humano durante toda su experiencia evolutiva. De esta manera aprende a relacionarse con la humanidad como preparación para la fusión final de las dos evoluciones, humana y dévica, en el 'hermafrodita divino', la humana que representa el aspecto masculino 'hijo de la mente' y la dévica el aspecto femenino 'hija del sentimiento'. Esto tendrá lugar en un futuro muy lejano.

La Gran Invocación

Por favor, ¿podría explicar la línea de la tercera estrofa, "Que el propósito guíe a las pequeñas voluntades de los hombres". (Septiembre '85)

La estrofa comienza: "Desde el centro donde la Voluntad de Dios es conocida, Que el propósito guíe a las pequeñas voluntades de los hombres". Esto se refiere a Shamballa, el centro espiritual más elevado de la Tierra. Este centro está en materia etérica, y dentro de él se encuentra el Consejo del Señor del Mundo, Sanat Kumara (el Anciano de los Días de la Biblia). De Shamballa proviene el Plan (de evolución de todos los reinos) que encarna la Voluntad y el Propósito de nuestro Logos Planetario, "El Propósito que los Maestros conocen y sirven" como dice la última línea de la estrofa.

Si el Propósito de Dios, invocado por medio de la invocación, guía a "las pequeñas voluntades de los hombres" entonces las pequeñas voluntades separadas de los hombres (y naturalmente de las mujeres) entrarán por fin en un alineamiento correcto con la Voluntad Divina, y el Plan de Amor y de Luz se realizará. Todo lo que hacemos como raza es en respuesta (adecuada o inadecuada) a las energías divinas de Voluntad (o Propósito), Amor y Luz liberadas en el mundo por la Jerarquía Espiritual de Maestros.

¿El sellar "la puerta donde se halla el mal" ocurrirá en el Día de la Declaración? (Mayo '86)

No. Este es un proceso a largo plazo. Implica la elevación de la humanidad a un nivel por encima del que puede ser utilizado por las fuerzas del mal, confinándolas así en su propio dominio: el sostenimiento del aspecto materia del planeta.

¿Hay versos adicionales a la Gran Invocación y serán algunos de ellos revelados en el futuro? (Mayo '84)

La Gran Invocación tal como es utiliza hoy por la humanidad es una traducción (por la jerarquía) –en términos que nosotros podemos usar y comprender– de una antigua oración o mantra empleado por primera vez por Maitreya en 1945. Formulada en una antigua lengua sacerdotal más antigua que cualquier otra conocida en la Tierra, se compone solamente de siete frases místicas. A medida que la humanidad avance durante los próximos 2.500 años, se darán a conocer nuevas versiones, cada una abarcando cada vez más los significados ocultos del mantra original.

¿Podemos usar la Gran Invocación como una oración interna, junto con, por ejemplo, el Padre Nuestro, o perturbaríamos a los Maestros si hacemos eso? (Septiembre '84)

No se ha dado como una oración interna, sino más bien como una invocación de la energía de la Jerarquía. Sin embargo, su uso no perturbaría, estoy seguro, a los Maestros.

Ahora que el Cristo está en el mundo ¿debería cambiarse la redacción de la Gran Invocación? (Septiembre '85)

No. Sé que algunos grupos han cambiado la línea, "Que Cristo retorne a la Tierra" por "Cristo ha retornado a la tierra" o algo parecido. Este cambio es un error y no proviene de la Jerarquía. "Que Cristo retorne a la Tierra" no se refiere únicamente a Maitreya, el Cristo, sino a la Jerarquía de la que Él es el guía. Esta línea debería ser mantenida tal como fue dada para invocar a ese grupo de Maestros (unos 40 en total) Quienes retornarán al mundo exterior durante los próximos 20 años más o menos.

Durante años, a varios grupos no les ha gustado la línea, "Y selle la puerta donde se halla el mal" y la han cambiado. Nuevamente, esto es un error. La redacción de esta Invocación ha sido elaborada muy cuidadosamente por la Jerarquía como una forma –que podemos usar y comprender– del mantra profundamente oculto empleado por Maitreya.

Algunos individuos y grupos afirman haber 'recibido' nuevas formas de la Gran Invocación, presumiblemente de la Jerarquía. Creo que esto no es otra cosa que el resultado del espejismo. Conforme la humanidad se prepara para su aceptación y uso, con el tiempo se darán a conocer nuevas formas, más esotéricas de esta invocación. Pero, por ahora, no han sido ni siquiera formuladas por los Maestros. Deben estar relacionadas con el estado del Ser de la humanidad de la época y éste es aún desconocido.

Cuando un grupo de Transmisión ya ha entonado la Gran Invocación ¿pueden todavía participar las personas que llegan tarde? (Septiembre '84)

Desde luego. ¡Pero trate de que no lleguen tarde!

El Trabajo de Transmisión

Con la diferencia horaria (yo vivo en Australia), al levantarme por las mañanas me 'sintonizo' a su Transmisión, pero me pregunto si debería hacerlo o no, ya que encuentro en la página 30 de *Transmisión – Una Meditación para la Nueva Era*, una advertencia en contra de hacer precisamente eso. (Octubre '83)

Por supuesto, debería continuar 'sintonizando' con nosotros como lo están haciendo. Viviendo como usted lo hace a tantos miles de kilómetros de distancia no hay posibilidad para usted de participar físicamente en nuestras Transmisiones. La 'advertencia' en el libro que le llamó la atención se refiere a la necesidad de la participación *física* regular siempre que sea posible. Cuando las personas son miembros de un grupo de Transmisión el 'enlace' mental en lugar de la presencia física debe ser la rara excepción, en vez de una práctica regular.

¿Son tres personas suficiente para un grupo de Meditación de Transmisión o puede o debe uno tratar de que sean más? (Mayo '86)

Tres constituye un triángulo –y por lo tanto una potenciación de las energías enviadas– y es la unidad básica, pero el grupo debería ampliarse si es posible. Se puede enviar más energía de forma segura a través de un mayor número de transmisores. En resumen, cuantos más mejor.

Tengo un grupo de Transmisión en mi casa. Cuando los demás se marchan, después de que los he despedido ¿puedo continuar transmitiendo solo? (Junio '86)

Por supuesto continúe después de que los demás se hayan ido si siente el deseo y las energías todavía fluyen. Pero, ¿por qué tiene que levantarse para despedirlos? ¡Déjeles encontrar la salida por sí mismos!

¿Es la Meditación de Transmisión apropiada para niños, o es sólo para adultos? (Marzo '86)

La Meditación de Transmisión es adecuada para todo el mundo mayor de 12 años. Los centros o chakras de los niños menores de esa edad no están todavía completamente estabilizados.

¿Puede una mujer embarazada tomar parte sin riesgo en la Meditación de Transmisión, incluso en el noveno mes? (Marzo '86)

Si el embarazo es normal y la madre está bien, sí.

¿Por qué debemos transmitir siempre de noche y no por la mañana cuando estamos en nuestro mejor momento? (Septiembre '84)

La mayoría de los grupos de Transmisión se reúnen por la noche ya que la mayoría de la gente trabaja durante el día. Pero no hay nada que impida a cualquier persona hacer el trabajo de Transmisión por la mañana. Las energías de la Jerarquía están disponibles en todo momento. Ellos nunca 'cierran la tienda'.

¿Por qué debemos transmitir en la oscuridad? Así es más fácil dormirse. (Diciembre '84)

No es necesario transmitir 'en la oscuridad'. La cuestión es que la mayoría de las personas pueden concentrarse mejor con una luz atenuada. No hay otra razón por la que uno no debería transmitir a plena luz del día, como hacemos a menudo en los talleres de Transmisión.

¿Puede o debería ponerse uno bajo auto–hipnosis mientras transmite o ésta trabaja en contra de lo que se está realizando? (Septiembre '84)

Algunas personas encuentran bastante difícil mantenerse despiertos durante el tiempo total de una Transmisión sin introducirse en la auto–hipnosis. Lo que se requiere es un *enfoque mental positivo*, que asegure la concentración en el centro ajna (entre las cejas).

¿Cuál es la posición correcta para transmitir? ¿Es posible meditar con éxito acostado? (Septiembre '86)

Se utiliza una posición sentada cómoda (o con las piernas cruzadas, si le es cómodo). Es posible meditar acostado pero en mi opinión no es la mejor posición, ¡ya que es bastante fácil dormirse!

Si se está en un grupo de Transmisión ¿está bien participar en otras formas de meditación grupal o estudiar con un gurú determinado? (Marzo '84)

Sí. La Meditación de Transmisión es compatible con cualquier otra forma de meditación. De hecho, aumentará la calidad y efectividad de cualquier otra meditación que se pueda hacer.

Usted ha dicho que la Meditación de Transmisión es compatible con la MT (Meditación Transcendental). ¿Vale esto para el Kriya Yoga? (Abril '86)

Sí. La Meditación de Transmisión es compatible con todas las otras formas de meditación. Es en realidad una forma de Kriya Yoga, pero el trabajo es realizado para uno por los Maestros, de manera totalmente científica y desde un punto de vista oculto, correcto.

Aunque la Meditación de Transmisión es una de las mejores formas de servicio disponibles, ¿es posible, no obstante, para un miembro del grupo dejarla si siente que este no es su camino? (Septiembre '84)

Sí, por supuesto. El servicio tiene que ser realizado gustosa y alegremente, de lo contrario no es servicio, sino una obligación.

¿Está activa en el trabajo de Transmisión la gente de Europa del Este? (Mayo '83)

Los grupos que conozco están en Yugoslavia, porque he hecho una gira de conferencias en ese país, y en Polonia.

En nuestra Meditación de Transmisión privada ¿son Sai Baba, el Avatar de Síntesis y el Espíritu de la Paz invocados automáticamente mediante el uso de la Gran Invocación/Mensajes de Maitreya como en el adumbramiento grupal que tiene lugar en sus conferencias/talleres de Transmisión públicos? (Septiembre '84)

No. Me temo que hay un malentendido en esta pregunta. Sai Baba nunca es 'invocado' –ni lo son el Avatar de Síntesis y el Espíritu de la Paz– en las reuniones públicas. La presencia de las energías del Avatar, el Espíritu de la Paz y el Buda son la consecuencia del adumbramiento de Maitreya sobre mí (a través de mí esto se convierte en un adumbramiento grupal). El adumbramiento por Sai Baba (cuando ocurre – por lo general en respuesta a mi contestación a una pregunta determinada) es si Él lo desea y decide.

Algunos de nosotros que hemos estado trabajando en un grupo de Transmisión quisiéramos enviar 'pensamientos curativos' a personas necesitadas después de terminar la Transmisión. ¿Podría recomendar algunas indicaciones, pautas o métodos que estén en línea con esto? (Marzo '84)

Una técnica simple y eficaz es la siguiente: manteniendo la mente 'firme en la luz' (enfocada en el centro ajna), visualice y/o nombre a las personas, una después de otra. Al mismo tiempo, pida en voz alta que el poder sanador de Dios sea dirigido a aquellos que lo necesitan. Esta invocación encontrará respuesta en ciertos Maestros, Quienes directamente o través de Sus discípulos llevará a cabo la curación (dentro, naturalmente, de los límites del karma).

¿Es el trabajo de Transmisión particularmente importante ahora, mientras esperamos el emerger del Cristo? (Agosto '82)

Es imposible hacer más hincapié en la importancia del trabajo de los grupos de Transmisión – la canalización constante de las energías dirigidas por el Cristo y los Maestros. Este es probablemente el trabajo más importante en el que todos nosotros podemos fácilmente estar ocupados – más que cualquier otro, cualquier otra actividad que pudiéramos tener en relación con el Plan o cualquier otra actividad de servicio en la que podríamos estar comprometidos. Actualmente es de vital importancia crear una reserva de energía y, en combinación con la meditación y la oración, ayudar a invocar al Cristo al escenario exterior del mundo, para que pueda comenzar Su misión en el sentido más amplio de la palabra.

¿Es el trabajo de Transmisión valioso sólo hasta la aparición pública de Maitreya o es un proceso progresivo? (Mayo '85)

El trabajo de Transmisión será sin duda esencial después de la aparición oficial del Cristo y los Maestros. En realidad es una actividad continua, que proseguirá durante la Nueva Era y después. Los Maestros, a su elevada manera, están transmitiendo energías desde fuentes superiores las 24 horas del día. Es el trabajo principal de la Jerarquía y no conoce límite.

Si bastantes personas transmiten estas energías ¿no sirve eso como una poderosa invocación para permitir que Maitreya, el Cristo, se de a conocer? (Agosto '82)

No, no lo creo. Ojalá fuera tan simple como eso. Como hemos aclarado en la última edición de *Share International* (Julio/Agosto 1982) es el papel de los medios de comunicación localizar y acercarse a Maitreya y revelar Su presencia al mundo. La transmisión de energías puede contribuir algo, como también la meditación y la oración. La invocación general de la humanidad durante las guerras mundiales lo atrajo al mundo según la ley. Por la misma razón, una invocación general por parte de la humanidad puede atraerlo ahora al escenario público mundial.

¿Los meditadores Zen y de Meditación Transcendental transmiten sin saberlo? (Abril '84)

No, no a la manera de los grupos de Transmisión que invocan y transmiten las energías de la Jerarquía. En la meditación Zen y MT (y toda meditación personal), la energía se recibe desde la propia alma del meditador.

¿No es cualquier reunión de oración o meditación una forma de Transmisión? (Abril '84)

Si la invocación está incluida (la oración es una forma de invocación astral), entonces sí. Sin embargo, la simple meditación personal, sea individual o grupal, no incluye necesariamente la transmisión más allá de los participantes.

En el pasado, cuando algo me preocupaba, o un miembro de mi familia estaba enfermo, o había hambre en Etiopía, rezaba a Dios para aliviar este sufrimiento. Por medio de mis estudios de esoterismo veo algunas cosas con menos claridad. Mi pregunta es: ¿A quién pido ayuda cuando hay hambre en un país? ¿Es absurdo rezar en este caso y está realmente la respuesta en hacer algo? ¿Qué más me queda por hacer si el dinero que dono a una organización de ayuda no es administrado adecuadamente? (Junio '86)

Hay un valor real en la oración. Cuando sale del corazón, puede y de hecho invoca la ayuda de la Jerarquía como agentes de la divinidad. Sin embargo no deberíamos simplemente orar y dejar los problemas del mundo a 'Dios'. Son nuestros problemas, la consecuencia de nuestras propias acciones o no acciones, o las de la humanidad. Para madurar y llegar a ser verdaderamente humano (así como también verdaderamente divino) tenemos que aceptar la responsabilidad de los problemas, los sufrimientos, la angustia de nuestros hermanos y hermanas en el mundo. No estamos separados de ellos. Así que la acción y la oración pueden ir juntas. Si el dinero donado es mal administrado ¡cambie la institución a la que hace su donativo!

¿Tiene algún sentido orar antes de una comida y si es así a quién debo dirigir mi oración? ¿Puede ser a Maitreya, a mi ángel de la guarda, o al Maestro cuyo nombre no conozco? (Junio '86)

Creo que deberíamos dar gracias a la fuente de todo por el alimento que comemos. Por supuesto que puede rezar a Maitreya e invocar su bendición. Recomiendo ver todo el alimento como viniendo del principio femenino –la Gran Madre– y mientras se come, con gratitud, como un sacrificio a Ella.

El Adumbramiento de Maitreya

Si es perjudicial para los niños unirse a grupos de Transmisión, ¿es también perjudicial para ellos estar presentes durante el adumbramiento de Maitreya en sus conferencias? (Diciembre '84)

No. Ya que sus chacras se encuentran todavía en proceso de estabilización, en un grupo de Transmisión ellos tendrían que estar protegidos continuamente por los Maestros del pleno impacto de las energías transmitidas. Esto sería una pérdida de energía de los Maestros. Sin embargo en las conferencias el Cristo puede regular fácilmente la cantidad de energía que cada persona recibe. Yo estoy plenamente consciente del aumento y disminución de la potencia para cada persona que estoy mirando durante el adumbramiento.

¿Están teniendo lugar iniciaciones durante el adumbramiento de Maitreya en sus conferencias? (Diciembre '84)

En el sentido de las grandes iniciaciones planetarias, no; en el sentido de que toda transferencia de poder es una iniciación, entonces sí. El poder liberado y el estímulo de los centros de fuerza (chakras) de la audiencia que participa, es una especie de iniciación. Las personas en la audiencia experimentan un cambio, su nivel vibratorio aumenta, su estado de Ser se altera al grado de que pueden responder a, y absorber, las energías.

En sus conferencias, ¿es correcto mantener nuestra atención en el centro ajna durante el adumbramiento de Maitreya? (Octubre '85)

Si usted no es miembro de un grupo de Transmisión, sí. Si lo es, el chakra coronario debería ser el foco.

En una Transmisión grupal, cuando usted está presente y siendo adumbrado por Maitreya, entiendo que nuestra atención debería estar en el chakra coronario; por el contrario, cuando transmitimos por nuestra cuenta, ¿debería permanecer en el centro ajna? (Octubre '85)

Sí.

He oído decir que tocándose mutuamente pueden transferirse bajas vibraciones de uno a otro. ¿Por qué, entonces, cuando usted preside una Meditación de Transmisión pide a la gente cogerse de las manos? (Noviembre '86)

Si bien es cierto que tocándose mutuamente podemos transferir 'bajas vibraciones' de uno a otro, entonces debe ser igualmente cierto que tocándose mutuamente podemos transferir de la misma manera *altas* vibraciones. Durante una Meditación de Transmisión en la que yo estoy presente, soy adumbrado por Maitreya, Quien a su vez es adumbrado por el Espíritu de Paz y transmite la energía del Avatar de Síntesis (o la Fuerza de Shamballa) y la del Buda. A través de mí, y al darse las manos el grupo, se convierte en un adumbramiento grupal (el grupo es 'nutrido' espiritualmente por Maitreya). En mi experiencia, aquellas personas que más temen las 'bajas vibraciones' –siempre de otras personas– dejan algo que desear de las suyas propias.

¿Qué es exactamente el adumbramiento y cómo funciona? (Marzo '83)

El adumbramiento es parte de la Ciencia de Impresión, una ciencia compleja en la que los Maestros son expertos. Es un proceso mediante el cual un Ser más avanzado puede manifestar algo de (o toda) su conciencia a través de un Ser de menor grado. Un claro ejemplo es el adumbramiento del discípulo Jesús por el Cristo. El Cristo permaneció en los Himalayas mientras su conciencia trabajaba a través del cuerpo de Jesús. Este es el método clásico para la manifestación de los Avatares o Instructores.

El adumbramiento puede ser parcial y temporal o más o menos total o duradero. Cuando es utilizado por la Jerarquía Espiritual de este (y otros) planetas, es realizado siempre con la consciente cooperación y aceptación del discípulo. Su libre albedrío nunca se infringe. (Con la Logia Negra este no es el caso y se usa frecuentemente un método de obsesión total.)

El adumbramiento tiene lugar en el nivel Monádico o en el nivel del alma en el caso de un discípulo. Maitreya, el Cristo, es adumbrado en el nivel Monádico por un Avatar Cósmico llamado el Espíritu de Paz o Equilibrio (casi de la misma manera en que Él, Maitreya, adumbró a Jesús).

Todo lo relativo al adumbramiento espiritual, que es una extensión del principio de la telepatía, es de orden completamente diferente del 'adumbramiento' de un médium por alguna entidad desencarnada como ocurre en el espiritismo.

¿Para ser adumbrado debe la conciencia de uno estar centrada en el nivel causal? (Septiembre '85)

Supongo que el interrogador quiere decir adumbrado por Maitreya o incluso por un Maestro, en cuyo caso la respuesta es sí. Esto es algo completamente diferente, por supuesto, del usual adumbramiento espiritista de los médiums en trance que tiene lugar desde los planos astrales.

¿Cuál es la diferencia, si hay alguna, entre la telepatía común (tal como la PES y la sensibilidad psíquica) y la telepatía mental entre usted y su Maestro o entre Alice Bailey y el Maestro D.K.? (Septiembre '85)

La telepatía es una facultad natural del ser humano, pero hasta ahora ha sido poco desarrollada. La mayoría de los contactos telepáticos ocurren instintivamente, aleatoriamente, como resultado de la acción astral y de la sensibilidad, mientras que la verdadera telepatía es un proceso mental –mente a mente– y requiere polarización mental para funcionar de manera controlada e intencionada.

Esta es la diferencia principal entre la verdadera telepatía mental (espiritual o del alma) y la más común sensibilidad psíquica: esta última recibe su información (su canalización) desde algún nivel de los planos astrales. La información o enseñanza recibida está, por lo tanto, sujeta a la naturaleza ilusoria de esos planos (los planos de la ilusión) y es siempre más o menos una distorsión de la realidad. La verdadera telepatía mental, por otro lado, es la comunicación directa entre dos mentes enfocadas totalmente conscientes, usando el plano de la "mente" como el medio a través del cual se realiza el contacto. Es en realidad la manifestación de una facultad del alma. Es deliberada, instantánea e infalible.

Los Maestros trabajan sólo desde el nivel del alma y emplean esta forma de contacto entre Ellos y aquellos discípulos cuya polarización mental está suficientemente desarrollada para permitirla. Hay diversos grados de contacto y tipos de relación entre Maestros y discípulos: estos pueden ir desde una impresión ocasional (y por parte del discípulo, inconsciente), hasta un adumbramiento espiritual continuo que se detiene justo antes de llegar a la obsesión. De esta forma no se infringe el libre albedrío del discípulo. La obsesión (como en el caso de Hitler, por ejemplo) es el método utilizado por los señores de la materialidad. El discípulo Jesús fue adumbrado profundamente –pero no obsesionado– por Maitreya el Cristo.

¿Por qué es el adumbramiento al final de sus conferencias más intenso que al comienzo? (Junio '86)

¡Porque tengo que dar todavía la conferencia! Después de que la he dado y contestado a las preguntas ¡ya no importa si Maitreya trae Su artillería de gran alcance!

La fuerza o la calidad de las energías transmitidas durante las conferencias públicas y el adumbramiento, son mucho menos dinámicas ahora que en años anteriores. ¿Cuál es la razón de esto? (Noviembre '84)

Esta pregunta me sorprende por extraordinaria y extraña teniendo en cuenta que lo contrario es lo que está ocurriendo. Lejos de ser menos dinámicas ahora que antes, cada pocos meses se ve un incremento en la potencia de las energías liberadas a lo largo de cada reunión. Esto se hace posible ya que yo –simplemente mediante su uso– puedo "tomar" o soportar una potencia cada vez mayor de estas fuerzas espirituales. Si uno pudiera dibujar un gráfico del aumento del voltaje, por decirlo así, se encontraría una línea continua ascendente en un ángulo de unos 45° a lo largo de los años. Además, en los últimos años, el adumbramiento de Sai Baba ha llegado a ser cada vez más frecuente en estas reuniones. Esto difícilmente sugiere una reducción de energía.

Por supuesto, aquellos que trabajan regularmente en un grupo de Transmisión o están realizando otras formas de meditación poderosas, se sintonizarán gradualmente al impacto de las energías superiores. El adumbramiento, por lo tanto, puede no parecer tan abrumador como lo fue en su experiencia inicial.

Otra explicación podría ser esta: las energías se sienten (cuando se sienten físicamente, lo que de ningún modo es siempre el caso) en el cuerpo etérico y en los chakras (centros de fuerza en la columna). Sin embargo, esto representa solamente el punto más bajo de las potencias. Conforme la potencia se incrementa gradualmente, esto podría elevarlas (a los niveles superiores) por encima del punto de percepción o de sensibilidad, de los diferentes individuos, dándoles así la impresión de que las energías eran menos fuertes. Sé también de muchas personas que no 'sienten' físicamente las energías en absoluto pero que sin embargo saben cuándo comienzan y cuando terminan, o pueden realmente verlas como emanaciones de luz brillante.

Podría ser, también, que el interrogador esté perdiendo algo de su sensibilidad a las potencias espirituales. En ese caso, ¿puedo sugerir más meditación –especialmente Meditación de Transmisión– para reagudizar los sentidos?

¿Puede darme su opinión sobre todas estas personas que dicen que son canalizadas por los Maestros? (Julio/Agosto '86)

Me llegan un gran número de preguntas refiriéndose a enseñanzas de diversos tipos que tratan de dilucidar mi opinión –positiva o negativa– sobre estas enseñanzas. Aunque naturalmente tengo mi opinión sobre estas diversas enseñanzas y grupos (si he estado en contacto con ellos), no veo realmente que mi papel sea actuar como una autoridad en relación con ellos, ni como una guía para individuos o grupos que buscan evitar el trabajo innecesario en la lectura o evaluación de estas enseñanzas. Nadie que se apoye tanto en otros como muchos lo hacen conmigo, desarrollará la necesaria discriminación e intuición. Desde luego entiendo que al estar en contacto con un Maestro estoy en una posición privilegiada y puedo entender la tendencia de las personas de recurrir a mí para que les oriente sobre lecturas, estudio, etc. Sin embargo, cada uno debe tomar sus propias decisiones, juicios y, si es necesario, errores. No veo mi trabajo como el de guiar a la gente a través del campo minado de las comunicaciones del plano astral, tan comunes hoy en día.

Cuando llevé su libro (*La Reaparición del Cristo y los Maestros de Sabiduría*) en una bolsa de papel marrón a una reunión de Sahaja Yoga y pedí a unos siete miembros del grupo (que han elevado su kundalini al chakra coronario y así usan el 'viento–fresco' o la 'energía vital' para determinar el estado de su salud y la de otros, la verdad en los libros, etc.) que centraran su atención en el libro, todos ellos sintieron 'paros', que a su juicio indicaba la falsedad de su libro. ¿Podría explicar por qué sucedió esto, por favor? (Abril '86)

Sin pretender reclamar infalibilidad, debo decir, con respeto, que su experiencia con este grupo que 'ha elevado su kundalini al chakra coronario' no me hace ruborizar de vergüenza, ni estaría demasiado contento en permitirles determinar el estado de mi salud por estos métodos. ¡Yo más bien confiaría en el más ortodoxo doctor alópata! Me pregunto cuántos 'paros' (¿de la respiración?) habrían sentido si hubieran estado adivinando la 'verdad' de la Biblia cristiana, el Bhagavad Gita, el Corán, los Upanishads, etc. Lo que quiero decir es que si no hubieran 'sentido paros' eso no probaría que mi libro contiene sólo la 'verdad' ni tampoco que lo que perciben indique lo opuesto. Y si es que indica algo (como usted habrá comprendido, lo dudo muchísimo) quizás indica su percepción de ideas con las que no están familiarizados y tenderían a rechazarlas.

Lecturas Sugeridas

He establecido y organizado un grupo de Transmisión con cerca de 9-10 jóvenes, que se reúnen semanalmente y tienen preguntas que necesitan una respuesta inmediata. Me preocupa el hecho de mi escaso conocimiento. Me gustaría saber mucho más acerca de la energía, por ejemplo. Por supuesto, tengo el libro *Transmisión – Una Meditación para la Nueva Era*, y también estoy suscrito a *Share International*. Lo estoy leyendo, pero ahora tengo la sensación de saber incluso menos que antes. Todo se reduce a trocitos y fragmentos, nada completo. Alguien pregunta sobre un rayo, y no sé lo que significa. Preguntan sobre iniciación y grados de Maestría y no sé tampoco nada sobre esto. Por ejemplo, ¿qué son las Mónadas? Lo único que entiendo es su declaración de que el Cristo está de nuevo en el mundo en un cuerpo humano. Yo lo creo y transmito este mensaje. Eso es todo. ¿Es eso suficiente para guiar a un grupo de jóvenes inteligentes? No lo creo. ¿Me podría tal vez recomendar un libro? (Abril '85)

Su problema de falta de conocimiento no es un problema inusual; muy pocas personas han estudiado las enseñanzas esotéricas. Pero, en realidad, para estar en un grupo de Transmisión no es necesario saber o entender todo. Es un acto de servicio que sólo requiere paciencia y el deseo de servir. Por supuesto, hay muchos libros que se pueden estudiar que le ayudará a responder a las preguntas de los jóvenes, pero ¿por qué no estudian los libros ellos mismos, ya que son los que están haciendo las preguntas? Las enseñanzas de Alice Bailey, dadas por el Maestro Tibetano, D.K., contienen respuestas a todas las preguntas que su grupo pudiera preguntar. El primer libro de la serie, *Iniciación Humana y Solar*, da mucha información sobre la iniciación, los Maestros, etc.. *Psicología Esotérica*, Tomos 1 y 2, proporciona un vasto campo de información sobre los rayos, mientras que la compilación, *Reflexionen sobre Esto*, abarca muchos temas, de manera fácilmente accesible. Mi propio libro, *La Reaparición del Cristo y los Maestros de Sabiduría*, responde a preguntas realizadas durante mis conferencias sobre una amplia gama de temas. No obstante los jóvenes deberían ser animados a realizar los estudios necesarios e investigar por ellos mismos y no depender de un instructor. Lleva bastante tiempo llegar a ser razonablemente competente en materias esotéricas.

Para las personas que llevan una vida atareada ¿qué libros recomendaría como lectura esencial para estudiantes de la enseñanza esotérica? (Mayo '84)

Al final de mi libro, *La Reaparición del Cristo y los Maestros de Sabiduría*, doy una lista de libros como sugerencia para lectura adicional. Entre los libros más valiosos para los que tienen muy poco tiempo para la lectura están *Reflexionen sobre Esto* y *Sirviendo a la Humanidad*, que son recopilaciones de los libros de Alice A. Bailey, por Aart Jurriaanse cuyos artículos sobre esoterismo son un rasgo distintivo regular de la revista *Share International*.

El Papel del Servicio en la Evolución del Discípulo

[El siguiente artículo es una transcripción editada de una conferencia dada por Benjamin Creme en el *Tara Center Network Conference* en San Francisco, California, EE.UU. en julio de 1986. Las preguntas y respuestas relevantes planteadas durante la Conferencia están incluidas también en esta sección.]

El impulso básico detrás de toda evolución es esa actividad del alma que llamamos servicio. El servicio es nada menos que la manifestación en la relación de la ley del amor. Es el amor de Dios por Su creación lo que impulsa al Logos Mismo a encarnar y a manifestarse por medio de una forma planetaria. Nosotros somos parte de esa forma planetaria. Somos formas de pensamiento en la mente del Logos. Como el Cristo tan bellamente lo expresó, "nosotros somos Sus sueños". Él nos trajo a la manifestación, y de la misma manera puede sacarnos de ella. Debemos nuestra total existencia y conciencia a Su acto de servicio en nombre del Logos Solar. Él, a Su vez, ha creado Su cuerpo de manifestación, el Sistema Solar, en relación con Su conciencia del Plan de "Aquel de Quien nada puede decirse" en el centro de nuestra galaxia. Nosotros estamos relacionados con ese mismo impulso cada vez que servimos. Todo impulso del alma que conduce al servicio es una demostración en nuestro propio y muy pequeño nivel de un impulso iniciado a incontables años luz de distancia y hace años luz atrás en el tiempo por el Logos en el corazón de nuestra galaxia.

Eso indica lo importantes e insignificantes que somos: somos insignificantes como personalidades individuales y somos importantes como exponentes activos de la naturaleza de nuestra alma. Cuando servimos, desarrollamos nuestra capacidad de servir y de amar. A medida que crecemos en el amor, podemos servir y amar más. La naturaleza de Dios es amar y servir. Estamos viviendo en un sistema solar de 2º rayo (esto es un axioma esotérico). Eso quiere decir que en este sistema solar Dios es amor. El 2º rayo de amor–sabiduría es el rayo básico, sintetizador de todo el sistema. Cualquiera que sean los otros rayos que puedan estar manifestándose, cualquiera que sean las otras cualidades de rayo que pudiéramos tener, ya sean como almas o como personalidades, detrás de todos ellos está el 2º rayo de amor–sabiduría. Todos los demás rayos, incluyendo el 1º y el 3º, son sub–rayos del 2º rayo. Estamos hechos a imagen de Dios como amor, y la naturaleza de Dios como amor es servir. Sólo existe un impulso en la totalidad del cosmos, que se manifiesta en múltiples formas: el impulso de servir. De ahí la importancia del servicio en la evolución del individuo y, específicamente, del discípulo.

El discípulo se ha dedicado, en algún nivel, a servir al Plan de evolución del planeta hasta donde él se ha hecho consciente de ese Plan. En algún momento dado puede ser consciente sólo de un minúsculo fragmento del Plan pero su propósito en la encarnación es manifestar su conocimiento de ese fragmento lo mejor que pueda según la capacidad de su alma.

El objetivo de todos los discípulos, por tanto, debería ser el de ver mucho más allá del punto de vista limitado de la personalidad hacia el más amplio, más inclusivo punto de vista del alma y trabajar desde el nivel del alma. Nuestra dificultad en trabajar juntos y relacionarnos con los demás tiene que ver con las diferencias de nuestras estructuras de rayos. Esto es lo que nos separa. Mientras que nuestra personalidad, que tiene un sentido limitado de la totalidad, sea dominante y potente, encontraremos resistencia de otras personalidades igualmente dominantes gobernadas por diferentes rayos. Esto es lo que crea la fricción en cada grupo y en cada conferencia internacional.

La humanidad de hoy día es muy dispar, está muy orgullosa de sus diferencias, muy orgullosa de su individualidad. Esto es una consecuencia directa de la influencia de los últimos dos mil años de Piscis. Tanto éxito ha tenido esa influencia que una gran parte de la humanidad está manifestando actualmente una poderosa y dominante individualidad. Este es un paso preliminar necesario – para renunciar a esa individualidad. Uno no puede renunciar a lo que no tiene. Para renunciar a tu individualidad debes tener individualidad. La humanidad está empezando a manifestar la potencia de Leo. Leo es el signo de la personalidad poderosa,ególatra, auto–orientada y egoísta, todo lo cual es necesario para entrar en Acuario y manifestar al servidor.

Leo y Acuario son polos opuestos. Leo está en la mitad inferior de la carta zodiacal y Acuario en la superior. Son absoluta y diametralmente opuestos. Uno se mueve, con el tiempo, desde Leo hacia Acuario; desde el hombre o la mujer dedicado a servir a su propia personalidad separada, a ser un servidor del mundo.

Es necesario, en primer lugar, servir a su propia personalidad separada para llegar a ser poderoso en la expresión de la personalidad. Porque si no es potente en la expresión de la personalidad, el alma no tiene nada que utilizar. Usted es el vehículo para su el alma y el alma necesita una personalidad poderosa, integrada, a través de la cual pueda derramar su energía y llevar a cabo sus planes y propósitos. La dificultad para el alma es que intenta hacerlo a través de material inadecuado.

En eso consiste el proceso de evolución. Tratar, en primer lugar, de desarrollar un instrumento, un aparato de la personalidad con un cuerpo mental potente y enfocado, un cuerpo astral purificado y un cuerpo físico resistente y saludable. Con esa triple personalidad, el alma finalmente crea un vehículo a través del cual su propia naturaleza puede expresarse poderosamente. Leo sirve a su propia personalidad. Acuario sirve al mundo. Ese es el movimiento desde la fuerte personalidad ególatra y egoísta hacia el servidor del mundo.

Permítanme referirme al Maestro D.K. citando *El Antiguo Comentario* (Leo, el que se sirve a sí mismo, es el león, naturalmente):

"El león empieza a rugir. Se lanza hacia adelante, y en su ansia de vivir lleva la destrucción. Y entonces ruge de nuevo y, lanzándose a la corriente de la vida, bebe abundantemente. Entonces, después de haber bebido, la magia de las aguas surte su efecto. El león, transformado, desaparece y el portador del cántaro aparece e inicia misión."

El león, Leo, la personalidad potente, que se sirve a sí misma, cambia y se convierte en Acuario. Se convierte en el 'aguador'. La destrucción que el león ejerce es precisamente la destrucción de la individualidad potente que se ama y sirve a sí misma. Si no se es fuerte como personalidad, no se puede destruir ni crear mucho. Uno tiene que ser potente en el sentido de la personalidad. Con eso no me refiero a tener una personalidad dominante y autoritaria, sino una personalidad eficaz y poderosa.

El objetivo del proceso evolutivo es entonces, en primer lugar, crear una personalidad integrada, la característica de Leo, para poner de manifiesto una expresión de la personalidad eficaz y activa en la que los procesos físico, astral y mental están integrados, sincronizados en su vibración. Todo tiene que ver con la sincronización de la vibración.

Según la ley del amor, lo semejante atrae a lo semejante. Es la fuerza atractiva, magnética, cohesiva del amor la que reúne los átomos de materia para crear los ladrillos que construyen la vida. Esa es la función de la energía que llamamos amor, el 2º rayo de amor–sabiduría. Por su acción venimos a la existencia. Por su acción el proceso creativo se desarrolla, las formas se construyen. Sin esa acción no habría formas. El Principio Crístico, la energía de la evolución misma, gobierna la creación del aspecto materia. Los pequeños ladrillos–constructores de materia están formados por la energía cohesiva que llamamos amor, que mantiene unidas a las diminutas partículas de sustancia para crear todo lo que vemos y, por supuesto, también todo lo que no vemos. Esa fuerza cohesiva trabaja por medio de la sincronización de la vibración.

El servicio es la clave. Con el tiempo, el alma (la que realmente nos conduce a la primera iniciación – es el primer Maestro) mira hacia abajo y ve a su vehículo preparado por primera vez en miles de encarnaciones, y conduce a su instrumento, nosotros mismos, hacia algún tipo de meditación. Repite esto en cada encarnación subsiguiente hasta que podamos tener una vida entera dedicada de manera realmente intensa a algún método de meditación.

Así actúa el alma, 'controlando' gradualmente su vehículo. Mientras tanto, los Maestros observan este proceso. Ellos trabajan cooperando con el alma y dan diversos estímulos al discípulo a medida que se aproxima a la iniciación. Estimulan energéticamente los vehículos y chakras superiores del individuo. Pueden estimular el centro del corazón, tratando de evocar la energía del amor, para despertar el corazón o la naturaleza amor del individuo. (El corazón es casi siempre el primero de los chakras en abrirse.) Los Maestros trabajan por estímulos y pruebas, y lo más importante de todo, proporcionando un campo de servicio al individuo.

Esto en sí mismo es una prueba. El alma quiere servir. El Maestro ayuda en este proceso proporcionando un campo de servicio. Si él no está en contacto directo con su Maestro, el Maestro lo hace a través de la experiencia fuera del cuerpo de la persona. El aspirante querrá servir de alguna forma (podría querer servir durante algunas encarnaciones y no hacer nada al respecto, pero él *deseará* servir.). Es el alma la que está demandando el servicio porque esa es su naturaleza. Los Maestros llaman a Su trabajo "el Gran Servicio". Su existencia en este planeta es cumplir con Su deseo de servir. No están aquí por ninguna otra razón que la de servir al plan de evolución de todos los reinos.

Cuando uno sirve, cambia. Un hecho muy extraordinario sucede. El objetivo del discípulo es pasar de ser el integrado Leo que se sirve a sí mismo a ser el servidor del mundo en Acuario. El león del *Antiguo Comentario* desaparece y "el portador del cántaro se presenta y comienza su misión". El que se sirve a sí mismo, el separatista, el individuo poderoso en Leo se convierte en el discípulo integrado, el servidor mundial, el aguador en Acuario.

El Cristo viene hoy para servir al mundo, para actuar como el Agente de Dios, el Avatar, el Instructor del Mundo para esta era. Él dice: "Yo soy el Aguador". Él trae las *Aguas de Vida*, la nueva vitalidad que Él libera en todos los planos. Él trae una nueva potencia a nuestra vida, en los planos físico, emocional, mental y espiritual. Estamos entrando en una clase de vida completamente nueva, una vida que hasta ahora solamente los más avanzados iniciados posiblemente puedan comprender. Esto se convertirá en una realidad para la gran mayoría de la gente. La raza en su conjunto dará este enorme paso adelante para llegar a ser el discípulo mundial.

Los senderos del discípulo individual y el discípulo mundial son paralelos. Se avanza por medio del servicio. Saliendo de la manada como la separada y poderosa personalidad de Leo que se sirve a sí misma, y, en Acuario, sacrificando esa individualidad separada ganada con mucha dificultad, uno la pone al servicio del alma y por lo tanto del mundo. Esa es la Ley que gobierna la evolución de los discípulos.

Tres principios muy importantes gobiernan la evolución de los discípulos. Son *perseverancia*, determinación para cumplir con este principio, sin cambiar y nunca retroceder, constancia para el Plan y para la promesa hecha por el discípulo; *servicio* y *sacrificio*. Estos son los principios que rigen. Por supuesto, están relacionados entre sí. No se puede servir intermitentemente. El servicio verdadero del alma es una expresión de perseverancia. El alma nunca tiene deseo de descansar, de cambiar (excepto un cambio de vehículo cuando el viejo está agotado). El discípulo para progresar, debe mostrar perseverancia; no puede convertirse en un discípulo si no lo hace.

No sólo debe *desear* servir, sino que realmente debe servir. De lo contrario no se puede avanzar. Muchas personas se acercan a mí y me dicen, ""¡Deseo servir! Durante años y años he anhelado servir. Tengo un sentimiento profundo de que he nacido para desempeñar un papel muy importante para ayudar a los millones de hambrientos del mundo. ¿Podría usted decirme cómo empezar?" En realidad he recibido esa clase de preguntas no una, sino muchas veces. Siempre me encuentro con personas que dicen, "Estoy trabajando sobre mí mismo para servir mejor – naturalmente no puedo servir hasta que esté estabilizado y saludable". Y lo dicen en serio. No digo esto de ninguna forma cínica – lo creen. Sienten realmente que si tuvieran un cuerpo mejor serían capaces, obviamente, de servir mejor. Lo que es cierto, pero eso no significa que servirían mejor sino simplemente que tendrían una mejor capacidad para hacerlo.

Algunos de los mejores servidores de los que tengo conocimiento han estado enfermos toda su vida. Tenemos ejemplos en el pasado de grandes discípulos como Helena Blavatsky y Alice Bailey que estuvieron enfermas durante muchos años. Alice Bailey estuvo enferma sólo Dios sabe cuántos años. Sólo la actividad continua de su Maestro mantuvo a Madame Blavatsky en el cuerpo durante aproximadamente los últimos trece años de su vida. Padeció varias enfermedades que habrían matado a cualquier otra persona; sin embargo tuvo voluntad y demostró esa voluntad en el servicio. La voluntad de servir, la voluntad de sacrificio del alma, es la fuerza que impulsa a estos grandes discípulos, a pesar de las limitaciones del cuerpo físico, el cansancio, la fatiga, los tontos que deben haberlas rodeado si la historia ha de creerse –a pesar de todo eso, el desgaste de su atención, de su energía, de su buena voluntad, de su paciencia– sirvieron como pocos sirven en el mundo. Esta es la verdad de todos los grandes servidores.

A medida que uno sirve, cambia. ¿Por qué cambia? Porque el servicio trabaja en uno para hacer un milagro. Es, literalmente, un milagro; un proceso de transformación tiene lugar. Su alma le hace servir, y comienza a servir en cualquier habilidad, ya sea pequeña y limitada. Cuanto más cerca esté uno del campo de servicio, más rápido se pone manos a la obra. No es necesario estar en el otro lado del mundo, aunque esa podría ser su llamada. Puede comenzar justo donde está ahora. El objetivo es salir de una condición completamente centralizada de servirse a uno mismo. Todos estamos centralizados; todos vivimos como si fuéramos el centro de nuestro mundo. Esa es la experiencia psíquica de todos nosotros, si reflexionan sobre ello. Esa es la acción del principio del deseo. Y, por supuesto, es una etapa. No es algo malo o incorrecto, pero es una etapa necesaria de la cual hay que salir. Mientras sirve desplaza su punto de enfoque. Se identifica con lo que sirve. Se identifica cada vez más con lo que sirve, hasta que, incluso sin darse cuenta, pierde la conciencia de sí mismo, se olvida de sí mismo, y al hacerlo obtiene más salud, más fuerza, más energía.

El proceso es de descentralización. Al relacionarse con aquellos a quienes sirve, llega a estar cada vez más descentralizado. Se identifica con una esfera de la vida cada vez más amplia, hasta que pueda, si llega a ser un Maestro, identificarse con toda la vida. El Maestro no tiene en absoluto un sentido de sí mismo como una individualidad separada. No tiene ningún sentido de personalidad. No tiene ningún sentido del "yo". No hay en la conciencia del Maestro la sensación de un ser separado. Tiene sólo conciencia grupal. Nosotros no sabemos lo que es eso, no podemos ni siquiera imaginarlo, pero es lo que inevitablemente será desarrollado durante esta Era de Acuario venidera, a medida que avanzamos desde la experiencia de Leo hacia la de Acuario; del que se sirve a sí mismo en Leo, hacia el servidor mundial en Acuario, y llega a ser el aguador.

El Cristo trabaja a través de nosotros. Él trae las Aguas de la Vida "en abundancia", como Él dice. Y añade "Procuro canalizar estas Aguas de Vida a través de vosotros". Cuando nos convertimos en los aguadores, los servidores del mundo, actuamos como canales para estas Aguas de Vida, y a través de nosotros el Cristo transforma el mundo. A través de nosotros Él construye las formas, las estructuras, la conciencia de la nueva era.

El papel del servicio en la evolución del discípulo es la naturaleza de Dios actuando a través del discípulo. De ahí su importancia y, naturalmente, su eficacia. No se trata de un instrumento que podría o no funcionar. Funcionará, es inevitable que así sea, porque es la naturaleza de Dios Mismo. Y a medida que demostramos la naturaleza de Dios a través del servicio, llegamos a ser dioses. En verdad nos convertimos en dioses. De seres humanos, hombres y mujeres, nos convertimos en seres divinos creativos, vivientes.

El servicio es la clave de todo este proceso y provee al discípulo con la fuerza impulsora para su evolución. El servicio es la fuerza impulsora del proceso evolutivo.

Usted mencionó el sacrificio como uno de los tres elementos fundamentales de todo este asunto de la actividad de servicio. Cuando oigo esa palabra, sacrificio, pienso en el término cristiano de sacrificio que consiste en limitarse a uno mismo, negar sus necesidades, sintiéndose por lo tanto como un mártir. Creo que el sacrificio y la negación es una función del ego, y de nuestros yoes mortales, que conducen al dolor y al sufrimiento. Por favor aclare lo del servicio.

Usted dice: "El sacrificio y la negación es una función del ego". Yo me pregunto si es así. A mi parecer, el sacrificio es el instinto espiritual motivador que en primer lugar trae el alma del individuo, hombre o mujer, a la encarnación. No hay venida a la encarnación sin la voluntad de auto–sacrificio del alma. El alma se encarna en respuesta cooperativa a la Voluntad de Dios, a su conocimiento del Plan que trae grupos de almas a la encarnación en un momento determinado, gobernadas por ciertos rayos que las hacen particularmente adecuadas en ese momento. Es una oportunidad para el servicio. Se les presentará una ocasión de servir, ya sea individualmente o como parte de un grupo, un grupo pequeño, o un grupo muy amplio. Así que el impulso inicial para encarnar es servir. Es el auto–sacrificio.

El auto–sacrificio no es negación, prescindir de todo, no tiene en realidad nada que ver con eso. Esa es una interpretación de la iglesia del mensaje cristiano, una negación de la vida. Si el sacrificio es una negación de la vida, entonces es malvado. Cualquier cosa que niega la vida es malo.

Hay diversos grados de vida. En el caso del auto–sacrificio del alma y el servidor mundial, el sacrificio realmente se relaciona con el servicio, el servicio al mundo. El auto–sacrificio del servidor no es abnegación. En realidad es todo lo contrario. Es sólo el sacrificio del tiempo, de la energía, de la atención a otras cosas; en otras palabras, es un sacrificio de lo inferior por lo superior, que no es realmente en absoluto un sacrificio. Visto así es la fuerza impulsora de la evolución misma. De ahí el énfasis del servicio como crucial en la evolución del discípulo.

A todo discípulo que entra en relación con la Jerarquía se le da inmediatamente alguna tarea, algún papel de servicio que supone sacrificio. No es el sacrificio de su vida esencial. Por el contrario, provoca la manifestación de una más grande, más elevada vida esencial. Todo lo que a él se le pide sacrificar son esas cosas que todos tenemos y que malgastamos totalmente, el tiempo, la energía, y cosas parecidas. Así que dedicándose a algún servicio y pasando por esos pequeños sacrificios de la personalidad para servir mejor, uno no está sacrificando nada en absoluto. Está ganando lo que piensa que podría estar perdiendo, porque todo lo que está perdiendo es ese sentido de sí mismo como una entidad separada. Y cuando uno pierde ese sentido de sí mismo como una entidad separada, se convierte en lo que esencialmente es, un alma.

Yo prefiero usar la palabra "entrega" en lugar de "sacrificio", para entregar nuestro ser a la guía del alma.

Sí, la entrega es parte de ello. Una palabra mejor que entrega, en mi opinión, es "renunciación". El sendero del discípulo es en realidad el sendero de la renunciación, otra vez, de lo inferior por lo superior. Culmina en la Gran Renunciación, la cuarta iniciación, cuando el Arhat, como Él es entonces –no es completamente el Maestro y Adepto perfeccionado, sino el hombre divino iniciado de cuarto grado– rompe los lazos, las ataduras finales que lo mantienen ligado al plano físico. Ha de renunciar a todo, todo lo que podría atraerlo nuevamente hacia la materia.

Es sacrificio, es renunciación, pero por supuesto no se siente así en el momento. Es una demostración de su verdadera realidad interior como Hijo de Dios que trae consigo la renunciación de aquello que le impide su completa demostración. Esa es la Iniciación de la Crucifixión o la Gran Renunciación. No es en absoluto un sacrificio, es una entrega, si a usted le parece, pero es más bien una renunciación de aquello que ya no funciona para él, que ya no le es necesario.

Sai Baba utiliza el término "desapego". Está hablando acerca de lo mismo, ¿verdad?

Hay dos clases de desapego. Está el despego en el sentido de renunciar a lo inferior por lo superior; nos desapegamos de lo que nos sujeta a nuestro aspecto inferior, la personalidad, y el servicio a ella. Sólo se puede crecer y dejar atrás el servicio a la personalidad desapegándose de la propia personalidad. Eso es lo que significa salir de Leo y entrar en Acuario. De servirse a uno mismo a servir al mundo. Esto se hace a través del desapego. Pero existe el desapego de nuestras emociones, que forma parte de ese proceso, y luego está el desapego del resultado del trabajo que hacemos al servir.

Existe también el desapego de la vida, que no es lo mismo. Muchas personas se desprenden del impacto que producen en ellas sus propias emociones, su propia naturaleza astral altamente perturbadora, aislándose de cualquier circunstancia que pudiera invocar esa naturaleza. Así que entran en monasterios, conventos, se aíslan, se rodean de personas que nunca la evocarán, que nunca la sacarán de ellos. Es un recurso autoprotector que en realidad es una trampa, y de ninguna manera produce el desapego al que sólo se llega a través de las turbulencias e interacciones de la vida.

Usted ha hablado del sacrificio y el servicio, y la otra cosa de la que habló fue la constancia. ¿Podría entrar en eso con más detalle?

La constancia es el resultado de la disciplina espiritual. No es necesariamente el resultado de la disciplina del plano físico, o de la disciplina mental, o de la disciplina de una vida ordenada, un trabajo ordenado, que comienza a las nueve y termina a las cinco, todos los días.

La constancia es vivir desde el nivel espiritual de uno, manteniendo en primer término el aspecto alma de uno. No quiero decir que vaya por ahí todo el tiempo diciendo: "Soy un alma, soy un alma, debo tenerlo presente, soy un alma". De ninguna manera. La constancia es la concentración continua de todo lo que uno tiene en la más elevada luz de la verdad que uno tiene. En lo que uno cree, correcta o incorrectamente, pero en lo que uno cree desde dondequiera que proceda; el enfoque de toda su atención y toda su aspiración, aplicando toda su fuerza de voluntad disponible al fomento de esa idea, ideal, propósito, o lo que sea.

Cuando comencé este trabajo hace años, allá por los años cincuenta, era consciente a veces de una gran aspiración. Me hubiera sacrificado por el mundo. Recuerdo que pensé, cuando entré en contacto con los Hermanos del Espacio y supe que había un mundo que salvar, que estaba perfectamente dispuesto a morir. Nunca se me puso a prueba, así que no sé, pero tenía una total disposición a sacrificarme si con ello hubiera salvado al mundo de la guerra. Tenía una gran aspiración de servir y sacrificarme. En realidad surgió de una especie de malentendido acerca de la naturaleza de todo el asunto. Es bastante obvio que mi muerte no salvaría al mundo en absoluto. Era una arrogancia colosal entre otras cosas, imaginar que simplemente con mi muerte, el mundo podría salvarse. Era como los cristianos pensando que Jesús murió y salvó al mundo. Pues él no lo hizo. No podía. Nadie puede. Mi muerte no habría realizado la misma función, pero algo de mi yo superior o aspiración del alma se manifestó, y fui motivado e inspirado y estaba dispuesto a morir si esto salvaría al mundo.

Ya no tengo esa clase de aspiración. Supongo que sí tengo aspiración, pero encuentro difícil verla, reconocerla, porque ha cambiado totalmente. La mayoría de mis mejores colaboradores están trabajando bajo esa cualidad superior inspiradora, específicamente de aspiración. La aspiración ardiente, eso es lo que hace funcionar toda la actividad en la que estamos comprometidos. Sin embargo yo mismo no siento esa aspiración. Reconozco algo completamente diferente. Tengo, supongo, la constancia. Lo que hago, lo hago porque tiene que hacerse. Simplemente ejerzo mi voluntad para hacer las cosas que hago. Lo que sí tengo actualmente, creo, es el tipo de constancia que proviene de la voluntad, la dedicación continua para seguir, y seguir, y seguir, mientras sea necesario. Eso es la constancia. Eso es necesario; se ha de tener eso para producir cualquier cosa.

¿Podría aconsejarnos, ahora que regresamos a nuestros respectivos grupos o trabajos después de la conferencia, cómo mantener su sentido de constancia?

Creo que es muy fácil ser atraído como yo lo fui, elevado por el ideal del sacrificio y la gran causa. Uno está emocionado con la idea misma de que esto es donde todo está sucediendo y uno es parte de ello. Está tan inspirado que el servicio es una alegría. Sin embargo después de haberlo hecho durante unos años, la alegría, bueno, la alegría no desaparece, pero el principio del placer ya no funciona. La alegría puede estar presente, pero la alegría y el placer no son en absoluto lo mismo.

La alegría no es algo emocional. Mientras sea emocional, decrecerá. Las personas que no continúan, que no son constantes, son aquellas que tienen una asombrosa, exaltada respuesta emocional al mensaje y tienen un maravilloso, exaltado deseo de servir, durante un tiempo, mientras su emoción les lleva hacia adelante. Pero si no van más allá de las emociones, si su cuerpo mental no está involucrado, si su alma no está involucrada, y si desde el alma su voluntad no está involucrada, entonces no van a ser constantes. No van a continuar cuando nadie responda, cuando los medios de comunicación no hagan nada, cuando nada suceda, cuando Maitreya no se manifieste, día tras día, semana tras semana, año tras año. Uno tiene que continuar, y continuar, simplemente seguir perseverando. ¿Creen ustedes que cuando Oxfam comenzó, las personas involucradas sabían, podrían saber, que sería una de las principales agencias de ayuda del mundo? No, simplemente se encargaron del problema en donde estaba, con unos ingresos minúsculos y una pequeña oficina y luego se expandieron gradualmente por todo el mundo.

Uno tiene que comenzar modestamente, con una imagen modesta de uno mismo, pero perseverando en esa necesidad, en lo que uno tiene que hacer. Sitúenla por encima del nivel emocional. Traer el alma, el propósito y la voluntad del alma, e impulsarla desde el nivel del alma. Cuando uno hace eso, no importa si le gusta o no. Uno hace todas las cosas aburridas porque tiene que hacerse. La disciplina del espíritu es la constancia misma. Ahí es donde la voluntad y el propósito del alma mantienen a uno constante, porque nada tiene que ver con uno, uno está simplemente ocupándose de las necesidades del mundo.

¿Podría comentar lo que la gente en los círculos de la nueva era dice frecuentemente, yo "debo estar" aquí, o "debo hacer" eso? ¿Existe realmente un 'debo'?

El Maestro D.K. escribió acerca del servicio: "El verdadero servicio es estar en el lugar correcto y permanecer allí". Eso significa estar en la posición correcta para servir, dondequiera que uno sea llamado. Eso podría ser en casa, o en el último rincón de la tierra. Pero estando en la situación correcta según el propósito de nuestra alma. Y permaneciendo allí, siendo constante. Eso es lo que se quiere decir con permanecer allí. Ser constante.

La gente dice: "¿Dónde se supone que debo estar? ¿Estoy donde se supone que debo estar? ¿Estoy haciendo lo que se supone que debo hacer?"

Esa pregunta me irrita. Naturalmente, entiendo de donde procede. Es el conocimiento de que el alma tiene su propósito y esas personas deberían responder al propósito del alma. Pero eso no significa que deban estar en California o en Ohio o en Nueva York o donde sea. No es tan específico.

Tampoco es que haya un solo campo de servicio posible para cualquier individuo. El alma sabe mejor dónde está el campo de servicio de uno. Sin embargo, a menos que uno esté en contacto con el alma, no lo sabe. Así que la cuestión es simplemente ponerse en marcha hacia lo que le motiva a uno, lo que le atrae a uno, y si se es lo suficientemente sensible a su alma, se puede estar seguro de que nuestra alma nos guiará hacia el campo adecuado de servicio. Eso es estar en el lugar correcto. Y permanecer allí es la constancia. El resto es espejismo.

Tal como yo lo entiendo, las personas se ven a sí mismas como manipuladas, igual que marionetas, por los Maestros. El Maestro Morya ha puesto a esta persona aquí. El Maestro Koot Humi a esta persona allí. El Maestro que conocen mejor, el Maestro D.K., las está manipulando en esto o aquello, dependiendo de lo que les gusta. Si les gusta el arte, es siempre el Maestro Serapis. Si les gusta el misticismo o la meditación, es el Maestro Koot Humi, o Maitreya Mismo. Si se sienten individuos bastante resueltos, tipos poderosamente dominantes, es seguro que es el Maestro Morya quien está manipulándoles y poniéndoles en el lugar apropiado en el momento oportuno.

Nos sorprendería lo poco que eso sucede en realidad. Estos Maestros, los Maestros Morya, Koot Hoomi, Serapis, Jesús, el Maestro R (el que llaman San Germain), son muy avanzados, iniciados de sexto grado, Chohans, y no tienen nada que ver con la mayoría de las personas de la "nueva era", que están o en el borde de la primera iniciación, o, a lo sumo, en algún punto entre la primera y la segunda iniciación. Ninguno de los Chohans tiene contacto con personas de esa etapa. Eso es todo espejismo.

Hay un 'debo' en el sentido de que hay un propósito del alma y si uno está llevando a cabo su propósito del alma, estará en el lugar correcto según las necesidades del momento, según el objetivo de su servicio. Y si uno es constante, permanecerá allí.

Me gustaría defender a los grupos de la 'nueva era'. Ellos están intentando trabajar sobre sí mismos para eliminar el bloqueo emocional, para tener una mejor comprensión de sí mismos.

Estoy seguro de que es cierto. La cuestión es que las personas pasan tanto tiempo haciendo eso, despejando el camino para servir, para hacer el trabajo del alma en el servicio, que en realidad nunca encuentran tiempo para hacer el servicio. No hay ninguna razón por la que las personas no deberían servir mientras continúan quitando las impurezas de la personalidad, pero no lo hacen. Ellas dicen, "serviré cuando esté preparado, y estaré preparado cuando esté libre de obstáculos, y lo estaré cuando haga esto y aquello, cuando medite durante los próximos 50 años, o cuando pase por esta técnica de renacimiento y esa liberación y vaya a este gurú y a ese grupo, y así sucesivamente". No encuentran la forma de servir. Eso es de lo que estoy hablando.

Estoy poniendo el énfasis en el papel del servicio en la evolución del *discípulo*. Usted puede estar hablando acerca de la actividad del aspirante. Yo estoy hablando de los discípulos. Los discípulos en probación también son probados y llamados a servir. Es su capacidad probada para servir lo que les hace discípulos verdaderos. La *necesidad* del discípulo es servir. La belleza del discípulo es su servicio. Debido a que el discípulo ya está en contacto con su alma, si no utiliza en el servicio la energía que le llega desde el alma, se vuelve neurótico, ésta se vuelve contra él. Las neurosis de los discípulos son consecuencia del uso incorrecto, o no uso, de la energía del alma. Por eso se dirigen a todas estas otras cosas.

Ya que no puedo ser un líder de grupos políticos o económicos, me siento un tanto incapaz, si es sólo a través de los grupos políticos o económicos que los cambios importantes en el mundo pueden tener lugar.

¿Por qué tiene usted que ser un líder? Usted es un ciudadano de los Estados Unidos, una sociedad más o menos democrática con una constitución que le concede el poder de votar por una forma de gobierno para organizar la vida comunal de los Estados Unidos. Eso le da a usted un poder enorme. Puede utilizar ese poder de diferentes formas. Puede simplemente continuar inconscientemente y votar como su madre y su padre votaron, o como sus amigos votan, o puede votar como usted en realidad quiere votar. Eso tiene un efecto crucial en la vida de este país. Todo el mundo que vive en los Estados Unidos es responsable de la actual administración de los Estados Unidos. Lo mismo que todo el mundo en Gran Bretaña es responsable de la actual administración en Gran Bretaña. En Francia, o en Alemania, o donde sea, ocurre lo mismo. Dondequiera que uno tenga ese derecho para votar, tiene responsabilidad. Uno es responsable de la actividad de su país, en casa y en el extranjero. Ese es un poder enorme.

Durante los últimos dos mil años, hemos manifestado el aspecto conocimiento de Dios culminando en nuestra ciencia y tecnología actuales.

Estamos ahora en el punto, a una escala masiva, de manifestar la naturaleza del amor de Dios, la realidad espiritual interna que es el Hombre, por medio de la acción y el estímulo del Cristo y los Maestros de la Jerarquía. Lo que los Maestros llaman "la Crisis de Amor", –la demostración del principio Amor a través de la humanidad– esa crisis espiritual es enfocada hoy en día a través de los campos político y económico. Son los problemas políticos y económicos los que dividen hoy al mundo; proporcionan las dos divisiones principales, Oriente y Occidente, Norte y Sur. Esta es la razón de que el Cristo, vosotros lo comprobaréis, cuando haga Su llamamiento al mundo, colocará estos problemas en el mismísimo centro de Sus preocupaciones. Él pedirá la transformación, en primer lugar, de nuestras estructuras políticas y económicas.

Eso es algo que todos nosotros tenemos el poder de influir. Son los millones de pequeños hombres y mujeres corrientes de todas las partes del mundo quienes forzarán a los gobiernos a poner en práctica el principio de compartir, la solución a los problemas del mundo. Ese es el poder de las masas en la actualidad. Las masas, instruidas por el Cristo, inspiradas por el Cristo, cuya aspiración es enfocada por el Cristo, forzarán a los gobiernos a actuar. La opinión pública mundial, energizada, inspirada, enfocada e instruida, es una fuerza contra la que ningún gobierno de la tierra puede oponerse. ¿Ven ustedes lo importantes que son como individuos?

APÉNDICE. Lista de Iniciados

Sus rayos y grado de evolución

Un rayo es, según el Maestro DK, "el término aplicado a una fuerza o a un determinado tipo de energía que pone de relieve la cualidad que exhibe esa fuerza." Los rayos, por tanto, cualifican a toda la creación, incluyendo la constitución humana. El alma, la personalidad, el cuerpo mental, el cuerpo emocional, el cuerpo físico, están todos coloreados por uno u otro de los siete rayos.

Con el fin de facilitar el estudio y la comprensión de los rayos, el Maestro de Benjamin Creme, durante todos estos años, ha proporcionado amablemente la información solicitada sobre la estructura de rayos y punto de evolución de individuos conocidos, pero por razones de intimidad, nunca de personas vivas.

Las cifras entre paréntesis se refieren al punto exacto de desarrollo del iniciado logrado durante esa vida. Por ejemplo, si un iniciado alcanzó un nivel a medio camino entre la primera y la segunda iniciación, se indica como 1.5. El grado de iniciación ha sido omitido en el caso de los avatares.

Nueve cifras siguen a los paréntesis; los rayos se refieren al alma, la personalidad, mecanismo mental, vehículo astral y cuerpo físico. Las cifras que están arriba representan los rayos mayores; las cifras que están por debajo de ellos representan los sub-rayos. El alma no tiene sub-rayo. También se incluyen en la lista las fechas de nacimiento y fallecimiento, el país de origen, y el campo de esfuerzo en el cual el iniciado llegó a ser conocido. Muchas de las personas de la lista fueron tan versátiles que es prácticamente imposible clasificarlas en una categoría. Sin embargo, los límites de espacio disponible no dejan opción. En unos cuantos casos, desafortunadamente, fue imposible encontrar todos los datos pertinentes; tales omisiones están reseñadas con un signo de interrogación.

[Nota: Esta lista incluye todos los nombres de iniciados que han sido publicados en *La Misión de Maitreya Tomo I y II*, como también en la revista *Share International* entre Enero 1993 y Marzo 1997.]

Aalto, Alvar (1.6)　　2 4 7 6 3　(1898-1976) Finlandia, Arquitecto
　　　　　　　　　　4 3 4 7

Abbas I (0.9)	3 1 4 6 3 6 7 6 7	(1557-1628) Persia, Sha de Persia
al-Abbas (0.85)	6 6 3 4 3 1 7 6 7	(556-652) Arabia, Tío de Mahoma
Abd-el-Kader (1.5)	6 6 3 4 3 6 7 6 1	(1808-1883) Argelia, Patriota
Abd-el-Karim (1.3)	6 3 4 6 3 6 7 6 7	(1882-1963) Marruecos, Patriota
Abdul-Aziz (1.6)	6 3 4 6 3 7 6 2 7	(1830-1876) Turquía, Sultán
Abdul-Hamind (1.4)	6 6 4 6 3 3 7 4 7	(1725-1789) Turquía, Primer Sultán
Adamov, Arthur (1.6)	2 3 5 6 3	(1908-1970) Francia, Dramaturgo
Adenauer, Konrad (1.7)	1 3 1 6 3	(1876-1967) Alemania, Estadista
Adler, Alfred (2.0)	2 1 1 2 7	(1870-1937) Austria, Psiquiatra
Adler, Jankel (2.0)	2 4 1 6 3 7 4 6 7	(1895-1949) Reino Unido, Pintor
Aeschylus (1.7)	4 1 3 4 7	(525-456 aC) Grecia, Dramaturgo
Agrippa, H Cornelius (1.58)	3 4 6 6 7 7 3 6 7	(1486-1535) Alemania, Teólogo
Agustín de Hipona (2.3)	6 6 1 4 7 6 4 6 7	(354-430) Numidia, (Argelia), Teólogo
Aivanhov, Mikhael (2.4)	3 6 6 2 7 3 5 4 3	(1900-1986) Bulgaria, Fundador Fraternidad Blanca
Akbart El Grande (1.45)	1 1 3 6 3	(1542-1605) India, Emperador
Akhnaton (1.5)	2 6 1 6 7	(1372-1354 aC) Egipto, Faraón
Alder, Vera Stanley (1.65)	2 4 3 4 3 6 6 6 7	(? -1984) Reino Unido, Esoterista/ Escritora
Alejandro El Grande.(1.5)	1 1 3 6 1	(356-323 aC) Macedonia, Rey
Alexander, Rolf (1.8)	2 3 4 6 3 6 7 2 7	(1891- ?) Canadá, Escritor
Alfredo, El Grande (1.3)	4 7 3 6 7 1 7 6 3	(849-ap. 900) Inglaterra, Rey
Allison, Audlee (1.3)	2 4 3 4 3 6 7 6 7	(? -1988) EEUU, Mística/Escritora
Ambartsumian, Victor (1.7)	4 4 3 4 3 6 7 2 3	(1908-1996) Armenia, Astrofísico
Ananda Mayee Ma	2 2 6 4 3 6 6 6 3	(1896-1982) India, Avatar
Anderson, Hans C (1.6)	6 4 2 6 7	(1805-1875) Dinamarca, Escritor
Anderson, Lindsay (1.5)	2 4 3 4 7 6 7 6 3	(1922-1994) Reino Unido, Director
Angelico, Fray (2.5)	6 4 6 2 7	(1387-1455) Italia, Pintor
Anibal (1.7)	1 1 6 6 3	(247-182 aC) Cartago, Soldado
Apelles (1.6)	2 4 4 6 3	(ap. 325 aC) Grecia, Pintor
Apollinaire, Guillaume (1.6)	2 3 4 6 7	(1880-1918) Francia, Poeta

Apolonio de Tyana(5.0)	6 1 1 2 7	(16- ap. 97 dC) Grecia, Filósofo
Aquino, Tomás de (2.0)	6 6 7 2 3	(1225-1274) Italia, Teólogo
Aristófanes (1.6)	2 4 1 4 7	(448-385 aC) Grecia, Dramaturgo cómico
Aristóteles (2.4)	7 5 1 6 3	(384-322 aC) Grecia, Filósofo
Arkwright, Sir Richard (1.6)	2 1 5 4 5	(1732-1792) Inglaterra, Inventor
Armstrong, Louis (0.6)	4 4 7 6 3 4 6 2 3	(1899-1974) EEUU, Músico de jazz
Arnold, Mathew (2.2)	2 4 6 4 3	(1822-1888) Reino Unido, Poeta
Aron, Raymond (2.0)	3 7 6 6 3	(1905-1983) Francia, Historiador/ Sociólogo
Arquímides (2.2)	5 2 1 2 1	(ap. 287-212 aC) Grecia, Matemático
Artaud, Antonin (1.6)	3 4 4 6 3	(1896-1948) Francia, Dramaturgo
Ashe, Arthur (1.6)	2 4 3 4 3 6 6 2 7	(1943-1993) EEUU, Tenista/Activista político
Asimov, Isaac (1.6)	3 4 7 4 3 6 3 6 7	(1920-1992) EEUU, Escritor
Asoka (3.0)	2 4 1 4 3	(264-223 aC) India, Emperador
Assagioli, Roberto (2.0)	2 2 3 6 3 2 5 6 7	(1888-1974) Italia, Psiquiatra
Ataürk, Mustafa Kemal (2.2)	1 1 5 2 7 4 6 2 7	(1881-1938) Turquía, Estadista
Auger, Arleen (1.3)	2 4 3 6 3 4 5 6 7	(1939-1993) EEUU, Cantante
Augusto (1.75)	1 1 6 6 1 1 4 6 7	(63 aC-14 dC) Roma, Emperador
Aurelio, Marco (1.4)	2 6 6 2 7 4 7 4 7	(121-180) Roma, Emperador
Aurobindo Ghose (3.7)	2 6 1 6 3 6 4 6 7	(1872-1950) India, Místico
Austen, Jane (1.75)	2 4 6 6 3	(1775-1817) Inglaterra, Novelista
Bach, C P E (1.6)	4 4 5 6 3 6 4 6 7	(1714-1780) Alemania, Compositor
Bach, Edward (1.6)	2 4 2 6 3 1 6 6 7	(1886-1936) RU, Sanador naturópata
Bach, J S (3.1)	2 4 7 6 3 4 7 6 7	(1685-1750) Alemania, Compositor
Bacon, Francis (1.8)	3 4 3 4 7 4 3 6 3	(1909-1992) Inglaterra, Pintor
Bacon, Francis (3.7)	7 4 4 6 3 4 7 2 7	(1561-1626) Inglaterra, Estadista
Bacon, Roger (2.6)	7 4 1 6 3 6 3 4 7	(ap.1214-1292) Inglaterra, Filósofo
Baha´u´llah (3.0)	6 6 6 4 7	(1817-1892) Irán, Fundador del Bahaísmo
Bailey, Alice (3.2)	2 1 1 2 3 6 4 6 7	(1880-1949) Reino Unido, Ocultista

Bailey, Foster (1.85)	2 2 6 6 3 6 4 2 7	(1887/8-1977) EEUU, Ocultista
Baird, John Logie (1.7)	2 5 3 6 7 7 5 6 7	(1888-1946) Reino Unido, Inventor
Balzac, Honoré de (2.0)	3 7 6 6 3 4 7 2 7	(1799-1850) Francia, Escritor
Banning, Willen (1.6) logo	2 6 4 4 3 2 6 6 3	(1888-1917) Holanda, Teólogo/Sociólogo
Bao, Yin Rao (1.55) (Joseph Anton Schneiderfranken)	4 6 6 6 3 6 6 2 7	(1876-1943) Suiza, Escritor
Bartók, Béla (1.8)	2 7 4 4 3 7 6 4 7	(1881-1945) Hungría, Compositor
Basilides (1.57)	3 4 3 4 3 6 7 6 7	(? -ap. 125 dC) Egipto, Filósofo gnóstico
Baudelaire, Charles (1.7)	2 4 1 6 3 4 7 6 7	(1821-1867) Francia, Poeta
Beaumarchais, Pierre de (1.7)	2 7 6 2 1 6 4 6 3	(1732-1799) Francia, Dramaturgo cómico
Beauvoir, Simone de (1.6)	4 5 6 2 3 6 2 4 7	(1908-1986) Francia, Escritora
Becket, Thomas á (1.75)	6 2 4 6 3 6 6 4 7	(1118-1170) Inglaterra, Arzobispo/ Mártir
Beckett, Samuel (1.6)	2 6 1 4 7 6 6 4 7	(1906-1990) Irlanda, Escritor
Beckmann, Max (1.6)	4 4 6 6 7 6 3 6 3	(1884-1950) Alemania, Pintor
Bede, El Venerable (2.0)	6 6 2 6 1 6 4 6 7	(ap. 673-735) Inglaterra, Historiador/ Erudito
Beesley, Ronald (1.67)	2 6 3 4 7 7 4 2 3	(1903-1979) Reino Unido, Sanador
Beethoven, Ludwig van (3.1)	4 4 1 2 7 4 6 4 7	(1770-1827) Alemania, Compositor
Behan, Brendan (1.0)	2 4 1 6 3 4 6 6 7	(1923-1964) Irlanda, Escritor
Behn, Aphra (2.0)	2 1 5 2 3 6 4 2 7	(1640-1689) Inglaterra, Escritor
Belisarius (1.7)	5 1 1 4 3 7 6 4 7	(505-565) Iliria (Italia), General
Bell, Alexander Graham (1.75)	3 2 1 2 3 4 7 6 7	(1847-1922) Escocia, Inventor
Bell, Arthur (1.6)	6 4 3 4 3 6 7 6 7	(?) EEUU, Fundador de "Manos Unidas"
Bellini, Giovanni (3.0)	7 6 1 4 7 7 4 2 7	(ap. 1430-1515) Italia, Pintor
Bellini, Vincenzo (1.8)	2 2 4 4 3 4 6 6 7	(1801-1835) Italia, Compositor

Ben Gurion, David (1.7)	3 1 1 6 3 6 6 4 7	(1886-1973) Israel, Estadista
Benes, Eduard (2.0)	1 6 3 2 1 6 6 4 7	(1884-1948) Checoslovaquia, Estadista
Bentov, Itzak (1.6)	4 4 3 4 3 6 5 4 3	(1923-1979) Checoslovaquia, Científico/Místico
Benz, Karl Friedrich (1.7)	3 1 5 4 3 7 6 4 7	(1844-1929) Alemania, Ingeniero
Berg, Alban (2.0)	2 4 7 6 7 4 6 4 7	(1885-1935) Austria, Compositor
Bergson, Henri (1.75)	3 1 3 2 3 1 6 4 7	(1859-1941) Francia, Filósofo
Berkeley, Sir Lennox (1.55)	2 4 6 2 3 4 4 6 3	(1903-1989) Reino Unido, Compositor
Berlioz, Hector (2.3)	4 4 4 6 3 1 4 6 7	(1803-1869) Francia, Compositor
Bernhardt, Oskar Ernst (2.0)	4 7 6 6 3 5 2 4 7	(1875-1941) Alemania, Escritor
Bernhardt, Sarah (1.65)	2 4 4 6 3 4 6 2 7	(1844-1923) Francia, Actriz
Bernstein, Leonard (1.6) rector	4 4 6 2 3 4 4 6 7	(1918-1990) EEUU, Compositor/Di-
Besant, Annie (2.15)	7 1 4 6 7 7 4 6 7	(1847-1933) Reino Unido, Teósofa
Bettelheim, Bruno (1.5)	6 4 4 6 7 6 5 6 7	(1903-1990) EEUU, Psicólogo
Beys, Joseph (1.4)	2 4 3 4 7 6 7 6 3	(1921-1986) Alemania, Artista
Bhrikuti, La Tara Verde (1.4)	2 4 2 4 3 6 6 6 3	(640-678) Tíbet, Princesa nepalí
Biko, Steve (1.4)	2 4 6 4 3 6 6 6 7	(1946-1977) Sudáfrica, Líder derechos civiles
Bingen, Hildegard von (1.47)	5 6 4 6 3 3 7 4 7	(1098-1179) Alemania, Música/ Sanadora/Abadesa
Bion, Wilfred (1.76)	2 7 7 6 7 4 4 3 3	(1897-1979) Reino Unido, Psicoanalista
Bismarck, Otto von (2.0)	1 1 1 6 3 7 7 6 7	(1815-1898) Alemania, Estadista
Blake, William (2.2)	2 4 1 6 3 2 6 6 7	(1757-1827) Inglaterra, Poeta/Pintor
Blavatsky, H P (4.0)	1 2 1 6 3 7 4 6 7	(1831-1891) Rusia, Ocultista
Blériot, Louis (1.6)	3 5 7 2 3 7 7 6 7	(1872-1936) Francia, Aviador
Bloch, Ernest (1.7)	2 4 6 4 7 4 6 4 7	(1880-1959) EEUU, Compositor

Nombre	Números	Datos
Bloch, Ernst (1.5)	2 4 3 4 3 / 6 6 6 7	(1885-1977) Alemania, Filósofo
Boadicea (1.6)	4 1 1 6 3 / 1 1 6 7	(S.I dC) Inglaterra, Reina-Guerrera
Bohm, David (1.6)	2 4 7 4 7 / 6 3 6 3	(1917-1992) EEUU, Físico
Bolivar, Simón (1.7)	1 4 3 4 3 / 6 7 2 7	(1783-1830) Venezuela, Libertador
Booth, William (1.65)	2 6 6 2 7 / 6 7 4 7	(1829-1912) RU, Fund.del Ejército de Salvación
Borgia, Lucrecia (1.6)	1 4 7 2 5 / 4 6 6 3	(1480-1519) Italia, Mecenas
Bosco, Don Giovanni (1.7)	1 6 1 2 7 / 6 6 6 7	(1815-1888) Italia, Sacerdote
Bosco, El (1.8)	6 4 7 6 3 / 6 7 6 7	(1450-1516) Holanda, Pintor
Botha, Louis (1.6)	1 3 1 4 1 / 7 4 2 1	(1862-1919) Sudáfrica, Estadista/ Soldado
Botticelli, Sandro (2.7)	2 6 7 4 7 / 6 4 6 7	(1445-1510) Italia, Pintor
Boulanger, Nadia (1.6)	4 4 7 6 7 / 6 6 6 7	(1887-1979) Francia, Instructora de música
Boyle, Robert (2.4)	1 1 3 2 3 / 6 5 6 7	(1627-1691) Irlanda, Físico/Químico
Brahe, Tycho (1.8)	2 1 7 6 3 / 4 7 6 7	(1546-1601) Dinamarca, Astrónomo
Brahma, Prajapita (1.7)	2 4 6 6 4	(1875-1969) India, Fundador de Brahma Kumaris
Brahms, Johannes (2.5)	2 4 4 6 3 / 7 6 2 7	(1833-1897) Alemania, Compositor
Braille, Louis (1.6)	3 6 3 2 3 / 5 4 6 7	(1809-1852) Francia, Profesor de ciegos
Brancusi, Constantin (1.87)	4 6 7 6 4 / 6 4 6 7	(1876-1957) Rumanía, Escultor
Brandt, Wily (2.97)	2 1 5 2 1 / 4 7 4 3	(1913-1992) Alemania, Político
Brecht, Bertolt (1.6)	1 4 1 6 3 / 4 7 6 7	(1898-1956) Alemania, Dramaturgo
Breton, André (1.7)	3 2 1 2 3 / 4 4 6 7	(1896-1966) Francia, Poeta
Brezhnev, Leónidas.(2.0)	1 7 6 6 7 / 7 6 6 3	(1906-1982) Rusia, Político
Brittain, Vera (1.5)	2 3 5 6 3 / 4 6 6 7	(1893-1970) Reino Unido, Escritora/ Pacifista
Britten, Benjamin (1.8)	2 4 4 6 3 / 4 4 6 7	(1913-1976) Reino Unido, Compositor
Broglie, Louis César (1.6)	1 3 1 4 3 / 5 5 6 7	(1875-1960) Francia, Físico

Brönte, Emily (1.4)	2 4 4 6 3 5 6 2 7	(1818-1848) Reino Unido, Escritora
Brougham, Henry (1.7)	1 1 7 2 3 6 6 6 7	(1778-1868) Reino Unido, Político
Bruckner, Anton (2.2)	4 6 4 2 3 4 7 6 7	(1824-1896) Austria, Compositor
Brueghel, Pieter (1.9)	4 4 1 6 7 4 7 6 7	(ap. 1520-1569) Bélgica, Pintor
Brunel, Isambard K. (1.7)	2 5 1 6 5 7 4 6 7	(1806-1859) Reino Unido, Ingeniero
Bruno, Giordano (2.3)	1 1 7 6 7 4 7 2 7	(1548-1600) Italia, Filósofo
Brunton, Paul (1.8)	2 4 6 6 7	(1898-1981) Reino Unido, Escritor espiritual
Büchner, Georg (1.6)	4 1 1 4 7	(1813-1837) Alemania, Poeta
Buddha, Gautama	2 2 1 2 7 4 1 6 7	(ap. 563-483 aC) India, Avatar
Burbank, Luther (1.6)	2 2 4 6 3	(1849-1926) EEUU, Horticultor
Burgess, Anthony (1.57)	2 4 3 6 3 6 6 6 7	(1917-1993) Reino Unido, Escritor
Burns, George (1.4)	2 4 3 4 7 6 7 6 3	(1896-1996) EEUU, Actor/Cómico
Byrd, Willian (2.0)	4 6 4 6 7	(1543-1623) Inglaterra, Compositor
Caddy, Peter (1.5)	2 4 3 4 3 6 7 6 1	(1917-1994) RU, Cofundador de Findhorn
Cade, C Maxwell (1.4)	2 5 3 4 7 2 6 6 3	(f. fin s. XX) Reino Unido, Investigador del EEG
Cagliostro, Conde (3.2)	1 4 7 6 1	(1743.1795) Francia, Ocultista
Calderón de la Barca, Pedro (1.8)	6 4 1 2 1	(1660-1681) España, Dramaturgo
Calígula (1.2)	1 6 6 6 1	(12-41 dC) Roma, Emperador
Callas, Maria (2.0)	3 1 1 4 3	(1923-1977) Grecia, Cantante
Calvino, Juan (1.8)	6 1 6 6 3	(1509-1564) Francia, Teólogo
Campbell, Joseph (1.6)	2 4 3 4 7 6 7 2 3	(1904-1987) EEUU, Filósofo/Profesor
Camus, Albert (1.6)	3 4 3 4 3	(1913-1960) Francia, Escritor
Canaletto (G A Canal) (1.6)	6 4 7 6 7 3 4 6 7	(1697-1768) Italia, Pintor
Capablanca, José Raúl (2.0)	2 3 7 2 7	(1888-1942) Grecia, Maestro de ajedrez
Caravaggio (2.6)	7 1 4 2 1	(1569-1609) Italia, Pintor
Carey, Howard Ray (1.5)	2 7 6 2 3 2 7 6 7	(1902-1989) EEUU, Ministro de la Iglesia
Carlomagno (2.2)	1 1 1 6 7	(742-814) Francia, Emperador Sacro Imperio Romano
Carlyle, Thomas (1.7)	6 6 1 2 1	(1795-1881) Reino Unido, Escritor
Carnegie, Andrew (1.6)	3 3 6 6 3 6 4 6 7	(1835-1918) EEUU, Industrial/Filántropo

Caruso, Enrico (1.2)	2 4 1 4 3	(1873-1921) Italia, Cantante/Opera
Casals, Pablo (2.0)	2 4 7 6 3	(1876-1973) España, Músico
Catalina de Alejandría (2.6)	6 6 6 6 7	(? -307 dC)) Alejandría, Santa/Mártir
Catalina La Grande (1.6)	1 6 1 4 1	(1729-1796) Rusia, Emperatriz
Caxton, William (1.6)	2 5 1 6 5	(ap.1422-1491) Inglaterra, Impresor
Cayce, Edgar (1.7)	2 2 4 6 7	(1877-1945) EEUU, Clarividente
Ceausescu, Nicolae (1.5)	7 6 7 6 7 6 4 6 3	(1918-1989) Rumanía, Dictador
Celibidache, Sergiu (1.5)	4 4 4 6 7 4 6 6 3	(1912-1996) Rumanía, Director orquesta
Cervantes, Miguel de (1.7)	6 4 3 6 7	(1547-1616) España, Escritor
Cesar, Julio (1.3)	1 3 1 6 3	(ap. 100-44 aC) Roma, Emperador
Cèzanne, Paul (2.6)	3 4 7 6 3	(1839-1906) Francia, Pintor
Chagall, Marc (1.9)	2 4 4 6 7 7 2 4 3	(1887-1985) Francia, Pintor
Chamberlain, Neville (1.6)	3 7 1 6 7	(1869-1940) Reino Unido, Político
Chandraji, Shri Ram de Fatehgarh (1.75)	2 6 6 2 7 3 4 6 7	(1873-1931) India, Maestro meditación Sahaj Marg
Chandraji, Shi Ram de Shahjahanpu (2.6)	6 4 3 4 3 6 7 6 7	(1899-1983) India, Maestro meditación Sahaj Marg
Chaplin, Charles (1.6)	2 4 1 4 4	(1889-1977) Reino Unido, Actor de cine/Director
Chateaubriand, Vizconde de (1.6)	3 6 1 4 7	(1768-1848) Francia, Escritor/Político
Chaucer, Geoffrey (1.6)	2 4 6 2 3	(1342-1400) Inglaterra, Poeta
Chavez, Cesar (1.5)	2 6 7 2 7 3 3 4 3	(1927-1993) EEUU, Líder laboralista
Chekov, Anton (1.8)	2 4 2 4 3 3 5 6 7	(1860-1904) Rusia, Escritor
Cherenzi Lind, Om (2.4)	2 4 6 6 7 2 4 6 7	(f. mediados s. XX) (?), Príncipe/ Discípulo de K.H.
Chih-i (2.0)	6 6 7 4 3 7 4 6 2	(538-597) China, Budista/Fundador T'ien-t'ai
Chirico, Giorgio de (1.6)	4 4 1 6 7 4 6 6 7	(1888-1978) Italia, Pintor
Chopin, Fréderic (2.0)	4 4 1 6 2	(1810-1849) Polonia, Compositor
Chou En lai (2.3)	1 3 1 4 3	(1898- 1976) China, Presidente
Churchill, Winston (3.0)	2 1 1 4 1	(1874-1965) Reino Unido, Estadista/ Primer Ministro
Cicero, Marcus Tullius (1.7)	3 3 1 4 5	(106-43 aC) Roma, Orador/Estadista
Cimabue, Giovanni (2.35)	6 6 4 6 7 6 4 2 7	(1240-1302) Italia, Pintor
Clemenceau, Georges (1.6)	3 1 1 6 7	(1841-1929) Francia, Estadista
Clerk Maxwell, James (1.7)	2 1 1 2 5	(1831-1879) Escocia, Físico
Clymer, Emerson (1.5)	2 7 3 4 3 4 6 6 7	(?) EEUU, Gran Maestro Rosacruz
Clymer, R.Swinwburn (1.5)	2 4 3 4 3 6 7 6 7	(?) EEUU, Gran Maestro Rosacruz

Cocteau, Jean (1.7)	3 4 4 2 3	(1889-1963) Francia, Poeta/Autor dramático
Colón, Cristóbal (2.0)	6 6 1 2 3	(1451-1506) Italia, Explorador
Comte, Auguste (1.7)	3 4 1 6 3	(1798-1857) Francia, Filósofo
Confucio (5.0)	3 7 2 6 1	(551-479 aC) China, Filósofo
Conrad, Joseph (1.75)	4 4 6 6 7	(1857-1924) Polonia, Escritor
Constantino I (El Grande) (1.8)	1 6 6 2 7	(ap. 274-337) Roma, Emperador
Cook, James (1.7)	3 7 1 6 7	(1728-1779) Inglaterra, Explorador
Copérnico, Nicolás (2.3)	2 3 5 2 3	(1473-1543) Polonia, Astrónomo
Corbusier, Le (2.0)	3 7 7 4 7	(1887-1965) Suiza, Arquitecto
Corneille, Pierre (1.7)	3 2 1 6 3	(1606-1684) Francia, Dramaturgo
Corot, Jean Baptiste (1.8)	3 2 4 6 7	(1796-1875) Francia, Pintor
Cortés, Hernán (1.7)	6 1 7 6 7	(1485-1547) España, Explorador
Cortot, Alfred (1.6)	4 2 4 2 3	(1877-1962) Francia, Músico
Coulson, Robert (1.4)	2 3 4 4 3 7 6 6 7	(?) EEUU, Grupo Oración Contemplativa
Couperin, Francois (2.3)	4 4 4 6 7	(1668-1733) Francia, Compositor
Coverdale, Miles (1.6)	6 6 7 6 3	(1488-1568) Inglaterra, Erudito bíblico
Coward, Noel (1.3)	2 4 3 4 3	(1899-1973) Reino Unido, Actor/ Dramaturgo
Cristina (1.5)	2 6 6 4 7	(1626-1689) Suecia, Reina de Suecia
Cromwell, Oliver (2.1)	1 1 6 6 3	(1599-1658) Inglaterra, Estadista
Crosby, Bing (1.4)	2 4 6 6 7	(1904-1977) EEUU, Cantante/Actor
Crowley, Aleister (1.6)	6 1 7 6 1	(1875-1947) Reino Unido, Ocultista
Cummings, e.e. (1.35)	6 4 4 6 7	(1894-1962) EEUU, Poeta
Curie, Marie (2.0)	3 3 5 4 7	(1867-1934) Polonia, Física/Química
D'Aubuisson, Roberto (1.6)	1 1 6 6 7 6 4 6 3	(1944-1992) El Salvador, Político
Daimler, Gottlieb (1.6)	3 5 1 4 3	(1834-1900) Alemania, Ingeniero
Dalí, Salvador (1.6)	6 4 6 4 7 4 6 4 7	(1904-1989) España, Pintor
Dalton, John (2.0)	2 5 5 4 3	(1766-1844) Inglaterra, Químico
Dante Alighieri (2.0)	1 4 1 6 7	(1265-1321) Italia, Poeta
Danton, Georges Jacques (1.7)	3 4 1 6 3	(1759-1794) Francia, Político
Dario El Grande (1.6)	1 1 6 4 7	(548-486 aC) Persia, Rey
Darwin, Charles (2.0)	2 7 5 2 5	(1809-1882) Reino Unido, Científico
David (1.7)	6 1 1 6 7	(ap. 1030-970 aC) Israel, Rey
David-Neel, Alexandra (1.7)	4 6 6 4 7 4 2 6 7	(1868-1969) Francia, Mística/Escritora
De La Warr, George (1.46)	2 3 4 2 3 5 7 4 7	(1905-1969) Reino Unido, Profesor de electrónica
Dearmer, Geoffrey (1.4)	2 4 3 4 7 6 7 6 3	(1893-1996) Reino Unido, Poeta
Debruyne, Bertrand (1.5)	4 3 4 6 3 7 6 2 7	(1660-1700) Bélgica, Sacerdote/ Científico
Debussy, Claude (1.7)	3 4 4 4 6 3	(1862-1918) Francia, Compositor
Degas, Edgar (1.75)	3 4 3 4 7 6 7 6 7	(1834-1917) Francia, Pintor

Deguchi Na-o (1.7)	3 6 6 4 7 4 6 2 7	(1837-1918) Japón, Fundador de Omotokyo
Deguchi, Wanisaburo (1.7)	3 6 1 6 7 6 6 6 3	(1871-1948) Japón, Maestro espiritual Omotokyo
Delacroix, Eugène (2.3)	3 4 1 4 7	(1798-1863) Francia, Pintor
Demóstenes (1.7)	6 1 3 6 1	(383-322 aC) Grecia, Orador/Político
Descartes, René (2.3)	5 5 1 4 3	(1596-1650) Francia, Filósofo/ Matemático
Diaghilev, Sergei (1.6)	4 4 1 6 3	(1872-1929) Rusia, Empresario
Dick-Read, Grantly (1.6)	2 6 4 2 3	(1890-1959) Inglaterra, Ginecólogo
Dick, Philip K (1.6)	2 4 4 6 7 6 7 6 4	(1928-1982) EEUU, Escritor
Dickens, Charles (1.9)	2 4 2 4 3	(1812-1870) Reino Unido, Escritor
Dikinson, Emily (1.8)	2 6 6 4 7	(1830-1886) EEUU, Poeta
Diderot, Denis (1.7)	3 6 4 2 3	(1713-1784) Francia, Escritor
Diesel, Rudolf (1.6)	6 7 1 4 5	(1858-1913) Alemania, Ingeniero
Diógenes (1.6)	1 6 1 4 7	(412-323 aC) Grecia, Filósofo
Disraeli, Benjamín (1.7)	2 3 1 4 7	(1804-1881) Reino Unido, Estadista
Dogen (1.5)	6 1 6 4 7 7 3 2 4	(1200-1253) Japón, Secta Zen-Soto
Dolto, Francoise (1.58)	5 3 6 6 7 6 4 2 3	(1908-1988) Francia, Psicoanalista
Donizetti, Gaetano (1.8)	4 4 4 2 7	(1797-1848) Italia, Compositor
Donne, John (1.8)	2 4 7 4 3	(1572-1631) Inglaterra, Poeta
Dostoevsky, Fyodor (2.0)	6 7 4 6 3	(1821-1881) Rusia, Escritor
Dowland, John (1.5)	2 4 3 4 3 6 7 6 3	(1563-1626) Inglaterra, Músico/ Compositor
Doyle, Arthur Conan (1.7)	2 6 4 6 1	(1859-1930) Reino Unido, Escritor
Drake, Francis (1.7)	1 4 1 6 1	(ap.1540-1596) Inglaterra, Almirante
Drees, Willem (1.6)	7 6 7 4 7 4 6 6 7	(1886-1988) Holanda, Político
Driesch, Hans (1.7)	3 3 7 6 3	(1867-1941) Alemania, Científico
Dunant, Henri (1.8)	3 6 1 4 3	(1828-1910) Suiza, Filántropo/Escritor
Dunnewolt, Hendrik W (1.6)	3 4 4 6 7 6 6 4 5	(1904-1968) Holanda, Escritor/Teósofo
Durero, Alberto (2.4)	1 7 7 4 1 4 4 6 7	(1471-1528) Alemania, Pintor
Durrell, Gerald (1.46)	2 4 3 6 3 6 7 4 7	(1925-1995) Reino Unido, Escritor/ Naturalista
Dvorak, Antonin (2.1)	2 4 7 2 3	(1841-1904) Checoslovaquia, Compositor
Dyck, Anthony van (2.0)	4 4 4 7 6 7	(1599-1641) Bélgica, Pintor
Eckhart, Meister (2.2)	6 6 1 6 3	(ap.1260-1327) Alemania, Místico/ Filósofo
Eddy, Mary Baker (2.0)	2 6 1 6 3	(1821-1910) EEUU, Fund. de Ciencia Cristiana
Edison, Thomas (1.7)	3 1 1 2 5	(1847-1931) EEUU, Inventor

Eduardo VIII (1.3)	2 4 3 4 7 6 7 6 3	(1894-1972) Reino Unido, Rey
Eeden, Frederik van (1.6)	3 3 1 4 7	(1860-1932) Holanda, Escritor
Ehret, Arnold (1.55)	2 6 2 4 7 7 6 6 3	(1866-1922) Alemania, Escritor
Einstein, Albert (2.2)	2 2 4 2 3	(1879-1955) Alemania, Físico
Eisai (2.2)	7 4 6 6 7 7 4 6 3	(1141-1215) Japón, Zen/Secta Rinzai
Eisenhower, Dwight (1.5)	3 1 1 2 3	(1890-1969) EEUU, General/Presidente
Elgar, Edward (1.8)	2 4 4 4 3 6 6 2 7	(1857-1934) Reino Unido, Compositor
Elías (2.5)	2 1 1 6 1	(980 aC- ?) Israel, Profeta
Eliot, George (1.6)	2 4 1 6 3	(1819-1880) Reino Unido, Escritora
Eliot, T S (2.0)	2 3 1 6 7	(1888-1965) Reino Unido, Poeta
Ellington, Duke (0.6)	6 7 4 6 7 4 6 4 7	(1899-1974) EEUU, Músico de jazz
Emerson, Ralph Waldo (2.2)	2 3 7 6 3	(1803-1882) EEUU, Poeta
Engels, Friedrich (1.7)	3 4 7 2 7	(1820-1895) Alemania, Filósofo político
Enrique VIII (1.6)	1 1 1 4 1	(1491-1547) Inglaterra, Rey
Enwonwu, Benedict Chuka (1.6)	2 4 3 4 3 4 6 6 7	(1921-1994) Nigeria, Escultor
Epicurus (1.6)	6 4 6 4 3	(ap. 341-270 aC) Grecia, Filósofo
Equiano, Olaudah (1.3)	2 5 6 4 3 2 3 6 7	(1750-1797) Nigeria, Activista antiesclavista
Erasmus, Desiderius (2.2)	2 2 1 6 3	(1466-1536) Holanda, Humanista
Escrivá de Balaguer, Josemaría (1.55)	6 6 6 2 7 6 7 6 7	(1902-1975) España, Fundador del Opus Dei
Espartaco (1.5)	1 1 2 2 1	(113-71 aC) Tracia (Grecia), Rebelde
Euclides (2.3)	3 5 3 6 7	(S.III aC) Grecia, Matemático
Eurípides (1.8)	3 4 1 6 3	(ap. 480-406 aC) Grecia, Dramaturgo
Euwe, Max (2.0)	1 5 3 6 7	(1901-1983) Holanda, Maestro de ajedrez
Farquhar, George (1.8)	6 4 1 6 7	(1678-1707) Irlanda, Dramaturgo
Fauré, Gabriel (1.6)	4 4 3 4 7 6 6 4 3	(1845-1924) Francia, Compositor
Federico II el Grande (1.7)	5 7 7 2 7	(1712-1786) Alemania, Rey
Fellini, Federico (1.6)	4 4 1 4 1 4 6 4 3	(1920-1993) Italia, Director de cine
Fernando II de Aragón (1.7)	3 7 7 6 7	(1452-1516) España, Rey
Ferrier, Kathleen (1.5)	4 4 4 2 7 6 6 4 3	(1912-1953) Reino Unido, Cantante de ópera
Feuigier, Siegmund (Nyana Ponika) (1.5)	3 4 3 2 3 6 6 6 7	(1901-1994) Alemania, Profesor de Budismo
Feydeau, Georges (1.7)	4 2 7 2 3	(1862-1921) Francia, Dramaturgo
Feynman, Richard (1.6)	6 7 4 6 7 3 6 4 3	(1918-1988) EEUU, Físico

Fichte, Johann Gottieb (1.7)	2 6 7 6 3	(1762-1814) Alemania, Filósofo
Fidias (2.2)	4 7 7 6 7	(Siglo V aC) Grecia, Escultor
Flagstad, Kirsten (1.4)	6 4 4 6 7 4 6 6 5	(1895-1962) Noruega, Cantante de ópera
Fleming, Alexander (2.0)	2 5 5 2 3	(1881-1955) Reino Unido, Bacteriólogo
Ford, Henry (1.7)	5 7 7 6 3	(1863-1947) EEUU, Ingeniero
Fox, Enmet (1.6)	2 4 3 4 3 6 7 6 7	(1886-1951) EEUU, Científico/Filósofo
Fox, George (1.4)	6 6 6 2 3 6 6 6 7	(1624-1691) Inglaterra, Fundador del Cuaquerismo
Francisco de Asis (3.5)	6 6 6 2 3	(1182-1226) Italia, Santo
Franco, Francisco (1.7)	1 1 1 6 7	(1892-1975) España, Dictador/General
Franklin, Benjamín (2.5)	4 5 1 6 3	(1706-1790) EEUU, Estadista/Científico
Freud, Sigmund (2.0)	2 7 1 6 3 2 5 6 7	(1856-1939) Austria, Psicoanalista
Frink, Elizabeth (1.55)	2 4 3 4 7 6 7 6 7	(1930-1993) Reino Unido, Escultor
Froebel, Friedrich (1.6)	2 5 1 4 3	(1782-1852) Alemania, Educador
Fromm, Erich (1.6)	6 2 4 6 7	(1900-1980) EEUU, Psicoanalista
Fujii, Nittatsu (1.8)	2 4 6 6 7 6 6 2 3	(1885-1985) Japón, Budismo/Secta
Fuller, Buckminster (2.0)	2 1 7 4 7	(1895-1983) EEUU, Arquitecto/ Ingeniero
Galilei, Galileo (2.2)	1 4 1 6 5	(1564-1642) Italia, Astrónomo
Gambetta, León Michel (1.6)	3 1 1 4 1	(1838-1882) Francia, Estadista
Gandhi, Indira (2.0)	1 1 7 6 3	(1917-1984) India, Primera ministra
Gandhi, Mahatma (2.0)	2 2 6 2 3 6 6 2 7	(1869-1948) India, Líder
Garbo, Greta (1.65)	6 7 7 4 7 4 2 6 3	(1905-1990) Suiza, Actriz de cine
Garibaldi, Giuseppe (2.0)	1 4 7 6 3	(1807-1882) Italia, Revolucionario
Gaskell, Elizabeth (2.0)	2 2 1 4 6	(1810-1865) Reino Unido, Escritora
Gauguin, Paul (2.0)	5 4 1 6 7	(1848-1903) Francia, Pintor
Gaulle, Charles de (2.4)	3 1 1 4 1	(1890-1970) Francia, General/ Presidente
Gauss, Johann Karl (1.7)	3 4 1 6 3	(1777-1855) Alemania, Matemático
Genghis Khan (1.5)	1 7 6 6 1	(1167-1227) Mongolia, Conquistador/ Soberano
George, Henry (1.7)	3 7 4 2 1 5 6 4 7	(1839-1897) EEUU, Economista político
Gershwin, George (1.6)	2 4 3 6 3	(1898-1937) EEUU, Compositor
Gibbon, Edward (1.6)	2 4 1 2 7	(1737-1794) Inglaterra, Historiador
Giorgione (2.3)	4 4 7 6 2	(ap. 1478-1511) Italia, Pintor
Giotto di Bondone (2.4)	6 4 6 2 7 4 6 4 7	(1267-1337) Italia, Pintor/Arquitecto
Giraudoux, Jean (1.7)	2 4 1 6 3	(1882-1944) Francia, Escritor/ Diplomático

Gladstone, William (1.7)	2 6 1 6 3	(1808-1898) Reino Unido, Estadista
Gluck, Christoph (1.8)	2 4 4 4 3	(1714-1787) Austria, Compositor
Goethe, Johann von (2.2)	2 1 4 4 7	(1749-1832) Alemania, Poeta/Escritor
Gogh, Vincent van (1.9)	2 6 1 4 7	(1853-1890) Holanda, Pintor
Gogol, Nikolai (1.7)	2 4 1 6 7	(1809-1852) Rusia, Dramaturgo
Goi, Masahisa (2.1)	4 4 6 6 7 6 3 2 7	(1916-1980) Japón, Líder espiritual de Byakkokai
Goldoni, Carlo (1.7)	2 2 4 6 7	(1707-1793) Italia, Dramaturgo
Goldsmith, Joel (1.6)	2 6 6 6 3 2 6 2 7	(1892-1964) EEUU, Escritor/Maestro espiritual
Goldsmith, Oliver (1.7)	6 2 6 6 3	(1728-1774) Irlanda, Escritor
Goodwin, Richard (1.47)	2 4 3 4 7 6 7 6 3	(1913-1996) Reino Unido, Economista
Gordon, Charles George (1.6)	1 6 1 2 1	(1833-1885) Reino Unido, General
Gould, Glenn (1.6)	2 4 7 6 7 6 3 6 3	(1932-1982) Canadá, Pianista
Goya, Francisco José de (2.4)	1 4 1 4 1	(1746-1828) España, Pintor
Graham, Martha (1.47)	4 6 3 6 7 4 7 6 7	(1894-1991) EEUU, Bailarina
Granger, Stewart (1.6)	2 4 1 4 7 4 6 6 7	(1913-1993) Reino Unido, Actor
Grant, James (1.5)	2 4 3 4 7 6 7 6 3	(1922-1995) EEUU, Director de UNICEF
El Greco (Domenikos Theotokopoulos) (3.0)	1 4 7 6 1 6 7 6 7	(1541-1614) Creta, Pintor
Greene, Graham (1.5)	3 4 7 6 3 6 6 6 7	(1904-1991) Reino Unido, Escritor
Gregorio I (2.0)	1 6 1 6 7	(ap. 540-604) Roma, Papa
Gregory, John (1.3)	3 4 4 6 7 4 6 2 7	(1914-1996) RU, Director ballet/ Actor/Escritor
Grieg, Edward (1.7)	2 4 4 2 6 3	(1843-1907) Noruega, Compositor
Grillparzer, Franz (1.6)	4 4 7 6 7	(1791-1872) Austria, Poeta
Grimond, Jo (1.6)	2 4 3 6 7 6 7 4 3	(1913-1993) Reino Unido, Líder del Partido Liberal
Gropius, Walter (1.68)	2 4 4 6 7 7 3 2 3	(1883-1969) Alemania, Arquitecto
Grotius, Hugo (2.0)	1 3 1 2 3	(1583-1645) Holanda, Jurista/Teólogo
Grünewald, Mathias (2.6)	4 6 6 4 7 4 1 6 7	(1470-1528) Alemania, Pintor
Guevara, Ernesto (Che) (1.7)	7 1 1 2 3	(1928-1967) Argentina, Líder revolucionario
Gurdjieff, Georges (2.2)	4 4 1 6 3	(1872-1949) Rusia, Ocultista/Profesor
Hahn, Kurt (1.6)	4 6 4 6 3 3 6 6 7	(1886-1974) Alemania, Educador
Hahnemann, Samuel (1.75)	2 6 7 4 7 4 6 6 3	(1755-1843) Alemania, Fundador de la homeopatía moderna

Hall, Manly Palmer (1.6)	2 2 6 2 7 6 6 6 7	(1901-1990) EEUU, Filósofo
Hallinan, Hazel Hunkins (2.0)	3 4 1 6 7	(1890-1982) EEUU, Sufragista
Hallowes, Odette (1.4)	1 1 3 6 3 4 7 2 7	(1912-1995) Francia, Agente secreto/ Heroína de guerra
Hals, Frans (2.3)	3 4 1 4 3	(ap. 1580-1666) Holanda, Pintor
Hammarskjöld, Dag (2.0)	2 6 1 6 3	(1905-1961) Suiza, Diplomático
Hamstra, Rinze (1.6)	2 4 3 4 3 4 7 6 7	(1895-1974) (?),Pintor
Händel, Georg Friedrich (2.4)	4 6 1 4 7	(1685-1759) Alemania, Compositor
Hardie, James Keir (1.7)	2 6 1 2 3	(1856-1915) Reino Unido, Político
Harrison, Rex (1.35)	2 4 4 6 7 4 3 6 3	(1908-1990) Reino Unido, Actor
Haskill, Clara (1.4)	4 4 3 6 7 6 7 2 3	(1895-1960) Suiza, Pianista
Hauptmann, Gerhart (1.6)	2 4 3 6 7	(1862-1946) Alemania, Dramaturgo
Haydin, Franz Joseph (2.4)	3 4 4 2 7	(1732-1809) Austria, Compositor
Hebbel, Friedrich (1.5)	2 4 1 4 7	(1813-1863) Alemania, Dramaturgo
Hegel, Georg (2.0)	4 2 5 4 3	(1770-1831) Alemania, Filósofo
Heidegger, Martín (1.7)	4 3 4 6 7 7 6 2 3	(1889-1976) Alemania, Filósofo
Heine, Heinrich (2.0)	4 4 1 2 7	(1797-1856) Alemania, Poeta
Heisenberg, W K (1.6)	2 6 3 4 1	(1901-1976) Alemania, Físico
Hemingway, Ernest (1.6)	2 1 1 6 1	(1899-1961) EEUU, Escritor
Hendrix, Jimmy (1.3)	4 6 3 4 7 4 7 6 7	(1942-1970) EEUU, Músico de rock
Hepburn, Audrey (1.46)	2 4 4 2 3 6 6 4 7	(1929-1993) Bélgica, Actriz de cine
Heraclito (2.0)	3 4 1 2 3	(ap. 535-475 aC) Grecia, Filósofo
Hércules (2.2)	1 6 1 6 1	(ap. 8000 aC) Grecia, Avatar
Hermes (4.0)	5 1 1 6 3	(ap. 7000 aC) Grecia, Avatar
Herodoto (1.7)	5 1 7 6 7	(ap. 485-425 aC) Grecia, Historiador
Herschel, Wiliam (2.0)	2 2 1 6 1	(1738-1822) Inglaterra, Astrónomo
Hertz, Heinrich (1.7)	3 7 5 6 3	(1857-1894) Alemania, Físico
Herzl, Theodor (1.7)	3 7 7 2 3	(1860-1904) Austria, Líder sionista
Hess, Rudolf (1.35)	1 1 6 6 1 4 1 6 7	(1894-1987) Alemania, Oficial nazi
Hesse, Hermann (2.1)	4 4 3 6 3	(1877-1962) Alemania, Escritor
Hiawatha (0.9)	6 7 7 6 7 6 7 2 3	(ap. 1450) Norteamérica, Líder de los nativos americanos
Hillesum, Etty (1.3)	3 7 6 6 7 6 5 6 7	(1914-1943) Holanda, Victima de Auschwitz
Hindemith, Paul (1.7)	4 4 1 2 3	(1895-1963) EEUU, Compositor
Hindenburg, Paul von (1.7)	1 1 1 6 7	(1847-1934) Alemania, General/Presidente
Hipatia (1.6)	2 4 3 4 7 1 1 6 1	(ap. 370-415) Egipto, Filósofa
Hipatia (1.6)	2 4 3 4 7	(ap. 370-415) Egipto, Filósofa

Hipócrates (2.0)	2 4 5 6 7	(ap. 460-370 aC) Grecia, Médico
Hirohito (1.4)	7 6 6 6 7 2 4 2 3	(1901-1989) Japón, Emperador
Hiroshige (2.0)	4 4 7 6 7	(1797-1858) Japón, Pintor
Hitler, Adolf (2.0)	2 4 1 4 3 1 6 6 7	(1889-1945) Alemania, Dictador
Ho Chi-Minh (1.7)	1 5 1 6 3	(1892-1969) Vietnam norte, Jefe de estado
Hodgkin, Dorothy (1.7)	3 4 3 6 3 6 7 4 7	(1910-1994) Reino Unido, Bioquímica
Hodson, Geoffrey (1.6)	2 4 6 6 3	(1892-1983) Reino Unido, Teósofo
Hoffa, Jimmy (1.2)	3 4 4 6 3 6 6 6 3	(1913-1975) EEUU, Líder laborista
Hofmannsthal, Hugo von (1.7)	2 4 6 6 3	(1874-1929) Austria, Poeta/Dramaturgo
Hofman, Greet (1.5)	2 3 4 6 3 6 7 4 7	(1894-1968) Holanda, Sanadora
Hoksusai (2.0)	4 7 7 6 5	(1760-1849) Japón, Pintor/Artista grabador
Holbein, Hans (2.3)	4 1 4 6 5	(1497-1543) Alemania, Pintor
Hollows, Fred (1.7)	2 4 5 4 3 6 6 2 7	(1929-1993) Nueva Zelanda, Oftalmólogo
Homero (1.7)	4 2 6 2 4	(S.IX aC) Grecia, Poeta
Honen (2.4)	6 4 6 2 7 6 7 4 7	(1133-1212) Japón, Budismo/Fundador secta Jodo
Hoover, Herbert (2.0)	2 3 3 1 7	(1874-1964) EEUU, Presidente
Hopkins, Gerard Manley (2.2)	4 6 4 2 7	(1844-1889) Reino Unido, Poeta
Hubbard, L Ron (1.8)	3 7 1 6 3	(1911-1986) EEUU, Fundador de la Cienciología
Hugo, Victor (2.0)	3 4 5 6 3	(1802-1885) Francia, Escritor
Hume, David (1.7)	3 6 1 6 3	(1711-1776) Inglaterra, Filósofo
Huxley, Aldous (1.7)	2 4 4 2 3	(1894-1963) Reino Unido, Escritor
Ibsen, Henrik (2.0)	2 4 1 6 5	(1828-1906) Noruega, Dramaturgo
Ingres, Jean Auguste (2.2)	4 7 7 4 7	(1780-1867) Francia, Pintor
Ionesco, Eugène (1.6)	2 4 3 4 3 6 7 6 7	(1912-1994) Rumanía, Autor dramático
Isabel I (1.6)	2 3 1 6 7	(1533-1603) Inglaterra, Reina de Inglaterra
Isaías (2.3)	4 6 3 4 7 6 7 6 3	(S.VIII aC) Israel, Profeta
Jacobs, Aletta (2.0)	5 1 3 6 1	(1849-1929) Holanda, Sufragista
Janssen, Ludo (1.35)	1 4 3 4 3 6 7 6 7	(? -1994) Bélgica, Maestro espiritual
Jarry, Alfred (1.6)	3 4 4 6 7	(1873-1907) Francia, Escritor
Jefferson, Thomas (2.0)	2 6 1 4 7	(1743-1826) EEUU, Presidente
Jesús de Nazaret (4.0)	6 1 1 2 1 6 7 2 3	(24 aC-9 dC) Palestina, Gran instructor espiritual
Jezabel (1.5)	1 6 3 6 3	(? -846 aC.) Fenicia, Princesa

Jinnah, Mohammed Ali (1.8)	3 1 2 4 7	(1876-1948) Pakistán, Primer gobernador general
Johson, Lyndon B (1.5)	2 4 3 4 7 6 7 6 3	(1908-1973) EEUU, Presidente
Johson, Samuel (1.6)	2 1 1 6 7	(1709-1784) Inglaterra, Escritor
Jomeini, Ayatollah (1.6)	4 1 6 6 7 6 6 6 7	(1900-1989) Irán, Líder islámico
Jones, Marc Edmond (1.6)	4 6 4 6 7 4 7 6 3	(1888-1980) EEUU, Astrólogo
Jonson, Ben (2.0)	2 4 1 6 3	(1572-1637) Inglaterra, Dramaturgo
José (2.2)	6 2 3 4 2	(S.I dC) Palestina, Padre de Jesús
José de Arimatea (2.0)	2 6 1 2 4	(S.I dC) Palestina, Figura bíblica
José II (1.65)	4 6 1 4 7 6 5 4 1	(1741-1790) Austria, Regente
Josué (2.3)	6 7 6 1 1	(ap. 1500 aC) Israel, Líder
Jouvenal, Roland de (1.4)	3 6 6 4 7 3 3 6 7	(? -1946) Francia, Parapsicólogo
Joyce, James (1.7)	2 4 1 4 3	(1882-1941) Irlanda, Escritor
Juan el Amado (3.0)	2 2 6 2 1	(S.I dC) Palestina, Apóstol
Juan el Bautista (3.3)	2 6 1 6 1	(S.I dC.) Palestina, Profeta
Juan de la Cruz (1.6)	6 6 6 4 7 6 4 6 7	(1542-1591) España, Místico
Juan XXIII (2.0)	6 2 4 6 3	(1881-1963) Italia, Papa
Juana de Arco (3.3)	5 1 3 6 6 7 6 6 7	(ap. 1412-1431) Francia, Soldado/ Mártir
Judas Iscariote (1.7)	6 6 3 4 3	(S.I dC) Palestina, Discípulo
Judge, Willian Q (2.0)	6 2 1 6 3 3 4 6 7	(1851-1896) EEUU, Teósofo
Jung, Carl (2.2)	2 6 4 4 3	(1875-1961) Suiza, Psiquiatra
Kabir, Sant (4.2)	2 2 4 4 7 6 3 6 3	(1450-1518) India, Místico/Poeta
Kafka, Franz (1.7)	2 4 4 6 3	(1883-1924) Checoslovaquia, Escritor
Kalu Rinpoche (2.35)	6 6 3 2 1 6 4 6 3	(1905-1989) Tíbet, Maestro budista
Kaluza, Theodor (1.5)	3 5 1 4 7	(1885-1945) Alemania, Físico
Kano, Aminu (1.5)	2 6 1 2 3	(1920-1983) Nigeria, Revolucionario
Kant, Enmanuel (2.2)	6 4 1 2 5	(1724-1804) Alemania, Filósofo
Kardelj, Edvard (2.5)	7 6 7 6 1	(1910-1979) Yugoslavia, Líder/ Diplomático
Kasturi, N (1.55)	4 2 4 6 7 6 6 6 3	(1897-1987) India, Intérprete de Sai Baba
Kaye, Danny (1.55)	6 4 4 6 7 4 6 4 3	(1913-1987) EEUU, Actor cómico
Kazantzakis, Nikos (1.6)	3 4 4 6 3 6 7 6 3	(1883-1957) Grecia, Escritor
Keats, John (1.7)	4 6 2 2 2	(1795-1821) Inglaterra, Poeta
Keller, Helen Adams (1.7)	1 1 4 2 5	(1880-1968) EEUU, Escritora/Educadora

Kellogg, Frank Billings (2.1)	2 3 1 6 7	(1856-1937) EEUU, Estadista
Kelly, Petra (1.5)	2 4 3 4 7 6 7 6 3	(1947-1992) Alemania, Fundadora partido ecologista
Kempis, Thomas à (1.5)	2 6 1 2 3 5 4 6 7	(1380-1471) Holanda, Escritor religioso
Kennedy John F (2.4)	2 1 7 6 1	(1917-1963) EEUU, Presidente
Kennedy, Robert (1.6)	2 6 7 6 7 4 3 4 3	(1925-1968) EEUU, Político
Kenyatta, Jomo (1.5)	2 6 1 2 1	(ap. 1889-1978) Kenia, Presidente
Kepler, Johann (1.7)	3 5 1 2 5	(1571-1630) Alemania, Astrónomo
Kerouac, Jack (1.35)	6 6 7 6 7 6 4 4 3	(1922-1969) EEUU, Escritor
Keynes, John Maynard (1.8)	5 2 1 2 3	(1883-1946) Reino Unido, Economista
Khan, Inayat (2.1)	6 2 6 6 3	(1882-1927) India, Economista
Khayyam, Omar (1.6)	6 4 6 2 7	(ap. 1050-1123) Persia, Astrónomo/ Poeta
Khrushchev, Nikita (2.0)	1 1 6 2 3	(1894-1971) Rusia, Dirigente soviético
Khysetse, Dilgo (1.7)	3 4 3 6 3 6 7 6 3	(1910-1991) Tíbet, Budismo tibetano Nyingma
Kierkeggard, Soren Aaby (2.0)	2 4 6 2 3	(1813-1855) Dinamarca, Filósofo
Kilmer, Alfred Joyce (1.36)	2 4 3 4 3 6 7 6 7	(1886-1918) EEUU, Poeta
King, Martin Luther (2.0)	2 2 1 6 3 3 4 2 7	(1929-1968) EEUU, Líder derechos humanos
Kingsley, Mary (2.0)	2 1 7 2 7	(1862-1900) Reino Unido, Viajera/ Escritora
Kipling, Rudyard (1.8)	6 6 4 4 3	(1865-1936) Reino Unido, Escritor
Kirwan, Richard (2.0)	5 5 7 4 3	(1773-1812) Irlanda, Químico
Kitasato, Shibasaburo (2.0)	3 5 5 6 7	(1856-1931) Japón, Bacteriólogo
Kitchener (1.7)	6 7 1 6 7	(1850-1916) Reino Unido, Soldado/ Estadista
Klee, Paul (2.0)	4 2 4 6 3	(1879-1940) Suiza, Pintor
Klein, Melaine (1.8)	2 1 1 4 3	(1882-1960) Austria, Psicoanalista
Klein, Yves (1.5)	4 4 3 4 3 6 7 6 7	(1928-1962) Francia, Pintor
Kleist, Heinrich von (1.6)	2 1 4 6 3	(1777-1811) Alemania, Dramaturgo/ Poeta
Klemperer, Otto (1.7)	4 4 1 6 7	(1885-1973) Alemania, Director orquesta
Knox, John (2.0)	6 6 1 6 3	(1505-1572) Escocia, Reformista
Koestler, Arthur (1.7)	2 4 1 6 3	(1905-1983) Reino Unido, Escritor
Kon, Tokoh (1.7)	4 6 4 6 7 6 7 2 7	(1898-1977) Japón, Escritor/Sacerdote budista
Kottnauer, Cenek (1.46)	3 3 4 6 3 6 7 2 7	(1911-1996) Checoslovaquia, Maestro de ajedrez/Profesor
Kreisler, Fritz (1.6)	4 2 2 4 3	(1875-1962) Austria, Músico
Krishna (5.0)	2 6 4 6 3	(ap. 3000 aC) India, Avatar

Nombre	Números	Datos
Krishnamurti (4.0)	2 2 4 6 7 / 6 4 2 7	(1895-1986) India, Instructor espiritual
Kruger, Paul (2.0)	1 1 1 6 7	(1825-1904) Sudafrica, Presidente
Kubelix, Rafael (1.6)	4 4 3 6 7 / 6 7 2 3	(1914-1996) Checoslovaquia, Director de orquesta
Kukai (2.0)	2 2 4 6 7 / 7 6 6 3	(774-835) Japón, Budismo esotérico/ Shingon
Labiche, Eugène (1.7)	2 4 3 6 7	(1815-1888) Francia, Dramaturgo cómico
Laing, R D (1.3)	6 4 3 4 3 / 3 6 4 3	(1927-1989) Reino Unido, Psiquiatra
Lamb, Charles (1.7)	2 4 4 6 3	(1775-1834) Inglaterra, Escritor
Lao-tse (4.2)	2 4 4 2 3	(570-490 aC) China, Filósofo
Laplace, Pierre Simón (2.0)	3 3 1 2 3	(1749-1827) Francia, Matemático/ Astrónomo
Larkin, Philip (1.4)	2 4 6 4 7 / 6 6 6 3	(1922-1985) Reino Unido, Poeta
Latimer, Hugh (1.7)	6 6 6 2 3	(ap.1485-1555) Inglaterra, Mártir
Lavoisier, Antoine (1.7)	3 5 5 6 3	(1743-1794) Francia, Químico
Lawrence, D H (1.7)	2 2 4 4 3	(1885-1930) Reino Unido, Escritor
Lawrence, T E (1.6)	2 6 6 6 3	(1888-1935) Reino Unido, Soldado
Lázaro (0.9)	4 6 6 6 7 / 4 4 2 4	(ap. 30 dC) Palestina, Figura bíblica
Leadbeater, C W (2.4)	7 3 5 6 7 / 4 1 6 3	(1847-1934) Reino Unido, Teósofo
Lees, Andrew (1.3)	2 3 2 6 7 / 6 4 6 3	(1955-1995) Reino Unido, Ecologista
Leeuwenhoek, Anton van (1.7)	3 5 5 2 7	(1632-1723) Holanda, Científico
Leibniz, Gottfried (1.7)	5 7 5 6 1	(1646-1716) Alemania, Filósofo/ Matemático
Lenin, Vladimir Ilyich (2.2)	5 7 1 6 3 / 7 1 6 7	(1870-1924) Rusia, Líder soviético
Lennon, John (1.6)	3 7 4 4 3	(1940-1980) Reino Unido, Músico
León X (2.0)	6 3 7 6 3	(1475-1521) Italia, Papa
Leo, Alan (1.6)	2 4 5 4 7 / 6 6 6 3	(1861-1917) Reino Unido, Astrólogo
Leonardo da Vinci (4.4)	4 7 7 4 7 / 4 3 4 7	(1452-1519) Italia, Pintor
Lessing, Gothold E (1.7)	3 4 4 2 3	(1729-1781) Alemania, Escritor
Lèvasque, René (1.6)	4 6 4 4 3 / 1 6 2 7	(1922-1987) Canadá, Primer ministro Quebec
Levi, Eliphas (1.8)	6 4 3 6 7 / 7 5 2 3	(1844-1911) EEUU, Ocultista
Lewis, C S (1.7)	2 6 6 6 3	(1898-1963) Reino Unido, Escritor
Lewis, H Spencer (1.6)	4 5 5 6 7 / 1 3 6 7	(1883-1939) EEUU, Fundador orden Rosacruz

Nombre	Números	Datos
Lewis, Ralph (1.7)	6 4 5 2 7 6 6 4 3	(1904-1987) EEUU, Líder de los rosacruces
Lincoln, Abraham (3.3)	1 2 1 2 1	(1809-1865) EEUU, Presidente
Lind, Jenny (1.25)	4 4 6 6 7 6 4 2 3	(1820-1887) Suiza, Cantante de ópera
Linnaeus, Carl (1.6)	2 4 3 2 3	(1707-1778) Suiza, Botánico
Lippi, Fra Filippo (2.0)	6 7 7 6 7 4 6 6 3	(1406-1469) Italia, Pintor
Liszt, Franz (2.2)	4 6 3 6 7	(1811-1886) Hungría, Compositor
Livingstone, David (1.6)	2 6 1 6 7	(1813-1873) Reino Unido, Explorador/Misionero
Lloyd George, David (1.8)	4 6 1 6 3	(1863-1945) País de Gales, Estadista
Locke, John (2.3)	4 7 1 2 7	(1632-1704) Inglaterra, Filósofo
London, Jack (1.45)	4 4 4 4 7 6 6 6 7	(1876-1916) EEUU, Escritor
Lorber, Jacob (1.4)	3 2 5 6 7 6 4 6 3	(1800-1864) Alemania, Escritor/ Sensitivo astral
Lorca, Federico García (2.3)	7 4 1 6 3	(1899-1936) España, Poeta
Lorentz, Hendrix Antoon (2.2)	3 5 5 6 3	(1853-1928) Holanda, Físico
Lotto, Lorenzo (2.5)	4 4 6 2 7 4 1 4 3	(1480-1556) Italia, Pintor
Loyola, Ignacio de (1.7)	6 6 1 2 7	(1491-1556) España, Fundador de los jesuitas
Lucas (2.4)	6 6 2 6 3	(S.I dC) Palestina, Evangelista
Luis II (1.3)	4 6 4 6 3 3 7 4 7	(1845-1886) Alemania, Rey de Bavaria
Luis IX (1.6)	2 4 3 4 3 6 7 6 7	(1215-1270) Francia, Rey
Lutero, Martin (2.3)	6 6 1 2 3	(1483-1546) Alemania, Religioso reformista
Luxemburg, Rosa (1.7)	6 3 1 6 3	(1871-1919) Polonia, Revolucionaria
MacArthur, Douglas (1.7)	1 3 1 6 1	(1880-1964) EEUU, General
Macdonald-Baine, M (2.0)	2 4 3 4 3 6 7 6 7	(Siglo XX) Reino Unido, Escritor
Maeterlinck, Maurice (1.7)	4 4 7 6 3	(1862-1949) Bélgica, Dramaturgo
Magallanes, Fernando (2.0)	1 1 5 6 3	(ap. 1480-1521) Portugal, Navegante
Mahler, Gustav (1.9)	4 4 4 6 3	(1860-1911) Austria, Compositor
Mahoma (3.4)	2 3 1 6 3	(570-632) Arabia, Profeta
Maimónides (Moses ben Maimon) (2.3)	2 1 1 4 3	(1135-1204) España, Filósofo
Makarios III (1.7)	3 3 3 6 7	(1913-1977) Chipre, Arzobispo/Político
Malcolm X (1.4)	4 6 7 6 7 6 6 4 7	(1925-1965) EEUU, Líder derechos civiles
Mann, Tohmas (2.0)	4 4 7 2 3	(1875-1955) Alemania, Escritor
Mantegna, Andrea (2.2)	2 4 6 6 1	(1431-1506) Italia, Pintor
Mao Tse-tung (3.2)	1 1 1 2 1 6 1 2 5	(1893-1976) China, Jefe de estado

Maquiavelo, Nicolás (1.6)	3 3 6 6 3	(1469-1527) Italia, Estadista
Marat, Jean Paul (1.7)	3 1 1 6 3	(1743-1793) Suiza, Político
Marc, Franz (1.5)	2 4 5 4 3 6 7 6 7	(1880-1916) Alemania, Pintor
Marcion (1.5)	2 6 7 4 3 4 2 6 7	(84-160) Turquía, Maestro gnóstico
Marconi, Gugglielmo (2.0)	2 3 5 6 3	(1874-1937) Italia, Inventor
Marcos (2.3)	6 4 6 6 3	(S.I dC) Palestina, Evangelista
Maria (2.2)	6 6 2 2 3	(S.I dC) Palestina, Madre de Jesús
Maria de Betania (0.85)	4 6 6 6 7 2 2 4 3	(S.I dC) Palestina, Figura bíblica
Maria Magdalena (0.9)	6 6 6 4 3 6 6 2 7	(S.I dC) Palestina, Figura bíblica
María Teresa (1.65)	4 6 1 6 7 6 6 4 7	(1717-1780) Austria, Emperatriz
Marivaux, Pierre de (1.6)	2 4 6 2 7	(1688-1763) Francia, Dramaturgo cómico
Marley, Bob (1.36)	4 6 3 4 3 4 6 6 7	(1945-1981) Jamaica, Músico
Marlowe, Christopher (1.8)	2 4 1 4 1 6 5 4 3	(1564-1593) Inglaterra, Dramaturgo
Maroun, Abbud (1.4)	3 4 3 4 3 7 6 6 7	(1886-1962) Líbano, Novelista
Marpa (4.5)	6 4 4 6 3	(Siglo XI) Tíbet, Yogui
Marshall, Thurgood (1.4)	6 6 4 4 3 6 6 2 3	(1908-1993) EEUU, Juez Corte Suprema
Marta (1.6)	6 7 4 6 7 4 6 2 7	(S.I dC) Palestina, Figura bíblica
Martini, Simone (2.5)	6 4 1 2 7 4 6 4 3	(ap.1284-1344) Italia, Pintor
Martinus (2.3)	2 4 1 6 7 3 6 6 7	(1890-1981) Dinamarca, Escritor
Marx, Karl (2.2)	6 2 5 6 3 3 7 6 7	(1818-1883) Alemania, Filósofo político
Masaccio (2.7)	4 4 7 6 3 1 4 6 7	(1401-1428) Italia, Pintor
Masina, Giulietta (1.5)	2 4 3 4 3 6 7 6 7	(1920-1994) Italia, Actriz de cine
Mateos (2.4)	6 7 4 6 3	(S.I dC) Palestina, Evangelista
Matisse, Henri (2.4)	3 6 1 4 7	(1869-1954) Francia, Pintor
Maugham, W Somerset (1.7)	2 2 4 2 7	(1874-1965) Reino Unido, Escritor
Maupassant, Guy de (2.2)	3 4 4 2 1	(1850-1893) Francia, Escritor
Mavalankar, Damodar K (1.7)	2 6 3 6 3	(1857- ?) India, Teósofo
Maxvell, Robert (1.6)	2 4 1 2 3 1 3 6 7	(1923-1991) Checoslovaquia, Periodista
Mayakovsky, Vladimir (1.7)	4 4 1 6 7	(1894-1930) Rusia, Poeta
McKillop, Mary (1.65)	2 4 2 4 3 6 6 6 7	(1842-1909) Australia, Monja

Medici, Lorenzo de (1.8)	4 1 3 4 3	(1449-1492) Italia, Gobernador de Florencia
Meher Baba (2.4)	2 3 5 6 7	(1894-1969) India, Maestro espiritual
Meiji (0.8)	3 4 4 6 7 6 7 6 3	(1852-1912) Japón, Emperador
Meir, Golda (1.7)	3 1 1 6 3	(1898-1978) Israel, Primera Ministra
Melville, Herman (1.6)	6 4 4 6 3	(1819-1891) EEUU, Escritor
Mendelssohn, Félix (2.4)	4 4 1 6 3	(1809-1847) Alemania, Compositor
Menes (1.35)	6 6 3 6 4 4 7 2 7	(ap. 3400 aC) Egipto, Rey
Mercury, Freddie (1.3)	4 4 3 4 3 4 7 6 7	(1946-1991) Reino Unido, Músico de rock
Mesmer, Friedrich (1.6)	3 7 1 6 3	(1734-1815) Austria, Médico
Messiaen, Oliver (1.76)	4 6 7 6 3 2 1 6 7	(1908-1992) Francia, Compositor
Metternich (1.6)	1 1 1 6 7	(1773-1859) Austria, Estadista
Miguel Angel (3.3)	1 4 4 6 1 6 3 6 7	(1475-1564) Italia, Escultor/Pintor
Milarepa (3.5)	6 4 4 4 3	(1052-1135) Tíbet, Yogui
Milhaud, Darius (1.8)	2 4 4 4 7	(1892-1974) Francia, Compositor
Milton, John (1.8)	2 6 4 6 7	(1608-1674) Inglaterra, Poeta
Miró, Joán (2.0)	2 2 6 6 3 4 4 2 7	(1893-1983) España, Pintor
Mirza Ghulam Ahmed, H (1.6)	4 6 7 6 3 4 7 6 7	(1835-1908) India, Fundador secta Islámica
Misora, Hibari (1.35)	2 4 4 6 7 6 6 6 3	(1937-1989) Japón, Cantante
Mitterrand, Francois (1.6)	3 4 3 1 7 6 7 6 1	(1916-1996) Francia, Presidente
Miura, Sekizo (1.6)	3 3 2 4 7 7 6 2 3	(1883-1960) Japón, Teósofo/Yogui
Miyazawa, Kenji (2.0)	4 6 4 6 7 2 6 6 3	(1896-1933) Japón, Escritor/poeta
Modigliani, Amedeo (1.7)	6 4 4 4 7	(1884-1920) Italia, Pintor/Escultor
Moisés (2.3)	6 6 1 4 1	(Siglo XII aC) Egipto, Profeta
Molière (2.2)	3 3 1 6 3	(1622-1673) Francia, Dramaturgo
Molina, Tirso de (1.6)	2 4 3 6 3	(1584-1648) España, Dramaturgo
Monet, Claude (1.9)	3 4 4 6 3 7 7 6 7	(1840-1927) Francia, Pintor
Monnier, Pierre (1.3)	3 6 3 6 3 3 6 2 3	(1891-1914) Francia, Parapsicólogo
Monroe, Marilyn (0.9)	4 4 6 2 3 2 4 4 3	(1926-1962) EEUU, Actriz de cine
Montaigne, Michel de (1.7)	3 6 3 6 5	(1533-1592) Francia, Escritor
Montesquieu, Charles de (2.0)	3 6 4 6 3	(1689-1755) Francia, Filósofo
Montessori, Maria (1.65)	6 4 7 4 7 4 7 6 3	(1870-1952) Italia, Educadora

Monteverdi, Claudio (2.4)	4 4 7 6 7	(1567-1643) Italia, Compositor
Montezuma II (1.6)	6 1 6 6 3	(1466-1520) México, Emperador
Montgomery, Bernard (1.7)	2 7 5 6 7 3 7 4 7	(1887-1976) Reino Unido, General
Moore, Henry (1.8)	2 4 7 6 7	(1898-1986) Reino Unido, Escultor
Moro, Tomás (1.5)	4 6 6 6 3 4 4 6 3	(1478-1535) Inglaterra, Estadista / Escritor
Morrannier, Georges (1.4)	4 6 4 4 7 2 6 6 3	(1945-1973) Francia, Parapsicólogo
Morrison, Jim (1.4)	6 4 5 2 7 6 7 4 3	(1943-1971) EEUU, Músico rock/ Poeta
Mozart, W A (3.0)	4 4 4 4 3 4 7 2 3	(1756-1791) Austria, Compositor
Muhaiyaddeen, Bawa (3.0)	4 6 4 6 7 6 6 6 7	(? -1987) Sri Lanka, Profesor sufí
Muktananda (4.0)	4 4 2 4 3	(1908-1982) India, Instructor espiritual
Munk, Kaj (1.7)	3 4 6 4 3	(1898-1944) Dinamarca, Dramaturgo/ Sacerdote
Murillo, Bartolomé (2.2)	4 6 1 6 3	(1618-1682) España, Pintor
Musashi, Miyamoto (0.6)	6 6 1 4 7 1 3 6 7	(Siglo XVI-XVII) Japón, Samurai
Musset, Alfred de (1.7)	3 4 5 6 3	(1810-1857) Francia, Poeta/ Dramaturgo
Mussolini, Benito (2.2)	2 1 1 6 1	(1883-1945) Italia, Dictador
Nanak, Guru (3.0)	6 6 1 2 3	(1469-1538) India, Fundador de Sijismo
Napoleón I (2.2)	3 1 1 4 5	(1769-1821) Francia, General/ Emperador
Nasser, Gamal Abdel (1.7)	2 1 1 6 1	(1918-1970) Egipto, Presidente
Neal, Viola Petitt (1.5)	2 4 7 6 7 6 3 6 3	(1907-1981) EEUU, Investigador esotérico/Escritor
Nehru, Jawaharlal (2.0)	1 2 1 6 3	(1889-1964) India, Estadista
Neill, A S (1.7)	2 6 1 4 3	(1883-1973) Reino Unido, Educador
Nelson, Horatio (1.6)	1 1 5 2 7	(1758-1805) Inglaterra, Comandante naval
Nerón (1.4)	1 1 4 6 3	(37-68 dC) Roma, Emperador
Neuman, Teresa (1.67)	6 6 2 6 7 6 4 6 3	(1898-1962) Alemania, Santa
Newman, Barnett (1.7)	4 7 7 6 7	(1905-1970) EEUU, Pintor/Matemático
Newton, Isaac (2.2)	3 3 1 6 5	(1642-1727) Inglaterra, Científico
Nichiren (2.0)	3 6 6 2 7 6 1 2 7	(1222-1282) Japón, Budista/Fundador secta Nichiren
Nicholson, Ben (1.7)	2 4 4 6 3	(1894-1982) Reino Unido, Pintor
Nietzche, Friedrich (1.9)	1 4 1 6 3	(1844-1900) Alemania, Filósofo
Nightingale, Florence (1.6)	2 2 4 6 6	(1820-1910) Reino Unido, Enfermera/ Reformadora hospitales
Nityananda, Bhagavan (4.5)	2 6 4 2 7 6 6 2 7	(? -1961) India, Instructor espiritual

Nixon, Richard (1.5)	3 4 3 6 7 6 3 6 3	(1913-1994) EEUU, Presidente
Nobel, Alfred (1.7)	2 6 3 6 1	(1833-1896) Suecia, Inventor/Industrial
Norman, Mildred (1.6)	6 6 6 2 7 6 6 2 7	(1908-1981) EEUU, Peregrina de la paz
Nostradamus (1.7)	3 3 6 6 3	(1503-1566) Francia, Astrólogo
Nureyev, Rudolf (1.46)	4 4 6 4 7 4 3 6 7	(1938-1993) Rusia, Bailarín de ballet
Nuth (1.36)	1 6 4 6 3 3 7 2 7	(ap. 3000 aC) Egipto, Reina
Oda, Nobunaga (1.7)	6 1 6 4 7 7 6 6 1	(1534-1582) Japón, Señor feudal
Okada, Yoshikazu (2.1)	6 6 6 4 3	(1901-1974) Japón, Maestro espiritual
Olcott, H S (2.2)	2 1 7 6 7	(1832-1907) EEUU, Teósofo
Olivier, Laurence (1.6)	3 4 3 2 7 6 1 4 3	(1907-1989) Reino Unido, Actor
Onassis, Jacqueline Kennedy (1.4)	4 4 2 4 3 6 6 6 7	(1929-1994) EEUU, Primera dama
O'Neill, Eugene (1.6)	2 6 1 4 3	(1888-1953) EEUU, Dramaturgo
Oort, Jan Hendrix (1.8)	3 5 7 4 7 6 3 6 7	(1900-1992) Holanda, Astrónomo
Oppenheimer, J Robert (2.0)	5 3 7 6 3	(1904-1967) EEUU, Físico
Orígenes (4.3)	2 1 1 6 7	(185-254) Grecia, Teólogo/Filósofo
Osborne, John (1.4)	2 4 3 4 3 6 7 6 7	(1929-1994) Reino Unido, Actor dramático
Ouspensky, Peter (2.0)	2 4 6 6 3	(1878-1947) Rusia, Matemático/ Esoterista
Ovidio (1.7)	1 4 7 6 3	(43 aC-17 dC) Roma, Poeta
Pablo (3.0)	5 1 1 6 1	(Siglo I dC) Tarso (Turquía), Apóstol
Paderewski, Ignace Jan (2.0)	6 4 7 4 7	(1860-1941) Rusia, Músico/Estadista
Padmasambhava (3.0)	2 4 3 6 7 6 7 6 3	(ap.Siglo VIII/IX) India, Lama
Paganini, Nicolo (1.7)	4 4 1 4 7	(1782-1840) Italia, Músico
Palestrina, G P da (2.0)	4 6 4 6 3	(1525-1594) Italia, Compositor
Palme, Olof (2.1)	3 6 7 4 7	(1927-1986) Suecia, Primer ministro
Palmer, D D (1.6)	2 4 4 6 7 6 2 2 3	(1845-1913) EEUU, Fundador de la quiropráctica
Panchem Lama (X) (1.7)	6 4 4 6 7 6 6 6 3	(? - ?) Tibet, Lider religioso
Panini (1.8)	2 5 5 6 7	(Siglo IV aC) India, Gramática sánscrita
Pankhurst, Enmeline (1.7)	6 6 1 2 3	(1857-1928) Reino Unido, Sufragista
Parecelso (2.3)	1 4 5 6 7 6 4 6 7	(1493-1541) Suiza, Médico
Pareto, Vilfredo (2.0)	2 3 3 6 3	(1848-1923) Italia, Economista/ Sociólogo
Parker, Charlie (0.6)	6 4 6 6 7 2 6 2 7	(1920-1955) EEUU, Músico de jazz

Parnell, Charles Stewart (1.7)	6 6 1 4 3	(1846-1891) Irlanda, Político
Pascal, Blaise (2.4)	5 3 1 2 3	(1623-1662) Francia, Científico
Pasolini, Pier Paolo (1.53)	4 4 3 4 3 4 6 6 7	(1922-1975) Italia, Director de cine
Pasternak, Boris (1.7)	3 4 3 6 7	(1890-1960) Rusia, Escritor
Pasteur, Louis (2.2)	5 7 7 2 3	(1822-1895) Francia, Químico
Patanjali (4.3)	2 6 1 4 3	(Siglo I aC) India, Filósofo
Patricio (2.2)	6 1 4 4 1	(ap. 385-461) Irlanda, Santo/Obispo
Patton, George (1.7)	1 6 1 2 1	(1885-1945) EEUU, General
Peale, Norman Vincente (1.55)	2 4 3 2 7 4 6 2 3	(1898-1993) EEUU, Escritor inspirativo/Orador
Pedro (3.5)	1 4 1 2 7	(Siglo I dC) Palestina, Apóstol
Pedro el Grande (1.7)	6 7 1 6 3	(1672-1725) Rusia, Emperador
Pericles (1.8)	1 7 1 2 1	(ap. 495-429 aC) Grecia, Estadista
Perón Evita (1.6)	1 3 4 6 3	(1919-1952) Argentina, Actriz/Política
Perón, Juan (1.7)	1 1 1 6 7	(1895-1974) Argentina, Soldado/ Estadista
Pestalozzi, Johann (1.7)	2 6 7 6 3	(1746-1827) Suiza, Profesor
Petrarca, Francesco (1.7)	2 7 1 4 7 3 6 6 3	(1304-1374) Italia, Poeta
Picasso, Pablo (2.4)	7 4 1 6 3 6 3 2 7	(1881-1973) España, Pintor
Pietrelcina, Pio da (2.3)	6 2 6 2 3	(1887-1969) Italia, Sacerdote/Sanador
Pilato, Poncio (1.4)	2 6 3 6 7	(? -ap. 37 BC) Roma, Gobernador de Judea
Píndaros (1.7)	3 7 7 2 3	(ap. 522-440 aC) Grecia, Poeta
Pissarro, Camille (1.7)	6 4 6 4 7 6 2 4 3	(1830-1903) Francia, Pintor
Pitágoras (2.2)	2 6 5 6 3	(ap. 582 aC- ?) Grecia, Filósofo/ Matemático
Pitt, William (El Joven) (2.3)	1 1 1 2 3	(1759-1806) Inglaterra, Estadista
Planck, Max (2.2)	2 7 1 4 5	(1858-1947) Alemania, Físico
Platón (2.4)	2 4 7 6 7	(ap. 427-347aC) Grecia, Filósofo
Polo, Marco (1.6)	3 3 6 6 3	(1254-1324) Italia, Explorador
Popper, Karl (1.5)	3 4 3 4 3 6 7 6 7	(1902-1994) Austria, Filósofo
Potter, Dennis (1.5)	2 4 3 6 3 6 7 4 7	(1935-1994) Reino Unido, Autor dramático
Pound, Ezra (2.0)	7 1 1 4 7	(1885-1972) EEUU, Poeta
Poussin, Nicolás (2.4)	7 7 6 4 3 4 4 4 7	(1594-1665) Francia, Pintor
Praag, Henri van (2.0)	3 7 7 2 7 5 5 4 7	(1916-1988) Holanda, Parapsicólogo
Praxíteles (1.6)	4 4 4 6 1	(390-340 aC) Grecia, Escultor
Pré, Jacqueline du (1.5)	2 4 4 6 2 2 6 2 4	(1945-1987) Reino Unido, Violoncelista
Presley, Elvis (0.8)	4 4 1 1 7 4 6 6 7	(1935-1977) EEUU, Estrella del rock

Priestley, Joseph (2.0)	3 7 5 6 3	(1733-1804) Inglaterra, Feligrés/ Químico
Prokofiev, Sergei (1.8)	4 7 1 4 3	(1891-1955) Rusia, Compositor
Prophet, Mark (1.5) (Guy Ballard)	2 5 6 6 7 6 4 6 3	(1878-1939) EEUU, Escritor/ Líder de "Yo Soy"
Proust, Marcel (1.7)	2 4 4 6 7	(1871-1922) Francia, Escritor
Puccini, Giacomo (1.7)	4 4 4 6 7	(1858-1924) Italia, Compositor
Purcell, Henry (1.6)	4 4 3 4 7 6 7 6 3	(1659-1695) Inglaterra, Compositor
Purucker, G de (1.6)	6 4 6 6 3 5 7 4 7	(1874-1942) EEUU, Teosofista
Pushkin, Alexandre (2.0)	4 4 1 6 3	(1799-1837) Rusia, Poeta
Rabin, Yitzhak (1.6)	3 6 5 6 7 1 6 6 3	(1922-1995) Israel, Primer ministro
Racine, Lean (2.2)	3 1 7 4 7	(1639-1699) Francia, Poeta
Rafael (3.0)	2 4 7 6 7 6 7 4 2	(1483-1520) Italia, Pintor
Rajagopal, D (1.7)	2 2 6 4 3 4 6 6 7	(1900-1988) India, Seguidor de Krishmamurti
Rajneesh (2.3)	4 6 2 4 7 6 6 4 3	(1931-1990) India, Instructor espiritual
Raleigh, Walter (1.7)	1 4 3 4 7	(1552-1618) Inglaterra, Cortesano/ Marino/Escritor
Rama (4.0)	1 6 1 2 1	(ap. 6000 aC) India, Avatar
Ramakrishna	2 6 6 4 7	(1836-1886) India, Avatar
Ramana Maharshi	2 6 4 2 3	(1879-1950) India, Avatar
Rameau, Jean Philippe (2.2)	3 4 4 6 7	(1683-1764) Francia, Compositor
Ramsés II (2.0)	1 1 7 2 5	(1292-1225 aC) Egipto, Faraón
Rasputín, Grigori Y. (1.6)	6 6 3 6 7	(ap. 1871-1916) Rusia, Monje
Ravel, Maurice (2.0)	4 7 3 4 7	(1875-1937) Francia, Compositor
Redhead, Brian (1.4)	2 4 3 4 3 6 7 6 7	(1929-1994) Reino Unido, Locutor de radio
Redon, Odilon (1.5)	4 5 2 4 3 6 6 4 7	(1840-1916) Francia, Pintor
Reger, Max (1.7)	2 2 4 4 3	(1873-1916) Alemania, Compositor
Reich, Wilhelm (2.0)	2 1 7 6 3	(1897-1957) Austria, Psicólogo
Reinhardt, Django (0.6)	3 4 3 6 3 2 7 6 7	(1910-1953) EEUU, Músico de jazz
Rembrandt (3.0)	2 4 3 4 7 6 1 4 3	(1606-1669) Holanda, Pintor
Renoir, Auguste (2.0)	4 2 3 2 3	(1841-1919) Francia, Pintor
Respighi, Ottorino (1.65)	4 4 3 6 3	(1879-1936) Italia, Compositor
Reuther, Walter (1.3)	4 6 3 4 3 6 6 4 1	(1907-1970) EEUU, Líder sindical
Rhodes, Cecil (1.6)	6 1 7 6 3	(1853-1902) Reino Unido, Estadista
Richard, Mira (La Madre) (2.6)	4 6 6 4 3 6 6 2 3	(1878-1973) Francia, Profesora espiritual

Nombre	Números	Datos
Richardson, Ralph (1.7)	2 4 7 2 3	(1902-1983) Reino Unido, Actor
Richelieu (1.7)	3 3 1 4 7	(1585-1642) Francia, Cardenal/Estadista
Rilke, Rainer Maria (1.7)	2 4 4 6 3	(1875-1926) Alemania, Poetisa
Rimbaud, Arthur (1.7)	3 4 1 2 3	(1854-1891) Francia, Poeta
Rivière, Enrique Pichon (2.0)	6 4 7 4 7 6 5 6 3	(1907-1977) Argentina, Psicoanalista
Roberts, Estelle (1.2)	2 6 6 6 3 4 4 2 3	(1889-1970) Reino Unido, Sanador/ Medium
Robeson, Paul (1.6)	2 4 1 6 3	(1898-1976) EEUU, Cantante/Actor
Robespierre (1.7)	1 3 1 4 3	(1758-1794) Francia, Revolucionario
Robin, Marthe (1.8)	4 6 3 4 3 6 6 2 3	(1902-1981) Francia, Mística/E stigmastizada
Rodin, Auguste (1.9)	3 4 4 2 7	(1840-1917) Francia, Escultor
Roerich, Helena (4.0)	1 2 1 6 3 6 2 4 7	(1879-1955) Rusia, Ocultista
Roerich, Nicolás (2.1)	7 7 7 6 7 3 4 2 7	(1874-1947) Rusia, Pintor/Filósofo
Rohe, Ludwig Mies van der (1.6)	1 4 6 4 7 7 3 6 3	(1886-1969) Alemania, Arquitecto
Romero (1.7)	2 2 3 6 1	(1917-1980) El Salvador, Obispo/ valedor derechos humanos
Ronsard, Pierre de (1.6)	2 4 4 6 3	(1524-1585) Francia, Poeta
Röntgen, Wilhelm von (1.7)	5 7 5 2 3	(1845-1923) Alemania, Físico
Roosevelt, Anna Eleanor (2.0)	7 6 1 2 1	(1884-1962) EEUU, Humanista
Roosevelt, Franklin D (2.7)	2 4 1 2 1	(1884-1945) EEUU, Presidente
Rossini, Gioacchino (1.7)	4 4 6 2 3 4 6 4 3	(1792-1868) Italia, Compositor
Rothko, Mark (1.8)	2 4 4 6 3	(1903-1970) EEUU, Pintor
Rousseau, Jean Jacques (2.2)	2 6 7 4 7	(1712-1778) Francia, Filosofia de la política
Ròzsa, Miklòs (1.3)	4 4 3 4 3 4 7 6 7	(1907-1995) Hungría, Compositor de películas
Rubens, Peter Paul (3.0)	4 7 1 4 7	(1577-1640) Holanda, Pintor
Rubinstein, Arthur (1.75)	2 4 4 6 7 4 6 6 7	(1887-1982) Polonia, Pianista
Rudhyar, Dane (1.9)	2 4 4 6 3 4 6 6 7	(1895-1986) EEUU, Astrólogo/ Compositor
Rulof, Joseph (1.5)	3 6 5 6 7 6 7 4 7	(1889-1952) Holanda, Parapsicólogo
Rumi, Mevlàna Jelaluddin (1.8)	6 4 3 4 7 6 7 6 3	(1207-1273) Persia, Poeta sufi
Russel, Walter (1.6)	4 4 7 6 7 6 6 4 7	(1871-1963) EEUU, Escultor
Rusell, Bertrand (1.7)	3 3 1 6 3	(1872-1970) Reino Unido, Filósofo
Rusell, Charles Taze (1.6)	6 2 1 6 3	(1852-1916) EEUU, Fundador Testigos de Jehová

Rutherford, Ernest (2.0)	2 7 7 2 5	(1871-1937) Reino Unido, Físico
Ruyter, Michael de (2.0)	1 7 1 6 7	(1607-1676) Holanda, Jefe naval
Sadat, Anwar (1.9)	2 6 6 2 3	(1918-1981) Egipto, Presidente
Sade, Marqués de (0.75)	3 6 6 1 3 6 4 1 7	(1740-1814) Francia, Escritor
Safo (1.6)	4 4 4 6 3	(ap. 650 aC- ?) Grecia, Poetisa
Sai Baba de Shirdi	2 4 1 4 3	(1840-1918) India, Avatar
Saicho (1.9)	6 7 4 6 3 6 6 4 7	(767-822) Japón, Fundador secta i budista Tenda
Saigo, Takamori (1.5)	6 7 1 6 7 7 7 4 7	(1827-1877) Japón, Soldado/General
Saint-Exupèry, Antoine de (1.5)	1 3 5 6 7 1 4 4 7	(1900-1944) Francia, Escritor
Saint-Simon, Claude de (1.7)	7 2 6 6 3	(1760-1825) Francia, Filosofía de la política
Sakharov, Andrei (2.0)	7 6 5 6 3 4 7 4 7	(1921-1989) Rusia, Físico
Salomón (1.7)	2 1 4 2 3	(ap.990-930 aC) Israel, Rey
Sanchéz, Celia (1.5)	6 6 4 6 3 6 3 6 7	(? -1980) Cuba, Confidente Fidel Castro
Sand, George (1.6)	2 4 4 6 3	(1804-1876) Francia, Escritor
Sarkar, PR (Shri Anandamurti) (2.5)	2 4 6 4 3 6 2 4 3	(1921-1990) India, Filósofo
Sartre, Jean Paul (1.7)	3 2 3 6 3 4 3 6 7	(1905-1980) Francia, Filósofo/Escritor
Satie, Erik (1.5)	3 5 7 2 4	(1866-1925) Francia, Compositor
Savonarola, Girolamo (1.7)	6 4 1 6 1	(1452-1498) Italia, Religioso reformista
Scarlatti, Domenico (2.4)	2 3 4 4 7	(1685-1757) Italia, Compositor
Schiller, Friedrich von (1.7)	2 4 6 2 7	(1759-1805) Alemania, Dramaturgo/Poeta
Schlienman, Heinrich (1.7)	7 1 7 4 7	(1822-1890) Alemania, Arqueólogo
Schmidt, Annie M. G. (1.3)	2 4 5 2 3 2 7 6 7	(1911-1995) Holanda, Escritora
Schönberg, Arnold (1.9)	6 4 1 4 7	(1874-1951) Auatria, Compositor
Schopenhauer, Arthur (2.2)	6 6 1 2 7	(1788-1860) Alemania, Filósofo
Schubert, Franz Peter (2.4)	4 2 2 4 2	(1797-1828) Austria, Compositor
Schumann, Robert (2.3)	6 4 4 6 5	(1810-1856) Alemania, Compositor
Schurman, Anna-Maria van (1.4)	2 4 3 4 3 6 7 6 7	(1607-1678) Holanda, Escritora/Poetisa
Schuurman, CJ (1.5)	3 6 4 4 7 7 6 6 3	(1889-1979) Holanda, Psiquiatra
Schweitzer, Albert (2.4)	2 2 1 4 3	(1875-1965) Francia, Médico/Organista
Scott, Cyril (1.55)	2 4 3 6 3 6 4 4 7	(1879-1970) Reino Unido, Compositor
Segovia, Andrés (1.7)	6 4 4 2 1 4 1 6 7	(1894-1987) España, Guitarrista

Selassie, Haile (1.6)	4 1 6 6 7 6 1 6 7	(1892-1975) Etiopía, Emperador
Sellers, Peter (1.4)	4 4 6 4 7 6 6 4 7	(1925-1980) Reino Unido, Actor
Sen, Rikyu (0.8)	4 6 4 4 7 7 6 2 3	(1522-1591) Japón, Profesor ceremonia del té
Séneca (El Menor) (1.7)	3 7 6 2 7	(ap. 5 aC-65 dC) Roma, Filósofo
Serkin, Rudolph (1.55)	4 4 7 4 3 6 3 6 7	(1903-1991) Alemania, Pianista
Shakespeare, Willian (3.5)	2 4 1 4 3	(1564-1616) Inglaterra, Dramaturgo/ Poeta
Shankaracharya	2 1 1 6 3	(788-820) India, Avatar
Shaw, George Bernard (2.0)	2 3 1 2 7	(1856-1950) Reino Unido, Dramaturgo/ Escritor
Shinram (1.8)	6 6 1 6 3 4 7 6 3	(1173-1262) Japón, Budismo/Secta Jodo
Shostakovich, Dimitri (2.0)	7 4 4 6 7	(1906-1975) Rusia, Compositor
Shotoku-Taishi (2.0)	6 6 5 4 3 7 4 6 3	(574-622) Japón, Príncipe/Regente
Sibelius, Jean (1.87)	2 4 4 6 7 6 4 6 7	(1865-1958) Finlandia, Compositor
Sidis, William James (1.7)	4 7 4 6 3 4 6 6 7	(1898-1944) EEUU, Científico
Simenon, Georges (1.57)	3 6 4 2 7 4 7 6 3	(1903-1989) Bélgica, Escritor
Simpson, James Young (1.7)	5 1 5 4 3	(1811-1870) Reino Unido, Médico
Singh, Darshan (2.4)	4 2 4 4 3 6 7 6 7	(1921-1989) Pakistán, Misión S.
Singh, Kirpal (2.4)	6 6 3 4 7 4 7 6 3	(1894-1974) Pakistán, Fundador de Ruhani Satsang
Singh, Sawan (2.4)	2 3 4 2 3 6 7 4 7	(1858-1940) India, Movimiento Radhasoami Satsang
Sinnett, Alfred P (2.2)	2 6 1 6 3	(1840-1921) Reino Unido, Teosofista
Sivananda de Rishikesh (4.0)	2 1 6 4 7 4 3 2 7	(1887-1963) India, Profesor espiritual
Slovo, Joe (1.47)	3 4 3 4 3 6 7 6 7	(1926-1995) Lituania, Activista anti-apartheid
Smith, Adam (1.7)	3 3 5 4 3	(1723-1790) Inglaterra, Economista/ Filósofo
Smith, Johan (1.57)	3 4 3 4 3 3 7 6 7	(1938-1994) Reino Unido, Líder Partido Laborista
Smith, Joseph (1.7)	6 6 6 2 7	(1805-1844) EEUU, Fundador del mormonismo
Smith, Samantha (1.5)	1 4 6 4 7 6 6 2 3	(1972-1985) EEUU, Colegiala/ Diplomática
Smuts, Jan Christiaan (2.0)	2 7 1 6 7	(1870-1950) Sudáfrica, Estadista
Sócrates (2.4)	6 2 1 6 3	(ap. 469-399 aC) Grecia, Filósofo

Sófocles (1.7)	3 6 1 4 7	(ap. 496-405 aC) Grecia, Dramaturgo
Spalding, Baird (1.6)	2 3 5 6 7	(1857-1953) Escocia, Aventurero/ Escritor
Spencer, Kelvin (2.0)	2 3 5 2 7 6 7 6 3	(1898-1993) Reino Unido, Científico/ Ambientalista
Spender, Stephen (1.6)	2 4 3 4 7 6 6 6 3	(1909-1995) Inglaterra, Poeta
Spinoza, Baruch (2.4)	2 3 3 4 3	(1632-1677) Holanda, Filósofo
Srong-tsan-gam-po (2.0)	2 6 4 2 7 6 6 2 3	(623-689) Tíbet, Rey
Stael, Nicolás de (1.8)	4 4 4 6 7	(1914-1955) Francia, Pintor
Stalin, Joseph (2.0)	1 7 7 2 1	(1879-1953) Rusia, Jefe de estado
Steinbeck, John (1.6)	7 4 4 6 7	(1902-1968) EEUU, Escritor
Steiner, Rudolf (2.2)	2 4 1 6 3	(1861-1925) Austria, Filósofo
Stevenson, Adlai (1.6)	2 7 6 2 7 4 6 4 7	(1900-1965) EEUU, Político
Stradivarius, Antonio (1.65)	2 4 2 4 7	(ap. 1644-1737) Italia, Constructor violines
Strauss, Davil Friedrich (2.0)	6 1 1 2 7	(1808-1874) Alemania, Teólogo
Strauss, Franz Josef (1.65)	1 6 7 6 1 1 6 6 7	(1915-1988) Alemania, Político
Strauss, Richard (1.8)	1 6 4 4 7	(1864-1949) Alemania, Compositor
Stravinsky, Igor (2.3)	7 4 1 6 7	(1882.1971) Rusia, Compositor
Strindberg, Johan August (1.7)	4 1 7 4 3	(1849-1912) Suiza, Dramturgo
Stuyvesant, Peter (1.7)	6 7 7 2 7	(1592-1672) Holanda, Administrador
Subba, Row, T (1.7)	2 1 7 6 7	(1856-1890) India, Teosofista
Sukarno, Achmand (1.7)	6 1 3 4 3	(1902-1970) Indonesia, Presidente
Sullivan, Anne M (1.75)	2 2 7 6 3	(1866-1936) EEUU, Profesora
Suzuki, Daisetsu (1.7)	2 6 1 6 3	(1870-1966) Japón, Alumno de zen
Svoboda (1.7)	5 6 1 6 3	(1895-1979) Checoslovaquia, Estadista
Swedenborg, Enmanuel (2.3)	2 4 4 6 3	(1688-1772) Suecia, Místico
Swift, Jonathan (1.7)	6 4 1 4 3	(1667-1745) Irlanda, Escritor
Tabriz, Shamsi (1.9)	4 6 4 6 3 3 6 2 7	(? -1247) Persia, Poeta sufi
Tagore, Rabindranath (2.2)	2 4 1 4 7	(1861-1941) India, Poeta/Filósofo
Takahashi, Shinji (2.0)	6 6 7 4 7 6 3 6 7	(1927-1976) Japón, Líder religioso/ Fundador GLA
Talleyrand, Charles de (1.7)	3 1 3 2 3	(1754-1838) Francia, Estadista
Tallis, Thomas (1.7)	4 6 6 6 3	(ap.1505-1585) Inglaterra, Compositor
Taniguchi, Masaharu (2.3)	6 7 4 6 3	(? -1985) Japón, Profesor espiritual
Tansley, David V. (1.4)	2 4 3 4 3 6 7 6 7	(? - 1988) Reino Unido, Investigador de eléctrónica
Tati, Jacques (1.57)	4 4 2 4 7 4 2 6 7	(1907-1982) Francia, Director cine/ Comediante
Taungpulu Sayadaw (1.7)	2 6 6 4 3 2 6 4 7	(1898-1986) Birmania, Profesor de budismo

Taylor, AJP (1.4)	2 4 4 6 3 2 7 6 2	(1906-1990) Reino Unido, Historiador
Tchaikovsky, Piotr Ilyich (1.8)	4 4 3 6 7	(1840-1893) Rusia, Compositor
Teilhard de Chardin, P (2.35)	2 6 3 2 3	(1881-1955) Francia, Científico/Filósofo
Teleman, Georg (1.9)	3 4 6 4 7 4 6 6 3	(1687-1767) Alemania, Compositor
Tendai (2.0)	6 6 7 4 3	(538-597) China, Budismo/Secta Tendai
Tennyson, Alfred (2.0)	6 1 4 4 7	(1809-1892) Reino Unido, Poeta
Teresa de Avila (3.1)	6 6 3 4 3	(1515-1582) España, Santa/Mística
Tesla, Nikola (2.0)	2 3 1 6 5 6 4 2 7	(1856-1943) Croacia, Inventor
Tezuka, Osamu (1.6)	6 4 4 6 7 4 7 4 3	(1926-1989) Japón, Caricaturista
Thant, U (1.7)	2 2 1 6 2	(1909-1974) Birmania, Diplomático
Thibaud, Jacques (1.6)	2 2 4 4 3	(1880-1953) Francia, Músico
Thomas, Dylan (1.5)	2 4 1 4 3	(1914-1953) Gales, Poeta
Thompsom, EP (1.5)	2 3 6 4 3 4 1 6 7	(1928-1993) Reino Unido, Historiador/ Activista por la paz
Thoreau, Henry (1.6)	2 3 3 6 3	(1817-1862) EEUU, Escritor
Thucydides (1.6)	5 3 1 2 7	(ap. 460-400 aC) Grecia, Historiador
Tinbergen, Jan (1.6)	3 6 4 2 3 6 7 6 7	(1903-1994) Holanda, Matemático
Tintoretto (2.5)	4 7 1 6 7	(1518-1594) Italia, Pintor
Tiziano (3.0)	4 4 7 6 7	(ap. 1490-1576) Italia, Pintor
Tito (2.5)	1 1 1 4 1	(1892-1980) Yugoslavia, Presidente
Tokugawa, Ieyasu (1.55)	2 1 3 6 7 4 7 6 1	(1542-1616) Japón, Shogun
Tolkien, JR (1.7)	4 6 4 4 3	(1892-1973) Reino Unido, Escritor
Tolstoy, Leo (2.2)	2 4 6 6 3	(1828-1910) Rusia, Escritor
Tomás (2.0)	2 5 3 4 7 6 6 6 3	(? -53dC) Palestina, Apóstol
Tomonaga, Shin-ichiro (1.7)	4 6 4 6 7 7 3 6 5	(1906-1979) Japón, Físico
Tortelier, Paul (1.57)	2 4 1 6 7 4 7 6 7	(1914-1990) Francia, Violoncelista/ Profesor
Toscanini, Arturo (2.0)	3 1 4 4 3	(1867-1957) Italia, Director de orquesta
Trevelyan, George (1.5)	2 4 6 4 7 6 2 2 7	(1906-1996) Inglaterra, Escritor/ Profesor espiritual
Trotsky, León (2.2)	7 1 7 6 3	(1879-1940) Rusia, Revolucionario
Trungpa, Chögyam (1.8)	2 4 2 4 7 6 6 4 3	(1940-1987) Tíbet, Profesor meditación budista
Tudor Pole, Wellesley (2.0)	2 7 7 6 3	(1884-1968) Reino Unido, Místico
Turner, JMW (2.5)	4 4 1 2 3	(1775-1851) Inglaterra, Pintor
Twain, Mark (1.7)	6 2 4 6 7	(1835-1910) EEUU, Escritor
Tyndale, William (1.7)	6 6 7 6 3	(ap.1492-1536) Inglaterra, Profesor bíblico

Nombre	Código	Datos
Uccello, Paolo (2.6)	2 4 4 6 7	(1396-1475) Italia, Pintor
Ueshiba, Morihei (1.5)	6 6 2 4 3 4 6 6 7	(1883-1969) Japón, Fundador del Aikido
Úrsula (2.5)	6 6 6 6 7	(S.IV dC) Alemania, Santa/Mártir
Uyl, Joop den (1.6)	3 6 6 6 7 4 1 4 3	(1919-1987) Holanda, Político
Valentín (1.6)	6 1 3 2 7 6 7 4 3	(S.II dC) Egipto, Filósofo gnóstico
Van der Post, Laurens (1.6)	2 4 6 4 7 6 3 6 3	(1906-1996) Sudáfrica, Escritor/ Conservacionista
Vaughan Williams, R (1.8)	4 4 4 6 7 6 4 4 3	(1872-1958) Reino Unido, Compositor
Velazquez, Diego (2.4)	4 7 1 4 7 6 7 4 3	(1599-1660) España, Pintor
Verdi, Giuseppe (1.9)	4 4 4 6 7	(1813-1901) Italia, Compositor
Vermeer, Jan (2.4)	3 7 4 2 7	(1632-1675) Holanda, Pintor
Veronese, Paolo (3.0)	7 4 7 6 7 7 4 2 3	(1528-1588) Italia, Pintor
Villa, Pancho (1.7)	1 1 3 6 7	(1877-1923) México, Revolucionario
Vivaldi, Antonio (2.2)	3 4 3 6 7	(1678-1741) Italia, Compositor
Vivekananda	2 1 1 6 1	(1862-1902) India, Avatar
Voltaire, Francois de (2.0)	2 4 1 6 3	(1694-1778) Francia, Escritor/Filósofo
Vondel, Joost van den (2.0)	3 1 7 6 5	(1587-1679) Holanda, Poeta
Wagner, Cosima (1.6)	4 6 1 2 7 6 6 2 3	(1837-1930) Alemania, Esposa de R. Wagner
Wagner, Richard (2.1)	1 1 4 4 7	(1813-1883) Alemania, Compositor
Ward, Barbara (2.0)	3 3 5 6 3	(1914-1981) Reino Unido, Economista/ Escritora
Washington, George (2.3)	2 3 1 6 3	(1732-1799) EEUU, Soldado/Presidente
Walt, James (1.7)	2 5 5 4 3	(1736-1819) Escocia, Inventor
Watteau, Antoine (1.8)	3 4 7 4 3 7 3 2 7	(1684-1721) Francia, Pintor
Webern, Anton von (2.0)	4 7 7 6 3	(1883-1945) Austria, Compositor
Wei, Wang (1.7)	2 7 2 2 3	(699-759) China, Poeta budista/Pintor
Weill, Kurt (1.7)	6 4 7 6 7	(1900-1950) Alemania, Compositor
Weiss, Peter (1.6)	2 3 5 6 7	(1916-1982) Alemania, Dramturgo
Wellington, Duque de (1.7)	3 1 1 2 7	(1769-1852) Reino Unido, Soldado/ Estadista
Wells, HG (1.7)	2 2 1 4 3	(1866-1946) Reino Unido, Escritor
Wen, Ch'eng (1.4)	2 2 3 4 3 4 7 6 7	(603-656) Tibet, Princesa Tara Blanca
Wesley, John (1.6)	6 6 2 6 3	(1703-1791) Inglaterra, Fundador del Metodismo
White, Patrick (1.55)	1 4 7 6 7 6 3 6 7	(1912-1990) Australia, Escritor
Whitman, Walt (1.7)	3 6 1 4 7	(1819-1891) EEUU, Poeta
Whitle, Frank (1.5)	2 5 5 4 7 4 1 6 3	(1906-1996) Reino Unido, Inventor

Wilberforce, William (1.7)	3 1 1 6 3	(1759-1833) Inglaterra, Político reformista
Williams, Tennessee (1.6)	2 4 6 4 3	(1912-1982) EEUU, Dramaturgo
Wilson, Harold (1.6)	3 4 3 4 3 3 7 6 7	(1916-1995) Reino Unido, Primer Ministro
Wilson, Tom Two Bears (0.8)	4 6 4 6 7 6 4 6 7	(?) EEUU, chamán
Wishart, George (2.0)	1 6 6 6 7	(ap. 1513-1546) Escocia, Reformista/ Mártir
Witt, Jan de (1.7)	3 1 7 6 1	(1625-1672) Holanda, Político
Wittgenstein, Ludwig (1.8)	2 7 6 6 7	(1889-1951) Austria, Filósofo
Wood, Natalie (1.4)	2 6 4 4 7 6 7 6 3	(1938-1981) EEUU, Actriz de cine Estigmatizada
Woods, Heather (1.47)	2 4 3 4 3 6 7 6 7	(1949-1993) Inglaterra, Mística/
Woolf, Virginia (1.6)	4 4 7 6 7 6 4 4 7	(1882-1941) Reino Unido, Escritora
Wordsworth, William (1.7)	6 6 4 6 7	(1770-1850) Inglaterra, Poeta
Wren, Christopher (1.7)	1 1 4 6 7	(1632-1723) Inglaterra, Arquitecto
Wresinski, Joseph (1.6)	2 5 3 6 7 6 4 6 3	(1917-1988) Francia, Humanista
Wrigth, Frank Llody (1.6)	2 4 7 4 7 6 3 4 3	(1869-1959) EEUU, Arquitecto
Wycliffe, John (1.7)	2 6 6 2 3	(ap.1329-1384) Inglaterra, Religioso reformista
Xerxes (1.7)	1 1 3 6 1	(ap. 519-465 aC) Persia, Rey
Yeats, WB (1.8)	2 4 4 6 3	(1865-1939) Irlanda, Poeta/Dramaturgo
Yogananda	2 4 6 6 3	(1893-1952) India, Avatar
Yogi, Gururaj Ananda (1.75)	6 6 4 6 7 2 7 6 3	(1932-1988) India, Profesor espiritual
Yoshida, Shigeru (1.55)	2 7 1 6 7 4 3 4 7	(1878-1967) Japón, Estadista
Young, Lester (0.6)	2 4 4 2 3 4 6 4 7	(1909-1959) EEUU, Músico de jazz
Yukawa, Hideki (1.6)	7 4 6 6 3 7 5 2 3	(1907-1981) Japón, Físico
Zadkine, Ossip (1.6)	2 4 3 4 3	(1890-1967) Rusia, Escultor
Zapata, Emiliano (1.6)	1 1 1 6 3	(ap. 1877-1919) México, Revolucionario
Zola, Émile (2.3)	3 4 1 4 7	(1840-1902) Francia, Escritor
Zoroastro (Zaratustra) (4.5)	4 1 4 6 7	(628-551 aC) Persia, Instructor
Zuckerman, Baron S. (1.55)	2 4 3 4 3 6 7 6 7	(1904-1993) Reino Unido, Zoólogo
Zurbarán, Francisco (2.0)	6 7 7 4 7	(1598-1662) España, Pintor
Zwingli, Huldreich (1.7)	6 6 1 2 3	(1484-1531) Suiza, Religioso reformista

Esta lista adicional incluye todos los nombres de iniciados que han sido publicados en la revista Share International entre abril 1993 y diciembre 2016.

Nueve cifras siguen a los nombres; los rayos se refieren al alma, la personalidad, mecanismo mental, vehículo astral y cuerpo físico. La primera cifra es el rayo del alma, seguido por cuatro pares de cifras que corresponden a la personalidad, mecanismo mental, vehículo astral y cuerpo físico. En cada par de cifras, la primera cifra se refiere al rayo mayor y la segunda al sub-rayo. La última cifra con decimales se refiere al grado de iniciación.

Abbado, Claudio (1933-2014), director de orquesta italiano	2 4/7 6/2 2/4 3/7 2.3
Abd-Ru-Shin (Oskar Ernst Bernardt) (1875-1941), escritor alemán	4 7/5 6/2 4/6 3/7 2.0
Abdul-Aziz (1830-1876), Sultán (Otomano/Turquía)	6 3/7 4/6 6/2 3/7 1.6
Abdulaziz Al Saud, Abdullah bin (1924-2015), Rey de Arabia Saudita	5 3/6 3/6 6/4 1/3 1.37
Abdul-Hamid 1º (1725-1789), Sultán (Otomano/Turquía)	6 6/3 4/7 6/4 3/7 1.4
Abdullah, Basuki (1915-1993), pintor y naturalista indonesio	6 4/7 3/7 6/2 7/3 1.49
Abel, Niel Henrik (1802-1829), matemático noruego	3 6/3 3/3 6/6 3/3 1.5
Abu Nidal (1937-2002), Fundador del grupo separatista palestino Fatah	6 3/7 6/6 6/6 7/3 0.75
Achebe, Chinua (Albert Chinualumogu Achebe) (1930-2013), novelista, poeta, profesor y crítico nigeriano	2 3/7 6/4 4/6 3/7 1.4
Adams, John (1735-1826), presidente de EEUU	2 3/7 2/6 2/4 7/3 1.3
Adams, Michael (1920-2005), periodista británico	2 4/6 3/7 4/2 7/3 1.5
Adams, Norman (1927-2005), pintor británico	2 4/6 6/4 6/6 3/3 1.4
Adamski, George (1891-1965), vivió en California y tuvo contactos con seres del espacio	2 4 /6 1/4 6/2 7 /3 2.0
Adler, Larry (1914-2001), músico norteamericano	2 4/6 3/7 2/6 3/7 1.35
Agnesi, Maria Gaetana (1718-1799), matemática y filósofa italiana	3 3/6 2/7 2/4 3/7 1.4
Akhandananda Saraswati, Swami (ap.1947-1997), i ntructor de yoga y consejero espiritual	6 4/3 6/2 6/6 3/3 1.7
Akiv, Rabí a (S.II d.C.), líder espiritual de la revolución de Bar Kojva y fundador del 'Mishna'	3 1/4 3/6 4/2 7/3 1.5
al-Assad, Hafez (1930-2000), presidente de Siria	7 6/6 3/6 6/6 7/7 1.5
Albanese, Licia (1909-2014), soprano de origen italiano	2 4/4 3/7 6/4 3/7 1.37
Alberts, Ton (falleció 1999), arquitecto holandés	3 4/2 5/7 6/2 7/3 1.4
Alfonso X el Sabio (1221-1284), rey español	6 6/2 4/6 2/4 7/7 1.6
Alfonso XIII (1886-1941), rey español	6 7/3 4/6 6/6 7/3 1.4

Alí (ap. 600-661) yerno de Mahoma, 4° califa 4 4/2 3/7 4/6 3/7 3.0
Ali Sardar Jafri (1914-2000), poeta indio 4 6/2 4/2 6/4 7/3 1.5
Altman, Robert (1925-2006), director de películas
 norteamericano 3 6/6 4/6 6/6 3/7 1.45
Amte, Baba (Murlidhar Devidas Amte) (1914-2008),
 activista social indio 2 6/2 6/4 6/4 3/7 2.0
Angelou, Maya (1928-2014), escritora y poeta
 norteamericana 2 2/6 1/6 4/2 7/3 1.6
Antonioni, Michelangelo (1912-2007), director de
 cine italiano 4 4/6 6/3 6/4 7/3 1.3
Aquino, Benigno Servillano (1932-1983), político filipino 7 4/7 6/6 2/6 7/3 1.6
Armstrong, Neil (1930-2012), astronauta
 norteamericano, primer hombre en la Luna 2 6/2 7/4 6/2 7/3 1.2
Arnold, Eve (1912-2012), periodista gráfica
 norteamericana 2 4/6 3/7 6/2 3/7 1.35
Astaire, Fred (1899-1987), bailarín,
 coreógrafo, cantante y actor norteamericano 2 4/4 3/5 6/6 7/7 1.4
Atkinson, William Walter (1862-1932), escritor
 norteamericano 3 4/6 4/7 6/2 1/3 1.5
Attenborough Richard (1923-2014), actor, productor
 y director británico 2 4/7 1/7 2/4 7/3 1.6
Augstein, Rudolf (1923-2002), editor alemán del
 periódico Dier Spiegel 4 6/6 7/3 4/6 3/3 1.35
Aury, Dominique (Anne Desclos) (1907-1998),
 escritora y traductora francesa 3 6/6 3/3 6/6 7/3 1.5
Baba Farid Shakar Ganj (siglo XI), sufi, (santuario
 en Pak Pattan, Pakistán) 4 6/6 4/2 6/4 7/3 3.0
Babbit, Edwin D. (1828-1905), investigador de
 terapia de color y escritor norteamericano 3 3/6 4/6 6/2 5/3 1.4
Bacall, Lauren (1934-2014), actriz norteamericana 2 4/7 6/4 6/2 7/3 1.34
Bahr, Egon Karl-Heinz (1922-2015), político alemán, ç
 y estrecho colaborador de Willy Brandt 3 3/6 3/6 4/6 3/7 2.2
Bainbridge, Beryl Margaret (1932-2010), novelista inglesa 2 4/4 4/6 4/6 3/7 1.5
Balakirev, Mili Alexeivich (1836-1910), compositor ruso 6 6/6 5/1 6/6 7/3 1.4
Balsekar, Ramesh S. (1917-2009), Instructor hindú
 Advaita y discípulo de Sri Nisargadatta Maharaj 3 4/6 4/6 6/2 3/7 1.7
Bandaranaika, Sra. (1916-2000), primera ministra ç
 de Sri Lanka 2 4/7 3/7 6/2 3/7 1.6
Bar Kojva, Rabí Shimon (S.II d.C.), sabio tanaita,
 fundador del judaísmo rabínico, discípulo de Rabí Akiva 3 6/6 3/1 6/6 7/3 1.4
Barber, Samuel (1910-1981), compositor norteamericano 2 4/3 3/7 6/4 5/7 1.6
Bardon, Franz (1909-1958), ocultista hermético checo 7 6/6 4/7 6/2 7/7 1.6
Barnard, Christian (1922-2001), cirujano sudafricano
 pionero en trasplantes de corazón 2 4/6 6/3 6/2 3/7 1.5
Bassi, Laura Maria Caterina (1711-1778), científica
 italiana 3 4/6 3/7 2/4 3/7 1.5

Bateson, Gregory (1904-1980), antropólogo,
científico social y cibernético británico   2 7/3 4/6 2/6 3/7 1.5
Baum, David (1940-1999), pediatra inglés   2 4/6 3/7 4/6 3/7 1.5
Bausch, Pina (1940-2009), bailarina y coreógrafa alemana 4 4/6 7/3 6/2 7/7 1.4
Beltrán Anglada, Vicente (1915-1988), escritor
esotérico español   2 4/7 6/3 6/2 3/7 1.5
Bellow, Saul (Solomon Belov) (1915-2005), novelista
norteamericano nacido en Canadá   3 4/6 3/7 6/6 3/7 1.6
Benenson, Peter (1921-2005), abogado británico
y fundador de Amnistía Internacional   6 3/6 4/7 6/6 3/7 1.4
Benn, Tony (1925-2014), político, escritor y pacifista
británico   2 4/6 1/3 4/2 3/7 1.6
Bennett, John G. (1897-1974), científico, esoterista
y escritor británico   2 4/6 6/6 4/2 7/3 1.3
Bennett, Richard Rodney (1936-2012), compositor inglés   2 4/4 3/6 6/4 7/7 1.2
Berg (Johfra), Franciscus Johannes van den
(1919-1998), "pintor meta-realista" holandés   2 6/2 6/6 6/4 3/7 1.45
Bergman, Ingmar (1918-2007), director de teatro
y cine sueco   4 6/4 7/3 6/4 7/7 1.6
Berlin, Irving (1888-1989), compositor y letrista
norteamericano   2 4/7 3/6 6/4 7/3 1.27
Berlin, Sir Isaiah (1909-1997), 'Positivista
Lógico' británico, filósofo e historiador de ideas   3 4/5 6/1 2/6 3/7 1.5
Bernstein, Elmer (1922-2004), compositor de música
de cine norteamericano   4 4/4 6/6 4/6 7/3 1.25
Bessette, Alfred (Hermano Andre) (1845-1937),
sanador y sacerdote católico canadiense   2 3/7 4/6 2/6 3/7 1.8
Beuys. Joseph (1921-1986), artista   2 4/6 3/7 4/6 7/3 1.4
Bhutto, Benazir (1953-2007), ex primera ministro
pakistaní   1 6/6 3/7 6/6 7/3 1.6
Bhutto, Zulfikar Ali (1928-1979), primer ministro
de Pakistán   2 4/6 3/7 4/6 3/7 2.0
Biber, Heinrich Ignaz (1644-1704), compositor y
violinista austríaco   4 4/7 3/6 6/2 3/7 1.4
bin Laden, Osama (1957-2006), líder saudita de Al-Qaeda 3 6/6 6/3 1/6 7/1 1.3
Bismillah Khan, Ustad (1916-2006), músico clásico indio 4 4/7 3/6 4/4 3/7 1.6
Bizet, Georges (1938-1875), compositor francés   4 4/3 7/3 6/6 7/3 1.6
Bjornson, Bjornstjerne (1832-1910), escritor noruego   3 4/6 3/7 4/6 3/7 1.35
Boal, Augusto (1931-2009), director de teatro, escritor
y político brasileño   6 4/2 3/7 6/2 3/7 1.0
Bogarde, Dirk (1921-1999), actor británico de cine
y escritor   2 4/6 3/7 6/6 7/3 1.3
Boger, Doctor Cyrus Maxwell (1861-1935),
homeópata norteamericano   4 6/3 4/7 6/2 4/7 1.55
Böhm(i)ker, Hubertine Detlefine (siglo XVIII),
arquitecta de Alemania, Dinamarca y Holanda   2 6/2 4/6 2/6 3/7 1.55
Bohr, Niels (1885-1962), físico danés y Premio Nobel 2 3/7 6/6 4/2 7/3 1.3

Bolena, Ana (1507-1536), esposa del rey Enrique VIII
   de Inglaterra y madre de Isabel I 2 4/6 3/7 4/6 3/7 1.35
Bondi, Herman (1919-2005), matemático,
   astrónomo y funcionario civil austríaco/británico 3 6/4 1/3 6/6 3/3 1.6
Bongo, Omar (1936-2009), presidente de Gabón 3 6/6 3/3 6/2 7/3 0.8
Bonninghausen, Doctor Clemens von (1785-1864),
   homeópata alemán 4 3/7 3/6 4/6 3/7 1.5
Borges, José Luis (1899-1986), escritor y poeta argentino 3 3/6 4/7 6/2 3/3 1.5
Borlaug, Norman Ernest (1924-2009), científico y
   Premio Nobel de la Paz norteamericano 3 4/6 3/7 6/6 3/7 1.3
Bos, Sonia (1946-2009), instructora espiritual y
   mística holandesa 3 6/2 3/6 6/2 3/7 1.4
Botha, P.W. (1916-2006), ex presidente de Sudáfrica,
   partidario del apartheid 3 6/6 3/6 6/6 3/7 0.7
Boutros-Ghali, Boutros (1922-2016), político y
   diplomático egipcio y Secretario General de la ONU 2 3/6)   2/6   4/6 3 / 7 2.2
Bowes-Lyon, Isabel (1900-2002), reina inglesa y
   Reina Madre 2 4/2 3/7 6/6 3/7 1.3
Bradman, Sir Donald (1908-2001), jugador de cricket
   australiano 2 4/6 3/7 4/6 3/7 1.4
Brando, Marlon (1924-2004), actor norteamericano 6 4/6 6/3 6/2 7/3 1.25
Brasher, Chris (1928-2003), atleta británico 2 4/2 6/6 2/6 3/7 1.4
Brassens, Georges (1921-1981), poeta y cantante francés 3 4/2 3/7 4/6 1/3 1.35
Bratteli, Trygve (1910-1984), político noruego 6 6/3 4/7 6/6 3/3 1.46
Brink, André Philippus (1935-2015), activista
   anti-apartheid y novelista sudafricano 4 3/7 4/6 6/4 3/7 1.7
Brittan, Leon (1939-2015), político y secretario de
   interior británico 2 4/6 3/7 6/2 1/3 1.37
Bronson, Charles (1922-2003), actor norteamericano 2 4/6 3/7 4/6 7/3 1.3
Bronvestijn, Gré (1915-1999), cantante de ópera
   holandesa 4 4/4 6/6 2/6 7/3 1.4
Browning, Robert (1812-1889), poeta y dramaturgo
   británico 2 4/6 3/7 4/2 3/3 1.4
Bruggen, Frans (1934-2014), músico y director de
   orquesta holandés 3 6/4 7/3 4/6 7/7 1.3
Brunelleschi, Filippo (1377-1446), arquitecto,
   ingeniero y artista italiano 2 6/2 3/7 4/6 7/4 1.6
Bruno Sammaciccia (m.2003), psicólogo y teólogo
   italiano y el principal contactado en el 'Caso Amistad' 5 3/7 4/6 6/4 3/7 1.3
Buffet, Bernard (1928-1999), pintor francés 3 4/6 3/7 4/2 7/3 1.5
Buñuel, Luis (1900-1983), director de cine español 6 6/4 6/6 4/6 7/3 1.4
Byrd, Robert Carlyle (1917-2010), senador
   norteamericano 2 6/4 7/3 6/6 7/7 0.85
Cabezón, Antonio de (1510-1566), compositor español 4 4/2 4/7 6/6 7/3 1.4
Caddy, Eileen (1917-2006), cofundadora de Findhorn
   inglesa 2 4/6 3/7 2/6 3/7 1.4

Caedmon (fallecido 680), pastor y poeta inglés   2 4/2 3/7 4/6 7/3 0.6
Calvin, Melvin (1911-1997), científico americano.
  Galardonado con el Premio Nobel de Química   3 2/6 4/7 2/6 3/7 1.6
Campbell, Douglas (1922-2009), actor, director
  escosés/canadiense   2 4/6 6/2 6/4 3/7 1.3
Canchupati Venkatarao Venkaswamy Rao (1926-1984),
  yogi indio   3 6/6 4/2 6/2 3/7 2.0
Cankar, Ivan (1876-1918), poeta y escritor esloveno   6 4/6 3/7 4/6 3/7 1.4
Caritat, Jean Antoine Nicolas (1743-1794), científico
  francés, político, periodista y filósofo   3 6/3 4/7 4/6 7/7 1.8
Carlos III (1716-1788), rey español   4 6/6 3/7 4/6 7/3 1.5
Carr, Allen (1934-2006), autor de libros de autoayuda
  contra las adicciones británico   5 3/7 6/4 4/6 3/7 1.3
Carrington, Leonora (1917-2010), artista, pintora
  surrealista y novelista mexicana de origen británico   2 4/4 2/4 6/2 3/7 1.3
Cartland, Dame Barbara (1901-2000), novelista
  romántica británica   2 4/4 2/6 6/6 3/3 1.2
Casanova, Giacomo (1725-1798), aventurero, tenorio
  y escritor italiano   3 4/6 3/3 6/4 7/7 1.7
Cash, Johnny (1932-2003), cantante country
  norteamericano   2 4/4 6/4 6/4 7/3 1.2
Cassatt, Mary (1844-1926), pintora norteamericana   2 1/7 4/6 2/6 3/7 1.4
Casson, Sir Hugh (1910-1999), arquitecto y pintor inglés   2 4/6 3/7 4/6 3/7 1.6
Castaneda, Carlos (c. 1930-1998), antropólogo y
  escritor sudamericano   6 6/2 4/3 6/2 3/3 1.5
Castle, Baronesa Barbara (1910-2002), política británica   2 4/2 3/7 6/6 7/3 1.5
Catherine (1850-1940), conocida como "Madre",
  esposa de Louis Antoine, continuó au trabajo   4 6/2 4/6 6/6 7/3 1.4
Caussade. Jean-Pierre De (1675-1751), jesuita y
  escritor francés   3 4/6 3/7 4/6 3/3 1.45
Clark, Alan (1928-1999), diputado del
  gobierno conservador ingles y historiador   3 4/4 7/3 4/4 7/3 1.4
Claudel, Camille (1864-1943), escultora francesa   5 6/7 4/3 6/6 7/7 1.4
Claus, Hugo (1929-2008), escritor y poeta belga   3 7/4 3/7 6/4 3/7 1.3
Cleopatra (69-30 a.C.), Reina de Egipto   3 4/6 3/7 4/6 3/7 1.4
Clough, Prunella (1919-1999), pintora británica   2 4/3 5/7 6/2 7/3 1.6
Cockerell, Christopher (1910-1999), inventor inglés
  del aerodeslizador   2 3/7 4/6 2/6 3/5 1.3
Coleridge, Samuel Taylor (1772-1834), poeta inglés   2 4/2 3/6 4/6 3/7 1.4
Colucci, Michel (Coluche) (1944-1986), comediante
  y actor francés   3 7/4 3/7 6/4 7/3 1.3
Coll, Francisco (1926-2000), portorriqueño fundador
  del Movimiento de Paz Interior   2 6/2 6/2 6/2 3/7 1.3
Cook, Robin (1946-2005), ministro de exteriores
  británici   3 4/6 7/3 4/4 7/3 1.5
Cooke, Alistair (1908-2004), periodista británico   2 4/2 4/6 2/6 3/7 1.5
Cookson, Catherine (1906-2003), novelista inglesa   2 6/3 3/6 4/6 3/7 1.3

Coram, Capitán Thomas (1668-1751), capitán de la
  marina inglés y filántropo   2 6/2 4/7 6/2 3/7 1.45
Cornaro Piscopia, Elena Lucrezia (1646-1684),
  filósofa, matemática y música italiana   2 2/6 3/7 2/6 3/7 1.57
Corrie, Rachel (1979-2003), pacifista norteamericana
  muerta en Rafah, Gaza   2 3/7 2/4 2/6 3/7 1.3
Courbet, Gustave (1819-1877), pintor francés y líder
  del movimiento realista   3 4/1 5/7 6/6 7/1 2.0
Cousteau, Jacques (1910-1997), oceanógrafo francés   3 4/6 3/7 4/6 3/7 1.56
Cramp, Leonard George (1919-2006), ingeniero
  aeroespacial, científico y escritor británico   2 4/6 3/7 4/6 7/3 1.45
Creme, Benjamin (1922-2016), pintor, autor y esoterista
  británico   2 4/7 1/4 4/2 3/7 3.46
Cromwell, Thomas (1485-1540), estadista y
  reformista de la iglesia británica   6 7/3 3/7 6/4 7/3 1.2
Cronkite, Walter (1916-2009), periodistas televisivo
  norteamericano   3 4/6 3/3 6/6 3/7 1.3
Crowe, Bob (1961-2014), sindicalista británico   2 6/4 3/7 4/6 3/7 1.3
Crusell, Bernhard Henrik (1775-1838), compositor
  finlandés   3 4/6 4/4 2/6 3/7 1.35
Cullenberg, Birgit (1908-1999), bailarina y coreógrafa   3 4/3 3/6 4/6 7/3 1.5
Cuomo, Mario (1932-2015), político norteamericano
  y gobernador del estado de Nueva York   5 5/7 3/6 4/6 3/7 1.4
Curuvija, Slavko (1949-1999), editor de prensa serbio   6 6/6 6/4 6/6 7/7 1.6
Chad Varah, Reverendo Edward (1911-2007),
  sacerdote anglicano británico   2 4/6 3/7 4/6 3/7 1.5
Chaitanya Mahaprabhu (1486-1534), santo hindú
  adumbrado por Maitreya   2 4/2 6/2 4/6 7/3 4.5
Chaitanya Mahaprabhu, Sri (1486-1534), santo
  y líder espiritual indio   2 6/4 3/7 4/6 3/7 3.6
Chandra Bose, Subhas (1897-1945, presuntamente),
  revolucionario indio   3 3/6 3/7 6/6 3/7 1.2
Chang, Iris Shun-Ru (1968-2004), historiadora
  china-norteamericana   3 6/2 6/3 2/4 3/3 1.45
Charbel Makhlouf (1828-1898), ermitaño libanés   6 6/2 4/6 6/2 7 / 7
Maestro
Charles , Ray (1930-2004), cantante norteamericano   2 4/3 6/6 2/6 7/3 1.3
Chatwin, Bruce (1942-1989), escritor inglés   2 4/6 4/7 6/2 7/3 1.4
Childers, Erskine Barton (1929-1996), escritor,
  diplomático de la ONU y funcionario irlandés   2 4/7 6/3 2/4 3/7 1.6
Chinmoy Kumar Ghose, Sri (1931-2007), instructor
  espiritual indio   2 4/6 1/7 6/2 3/7 4.0
Chisholm, Shirley (1924-2005), política norteamericana   2 6/4 3/7 2/6 3/7 1.4
Chogyam Trungpa Rinpoche (1939-1987), instructor
  budista tibetano   2 4/2 6/2 4/2 7/3 2.5
Christodoulos, Arzobispo (Christos Paraskevaidis)
  (1939-2008), arzobispo griego de Atenas y Grecia   6 6/2 6/3 2/6 7/3 1.7

Christopher, Warren (1925-2011), ex secretario de
  estado norteamericano 2 4/6 6/2 4/6 3/7 1.3
Churchill, Clementine (1885-1977), esposa de Winston
  Churchill (1874-1965) 2 4/6 5/7 4/6 7/3 1.5
Dae-jung. Kim (1925-2009), ex presidente surcoreano 6 6/6 3/6 6/6 3/3 0.9
Dahl, Johan Christian (1788-1857), pintor noruego 4 4/6 3/7 4/6 3/7 1.45
Dahm, Trees (1957-2000), una teóloga y terapeuta
  holandesa 2 6/4 3/7 6/6 3/3 1.2
Dando, Jill (1961-1999), periodista y locutora británica 2 4/3 6/2 4/6 3/7 1.3
Daniel (ap. 600 aC), profeta del Antiguo Testamento 6 6/6 3/3 4/6 3/3 2.0
Davis, Sir Colin (1927-2013), director de orquesta inglés 2 4/1 3/1 4/6 3/7 1.7
  de derechos civiles 2 2/6 4/2 6/6 3/3 1.4
De Kooning, Willem (1904-1997), pintor americano
  (nacido en Holanda) 4 4/6 3/7 4/6 3/7 1.5
De Mello, Sergio (1948-2003), funcionario brasileño,
  lideró la misión de la ONU de la posguerra en Irak 2 4/6 3/7 6/2 7/3 1.5
Delectorskaya, Lydia (1910-1998), asistente del
  pintor Henri Matisse 6 6/2 5/7 2/4 7/3 1.6
Dewar, Donald (1937-2000), político británico y
  primer ministro de Escocia 2 6/2 3/7 2/6 7/7 1.7
Dewey, John (1859-1952), reformista educativo
  norteamericano 2 6/2 5/6 2/6 3/3 1.65
Diagne, Mbaye (1958-1994), senegalés, observador
  militar de ONU 2 3/7 2/6 2/4 3/7 1.3
Diana, Princesa de Gales (1961-1997) 2 4/6 2/6 6/6 7/3 1.5
Dimitriadis Babwahsingh, Maria (1949-2010), griega,
  presidenta de la Sociedad de los Rosacruces en EEUU 2 5/6 3/7 4/2 3/7 1.3
Dimitrova, Vangelia Pandeva (Baba Vanga)
  (1911-1996), clarividente y herbolaria búlgara 2 3/6 3/7 4/2 3/3 1.2
Dirac, Paul (1902-1984), físico británico 4 3/7 7/3 4/6 7/3 1.26
Doesburg, Theo van (1883-1931), pintor holandés
  y fundador del movimiento De Stijl 2 4/4 5/7 6/2 3/7 1.25
Donald Woods (1933-2001), periodista sudafricano
Dönhoff, Condesa Marion (1909-2002), periodista
  alemana 3 6/2 6/3 4/2 7/7 1.5
dos Santos, Lucía de Jesús (Hermana Maria Lucia
  del Inmaculado Corazón) (1907-2005) monja y
  visionaria portuguesa de la Virgen en Fátima, Portugal 6 6/2 6/2 2/6 3/3 1.4
Douglas, Tommy (1904-1986), político canadiense,
  fundador de Medicare en Canadá 2 2/5 3/7 6/6 3/7 1.5
Douglass, Frederick (1817-1895), ex-esclavo, portavoz
  de los negros americanos, reformador, escritor y orador 2 4/6 3/7 2/6 7/7 1.4
Douwes Dekker, Eduard (seudónimo Multatuli)
  (1820-1887), escritor y poeta holandés 2 3/3 6/4 6/2 7/5 1.4
Dower, William H. (1866-1937), cofundador
  norteamericano del Templo del Pueblo 3 6/2 6/2 6/4 3/7 1.2
Drnovsek, Janez (1950-2008), Presidente de Eslovenia 3 5/6 7/3 4/6 7/3 2.0

Dunstan, Don (1926-1999), líder laborista reformador
del sur de Australia 2 5/6 3/3 6/2 7/7 1.4
Dunstan, Don (1926-1999), primer ministro de
Australia del Sur 2 5/6 3/3 6/2 7/7 1.4
Durant, Will (1885-1981), escritor norteamericano 2 4/6 2/6 6/2 3/7 1.4
Durbin, Deanna (1921-2013), cantante y actriz canadiense 2 4/6 2/6 4/4 3/7 1.4
Durkheim, Emile (1858-1917), sociólogo francés 3 4/7 6/2 6/2 7/3 1.5
Duvalier, 'Baby Doc' Jean-Claude (1951-2014),
presidente dictador de Haití 3 3/6 4/6 1/3 1/7 1.2
Easwaran, Eknath (1911-1999), escritor, fundador
del Centro de Meditación Blue Mountain, California 2 2/6 4/6 6/6 3/7 1.5
Euthymia, Sta. Maria (1914-1955), monja alemana 2 6/2 6/2 6/2 3/7 1.5
Évora, Césaria (1941-2011), cantante de Cabo Verde 3 4/6 2/6 4/6 7/3 0.85
Ewbank, Inga-Stina (1932-2004), académica y
profesora sueca 2 5/3 5/3 6/6 3/7 1.56
Ezra (siglo v a.C.), profeta 2 6/2 5/3 6/4 7/5 2.0
Faulkner, Wílliam (1897-1962), novelista y poeta
norteamericano 2 4/6 2/7 4/6 7/7 1.7
Fawehinmi, Ganiyu Oyesola (1938-2009), abogado
y defensor de los derechos humanos nigeriano 4 4/7 6/3 4/6 7/3 1.3
Federico III da Montefeltro, Duque de Urbino
(1422-1482), patrón renacentista y defensor de las artes 3 1/7 6/4 4/2 7/3 1.6
Ferrer, Vicente (1920-2009), humanista español 2 3/7 2/6 6/2 3/3 1.55
Feuerbach, Anselm (1829-1880), pintor alemán 2 4/6 3/7 4/6 3/7 1.5
Feuerbach, Henriette (?-1892), suegra de Anselm
Feuerbach, publicó "Testimonio de Anselm Feuerbach" 2 6/2 6/3 6/6 3/3 1.3
Figueras García, Montserrat (1942-2011), soprano
catalana española que se especializó en música antigua 4 6/6 3/5 4/6 7/3 1.0
Firth, Sir Raymond (1901-2002), antropólogo británico 2 4/6 7/3 2/6 7/3 1.5
Fischer, Robert James (Bobby) (1943-2008),
jugador de ajedrez norteamericano 6 3/6 4/7 4/6 3/7 1.2
Fleishmann, Martin (1927-2012), electroquímico
eslovaco, pionero en el desarrollo de la fusión fría 3 4/6 7/3 6/2 3/7 1.6
Foot, Michael (1913-2010), político laborista británico 2 4/6 3/7 4/6 5/7 1.4
Foot, Paul (1938-2004), periodista de investigación
y activista británico 2 4/6 6/6 2/6 7/3 1.4
Foulds, John (fallecido 1948), marido de Maud
MacCarthy, compositor británico 2 4/6 4/2 6/6 3/7 1.4
Freud, Anna (1895-1982), psicoanalista austríaca e
hija de Sigmund Freud 1 6/6 1/6 6/6 1/7 1.6
Freud, Lucien (1922-2011), pintor británico 2 4/6 5/7 1/6 3/7 1.4
Frisch, Ragnar A.K. (1895-1945), economista social
noruego 3 3/4 6/7 4/6 7/7 0.9
Frost, David (1939-2013), presentador y escritor inglés 2 1/6 3/7 4/6 3/7 1.4
Gainsbourg, Serge (1928-1991), compositor
e intérprete francés 3 4/4 3/7 4/6 7/3 1.2

Galbraith, John Kenneth (1908-2006), economista
y escritor norteamericano nacido en Canadá 2 4/7 3/7 2/6 7/3 1.8
Galtieri, Leopoldo (1926-2003), soldado y
ex presidente argentino 6 6/1 6/1 6/6 7/1 1.25
García Márquez, Gabriel (1927-2014), novelista y
Premio Nobel colombiano 4 2/7 3/6 2/4 7/3 1.6
Gaudí, Antonio (1852-1926), arquitecto español 4 4/6 3/7 6/4 7/3 1.5
Gear, William (1915-1997), pintor británico 2 4/3 7/3 6/2 3/7 1.45
Gennes, Pierre-Gilles de (1932-2007), físico francés 2 5/3 3/7 4/6 3/7 1.5
Germain, Marie-Sophie (1776-1831), matemática,
física y filósofa francesa 2 1/6 5/7 2/6 3/7 1.6
Giacometti, Alberto (1901-1966), escultor italiano 4 4/6 2/6 6/2 7/3 1.6
Gibran, Kahlil (1883-1931), filósofo y escritor libanés 6 6/6 2/4 6/2 3/7 1.85
Gielgud, Sir (Arthur) John (1904-2000), actor británico 2 4/4 3/7 4/6 7/3 1.5
Gilruth, Robert (1914-2000), ingeniero espacial americano 6 3/7 6/3 4/6 7/7 1.4
Gillett, Charlie (1942-2010), presentador de
radio, musicólogo y escritor británico 2 4/3 3/4 6/4 3/7 1.3
Ginsberg, Alan (1926-1997), poeta americano 4 4/4 6/6 6/6 3/7 1.3
Gödel, Kurt (1906-1978), lógico austriaco/norteamericano 3 4/6 5/1 4/6 7/3 2.0
Gokhale, Dr. Cheddi Bharat (1918-1997), político
guyanés y presidente de Guayana entre 1992 y 1997 3 3/7 5/3 4/6 3/7 1.3
Gokhale, Gopal Krishna (1866-1915), pionero
indio del movimiento de la independencia 4 6/2 3/7 6/2 3/7 1.7
Goldsmith, Jerry (1929-2004), compositor de música
de cine norteamericano 2 4/6 3/7 4/6 3/7 1.3
Goldszmit, Henryk (aka Janusz Korczak) (1878-1942),
médico polaco, escritor y reformador educativo 2 6/4 3/7 4/6 7/3 2.0
Gorbachov, Raisa (1932-1999), esposa del
político ruso. Académica y socióloga 2 6/3 4/6 6/2 3/3 1.5
Gordimer, Nadine (1923-2014), escritora y Premio
Nobel sudafricana 2 3/7 4/6 2/6 3/7 1.5
Gould, Jay (1941-2002) paleontólogo norteamericano 2 6/2 4/7 2/6 3/3 1.55
Gould, Jay (1941-2002) paleontólogo norteamericano 2 6/2 4/7 2/6 3/3 1.55
Graham, Katherine (1917-2001), editora norteamericana 2 4/3 6/3 4/6 3/7 1.5
Graham, W.S. (1918-1986), poeta escocés 2 4/6 3/7 4/4 3/7 1.3
Grapelli, Stephan (1908-1997), violinista de jazz. 2 4/6 3/7 4/6 3/7 1.2
Grass, Günther Wilhelm (1927-2015), novelista,
artista alemán, Premio Nobel de Literatura en 1999 3 6/4 5/6 3/6 3/7 1.35
Graves, Robert (1895-1985), poeta inglés 2 4/6 3/7 4/6 7/3 1.5
Guillermina (1880-1962), Reina de Holanda 2 4/2 4/2 4/6 3/7 1.6
Guinness, Sir Alec (1914-2000), actor británico 2 4/2 4/6 2/6 3/7 1.4
Guruji (Dr. B.S. Goel) (1935-1998) escritor y
filósofo indio 2 3/6 4/7 6/2 3/7 1.7
Gyohki. Bodhisattva (668-749), monje budista japonés 6 6/2 6/4 6/6 3/7 2.0
Haakon VII (1872-1957), rey de Noruega 6 3/7 7/3 6/2 3/7 1.3
Habash, George (1926-2008), líder palestino y fundador
del Frente Popular para la Liberación de Palestina 6 6/3 4/7 6/2 3/7 1.65

Hacquet, Baltasar (1739 o 1740-1815), viajero,
científico y físico francés   3 4/1 3/5 6/6 3/7 1.6
Haffner, Sebastian (1907-1998), periodista e
historiador alemán   3 6/3 4/7 6/6 3/7 1.3
Hall, Stuart (1932-2014), sociólogo y teórico
cultural británico   2 1/4 4/6 4/2 7/3 1.3
Hamer, Fannie Lou (1917-1977), activista de
derechos civiles norteamericana   2 4/6 3/6 2/6 3/7 1.5
Hamsum, Knut (1859-1952), escritor noruego   3 4/2 6/3 6/6 3/7 1.5
Hariharananda, Swami (1908-2002), yogui indio   2 3/6 2/4 2/6 3/3 1.8
Haring, Keith (1958-1990), pintor norteamericano   2 4/6 6/3 4/6 3/7 1.4
Hariri, Rafik al (1944-2005), ex primer ministro
libanés   3 4/6 3/6 2/6 7/7 1.3
Harris, Richard (1930-2002), actor británico   2 4/6 3/7 4/6 7/3 1.4
Harrison, George (1943-2001), músico británico
y ex-Beatle   2 4/6 2/6 2/4 7/3 0.9
Harrison, John (1693-1776), relojero marítimo
inglés, inventor del cronómetro   2 3/5 5/7 6/2 7/3 1.4
Havel, Václav (1936-2011), presidente, político y
dramaturgo checo   2 4/6 3/7 4/6 3/7 1.75
Haw, Brian (1949-2011), pacifista británico   2 6/3 4/6 2/6 3/7 1.2
Hazlitt, William (1778-1830), ensayista británico   3 4/6 4/2 6/6 7/3 1.3
Heaney, Seamus (1939-2013), poeta irlandés y
Premio Nobel   2 4/6 3/7 4/6 3/7 1.6
Heath, Edward (1916-2005), ex primer ministro británico   2 3/4 5/1 2/6 3/7 2.0
Heifetz, Jascha (1901-1987), violinista americano de
origen ruso   3 4/4 6/3 6/2 3/7 1.5
Heim, Burkhard (1925-2001), físico y lógico alemán   3 3/2 5/7 4/6 7/3 2.0
Heller, Joseph (1923-1999), escritor norteamericano   2 4/6 6/2 4/6 7/3 1.45
Henri, Robert (1865-1929), pintor y profesor
norteamericano   4 4/6 3/7 4/6 3/7 1.35
Henriquez, Fiore de (1921-2004), escultora
italiana/británica   4 4/4 3/4 6/2 7/3 1.4
Hepburn, Katherine (1909-2003), actriz norteamericana   2 4/4 6/2 6/2 7/7 1.3
Herbert, George (1593-1633), poeta británico y
sacerdote anglicano   2 5/7 2/6 2/4 3/7 1.6
Hering, Doctor Constantin (1800-1880), homeópata
alemán   3 3/6 4/6 4/2 3/7 1.5
Hermans, Toon (1916-2000), comediante y pintor
holandés   6 6/2 6/6 2/4 7/3 1.4
Herz-Sommer, Alice (1903-2014), concertista de piano
judía austro-húngara   3 3/6 4/6 2/6 3/7 1.3
Hessel, Stéphane (1927-2013), luchador de la resistencia
francesa de origen alemán, diplomático y escritor   4 3/7 4/6 4/6 3/7 1.6
Heston, Charlton (1923-2008), actor norteamericano   2 4/4 6/3 4/6 7/1 1.3
Heydrich, Reinhart (1904-1942), político nazi alemán   1 1/6 1/1 6/6 1/7 1.3
Heyerdahl, Thor (1914-2002), antropólogo noruego   2 4/6 1/3 6/4 7/7 1.65

Higashiyama, Kaii (1908-1999), pintor japonés	2 4/6 3/7 4/6 7/3 1.35
Hilton, James (1900-1954), novelista inglés	2 4/6 3/7 4/6 7/3 1.3
Hillary, Sir Edmund (1919-2008), alpinista y explorador neozelandés	2 6/2 1/6 4/6 7/3 1.3
Himmler, Heinrich (1900-1945), líder nazi alemán	6 1/1 1/6 6/6 7/1 1.4
Hitchins, Christopher (1949-2011), escritor y periodista británico	2 4/6 3/7 2/6 3/7 0.9
Hobbes, Thomas (1588-1679), filósofo inglés	2 3/7 3/7 6/4 3/7 1.4
Hobsbawn, Eric (1917-2012), historiador británico	2 4/6 3/7 4/2 3/7 1.5
Hoffman, Philip Seymour (1967-2014), actor norteamericano	2 4/6 6/2 4/4 7/3 1.0
Hogarth, William (1697-1764), pintor y grabador inglés	2 4/3 6/2 4/6 3/7 1.5
Hoggart, Richard (1918-2014), teórico cultural británico	2 3/7 1/2 4/6 3/7 1.7
Hoggart, Simon David (1946-2014), periodista y locutor inglés	2 6/2 3/7 4/6 3/3 1.36
Hogwood, Christopher (1941-2014), director de orquesta, clavicordista, escritor y musicólogo británico	2 4/2 2/4 2/6 3/7 1.6
Holberg, Ludvig (1684-1754), dramaturgo noruego	3 4/7 3/2 4/6 3/7 1.5
Holbrooke, Richard Charles Albert (1941-2010), diplomático norteamericano	2 6/3 3/7 4/6 7/3 1.3
Holmes, Ernest (1887-1960), escritor norteamericano y fundador del Movimiento Ciencia Religiosa Internac.	4 1/6 6/2 6/6 3/7 1.6
Horney, Karen (1885-1952), psicoanalista alemana	2 4/6 3/7 2/6 7/3 1.4
Houseman, A.E. (1859-1936), poeta británico	2 4/6 3/7 4/6 3/7 1.5
Huber, Bruno (1930-1999), astrólogo suizo y fundador del Astrologisch Psychologischen Institut	3 5/7 5/6 6/6 3/7 1.5
Hughes, Robert (1938-2012), crítico de arte y escritor australiano	2 4/4 3/7 4/6 3/7 1.46
Hughes, Ted (1930-1998), poeta inglés	2 4/6 3/7 4/6 3/7 1.4
Humphrey, John Peters (1905-1995), profesor de derecho, activista de derechos humanos	2 3/7 4/6 2/6 3/7 1.3
Humphries, Christmas (1901-1983), escritor budista inglés	2 6/2 4/6 2/6 3/7 1.5
Hussein de Jordania, Rey (1935-1999)	2 4/6 4/6 6/2 7/3 1.6
Hussein Fadlallah, Gran Ayatolá Sayyed Mohammed (1935-2010), Líder libanés religioso chiíta	6 6/4 6/3 6/6 7/7 1.55
Hussein, Saddam (1937-2003), dictador iraquí	3 6/6 3/1 6/6 3/1 1.45
Ibárrubi, Dolores (La Pasionaria) (1895-1989), líder y activista política comunista española	6 6/6 3/3 6/6 3/7 1.5
Ibn Arabi (Al-Andalus) (1165-1240), sufí, místico y filósofo árabe/español	3 6/6 7/3 4/2 7/3 2.0
Ivins, Mary Tyler "Molly" (1944-2007), columnista de prensa norteamericana	2 4/6 3/7 2/4 3/7 1.4
Iyengar, B K S (1918-2014), instructor de yoga indio	2 5/7 3/7 4/6 3/7 3.5
Jackson, Mahalia (1911-1972), cantante de gospel norteamericana	2 4/2 6/2 6/4 3/3 1.3

Jackson, Michael (1958-2009), cantante y bailarín
   norteamericano   4 4/4 6/6 6/6 7/3 1.2
Jamyang Khyentse Chokyi Lodro (1896-1959), monje
   budista tibetano   3 4/6 3/7 4/6 3/7 2.0
Janakananda, Rajarshi (1892-1955), discípulo
   norteamericano de Paramahamsa Yogananda   2 6/2 3/6 2/2 7/3 2.0
Jancsó, Miklós (1921-2014), cineasta húngaro   3 4/6 3/7 4/2: F: 3/7 1.37
Jansch, Bert (1943-2011), guitarrista folk escocés   4 4/7 6/6 6/4 3/7 0.9
Janssen, Horst (1929-1995), pintor alemán   4 4/2 6/3 6/6 3/3 1.4
Jaurès, Jean (1859-1914), escritor y líder del partido
   socialista francés   3 4/6 3/7 4/6 3/7 1.45
Jenkins, Roy (Lord) (1920-2003), político laborista y
   escritor galés   3 3/4 3/7 4/6 3/7 1.5
Jhansi ki Rani (1835-1858), luchadora por la libertad
   india conocida como la Juana de Arco de la India   3 3/7 6/4 4/6 7/7 1.2
Jinarajadasa, Curruppumullage (1875-1953), teósofo
   de Sri Lanka   6 3/7 4/6 2/6 3/7 1.4
Jobs, Steve (1943-2011), inventor norteamericano,
   cofundador y presidente de Apple   3 2/6 3/3 4/4 3/7 1.5
Johnson, Nkosi (1989-2001), defensor sudafricano
   de la lucha contra el SIDA   2 4/6 3/2 2/6 3/7 0.8
Jones, Charles Martin 'Chuck' (1912-2002),
   creador de dibujos animados norteamericano   2 4/6 2/6 4/2 3/3 1.4
Jong-il, Kim (1941-2011), líder norcoreano   3 3/6 3/6 4/7 3/7 0.65
Jorge VI (1895-1952), rey de Gran Bretaña   2 4/2 6/2 6/4 7/3 1.6
José, hijo de Jacobo (figura bíblica)   6 6/3 3/6 4/6 3/7 1.5
Jovellanos, Gaspar Melchor de (1744-1811), político
   español y autor de La Ilustración   6 3/6 4/7 6/2 3/7 1.4
Jurriaanse, Aart (1907-2002), escritor esotérico
   sudafricano   2 6/2 5/7 6/2 1/5 1.7
Justin Moreward Haig (J.M.H.), "El Iniciado" de
   Cyril Scott (identidad no revelada)   2 6/2 4/6 2/6 3/7 2.4
Kaczynski, Lech (1949-2010), presidente polaco   3 6/4 3/7 4/6 7/3 1.3
Kandinsky, Wassily (1866-1944), artista ruso   7 4/6 4/6 4/2 7/7 1.65
Kane, Sarah (1971-1999), dramaturga británico   2 4/2 6/2 6/6 3/7 1.5
Kapuscinski, Ryszard (1932-2007), periodista polaco   6 6/4 3/7 2/6 3/7 1.3
Kashdan, John (1917-2001), pintor y grabador británico   2 4/6 3/7 4/6 7/3 1.45
Keers, Walter (1923-1985), instructor espiritual holandés   6 6/4 4/2 6/2 3/7 1.5
Kennedy Shriver, Eunice (1921-2009), filántropa
   norteamericana y fundadora de los Paralímpicos   4 6/6 3/7 6/6 3/3 1.25
Kennedy, Edward (1932-2009), político y senador
   norteamericano   2 4/6 4/7 4/6 7/3 1.3
Khan, Ali Akbar (1922-2009), músico indio   2 4/6 4/6 6/2 7/3 2.0
King, Coretta Scott (1927-2006), defensora
   norteamericana
King, George (?-1997), fundador de la Sociedad Etérea   2 6/6 3/6 6/6 7/3 1.7

Kinnersley, David (1926-2004), fundador inglés
de la asociación benéfica WaterAid   2 6/2 4/6 2/6 3/7 1.45
Kinski, Klaus (1926-1991), actor alemán   4 4/3 6/2 6/4 7/3 1.5
Kirchner, Néstor (1950-2010), presidente argentino   3 4/6 3/7 4/6 3/7 1.4
Kitt, Eartha (1927-2008), cantante y actriz norteamericana 2 4/4 6/3 4/6 3/7 1.2
Kitzinger, Sheila (1929-2015), activista de parto
británica, escritora y pionera del parto natural   2 6/2 2/4 2/6 3/7 1.47
Klein, Jean (1916-1998), nacido en Checoslovaquia,
profesor de Adwaita Vedanta   4 6/2 4/7 6/6 1/5 1.5
Klestil, Thomas (1932-2004), presidente austriaco   2 4/3 7/3 6/6 7/3 1.4
Klimt, Gustav (1862-1918), pintor austríaco   2 4/6 6/2 6/2 3/7 1.5
Klimt, Hilma af (1862-1944), mística y pintora sueca   4 4/6 3/7 6/2 3/7 0.85
Kohmyo, Emperatriz (Emperatriz Ilustre)
(701-760), emperatriz budista japonesa   6 6/2 6/2 2/6 7/3 1.6
Kohmyo. Emperatriz (Emperatriz Radiante)
(701-760), emperatriz japonesa budista   6 6/2 6/2 2/6 7/3 1.6
König, Franz (1905-2004), cardenal austriaco   3 4/6 3/7 4/6 7/3 2.0
Kopaniak, Bronislawa (Krol) (1919-2005), luchador
polaco de la resistencia en la Segunda Guerra Mundial 3 6/2 3/7 6/2 3/7 1.5
Kreisky, Bruno (1911-1990), político y ex-canciller
austríaco   3 7/6 1/4 6/2 7/3 2.0
Krishna Menon, Shri (Shri Atmananda) (1883-1959),
instructor espiritual indio   6 4/6 3/7 6/6 7/3 1.4
Kuan Yew, Lee (1923-2015), padre fundador y
primer Primer Ministro de Singapur   3 1/7 3/7 4/6 3/7 1.4
Kubrick, Stanley (1928-1999), director de cine americano 4 4/6 3/7 2/4 3/7 1.5
Kulapati Ekkirala Krishnamacharya (1926-1984),
sanador indio y doctor en literatura oriental   4 6/2 4/6 6/6 7/7 1.7
Kurosawa, Akira (1910-1998), cineasta japonés   4 4/6 4/4 6/2 3/7 1.7
La Due, Francia A. (1849-1922), cofundadora
norteamericana del Templo del Pueblo   2 6/4 4/6 6/2 3/7 1.2
Lanyon, Walter C. (1887-1967), escritor inglés
nacido en Norteamérica   2 6/4 6/2 6/6 7/3 1.5
Lasso, Orlando di (1530-1594), compositor italiano   4 4/7 2/4 6/2 7/3 1.55
Laurency, Henry T. (?-?), esoterista sueco   2 6/2 4/6 6/2 7/3 1.9
Ledger, Heathcliff Andrew (1979-2008), actor australiano 6 4/4 2/6 6/2 7/3 0.9
Lee, Bruce (1940-1973), actor y experto en artes
marciales norteamericano   4 6/6 3/4 6/2 3/7 1.0
Lee, Laurie (1914-1997), poeta y novelista británica   2 4/6 3/7 4/6 3/7 1.46
Lemmon, John 'Jack' Uhler (1925-2001),
actor cinematográfico norteamericano   2 4/6 3/7 6/2 3/7 1.3
Lenz, Frederick (?-?1998), también conocido como
Rama, instructor espiritual en EEUU   2 3/6 4/7 6/6 3/7 1.3
Leslie, Desmond (1921-2001), guionista, director,
compositor y co-autor de un libro sobre ovnis   2 7/4 6/2 6/4 7/3 1.5
Lessing Doris (1919-2013), novelista inglesa y
Premio Nobel   2 4/6 4/7 4/2 3/7 1.7

Lichtenstein, Roy (1923-1997), artista americano 2 4/6 3/7 4/6 7/3 1.5
Lie. Tryve H. (1896-1968), abogado y político
  noruego, primer Secretario General de la ONU 2 5/2 4/7 6/2 7/7 1.5
Liedloff, Jean (1926-2011), escritor norteamericano 3 4/6 2/7 2/6 3/7 1.1
Lindgren, Astrid (1908-2002), escritora sueca 2 4/6 3/7 6/2 7/3 1.5
Lisieux, Teresa de (1873-1897), monja carmelita francesa,
  también conocida como 'La Pequeña Flor de Jesús' 2 6/6 6/4 6/6 3/7 1.3
Long, Barry (1936-2003), instructor espiritual australiano 6 6/2 4/6 6/2 3/3 1.5
López García, Victoria de los Ángeles (1923-2005),
  soprano española 2 4/6 3/7 2/6 3/3 1.4
Louis Antoine (1846-1912), conocido como "Padre
  Antoine", fundador del movimiento Antoniano 3 4/6 3/4 6/6 5/7 1.4
Lovecraft, Howard Philips (1890-1937),
  escritor de ciencia ficción norteamericano 2 4/6 3/7 6/4 3/7 1.25
Lovelace, Ada (Augusta Ada Byron) (1815-1852),
  matemática y pionera en computación inglesa 2 2/6 3/7 4/6 3/7 1.64
Lovell, Sir Bernard (1913-2012), radioastrónomo inglés 2 3/6 3/5 6/4 3/7 1.45
Lubachivsky, Myroslav (1914-2000), cardenal ucraniano 2 4/6 3/7 2/6 3/7 1.6
Lugt, Frans van der (1939-2014), sacerdote jesuita
  holandés 2 4/6 3/7 4/6 7/3 1.5
Lumet, Sydney (1924-2011), director de cine americano 2 4/6 1/3 4/2 3/3 1.3
Luria Ashkenazi, Rabí Itzhak (Isaac) ("Ha'ari")
  (1534-1572), fundador de la Cábala Luriana 3 4/1 4/6 6/6 7/3 1.4
Lusseyran, Jacques (murió 1971), héroe ciego de la
  resistencia francesa 2 6/4 3/7 4/6 3/7 1.5
Lutyens, Mary (1908-1999), escritora británica y
  biógrafa de Krishnamurti 2 6/2 6/2 6/6 7/3 1.4
Maathai, Wangari (1940-2011), ecologista y activista
  política keniata, y Premio Nobel de la Paz 2 6/4 4/7 4/2 3/3 1.6
Madre Teresa (Agnes Bojaxhiu), monja albanesa,
  humanitaria (1910-1997) 6 6/6 2/6 6/6 3/7 1.45
Magritte, René (1898-1967), pintor belga 3 4/3 3/7 6/4 3/3 1.3
Maharaj, Sri Nisargaradatta (1897-1981), instructor
  espiritual hindú de Bombay, India 2 4/6 4/1 4/6 3/7 3.5
Maharishi Mahesh Yogi (1917-2008), instructor espiritual
  indio y fundador de la Meditación Transcendental 6 4/3 6/2 6/4 3/3 3.2
Mahbub ul Haq (1915-1993), ex-Ministro de Finanzas
  de Pakistán 4 3/4 6/3 4/6 7/3 2.0
Mailer, Norman (1923-2007), escritor norteamericano 3 4/6 3/7 6/2 3/7 1.3
Makeba, Miriam (1932-2008), cantante y activista
  anti-apartheid sudafricana 3 4/6 3/6 2/4 7/3 0.8
Mallove, Eugene F. (1947-2004), científico
  norteamericano y defensor de la fusión fría 2 4/6 3/7 6/2 7/3 1.5
Mandela, Nelson (1918-2013), ex Presidente de Sudáfrica 2 4/6 3/7 4/6 7/7 2.0
Mann-Borgese, Elisabeth (1918-2002), ecologista
  oceánica alemana, delegada de la ONU 3 4/7 5/7 2/6 3/7 1.6

Marais, Marin (1656-1728), compositor e intérprete de viola da gamba francés	3 4/6 6/4 6/2 3/7 0.85
Marceau, Marcel (1923-2007), artista mimo francés	3 4/4 3/7 6/2 3/7 1.0
Margaret Rose (Princesa Margarita), Condesa de Snowdon (1930-2002), Princesa británica	2 4/3 6/6 2/4 3/7 0.9
Marini, Marino (1901-1980), escultor italiano	4 4/6 7/3 6/2 7/3 1.5
Marshall, George C. (1880-1959), Secretario de Estado de EEUU y arquitecto del Plan Marshall	2 2/6 4/6 4/2 3/3 1.6
Marshall, Malcolm (1958-1999), legendario jugador de criquet antillano	4 4/4 7/3 4/6 7/3 0.9
Martini, Carlo Maria (1927-2012), jesuita italiano y cardenal católico romano	6 6/4 3/7 6/4 7/3 1.5
Martland, Steve (1959-2013), compositor británico	2 4/6 6/3 4/4 3/7 1.4
Massoud, Ahmad Shah (1954-2001), general afgano de la Alianza del Norte	3 4/6 1/6 4/6 7/3 1.3
Massu, General Jacques (1908-2002), soldado francés	6 3/7 6/3 1/6 7/7 1.5
Mastroianni, Marcello (1924-1996), actor de cine italiano	2 4/4 3/4 6/6 7/3 1.4
Mata, Sri Jnana (1869-1951), discípulo canadiense de Paramahamsa Yogananda	6 6/2 6/2 6/6 3/7 2.0
Mataji, Indra Devi (1899-2002), nacida en Riga, Lituania; profesora de yoga	2 6/2 4/6 6/2 3/3 2.4
Matsushita, Konosuke (1894-1989), industrial ético y filósofo social japonés	4 6/2 4/3 6/2 3/7 1.4
Maximovitch, John Vladika (1896-1966), arzobispo ruso canonizado de la iglesia ortodoxa rusa	6 6/2 6/2 6/4 7/7 3.0
McCartney, Linda (1941-1998), cantante norteamericana y fotógrafa	2 4/6 3/7 4/6 7/3 1.4
McNamara, Robert (1916-2009), secretario de defensa norteamericano y presidente del Banco Mundial	2 3/7 3/3 6/6 7/3 1.3
Mendoza, Lydia (1916-2007), cantante-compositora mexicana norteamericana	2 4/6 2/6 2/6 7/3 1.45
Menuhin, Yehudi (1916-1999), violinista británico nacido en América	2 4/6 3/7 4/6 7/3 1.6
Mer-Khamis, Juliano (1958-2011), actor, activista y director de teatro palestino-israelí	2 4/6 3/7 2/4 3/7 1.2
Mersenne, Marin (1588-1648), monje francés, matemático, músico y erudito	6 2/4 6/2 6/2 7/7 1.6
Michelsen, Christian (1857-1925), político y empresario noruego	3 6/6 3/3 6/6 7/7 1.5
Mierlo, Hans van (1931-2010), político holandés, cofundador del partido político D66	3 6/4 3/6 6/6 3/7 1.25
Mifune, Toshiro (1920-1997), actor japonés	4 6/4 3/6 6/2 7/3 1.3
Milne, Alasdair (1930-2012), director general británico de la BBC entre 1982 y 1987	2 3/3 3/7 4/6 3/7 1.2
Milosevic, Slobodan (1941-2006), ex presidente de Yugoslavia y Serbia	3 6/6 3/3 6/63/3 1.4
Miller, Arthur (1923-2005), dramaturgo norteamericano	3 4/6 3/7 4/6 3/7 1.4

Miller, Jeanine (1929-2013), erudita védica y escritora
  francesa, y colaboradora de Share International   2 5/6 3/7 4/6 3/7 1.4
Milligan, Terence Alan 'Spike' (1918-2002), escritor
  y actor británico   2 4/4 6/2 6/4 3/7 1.3
Mitchison, Naomi (1897-1999), escritora británica   2 4/3 6/6 4/2 7/3 1.5
Mitterrand, Danielle (1924-2011) esposa del
  presidente francés François Mitterrand   3 3/6 4/6 2/6 3/7 1.0
Molina. Luis de (1535-1600), teólogo jesuita español
  y fundador del molinismo   4 6/6 7/3 6/6 3/3 2.2
Moon, Sun Myung (1920-2012), líder religioso coreano
  y fundador de la Iglesia de la Unificación   2 6/4 3/7 4/6 3/7 1.3
Moore, Dudley (1935-2002), músico, comediante y
  actor inglés   2 4/4 6/2 6/2 3/7 0.9
Moore, Juanita (1914-2014) actriz norteamericana   2 4/6 3/7 4/4 7/3 1.3
Moore, Sir Patrick (1923-2012), astrónomo, escritor
  y presentador inglés   2 3/7 2/6 6/6 3/7 1.3
Morris, Margaret (1949-1996), asceta y reclusa
  norteamericana   6 6/2 4/6 2/6 3/7 1.4
Mühe, Ulrich (1953-2007), actor alemán   2 4/4 3/4 2/6 7/3 1.35
Muir, John (1838-1914), ecologista norteamericano
  de origen escosés   2 4/6 3/7 4/6 7/3 1.45
Munakata, Shiko (1903-1975), artista de grabados
  japonés   2 4/2 4/6 2/6 7/4 1.4
Munakata, Shiko (1903-1975), grabador japonés   2 4/2 4/6 2/6 7/4 1.4
Munch, Edvard (1863-1944), pintor noruego   4 4/6 4/6 6/2 3/7 1.5
Munthe, Axel (1875-1949), médico de la reina de Suecia   2 5/3 5/3 6/2 7/3 1.5
Naganuma, Myoko (1889-1957), cofundador japonés
  de Rissho Koseikai   2 4/6 3/7 6/6 3/3 1.4
Nahum, Pedro (1927-1993), erudito argentino de
  las enseñanzas de Alice Bailey   4 6/6 4/6 2/6 3/7 1.4
Nansen, Fridtjof (1861-1930), explorador polar y
  humanista noruego   4 6/6 3/7 4/6 7/7 1.45
Nehmet-Allah Kassab, Padre (El-Hardiny) (1808-1858),
  teólogo libanés y Superior del Padre Charbel Makhlouf   3 6/4 3/7 4/6 3/7 4.0
Neruda, Pablo (1906-1973), poeta chileno   2 4/6 3/7 4/6 3/7 1.45
Newhouse, Mildred "Flower" A. (1909-1994), mística
  norteamericana   2 6/2 6/2 2/6 7/3 1.4
Newman, Paul (1925-2008), actor cinematográfico
  norteamericano   2 4/6 3/7 6/2 3/7 1.3
Niemeyer, Oscar (1907-2012), arquitecto brasileño   3 4/7 3/3 4/6 3/7 1.6
Niering, William Albert (1924-1999), ecologista   2 6/2 4/7 2/6 7/3 1.5
Nijgh, Lennaert (1954-2002), escritor y letrista holandés   2 4/6 7/3 6/2 7/3 1.35
"El Niño" – no se conoce el nombre, británico,
  personaje de El Niño y el Hermano de Swami
  Omananda (fallecido 1956)   2 4/2 2/6 6/2 7/3 4.0
Niwano, Nikkyo (1906-1999), cofundador japonés
  de Rissho Koseikai   4 4/2 3/6 6/2 3/3 1.5

Nizamuddin Aulia (1238-1324) santo sufí, sucesor
   de Baba Farid, (santuario en Nueva Delhi)   4 6/3 2/6 6/6 7/3 3.2
Nkomo, Joshua (1917-1999), vicepresidente de Zimbabwe
   y defensor de los derechos de la mayoría negra   3 4/6 3/7 4/6 3/7 1.6
Nkrumah, Kwame (1909-1972), primer presidente
   de Ghana   3 6/3 6/3 6/4 7/7 1.3
Nogarola, Isotta (1418-1466), escritora e intelectual
   italiana   2 5/7 3/7 4/6 3/7 1.5
Norgay, Tenzing (1914-1986), alpinista sherpa nepalí   2 4/6 6/3 4/6 5/3 1.3
Nuzrat Fatteh Ali Khan (1948-1997), cantante/músico
   pakistaní   4 4/4 4/6 2/4 3/3 1.6
Nyerere, Julius (1922-1999), presidente de Tanzania   2 3/7 4/6 4/2 7/3 1.7
O'Day, Anita (1919-2006), cantante de jazz
   norteamericana   2 4/4 6/6 6/2 7/3 0.9
O'Donohue, John (1956-2008), poeta y escritor irlandés   2 4/6 3/7 4/2 7/2 1.3
O'Leary, Brian (1940-2011), científico y astronauta
   norteamericano   2 4/6 3/7 2/6 3/7 1.2
O'Toole, Peter Seamus (1932-2013), actor irlandés   2 4/6 4/7 4/4 7/3 1.3
Ockels, Wubbo Johannes (1946-2014), físico,
   astronauta y ecologista holandés   2 4/6 3/7 4/6 7/3 1.7
Ochoa, Severo (1905-1993), bioquímico y Premio
   Nobel español   7 3/7 4/6 2/6 7/3 1.5
Oistrakh, David (1908-1974), violinista ruso   4 4/6 3/7 4/6 3/7 1.5
Okamoto, Taro (1914-1998), pintor japonés   4 4/6 3/6 6/6 3/7 1.4
Oliveira, Nathan (1928-2010), pintor, litógrafo y
   escultor norteamericano   2 4/6 3/7 6/4 3/7 1.3
Omananda, Swami (Maud MacCarthy)
   (fallecido 1967), violinista y escritora británico,
   ayudante y compañera de "El Niño"   2 6/6 2/4 2/6 7/3 1.75
Omkarananda, Swami (1929-2000), Fundador del
   Centro de la Luz Divina en Winterthur, Suiza   2 6/6 3/3 6/4 7/3 1.6
Oppenheimer, Julius Robert (1904-1967), físico
   norteamericano   3 5/6 1/5 6/6 3/3 1.5
Ortega y Gasset, José (1883-1955), filósofo español   3 6/3 4/7 2/6 7/7 1.4
Osborne, Arthur (1906-1970), escritor británico y
   devoto/biógrafo de Ramana Maharshi   2 2/4 2/6 6/6 3/7 1.6
Ostrom, Elinor (1933-2012), economista político
   norteamericano   2 3/7 2/4 2/6 3/3 1.4
Ovais Qarni (ap. siglo VI), discípulo de Mahoma   6 6/6 3/5 2/2 7/3 4.0
Paine, Tom (1737-1809), autor americano de 'Los
   Derechos del Hombre'   6 6/6 6/6 4/4 3/3 1.5
Paisley, Ian (1926-2014), político unionista y
   líder religioso protestante norirlandés   2 6/6 6/3 6/4 3/7 1.5
Pasmore, Victor (1908-1998), pintor inglés   2 4/6 3/7 2/6 3/7 1.5
Pauli, Wolfgang (1900-1958), físico austríaco   2 3/7 6/4 4/6 3/7 1.2
Pavarotti, Luciano (1935-2007), cantante de opera italiano   2 4/4 7/3 4/6 7/3 1.4
Paz, Octavio (1914-1998), poeta y diplomático mexicano   2 4/6 3/7 4/6 3/7 1.5

Peck, Gregory (1916-2003), actor norteamericano   2 4/6 2/6 6/2 7/3 0.8
Peel, Andrée ('Agent Rose') (1905-2010), heroína francesa
  de la resistencia francesa en la 2ª Guerra Mundial   2 6/4 7/3 6/2 3/7 1.4
Pérez Galdós, Benito (1843-1920), escritor español   4 4/3 7/3 4/6 3/7 1.4
Perkins, Charles (1936-2000), defensor de la reforma
  para derechos civiles de los aborígenes australianos   3 3/6 4/2 6/2 5/3 0.9
Perriand, Charlotte (1903-1999), diseñadora francesa   4 4/3 3/7 4/6 3/3 1.4
Peterson, Oscar (1925-2007), músico de jazz canadiense   2 4/4 3/7 6/2 3/7 0.8
Phatak, Doctor S.R. (1896-1981), homeópata indio   4 3/7 4/6 6/2 3/7 1.56
Phoolan Devi (1963-2001), parlamentaria india y
  antigua "Reina de los Bandidos"   2 4/6 6/1 6/6 3/7 1.65
Piero della Francesca (1420-1492), pintor italiano   7 4/7 6/6 6/4 7/3 2.7
Pierre, Abbé (1912-2007), sacerdote francés, defensor
  y fundador del movimiento Emmaus   6 3/4 6/2 4/6 3/7 1.7
Pillinger, Colin (1943-2014), científico planetario inglés   2 1/6 3/7 2/4 3/7 1.3
Pisano, Giovanni (ap.1250-ap.1315), escultor italiano,
  hijo de Nicola Pisano   4 6/6 3/7 6/6 7/7 1.75
Pisano, Nicola (ap.1225-ap.1284), escultor italiano   4 4/6 6/6 6/2 7/7 1.75
Pitfield, Thomas Baron (1903-1999), músico, profesor
  y artesano inglés   2 4/6 3/7 4/6 7/3 1.6
Plath, Sylvia (1932-1963), poeta británica   2 4/6 2/6 4/6 3/7 1.3
Plotinus (ap.204-270), filósofo egipcio   3 4/6 3/7 6/4 3/7 1.6
Poe, Edgar Allan (1809-1849), escritor y poeta
  norteamericano   2 4/6 3/6 4/6 3/7 1.3
Pol Pot (1925-1998), líder camboyano de los jemeres rojos   3 6/1 4/6 6/6 7/3 1.6
Pollock, Jackson (1912-1956), pintor norteamericano   3 4/3 3/6 2/6 3/7 1.5
Poonja, H.W.L. (?-1997), discípulo de Shri Ramana
  Maharshi   2 4/6 3/7 4/6 3/7 2.5
Porter, George, Lord Porter of Luddenham (1920-2002),
  científico/químico inglés y Premio Nobel   2 3/7 4/7 2/6 3/7 2.0
Powell, Enoch (1912-1998), político británico   3 6/3 6/6 6/6 3/5 1.4
Prabhakaran, Velupillai (1954-2009), fundador y
  líder de los Tigres de Tamil de Sri Lanka   6 6/6 3/6 6/6 3/7 1.0
Premananda, Swami (1951-2011), Avatar Espiritual Indio   2 4/6 1/3 6/2 3/7
Preseren, France (1800-1849), poeta esloveno   6 4/6 5/6 6/4 3/7 1.4
Prophet, Elizabeth Clare (1939-2009), líder de la
  Summit Light House, Montana, EEUU   6 6/3 6/7 2/6 3/7 1.4
Qalandar Baba Aulia (fallecido en 1979) alias
  Mahoma Azim Barkhia, santo sufi   4 7/3 5/7 6/6 7/3 3.3
Quanjer, Johan Henri (1935-2001), editor
  sudafricano de la revista New Humanity   2 6/1 3/6 6/6 7/3 1.4
Quevedo, Francisco de (1580-1645), escritor español   6 6/3 4/7 6/2 3/3 1.4
Quinn, Anthony (1915-2001), actor cinematográfico
  de origen mexicano   3 4/6 3/7 4/6 7/1 1.46
Quisling, Vidkun A.L. (1887-1945), político y traidor
  noruego   6 2/7 4/6 6/6 7/7 1.4

Rachaminov, Sergey Vasilievitch (1873-1943),
compositor ruso   4 4/6 2/6 4/6 3/7 1.7
Rainiero III, Príncipe Louis Henri Maxence Bertran
(1923-2005), príncipe de Mónaco   3 3/6 1/7 6/6 3/7 1.4
Raisz, Karel (1936-2003), director de películas checo   4 2/4 4/6 6/2 3/7 1.4
Ram Chandraji de Shahjahanpur, Shri (1899-1983),
instructor espiritual indio   6 4/6 3/7 4/6 3/7 2.6
Randall, Tony (1920-2004), actor norteamericano   2 4/4 6/2 6/4 3/7 1.4
Raphael, Sarah Natasha (1960-2001), pintora británica   2 4/2 4/6 2/6 7/3 1.4
Ray, Satyajit (1921-1992), director de cine indio   4 4/6 3/2 6/2 7/3 1.3
Reagan, Ronald (1911-2004), actor y ex presidente
de EEUU   2 4/4 6/2 6/2 7/3 1.4
Redgrave, Corin (1939-2010), actor y activista inglés   2 4/4 7/3 4/6 7/3 0.9
Reed, John (1909-1999), musicólogo británico   2 4/6 3/7 4/6 3/7 1.4
Reiss, Stephen (1918-1999), administrador e
historiador de arte británico   2 4/6 3/7 2/6 7/3 1.5
Reisz, Karel (1926-2002), cineasta checo   4 2/4 4/6 6/2 3/7 1.4
Rendell, Ruth (1930-2015), escritora de intriga británica 2 1/3 4/6 6/2 3/7 1.35
Resnais, Alain (1922-2014), director cinematográfico
francés   2 4/4 6/3 4/2 7/3 1.3
Riabouchinska, Tatiana (1917-2000), bailarina rusa   6 6/4 6/6 4/6 3/7 1.4
Richards, Vernon (Vero Recchioni) (1915-2001),
anarquista italiano   4 6/6 6/1 6/2 7/3 1.4
Richter, Sviatoslav (1915-1997), pianista ruso   4 6/3 4/7 2/6 7/3 1.6
Rizal, José (1861-1896), escritor y reformista filipino   6 4/6 3/7 6/6 3/3 1.7
Robson, Robert (Bobby) (1933-2009), futbolista y
entrenador inglés   5 7/3 5/7 6/2 7/3 0.85
Roddenberry, Gene (1921-1991), el creador americano
de "Star Trek"   2 4/6 3/7 4/6 3/7 1.35
Roddick, Anita (1942-2007), fundadora británica
del Body Shop   2 6/6 2/4 6/2 7/3 0.9
Rodrigues, Amalia (1920-1999), cantante portuguesa
de fado   4 6/2 4/7 2/4 7/3 1.4
Rogers, Fred (1928-2003), educador, pastor, escritor
y presentador de televisión infantil norteamericano   2 4/6 3/7 2/6 3/7 1.2
Roper, Frank (1914-2000), escultor británico   2 4/2 6/2 6/2 7/7 1.5
Rostropovich, Mstislav (1927-2007), violonchelista ruso   4 4/6 3/7 4/6 3/3 1.6
Roth, Gabrielle (1941-2012), bailarina y música   3 4/2 3/7 4/6 7/3 1.36
Runcie of Cuddesdon, Lord (1921-2000), antiguo
arzobispo de la iglesia inglesa de Canterbury   2 4/6 3/7 4/6 3/7 1.4
Ruyslinck, Ward (pseudónimo de Raymond Charles
Marie de Beiser) (1929-2014), escritor belga   2 3/7 4/6 2/6 3/7 1.4
Ruzicka, Marla (1976-2005), defensora de la paz
norteamericana, fundadora de 'CIVIC'   4 4/6 3/7 6/6 3/7 1.4
Ryder, Baronesa Sue (1923-2000), filántropa inglesa   3 6/2 4/6 6/2 7/3 1.5
Ryohkan (1758-1831), monje, poeta y calígrafo japonés   2 6/6 3/3 6/6 7/3 1.4

Sagan, Carl (1934-1996), científico americano y
astrónomo   4 6/2 4/6 6/6 3/3 2.4
Sai Baba, Sri Sathya (1926-2011), India, Avatar   2 4/7 1/4 4/2 3/7
Said, Edward W. (1935-2003), activista político y
crítico literario palestino   3 6/6 3/6 2/4 7/3 1.5
Saigyo (1118-1190), monje budista y poeta japonés   4 7/4 3/6 2/6 7/3 1.6
Salinger, Jerome David (1919-2010), escritor americano   2 6/4 3/7 6/6 3/7 1.4
San Martín, General José de (1778-1850), libertador
argentino   6 4/6 3/7 4/6 7/3 1.4
Sánchez Gómez, Francisco (Paco de Lucía) (1947-2014),
guitarrista y compositor de flamenco español   3 4/6 2/4 4/6 3/7 0.8
Sandberg, Tom (1953-2014), fotógrafo noruego   2 4/6 3/7 6/4 3/7 1.6
Sankaran, Doctor P. (1922-1979), homeópata indio   3 6/2 7/4 6/2 3/7 1.6
Sant'Anna Galvao, Fray Antonio de (1739-1822),
monje franciscano nacido en Brasil   6 6/6 3/6 6/6 7/3 2.5
Sarraute, Nathalie (1900-1999), escritora francesa   3 6/3 6/2 4/6 3/7 1.55
Satchidananda, Swami (1914-2002), gurú indio y
fundador del Instituto Integral de Yoga   2 4/2 5/7 6/2 3/7 2.5
Satyananda Saraswati, Paramahansa (1923-2009),
discípulo de Swami Sivananda de Rishikesh y fundador
de la Escuela de Yoga de Bihar   2 4/6 3/7 6/2 7/3 3.5
Saunders, Cicely M.S. (1918-2005), fundadora
inglesa del movimiento de hospicios   2 6/2 4/6 4/2 3/7 1.5
Savimbi, Jonas Malheiro (1934-2002) líder
nacionalista despótico angoleño   6 6/6 1/6 6/6 1/3 0.9
Savorgnan de Brazza, Pietro (1852-1905), explorador
italiano/francés y defensor de derechos humanos   3 3/7 4/6 6/2 7/7 1.55
Scarman, Leslie (Barón) (1911-2004), abogado inglés   3 7/3 4/6 6/2 7/3 1.4
Scofield, David Paul (1922-2008), actor inglés   2 4/3 7/4 6/2 3/7 1.5
Schell, Maximilian (1930-2014), actor y director
austríaco-suizo   2 4/2 3/7 2/6 7/7 1.3
Schiele, Egon (1890-1918), pintor austríaco   2 4/3 7/6 6/2 7/7 1.4
Schlesinger, Arthur (1917-2007), historiador americano
y colaborador del ex presidente J.F. Kennedy   3 7/3 6/3 6/6 3/3 1.3
Schneider, Romy (1938-1982), actriz alemana   3 4/2 6/6 6/4 3/3 1.4
Schrödinger, Erwin (1887-1961), físico austríaco   2 4/6 3/7 4/2 7/3 1.3
Schülz, Heinrich (1585-1672), compositor alemán   4 4/7 6/2 6/2 7/3 2.0
Schulz, Charles M., (1922-2000), dibujante de comic
norteamericano (Snoopy)   2 4/6 3/7 4/6 3/7 1.4
Schumacher, Enril (1912-1999), pintor alemán   2 4/6 3/7 4/6 7/3 1.5
Schutz. Roger (1915-2005), sacerdote suizo, conocido
mejor como el Hermano Roger de Taizé   6 4/6 6/6 6/6 3/3 1.5
Searle, Ronald (1920-2011), artista y humorista
gráfico británico   2 4/6 3/7 6/4 7/3 1.2
Seeger, Peter (1919-2014), músico folk norteamericano
y pacifista y ecologista   2 4/4 3/7 4/6 7/7 1.6

Segal, Ronald Michael (1932-2008), activista anti-apartheid, escritor y editor	2 4/6 3/7 6/4 7/3 1.6
Shackleton, Ernest (1874-1922), explorador irlandés	2 6/2 3/1 6/6 7/3 1.6
Shah Rukne Alam (siglo XI), sufí, nieto de Bahauddin Zakavia (santuario en Multan, Pakistán)	2 3/2 4/2 6/4 3/7 2.0
Shams ed-Dín Muhammed (Háfiz) (1320-1389), poeta y maestro sufí persa	6 4/2 6/3 6/2 7/7 1.5
Sharma, Renuka (1958-2002), psicoterapeuta y activista social australiana	2 4/6 3/7 2/6 7/3 1.6-7
Sharon, Ariel (1928-2014), líder militar y ex primer ministro israelí	1 1/6 1/3 4/2 1/7 1.3
Shelley, Percy Bysshe (1792-1822), poeta inglés	2 4/4 3/6 6/2 7/3 1.8
Sheppard, David (1929-2005), obispo británico de Liverpool y capitán de críquet inglés	2 4/6 7/3 2/6 7/3 1.5
Sheridan, Richard Brinsley (1751-1816), dramaturgo irlandés	3 4/6 6/2 4/6 7/3 1.3
Shiba, Ryotaro (1923-1996), novelista japonés	4 4/6 2/6 4/6 3/7 1.6
Shimura, Takashi (1905-1982), actor japonés	4 4/6 6/3 2/4 7/3 1.35
Shiva Balayogi Maharaj, Shri Shri Shri (1935-1994), yogi indio	6 4/6 6/6 6/2 3/3 2.0
Shivapuri Baba (1826-1963), santo hindú, confidente de la Reina Victoria	2 4/6 4/4 6/6 7/3 2.8
Shohmu, Emperador (Santo Emperador) (701-756), emperador japonés budista	6 6/2 6/4 2/2 7/3 2.0
Short, Renee (1916-2003), político británico	2 4/3 3/7 6/2 3/3 1.45
Silva Henriquez, Cardenal Arzobispo Raúl (1907-1999), sacerdote chileno y activista pro derechos humanos	6 4/6 3/7 6/6 7/7 1.5
Simon, Sylvie (1927-2013), escritora y periodista francesa	3 4/6 3/6 2/4 3/7 1.4
Sinatra, Frank (1915-1998), cantante americano	2 4/6 6/4 2/6 3/7 0.75
Singha, Shyam (1920-2000), médico acupuntor y homeópata, profesor y sanador indio	2 3/6 4/7 6/2 7/3 1.65
Sivaya Subramuniya, Swami (1947-2001), líder Saiva Siddhanta norteamericano	6 2/6 3/7 6/2 7/3 1.5
Skinnarland, Einar (1918-2002), luchador de la resistencia noruego durante la II Guerra Mundial	2 4/6 3/7 2/4 7/3 1.2
Skinner, Burrhus Frederic (1904-2001), psicólogo y conductista norteamericano	2 6/6 3/7 2/6 3/7 1.5
Smit, Alexander (1948-1998), instructor espiritual holandés	3 4/6 2/6 6/6 7/7 2.0
Smith, Wilbert B. (1909-1961), científico gubernamental y ufólogo canadiense	2 6/3 6/3 2/4 3/7 1.35
Somerville, Mary Fairfax (1780-1872), escritora científica y erudita escocesa	2 3/7 3/7 6/4 3/7 1.5
Sontag, Susan (1933-2004), escritora norteamericana	2 7/4 3/6 6/2 7/3 1.5
Soper, Donald (1903-1998), pastor metodista, pacifista y socialista británico	6 6/6 3/3 4/6 3/7 1.5

Sosa, Mercedes (1935-2009), cantante y activista
argentina 4 4/6 3/7 4/6 3/7 1.2
Spencer, Herbert (1820-1903), filósofo y sociólogo
británico 2 4/6 3/7 4/6 3/7 1.6
Spencer, Minocher K. (1888-1958), yogui y escritor indio 3 6/2 6/6 2/4 7/3 1.5
Spender, Humphrey (1910-2005), fotógrafo británico 2 4/4 3/3 6/6 7/3 1.4
Spock, Dr. Benjamin (1903-1998), pediatra
norteamericano y escritor sobre salud infantil 2 4/7 3/5 4/6 3/7 1.5
Staël-Holstein, Anne Louise Germaine de (Madame
de Staël) (1766-1817), escritora suiza de habla francesa 6 4/7 3/6 4/6 5/7 1.4
Starker, Janos (1924-2013), chelista húngaro 4 1/7 1/7 4/6 3/7 1.6
Stein, Edith (1891-1942), que murió en Auschwitz
y fue canonizada por el Papa en octubre de 1998 6 6/6 3/7 4/6 1/6 1.5
Stepanek, Mattie (1990-2004), poeta norteamericano 2 6/2 3/3 6/2 3/3 1.4
Stern, Isaac (1920-2001), violinista norteamericano
de origen ruso 2 4/6 3/7 4/6 3/7 1.6
Stevaert, Steve (1954-2015), político belga 2 1/7 3/6 2/6 3/7 1.34
Stockhausen, Karlheinz (1928-2007), compositor alemán 4 4/7 7/3 6/4 7/3 1.6
Stoel, Max van der (1924-2011), embajador holandés
de la ONU, político y ex ministro de asuntos exteriores 2 6/4 3/7 6/2 7/3 1.4
Suárez, Adolfo (Duque de Suárez) (1932-2014), ex
presidente español 2 4/6 3/7 2/4 3/7 1.7
Suharto, Muhammed (1921-2008), líder militar
indonesio y presidente de Indonesia 3 6/6 3/6 4/6 3/7 1.3
Suzmann, Helen (1917-2009), política y activista
anti-apartheid sudafricana 2 6/6 3/3 6/4 7/3 1.6
Sviridov, Georgi (1915-1998), compositor ruso 6 4/6 3/6 6/2 7/3 1.5
Sweelinck, Jan Pieterszoon (1562-1621), compositor
holandés 3 4/2 3/7 4/6 7/3 1.6
Sylvester, David (1924-2001), crítico de arte y
conservador británico 2 6/3 6/3 6/2 3/5 1.3
Szalonek, Witold (1927-2001), compositor polaco 6 6/6 6/6 6/6 7/3 1.5
Takemitu, Tohru (1930-1996), compositor japonés 3 4/6 3/7 4/2 2/7 1.46
Taliaferro, A.A. (1910-1993), rosacruz y
ex sacerdote episcopal norteamericano 2 6/4 3/7 6/4 7/3 1.4
Tarkowski (1932-1986), director de cine ruso 3 6/3 4/7 6/2 3/7 1.5
Tavener, John (1944-2013), compositor británico 6 6/6 6/6 4/4 7/7 1.6
Taylor Hansen, Lucile (1897-1976), arqueóloga y
escritora norteamericana 4 6/2 4/7 2/6 3/7 1.65
Taylor, Elizabeth (1932-2011), actriz de cine inglesa 2 4/6 3/6 6/2 3/7 1.2
Tebaldi, Renata (1922-2004), diva de ópera italiana 4 4/4 6/6 2/4 7/3 1.4
Teng Cheong, Ong (1936-2002), ex presidente de
Singapur 3 6/3 4/6 2/6 7/3 1.55
Terzani, Tiziano (1938-2004), periodista italiano 6 4/6 3/7 6/4 3/7 1.25
Thakar, Vimala (1923-2009), instructor espiritual indio 4 6/3 4/6 2/6 3/7 1.45
Thaw, John (1942-2002), actor británico 2 4/4 2/4 6/2 7/3 0.85
Thomas, Ismay (murió en 1995), pedagogo inglés 2 4/6 3/7 2/6 3/7 1.6

Thompson Denning, Lord Alfred (1899-1999), juez inglés 3 4/6 3/7 4/6 7/3 1.45
Thubten Gyatso (1876-1933), Dalai Lama 13º, Tibet 6 3/6 2/4 2/6 7/3 2.3
Thurber, James (1894-1961), escritor y humorista
   gráfico norteamericano 2 4/6 3/7 6/2 3/7 1.2
Tiberio (42 a.C.-37 d.C.), emperador romano 3 6/6 3/3 6/6 3/7 1.3
Tippet, Sir Michael (1905-1998), compositor inglés 2 4/6 3/7 4/6 3/7 1.6
Tobey, Mark (1890-1976), pintor norteamericano 2 4/7 3/7 4/6 3/7 1.6
Tobin, James (1918-2002), economista norteamericano
   y premio Nobel 2 6/3 3/3 6/2 3/7 1.37
Tomlinson, Jane (1964-2007), atleta y activista
   inglesa en la lucha contra el cáncer 2 4/3 6/6 6/2 3/7 1.2
Toure, Ali Farka (1939-2006), músico y alcalde maliense 2 4/4 6/4 6/4 7/3 1.2
Toynbee, Philip (1916-1981), escritor británico 2 6/6 6/6 6/4 3/7 1.35
Trudeau, Pierre (1919-2000), ex primer ministro
   canadiense 6 4/6 3/7 4/6 7/3 1.5
Truong Thanh, Au (1925-2009), artista, refugiado y
   político vietnamita 4 6/6 2/6 6/2 3/7 0.85
Tudjman, Franjo (1922-1999), presidente de Croacia 3 7/3 7/6 6/6 7/7 1.5
Tukey, John (1915-2000), matemático norteamericano 7 5/2 6/4 4/6 7/3 1.4
Tulsidas (1532-1623), poeta indio, el "Shakespeare
   de la India" 1 4/7 7/3 6/2 7/3 2.5
Tutin, Dorothy (1930-2001), actriz británica 2 4/2 4/6 2/6 3/7 1.4
Tweedie, Irena (1907-1999), instructora sufí y
   escritora rusa 2 1/6 4/7 2/6 3/7 1.55
Uglow, Euan (1932-2000), artista británico 6 4/6 3/7 6/6 7/3 1.4
Unamuno, Miguel (1864-1936), escritor español 4 4/6 3/7 4/6 3/7 1.5
Unseld, Siegfried (1924-2002), editor alemán 3 5/2 3/6 4/2 7/3 1.4
Updike, John (1982-2009), escritor norteamericano 2 4/6 6/2 6/4 3/7 1.35
Ustinov, Peter Alexander (1921-2004), actor,
   dramaturgo y director de cine británico 2 4/4 2/6 2/6 3/3 1.45
Utmán (?-656) yerno de Mahoma, 3er califa 4 4/6 3/7 4/6 7/3 2.7
Vaillancourt Aris, Michael (1946-1999), académico de
   estudios tibetanos y marido de Aung San Suu Kyi 2 6/6 6/6 6/4 7/3 1.7
Valois, Dame Ninette de (1898-2001), bailarina
   irlandesa y fundadora del Royal Ballet del Reino Unido 2 1/4 3/6 6/2 3/7 1.4
Vance, Cyrus (1917-2002), ex-secretario de estado
   norteamericano 2 3/3 5/7 2/4 7/3 1.5
Vellacott, Elizabeth Jessie (1905-2002), pintora británica 2 4/6 6/2 4/6 3/7 1.3
Verdugo, Patricia (1947-2008), activista, escritora y
   periodista chilena 2 3/7 4/6 6/2 3/7 1.54
Vere, Edmund de (1550-1604), poeta y dramaturgo
   inglés, XVII Conde de Oxford 2 4/6 3/7 4/6 7/3 1.4
Verne, Julio (1828-1905), novelista francés 3 4/6 3/7 4/6 7/3 1.4
Vidal, Gore (1925-2012), escritor, dramaturgo, ensayista,
   guionista y activista político norteamericano 4 3/7 7/3 6/2 7/7 1.5
Vigeland, Gustav (1869-1943), escultor noruego 4 4/2 6/6 6/2 3/7 1.4
Vonnegut, Kurt (1922-2007), novelista norteamericano 2 4/6 3/7 6/4 7/7 1.4

Vyasa (ap. 300 aC), instructor espiritual indio y
recopilador de los Vedas   2 4/6 3/7 4/6 3/7 4.0
Waltari, Mika (1908-1979), escritor finlandés   5 4/6 5/7 6/2 7/3 1.3
Wallace, Alfred Russel (1823-1913), naturalista británico 3 5/6 7/3 4/6 7/3 1.5
Wallace, Henry A. (1888-1965), vicepresidente de EEUU 2 3/3 2/6 4/4 7/7 1.6
Wallace, Sir William (1274-1305), patriota escosés 4 6/6 3/4 6/2 7/1 1.3
Wallenberg, Raoul (1912-?), diplomático sueco   4 6/3 4/7 6/2 7/3 1.6
Warhol, Andy (1928-1987), pintor norteamericano 2 4/4 2/2 6/6 3/7 1.5
Washington Carver, George (1860-1943), ex-esclavo.
Científico, investigador agrícola y conferenciante 2 3/5 3/5 4/6 3/7 1.4
Washington, Booker T. (1856-1915), ex- esclavo.
Principal exponente de la educación industrial   2 5/2 3/5 4/2 7/7 1.4
Waugh, Auberon Alexander (1939-2001), escritor inglés 2 4/6 3/6 6/6 7/3 1.5
Weber, Max (1864-1920), sociólogo alemán   4 6/3 5/7 6/2 3/7 1.5
Weil, Simone (1909-1943), filósofa, mística y activista
francesa   2 6/2 2/4 2/6 3/3 2.0
Weiss, Silvius Leopold (1687-1750), compositor alemán 4 7/4 3/6 6/6 3/7 1.5
Weizsacker, Carl Friedrich von (1912-2007), filósofo y
físico alemán   7 3/6 5/3 6/6 7/3 1.6
Weizsäcker, Richard von (1920-2015), político alemán,
presidente de Alemania   1 5/7 3/6 2/4 3/7 1.7
Welty, Eudora (1909-2001), escritor norteamericana 2 4/6 3/7 6/2 7/3 1.5
Wells, John (1907-2000), pintor inglés   2 4/6 3/7 4/6 7/3 1.45
Weor, Samuel Aun (1917-1977), líder mexicano del
grupo agnóstico   4 6/2 3/6 6/6 3/7 1.45
Wergeland, Henrik A. (1808-1845), poeta noruego 4 4/6 6/6 2/6 3/7 1.3
White, Barry (1944-2003), cantante soul norteamericano 2 4/4 3/7 6/6 7/3 1.2
Whitman Ray, John (1934-2001), fundador
norteamericano de Body Electronics   2 6/4 3/7 6/2 7/3 1.2
Whittle, Sir Frank (1906-1996), inventor británico
del motor a reacción   2 5/4 5/1 4/6 7/3 1.5
Wight, James Aldred (James Herriot) (1916-1995),
veterinario y escritor inglés   2 4/6 3/7 4/6 3/7 1.3
Wilde, Oscar (1854-1900), dramaturgo, novelista y
poeta irlandés   2 4/4 6/6 2/6 7/3 1.6
Wilson, Thomas Woodrow (1856-1924), presidente
norteamericano y Premio Nobel de la Paz   2 4/6 3/7 6/6 7/3 1.4
William, William Carlos (1883-1963), poeta y
médico americano   2 4/6 3/7 6/6 7/3 1.4
Williams, Robin (1951-2014), comediante y actor
norteamericano   2 6/4 6/2 6/2 3/7 1.2
Willis Richards, Dorothy Ann (1933-2006), política
norteamericana   2 4/6 7/3 6/6 3/7 1.5
Winehouse, Amy (1983-2011), cantante y compositora
británica   2 4/6 3/7 4/4 3/7 0.9
Wolf, Michael (Michael Wulf Kruvant) (1941-2000),
neurólogo, físico teórico, médico norteamericano 6 46 3/7 6/2 7/3 1.8

Wolkers, Jan Hendrik (1925-2007), escritor, escultor y
pintor holandés   3 3/4 7/3 6/2 7/7 1.5
Wolsey, Thomas (1475-1530), cardenal y Lord Chancellor
de Enrique VIII   2 6/6 3/7 6/2 7/3 1.5
Wragg, Teg (1938-2005), pedagogo británico   2 4/6 7/3 6/2 3/7 1.5
Xiaoping, Deng (1904-1997), máximo líder de la
República China   1 6/6 4/6 2/6 7/3 2.0
y activista anti-apartheid   4 2/4 6/2 6/6 3/7 1.5
Yanase, Takashi (1919-2013), popular caricaturista
infantil y poeta japonés   3 4/2 3/7 4/6 3/7 1.2
Yassin, Jeque Ahmed (ap.1936-2004); fundador
palestino de Hamas   3 6/6 6/1 6/6 7/7 1.4
Yeltsin, Boris Nikolayevich (1931-2007), primer
presidente de la Federación rusa   6 6/4 3/6 4/6 3/7 1.5
Yogaswami, Siva (1872-1964), instructor espiritual
(Saiva Siddhanta) de Sri Lanka   6 2/2 5/3 6/2 7/3 1.5
Yoshida, Kenkoh (1283-1352), escritor japonés   3 6/4 3/7 6/2 7/3 1.6
Young, Michael, Barón Young de Dartington
(1915-2002), sociólogo británico   2 6/2 3/7 6/6 3/7 1.5
Zador. Eugene (Jeno) (1894-1977), compositor húngaro   4 4/7 6/2 2/4 3/7 1.4
Zappa, Frank (1940-1993), músico rock norteamericano   2 4/4 6/6 2/6 7/3 1.4
Zeeuw, Gijsbert van der (1912-1981), impresor,
parapsicólogo y esoterista holandés   2 3/6 4/7 2/4 3/7 1.3
Zevi, Bruno (1918-2000), historiador de la arquitectura
italiana y académico   5 4/6 7/3 2/6 7/3 1.6
Zinn, Howard (1922-2010), escritor, pacifista y
historiador norteamericano   2 6/6 3/4 6/4 7/3 1.3
Ziyang, Zhao (1919-2005), reformista político chino   6 3/5 6/3 4/6 3/3 1.6

La Gran Invocación

Desde el punto de Luz en la Mente de Dios
Que afluya luz a las mentes de los hombres.
Que la Luz descienda a la Tierra.

Desde el punto de Amor en el Corazón de Dios
Que afluya amor a los corazones de los hombres.
Que Cristo retorne a la Tierra.

Desde el centro donde Voluntad de Dios es conocida
Que el propósito guíe a las pequeñas voluntades de los hombres—
El Propósito que los Maestros conocen y sirven.

Desde el centro que llamamos la raza de los hombres
Que se realice el Plan de Amor y de Luz
Y selle la puerta donde se halla el mal.

Que la Luz, el Amor y el Poder restablezcan el Plan en la Tierra.

La Gran Invocación, utilizada por el Cristo por primera vez en Junio de 1945, fue dada por Él a la humanidad para facultar al hombre a invocar las energías que podrían cambiar nuestro mundo y hacer posible el retorno del Cristo y la Jerarquía. Esta Oración Mundial, traducida a muchos idiomas, no está patrocinada por ningún grupo o secta. Es utilizada a diario por hombres y mujeres de buena voluntad que desean lograr correctas relaciones en toda la humanidad.

La Oración para la Nueva Era

Yo soy el Creador del Universo.

Yo soy el Padre y la Madre del Universo.

Todo viene de Mí.

Todo regresará a Mí.

Mente, Espíritu y Cuerpo son Mis Templos,

Para que el Ser realice en ellos

Mi Supremo Ser y Devenir.

La Oración para la Nueva Era, dada por Maitreya, el Instructor del Mundo, es un gran mantram o afirmación con un efecto invocativo. Será una herramienta poderosa en nuestro reconocimiento de que el hombre y Dios son Uno, de que no hay separación. El 'Yo' es el Principio Divino detrás de toda creación. El Ser emana del Principio Divino y es idéntico a él.

La forma más efectiva de utilizar este mantram es decir o pensar el texto con la voluntad enfocada, mientras se mantiene la atención en el centro ajna en el entrecejo. Cuando la mente comprende el significado de los conceptos, y se ejerce la voluntad simultáneamente, estos conceptos serán activados y el mantram funcionará. Si se dice sinceramente cada día, crecerá en ti una comprensión de tu verdadero Ser.

(Publicada por primera vez en *Share International*, Septiembre 1988.)

Referencias citadas por el autor

Alice A. Bailey, *El Destino de las Naciones* (Londres: Lucis Press, 1.949)

———, *El Discipulado en la Nueva Era*, Tomo I y II (Londres: Lucis Press, 1.944)

———, *La Educación en la Nueva Era* (Londres: Lucis Press, 1.954)

———, *Curación Esotérica* (Londres: Lucis Press, 1.953)

———, *Psicología Esotérica* (Londres: Lucis Press, 1.936)

———, *La Exteriorización de la Jerarquía* (Londres: Lucis Press, 1.955)

———, *Iniciación Humana y Solar* (Londres: Lucis Press, 1.922)

———, *Cartas sobre Meditación Ocultista* (Londres: Lucis Press, 1.922)

———, *La Reaparición del Cristo* (Londres: Lucis Press, 1.948)

H.P.Blavatsky, *La Doctrina Secreta* (Londres: Theosophical Publishing House, 1.888)

Comisión Brandt, *Norte-Sur, Un programa para la Supervivencia* (Cambridge,MA: MIT Press, 1.980)

Helena Roerich, *Las Hojas del Jardín de Morya, Tomo I: La Llamada* (New York: Agni Yoga Society, 1.924)

———, *Las Hojas del Jardín de Morya, Tomo II: Iluminación* (New York: Agni Yoga Society, 1.925)

Otras publicaciones sobre el tema

(Ordenados según fecha de publicación en inglés)

La Reaparición del Cristo y Los Maestros de Sabiduría

El primer libro de Benjamin Creme proporciona la información básica y pertinente en relación al regreso de Maitreya, el Cristo. Colocando el acontecimiento más profundo de los últimos 2.000 años en su correcto contexto histórico y esotérico, Creme describe los efectos que tendrá la presencia del Instructor del Mundo tanto en las instituciones del mundo como en la persona normal y corriente. Los temas abarcan desde el alma y la reencarnación, a la energía nuclear, los ovnis, y un nuevo orden económico.

1ª Edición 1989. 2ª Edición 1994. 3ª Edición 2020 ISBN Nº 84-89147-56-0 (Share Ediciones). (Traducción de la 2ª Edición Inglesa)

Mensajes de Maitreya el Cristo

Durante los años de preparación para Su emerger, Maitreya dio 140 mensajes a través de Benjamin Creme durante conferencias públicas, utilizando el adumbramiento mental y la conexión telepática que surge de ello. Los Mensajes de Maitreya inspiran al lector para divulgar la noticia de Su reaparición y para trabajar de forma urgente en el rescate de las millones de personas que sufren de pobreza y hambruna en un mundo de abundancia. Cuando se leen en voz alta, los mensajes invocan la energía y bendición de Maitreya.

2ª Edición 2020. ISBN Nº 84-89147-57-7 (Share Ediciones). (Traducción de la 2ª Edición Inglesa)

Transmisión: Una Meditación para la Nueva Era

La Meditación de Transmisión es una forma de meditación grupal con el propósito de 'reducir' (transformar) energías espirituales que así se hacen asequibles y útiles para el público en general. Es la creación, en cooperación con la Jerarquía de Maestros, de un vórtice o estanque de energía superior para el beneficio de la humanidad.

Describe un proceso dinámico, presentado al mundo por el Maestro de Benjamin Creme en 1974. Grupos dedicados al servicio al mundo transmiten energías espirituales dirigidas a través de ellos por los Maestros de nuestra Jerarquía Espiritual. Aunque el principal motivo de este trabajo es el servicio, también es un poderoso medio de crecimiento personal. Se dan directrices para la formación de grupos de transmisión, junto con respuestas a muchas preguntas relacionadas con el trabajo.

2ª Edición 2020. ISBN Nº 84-89147-59-1 (Share Ediciones). (Traducción de la 6ª Edición Inglesa)

Un Maestro Habla, Tomo I

La Humanidad está guiada, desde detrás del escenario, por un grupo de hombres altamente evolucionados e iluminados que nos han precedido en el sendero de la evolución. Estos Maestros de la Sabiduría, como son llamados, raramente aparecen abiertamente, sino que en general trabajan a través de Sus discípulos – hombres y mujeres que influencian a la sociedad a través de su trabajo en ciencia, educación, arte, religión y política.

El artista británico Benjamin Creme es un discípulo de un Maestro con El cuál está en estrecho contacto telepático. Desde el inicio de la publicación de Share International, la revista de la cual Benjamin Creme es uno de los dos editores jefes, su Maestro ha contribuido con una serie de artículos inspiradores sobre una amplia variedad de temas: Razón e Intuición, La Nueva Civilización, Salud y Curación, El Arte de Vivir, La Necesidad de Síntesis, La Justicia es Divina, El Hijo del Hombre, Los Derechos Humanos, La Ley del Renacimiento – y muchos más.

El principal propósito de estos artículos es llamar la atención sobre las necesidades actuales y las de un futuro inmediato. Otra función es dar información sobre las enseñanzas de Maitreya, el Maestro de todos los Maestros, que está en Londres desde 1977 preparándose para Su misión como Instructor del Mundo para toda la humanidad. Esta nueva y ampliada edición contiene todos los 222 artículos de los primeros 22 volúmenes de Share International.

2ª Edición 2020. ISBN Nº 84-89147-58-4 (Share Ediciones). (Traducción de la 3ª Edición Inglesa)

Un Maestro Habla, Tomo II

La Humanidad está guiada, desde detrás de la escena, por un grupo de hombres altamente evolucionados e iluminados que nos han precedido en el sendero de la evolución. Estos Maestros de la Sabiduría, como son llamados, raramente aparecen abiertamente, sino que en general trabajan a través de Sus discípulos – hombres y mujeres que influencian a la sociedad a través de su trabajo en ciencia, educación, arte, política y cada esfera de la vida.

El artista británico Benjamin Creme era un discípulo de un Maestro con el cuál estaba en estrecho contacto telepático. Desde el lanzamiento en 1982 de la publicación de Share International, la revista de la cual Benjamin Creme era el editor fundador, su Maestro ha contribuido con una serie de artículos inspiradores sobre una amplia variedad de temas: La fraternidad del hombre, El fin de la guerra, Unidad en la diversidad, Salvar el planeta, Las ciudades del mañana, y muchos más.

El propósito de estos artículos es, en las propias palabras del Maestro, "presentar a los lectores de esta revista un retrato de la vida que está por delante, inspirar un enfoque positivo y feliz a ese futuro y equiparles con las herramientas de conocimiento con las que tratar correctamente los problemas que a diario surgen en el camino. Desde Mi situación de privilegio en experiencia y visión, he buscado actuar como 'vigilante' y guarda, para advertir del peligro cercano y permitirte a ti, el lector, actuar con valor y convicción en el servicio al Plan."

Un Maestro Habla, Tomo II, contiene todos los artículos publicados en la revista Share International de Enero de 2004 hasta Diciembre de 2016.

1ª Edición 1995. ISBN Nº 84-89147-53-9 (Share Ediciones). (Traducción de la 1ª Edición Inglesa)

La Misión de Maitreya, Tomo I

El primer libro de una trilogía que describe con amplitud adicional el emerger de Maitreya. Este tomo puede considerarse como una guía para la humanidad mientras realiza su viaje evolutivo. Se cubre una amplia gama de temas, como: las nuevas enseñanzas del Cristo, meditación, karma, vida después de la muerte, curación, transformación social, iniciación, papel del servicio, y los Siete Rayos.

2ª Edición 2020. ISBN Nº 84-89147-60-7 (Share Ediciones). (Traducción de la 3ª Edición Inglesa)

La Misión de Maitreya, Tomo II

Este volumen contiene una variada colección de las enseñanzas de Maitreya a través de Su colaborador, Sus muy precisas predicciones de acontecimientos mundiales, descripciones de Sus apariciones personales milagrosas, e información de fenómenos y señales relacionados. También contiene entrevistas únicas con el Maestro de Benjamin Creme sobre temas actuales. Tópicos relacionados con el futuro incluyen nuevas formas de gobierno, colegios sin muros, energía y pensamiento, la Tecnología de la Luz venidera, y el arte de la realización del Ser.

2ª Edición 2020. ISBN Nº 84-89147-61-4 (Share Ediciones). (Traducción de la 1ª Edición Inglesa)

Las Enseñanzas de la Sabiduría Eterna

Una perspectiva general del legado espiritual de la humanidad, este libro es una introducción concisa y fácil de entender de las Enseñanzas de la Sabiduría Eterna. Explica los principios básicos del esoterismo, incluyendo: la fuente de la Enseñanza, el origen del hombre, el Plan de evolución, renacimiento y reencarnación, y la Ley de Causa y Efecto (karma). También incluye un glosario esotérico y una lista de lectura recomendada.

2ª Edición 2020. ISBN Nº 978-84-89147-69-0 (Share Ediciones). (Traducción de la 1ª Edición Inglesa)

La Misión de Maitreya, Tomo III

Benjamin Creme presenta una visión convincente del futuro, con Maitreya y los Maestros ofreciendo abiertamente Su orientación e inspiración. Los tiempos venideros verán la paz establecida; el compartir de los recursos mundiales como norma; la conservación de nuestro medio ambiente como la máxima prioridad. Las ciudades del mundo se convertirán en centros de gran belleza. Creme también analiza a 10 famosos artistas – incluyendo a da Vinci, Miguel Angel y Rembrandt – desde una perspectiva espiritual.

2ª Edición 2020. ISBN Nº 84-89147-62-1 (Share Ediciones), 682 páginas. (Traducción de la 1ª Edición Inglesa)

El Gran Acercamiento: Nueva Luz y Vida para la Humanidad

Aborda los problemas de nuestro mundo caótico y su cambio gradual bajo la influencia de Maitreya y los Maestros de Sabiduría. Cubre temas como compartir, EEUU en un dilema, conflictos étnicos, crimen, medio ambiente y contaminación, ingeniería genética, ciencia y religión; educación, salud y curación. Predice extraordinarios descubrimientos científicos venideros y muestra un mundo libre de guerra donde las necesidades de todas las personas son satisfechas.

Primera Parte: "La Vida Futura para la Humanidad"; Segunda Parte: "El Gran Acercamiento"; Tercera Parte: "La Llegada de una Nueva Luz".

2ª Edición 2020. ISBN 84-89147-63-8 (Share Ediciones). (Traducción de la 1ª Edición Inglesa)

El Arte de la Cooperación

Trata de los problemas más acuciantes de nuestros tiempos, y sus soluciones, basándose en las Enseñanzas de la Sabiduría Eterna. Encerrados en la vieja competencia, intentamos solucionar los problemas utilizando métodos anticuados, mientras que la respuesta –la cooperación– yace en nuestras manos. El libro muestra el sendero hacia un mundo de justicia, libertad y paz a través de un creciente aprecio por la unidad que subyace toda vida.

Primera Parte: "El Arte de la Cooperación"; Segunda Parte: "El Problema del Espejismo"; Tercera Parte: "Unidad".

2ª Edición 2020. ISBN 84-89147-64-5 (Share Ediciones). (Traducción de la 1ª Edición Inglesa)

Las Enseñanzas de Maitreya: Las Leyes de la Vida

Presenta las Leyes de la Vida, la visión directa, simple, no doctrinaria y profunda de Maitreya. Revelando la Ley del Karma, o Causa y Efecto, estas extraordinarias predicciones de sucesos mundiales fueron dadas por Maitreya entre 1988 y 1993, publicándose por primera vez en la revista *Share International*. Editadas por Benjamin Creme.

Pocas personas podrían leer estas páginas sin experimentar un cambio. Para algunos, los extraordinarios comentarios sobre temas de actualidad les serán de gran interés, mientras que para otros conocer los secretos de la realización del ser, la sencilla descripción de la verdad experimentada, será toda una revelación. Para las personas que busquen comprender las Leyes de la Vida, estas sutiles y profundas revelaciones les conducirán rápidamente hasta el centro de la vida misma, y les ofrecerán un simple sendero que conduce hasta la cumbre de la montaña. La unidad esencial de toda vida se desvela de un modo claro y significativo. Jamás las leyes según las que vivimos se han descrito de una forma tan natural y liberadora.

2ª Edición 2020. ISBN 84-89147-65-2 (Share Ediciones). (Traducción de la 1ª Edición Inglesa)

El Arte de Vivir: Vivir dentro de las Leyes de la Vida

En la Primera Parte, Benjamin Creme describe la experiencia de vivir como una forma de arte, como la pintura o la música. Alcanzar un nivel elevado de expresión requiere tanto el conocimiento como el cumplimiento de ciertos principios fundamentales como la Ley de Causa y Efecto y la Ley del Renacimiento, todo descrito con detalle. La Segunda y Tercera Parte explican cómo podemos emerger de la niebla de la ilusión para convertirnos en un todo y una conciencia despierta de uno mismo.

Primera Parte: "El Arte de Vivir"; Segunda Parte: "Los Pares de Opuestos"; Tercera Parte: "Ilusión".

2ª Edición 2020. ISBN 978-84-89147-66-9 (Share Ediciones), 272 páginas. (Traducción de la 1ª Edición Inglesa)

Maitreya, el Instructor del Mundo para Toda la Humanidad

Presenta una perspectiva general del retorno al mundo cotidiano de Maitreya y Su grupo, los Maestro de Sabiduría; los enormes cambios que la presencia de Maitreya ha suscitado; y Sus recomendaciones para el futuro inmediato. Describe a Maitreya como un gran Avatar espiritual con un amor, sabiduría y poder inconmensurables; y también como un amigo y hermano de la humanidad que está aquí para liderarnos hacia la Nueva Era de Acuario.

2ª Edición 2020, ISBN 978-84-89147-67-6 (Share Ediciones). (Traducción de la 1ª Edición Inglesa)

El Despertar de la Humanidad

Un libro asociado a El Instructor del Mundo para Toda la Humanidad, que resalta la naturaleza de Maitreya como la Personificación del Amor y la Sabiduría. Mientras que El Despertar de la Humanidad se centra en el día en que cual Maitreya se declarará a Sí mismo abiertamente como el Instructor del Mundo para la era de Acuario. Describe el proceso del emerger de Maitreya, los pasos que conducirán al Día de la Declaración, y la respuesta anticipada de la humanidad a este momento trascendental.

2ª Edición 2020, ISBN 978-84-89147-68-3 (Share Ediciones). (Traducción de la 1ª Edición Inglesa)

La Agrupación de las Fuerzas de la Luz: Ovnis y Su Misión Espiritual

La Agrupación de las Fuerzas de la Luz es un libro sobre ovnis, pero con una diferencia. Está escrito por alguien que ha trabajado con ellos y tiene conocimiento desde dentro. Benjamin Creme ve la presencia de ovnis como planeada y de inmenso valor para las personas de la Tierra.

Según Benjamin Creme, los ovnis y las personas dentro de ellos están consagrados a una misión espiritual para aliviar la suerte de la humanidad y salvar a este planeta de una destrucción adicional y veloz. Nuestra propia Jerarquía planetaria, liderada por Maitreya, el Instructor del Mundo, que ahora vive entre nosotros, trabaja incansablemente con sus Hermanos del Espacio en un proyecto fraternal para restablecer la cordura en esta Tierra.

Los temas tratados en este libro incluyen: el trabajo de los Hermanos del Espacio en la Tierra; George Adamski; círculos de las cosechas; la nueva Tecnología de la Luz; el trabajo de Benjamin Creme con los Hermanos del Espacio; los peligros de la radiación nuclear; salvar el planeta; la 'estrella' que anuncia el emerger de Maitreya; la primera entrevista de Maitreya; educación en la Nueva Era; intuición y creatividad; familia y karma.

Primera Parte: "Ovnis y Su Misión Espiritual"; Segunda Parte: "Educación en la Nueva Era"

2ª Edición 2020. ISBN 978-84-89147-70-6 (Share Ediciones). (Traducción de la 1ª Edición Inglesa)

Unidad en la Diversidad: el Camino Adelante para la Humanidad

Necesitamos una visión nueva y esperanzadora para el futuro. Este libro presenta tal visión: un futuro que abarca un mundo en paz, armonía y unidad, mientras que la cualidad y el enfoque de cada individuo son bienvenidos y necesarios. Es visionario, pero expresado con una lógica convincente e irresistible.

Unidad en la Diversidad: El Camino Adelante para la Humanidad incumbe al futuro de cada hombre, mujer y niño. Trata del futuro de la misma Tierra. La humanidad, indica Creme, está en una encrucijada y tiene que tomar una gran decisión: seguir hacia adelante y crear una nueva y brillante civilización en la cual todos son libres y la justicia social reina, o continuar como estamos, divididos y compitiendo, y presenciar el fin de la vida en el planeta Tierra.

Creme escribe para la Jerarquía Espiritual en la Tierra, cuyo Plan para la mejora de toda la humanidad presenta. Él muestra que el sendero hacia adelante para todos nosotros es la realización de nuestra unidad esencial sin el sacrificio de nuestra igualmente diversidad esencial.

2ª Edición 2020. ISBN 978-84-89147-71-3 (Share Ediciones). (Traducción de la 1ª Edición Inglesa)

Los libros de Benjamin Creme han sido traducidos del inglés y publicados en alemán, castellano, francés, holandés y japonés por grupos que han respondido a este mensaje. Algunos de estos libros también han sido traducidos al chino, croata, esloveno, finlandés, griego, hebreo, italiano, portugués, rumano, ruso y sueco. Están proyectadas más traducciones. Estos libros están disponibles en librerías locales como también online.

Revista Share International

Una revista única que publica cada mes: información actualizada sobre la reaparición de Maitreya, el Instructor del Mundo; un artículo de un Maestro de Sabiduría; ampliación de la enseñanza esotérica; respuestas de Benjamin Creme a una variedad de preguntas de actualidad y esotéricas; artículos y entrevistas con personas a la vanguardia del cambio progresista del mundo; noticias de agencias de la ONU e informes de progresos positivos en la transformación de nuestro mundo.

Share International reúne las dos líneas más importantes del pensamiento de la Nueva Era: el político y el espiritual. Muestra la síntesis que sirve de base a los cambios políticos, sociales, económicos y espirituales que están ocurriendo actualmente a escala global, y busca estimular acciones prácticas para reconstruir nuestro mundo con unas bases más justas y compasivas.

Share International cubre noticias, sucesos y comentarios relacionados con las prioridades de Maitreya: un suministro adecuado de alimentos apropiados, vivienda y cobijo adecuados para todos, sanidad como un derecho universal, el mantenimiento de un equilibrio ecológico en el mundo.

Share International se publica en inglés. Existen también versiones en alemán, esloveno, francés, holandés y japonés.

Para más información:

www.share-es.org

Sobre el Autor

Benjamin Creme, pintor y esoterista de origen escocés, ha estado durante casi 40 años preparando al mundo para el acontecimiento más extraordinario de la historia humana – el regreso de nuestros mentores espirituales al mundo cotidiano.

Ha sido entrevistado por cadenas de televisión, radio y películas documentales de todo el mundo, y ofrece conferencias regularmente por toda Europa Oriental y Occidental, los EEUU, Japón, Australia, Nueva Zelanda, Canadá y México.

Entrenado y supervisado durante muchos años por su propio Maestro, comenzó su trabajo público en 1974. Él anunció en 1982 que el Señor Maitreya, el por tanto tiempo esperado Instructor del Mundo, estaba residiendo en Londres, preparado para presentarse abiertamente si era invitado por los medios de comunicación. Este suceso es ahora inminente.

Benjamin Creme continuó llevando a cabo su tarea como mensajero de esta noticia esperanzadora hasta su fallecimiento en octubre de 2016. Sus varios libros, diecisiete, han sido traducidos a numerosos idiomas. Él era también editor jefe de la revista *Share International*, que circula en más de 70 países. Él no aceptaba dinero por ninguno de estos trabajos.

Benjamin Creme vivía en Londres, estaba casado, y tenía tres hijos.

Índice Alfabético

Aborto, 254
Aborto espontáneo, 255
Acuario (signo astrológico), sirve al mundo, 310
Adumbramiento, 303
de Benjamin Creme, 37, 302-05
de la humanidad el Día de la Declaración, 29
Agni Yoga, 261
Alma/s
almas viejas, 143
acción altruista, 273
conducida al ashram del Maestro, 94
contacto y dieta, 145
en encarnación, 225-26, 241-42
espiritualizan materia, 143, 241
planes y propósitos, 138
escoge encarnación como hombre o mujer, 233
estímulo kármico para progresar, 234
foco, 213-14
no cambia en una vida, 214
vs. polarización, 212
intercambian grupos entre planetas, 150
mantener la identidad a través de las encarnaciones, 224
naturaleza de, amor y servicio, 138
niños no nacidos, 254
no interesada en el placer, sufrimiento, 240
no vuelve atrás cuando está fuera de encarnación, 224
padres, elección de, 232-33
proporcionar impedimentos para un propósito, 251-52
próxima vida, opciones, 233
respuesta cooperativa a la Voluntad de Dios, 314-15
que partieron, influencia por aquellos que viven, 228

relación con los rayos, 230
signo astrológico ascendente, 233
transmitir energía del, 290
Anrias, David
dibujo de Maitreya, 38
a Través de los Ojos de los Maestros, 38
Apolonio de Tiana, 88
Artes. *Ver también* **Música**.
artistas y compositores del presente, 126
compositoras, 127
florecimiento de, al principio del próximo siglo, 125-26
Atlántida, 161-62
Atomos permanentes, 223
A Través de los Ojos de los Maestros **(Anrias)**, 38
Aulas de Aprendizaje, se exteriorizarán en el plano físico, 135
Avatar de Síntesis, 55, 56, 58, 59, 281
trabaja a través de la Asamblea General de las Naciones Unidas, 160
Avatares, 61
envejecen, 89
encarnación como grupo, 90
entidades dormidas, despertar de, 144
manipulan la Ley de Causa y Efecto, 249-50
se necesitan hasta que todo esté perfecto, 142
Baha'U'llah, 217
Bailey, Alice A., 19, 53, 57
Cartas sobre Meditación Ocultista, 165, 274
Curación Esotérica, 128, 130
El Destino de las Naciones, 188
Iniciación Humana y Solar, 40, 155, 158, 164, 166, 173
La Educación en la Nueva Era, 101
La Reaparición del Cristo, 19, 40, 53

Los Rayos y las Iniciaciones, 158, 166
trabajo con D.K., 262
Bazo, extracción del, efecto en el desarrollo espiritual, 129
BBC, reacción a contactar con Maitreya, 24
Biblia, sustitución de, en la Nueva Era, 81-82
Blavatsky, H.P.B., 19, 57, 89
Isis sin Velo, 262
la Doctrina Secreta, 147, 173, 262
Buda
Gautama, predijo a Maitreya, 13
portador de sabiduría, 281
vehículo para, (Príncipe Gautama), 264-65
Budismo, esotérico, enseñanzas menos distorsionadas, 83
Caída del Hombre, 140
Cambio
miedo y resistencia, 115
político, económico y social, 51, 104-07
Canalización, 306
Cartas de Meditación Ocultista (Bailey), 165, 274
Comercialización, la mayor amenaza al planeta, 15
Cometas, 150
Comida
contacto con el alma y dieta, 145
irradiación, 122
vegetarianismo, 162-63
Comisión Brandt, 103
Compartir
clave para la supervivencia de la humanidad, 15
cristianismo verdadero, 118
principio de, 105
reconocer a Dios en tu hermano, 103
recursos del mundo, 51, 104, 119-20
resistido por los poderes fácticos, 118

Compositores. *Ver* **Artes**
Concierto Live Aid, y Día de la Declaración, 31
Confesión (San Patricio), 262
Conciencia Crística, encarnada por Maitreya, 76
Conciencia grupal, 104, 159
Contaminación, medioambiental, 122
Corazón, artificial, 133
Cordón de plata, conecta el alma con los átomos permanentes, 223
Cremación, 108
Creme, Benjamin,
La Reaparición del Cristo y los Maestros de Sabiduría, 93, 110, 162
Transmisión - Una Meditación para la Nueva Era, 280
Cristo. *Ver* **Maitreya, el Cristo**
Cuerpo Causal, 222
información de encarnaciones anteriores, 226
vehículo del alma, 225-26
Curación Esotérica (Bailey), 128, 130
Curación
con los Mensajes de Maitreya, 131
devas utilizados por los Maestros, 132
el amor del alma debe ser el motivo, 130-31
el calor ocurre en el plano etérico, 129
enseñanzas de Jesús, 132
'imposición de manos', 128-29,
índice menor de destrucción del cuerpo físico en la nueva era, 127-28
Ley del Karma, 130-31, 248-49
lista, del Maestro de Benjamin Creme, 134, 248-49
nuevos métodos serán revelados, 132
poderes, 130
trabajo de los Maestros, 132
Chagall, Marc, 216

Chakras
activos durante la evolución humana, 128
centro ajna, 128
atención en centro ajna, 290
centro coronario, 128
corazón, 133, 275-76
corazón 'roto', 131
manos, en la curación, 128-29
rayos trabajan a través de, 176
utilizados en la Meditación de Transmisión, 284
Chernobyl, 122-23
Déjà-vu, 244-45
Desapego, 316
y karma, 240-41
Desarme, y principio de compartir, 114
Desastres
terremotos, inundaciones, sequías, 72
resultado de los malos pensamientos y acciones, 14
inclinación del eje de la tierra, predicción no verdadera, 73
Devachan, 229
Devas
como ángeles de la guarda, 295
evolución paralela a la humana, 150
vienen con Maitreya, 64, 151
Día de la Declaración, 18, 28, 29
curaciones, 28, 69
descripción de, 18
evocará lo mejor de la humanidad, 161
retraso de, 27
Dios, energía, amor, 139
primer aspecto, creativo y destructivo, 188-89
Discípulo/s
constancia, 312, 316
enfermedad, 313
escogen a los padres para la encarnación, 232
la falta de dogmatismo es importante, 45
la Jerarquía le da una tarea, 315

magnetismo, 273
neurosis, 270
observación completa del alma, 309
peso del karma mundial, 241-42
principios gobernando la evolución, 312
sentido de la proporción, deber, 272
Dixon, Jeane, 265
Djwhal Khul (D.K.)
momento para el emerger del Cristo, 40
sobre el control emocional, 53
sobre el servicio, 274
Dormir, comunicación con el alma, 145
Dowling, Levi, *Evangelio Acuariano de Jesús el Cristo*, 83
Economía
capitalismo, comunismo, 113-14
comercialización, 15
grupos financieros entre los últimos en aceptar a Maitreya, 118, 119
Educación, dirección futura, 124
Educación en la Nueva Era **(Bailey)**, 101
Elementales, 151
El Destino de las Naciones, **(Bailey)**, 188
El Hombre Santo y el Psiquiatra **(Sandweiss)**, 258
Empuje Espiritual, 159-60, 281
Encarnación
con todos los vehículos inferiores, 235
duración entre, 228
en ciclos rápidos, para completar el equipamiento, 231
en el país, continente, 234
en otros planetas, 146
espacio entre, 235
Energías
intermediarios, papel de la humanidad, 277
transmitidas, depende de los Maestros, 283
Enfermedad
física, causa psíquica, 107

mental, y vidas anteriores, 243
resultado del desequilibrio emocional, 133
Era de Acuario, 12, 60, 142
Era Pisciana, 11-12
   influencia en la humanidad, 309
Escuelas de Misterio, 134
Esenios, 82, 132
Esoterismo, rayo de expresión, 77
Espada de la División
   energía de amor del Cristo, 114
   produce polarización, 51
Espejismo, dispersado por la luz del plano mental, 164-65
Espíritu de Paz o de Equilibrio, 55
   y Maitreya, 281
Evangelio. *Ver* **Historia del,**
Evangelio Acuariano de Jesús el Cristo **(Dowling)**, 83
Evolución, 240-41. *Ver también* **Ley de Evolución**
   conciencia de cada reino, 148
   continúa según leyes definidas, 139
   influencia de las emisiones energéticas de nuestro sol, 146
   la materia es gradualmente espiritualizada, 146-47
   nada puede detener, sólo retrasar, 141
   potencial divino del hombre, 141
   punto de, como determinar, 163-64
   proceso de, 137, 310
   propósito final, 142
   siete senderos de evolución Superior para los Maestros, 78
Experiencia del desierto, período después del Día de la Declaración, 158
Fantasmas, 227
Fundamentalismo
   al final de una era, 111-12
   cristiano, 44, 62-63
Gandhi, Indira, 215
Gandhi, M.K., 170
Genios, estrecho contacto con el alma, 223

Gobierno, mundial, papel del Cristo y los Maestros, 112-13
Graham, Billy, 62
Gran Invocación, 54, 295-96
Gran Madre, oración antes de las comidas, 301-02
Grupos
   entrando en encarnación, 138
   esotéricos, 104
Guías, del plano astral, 95, 294
Guru Dev (Swami Brahmananda Saraswati), 217
Gurus, orientales, introducen la meditación a occidente, 268
Hadas y gnomos, 'los constructores inferiores', 152
Hallinan, Hazel, Hunkins, 196
Hambre
   erradicación, 103
   grupos tratan con el problema, 120
   responsabilidad de la humanidad, 253
   principal preocupación de Maitreya, 14
Hermanos del Espacio
   intercederían en una guerra atómica, 100
   neutralizan la radiación nuclear en Chernobyl, 122
Hermandad Blanca, 76. *Ver también* **Maestro/s**
Hipnotismo, 131, 243, 245
Historia del Evangelio, sendero esotérico de la iniciación, 152, 155
Hitler, Adolf
   cortado de la influencia del alma, 143, 170
   no en encarnación física, 267
Hojas del Jardín de Morya, I (La LLamada) **(Roerich), dado por Maitreya**, 261
Hojas del Jardín de Morya, II **(Roerich)**, 161
Hubbard, L. Ron, 217
Iglesia Católica
   hostia consagrada y Maitreya, 63
   mujeres sacerdotes, 121-22

papel después del Día de la Declaración, 87
Imán Cósmico, 142
Ingeniería genética, 257-58
Iniciado/s
  caer, 171
  cuarto grado, Gran renunciación, 315
  de primer grado, características, 169
  número de cada grado, en encarnación, 169, 172-73
  de segundo grado, período difícil, 170
  tercer grado, relación con la Ley de Causa y Efecto, 242
Iniciación Humana y Solar (Bailey), 155, 164, 166, 173
Iniciación/es
  actividad especial de Maitreya, 167
  central en la nueva religión mundial, 57
  cinco planetarias principales, 155
  conocer el punto personal, 163-64, 168
  cuarta, 153, 158, 171, 241
  descrita por Maharishi Mahesh Yogi, 173
  dos en una vida, 167
  grado de control, llevado a cabo en la próxima vida, 166
  grandes crisis del viaje evolutivo, 138
  grupo, crisis de amor, 139
  primera, 153, 156, 165
  chakras involucrados, 166-67
  proceso artificial, 152, 155
  proceso de, 53
  quinta, 153
  requisitos, 155
  segunda, 153, 157, 169
  sendero de, aprender a controlar las fuerzas de los rayos, 211-12
  sexta, 153
  tomarla en encarnación física, 166
  tercera, 153, 158, 169
  trabajo diario, 135
Instructor, 19, 40

Instructor del Mundo. *Ver* **Maitreya, el Cristo**.
Isis sin Velo (Blavatsky), 262
Jerarquía. *Ver* **Maestro/s**
Jesús
  crucifixión física, 80
  cuarta iniciación, 172
  enseñanzas
    sobre curación, 132
    relevantes actualmente, 80
  nombre de anterior encarnación, 87
  nunca proclamó ser Dios, 79
  relación
    con los judíos y cristianos, 87
    con los pobres, 81
  retratos, buen parecido, 82
  trabajó en planos internos después de la muerte, 226
Juan el Bautista, 44, 264
Kali Yuga, 260
Karma. *ver también* **Ley de Causa y Efecto; Ley del Karma**.
  asumir karma de otro, 254
  cantidad que puede ser fácilmente manejable, 243-44
  deshacerse mediante el castigo y disciplina, 252
  experiencia 'buena', 'mala', 239
  impedimentos físicos, 251
  millones que se mueren de hambre, 252-53
  poniendo un animal 'a dormir', 254
  relacionado con los miembros de la familia, 232
  relación con la curación Jerárquica, 250
  Señores del, 225, 240, 248-49
  sucesión de momentos de acción, reacción, 244
Keller, Helen Adams, 197, 198
Koot Hoomi (K.H.), 89
  próximo Cristo, 77
Krishnamurti, vehículo para el Instructor del Mundo, 263
Kundabuffer, Gurdjieff, alegoría de Atlántida, 145-46

La Doctrina Secreta (Blavatsky), 147, 262
La Reaparición del Cristo (Bailey), 19, 53
La Reaparición del Cristo y los Maestros de Sabiduría (Creme), 93, 110, 162
Lao-tse, 263
Leo (signo astrológico), sirve personalidad propia, 309-310
Leonardo da Vinci, 173
Ley de Causa y Efecto, 57 101-03, 109. *Ver también* Karma; Ley del Karma.
Ley de la Evolución, egos cíclicamente impulsados a encarnarse, 229. *Ver también* **Evolución**.
Ley del Karma, 52, 109. *ver también* **Karma; Ley de Causa y Efecto**.
  bajo la Ley del Amor, 249
  no sobre retribución, 250
  no mecánica, 243
  punto de vista oriental, 239
  resolverse mediante la ley del Renacimiento, 236-37
  toda la humanidad, 249
Ley del Renacimiento, 52, 57, 102-03, 109, 231. *Ver también* **Reencarnación**.
Ley del Servicio, gobierna a los individuos más avanzados, 247. *Ver también* **Servicio**
Leyes, conciencia despierta de, por los Grandes Seres, 139
Libre albedrío
  acercamiento por el Cristo sin infringir, 22
  la Jerarquía no infringe, 97
  limitado, 142
  opción entre el compartir y la destrucción, 118
  sólo potencial, 144-45
Lincoln, Abraham, 89, 194

Logos del Planeta, sirviendo el Plan del Logos Solar, 271-72
Lorca, Federico García, 103
Los Rayos y las Iniciaciones (Bailey), 158, 166
Maestro Inglés, 89
Maestro/s
  al frente de los Ashrams Principales, 77
  en América, 84
  Ascendidos, 90
  de Benjamin Creme, 27-28, 92
  artículo sobre el tiempo, 94
  cambiar cuerpos, rayos, 86
  comunicarse con, 91, 92, 93
  conservan el cuerpo miles de años, 86
  construcciones astrales de, 93
  de Sabiduría, 12, 95
  diferentes funciones, 85
  discípulos, relación con, 91-92, 278
  exteriorización de Ashrams, 85
  encontrarse en el plano físico, 90-91
  en Francia, 85
  estímulo al proceso de curación, 70
  funciones y tareas, 84
  involucrados en el trabajo de la sanación, 132
  Jerarquía de, 12, 19, 54, 76, 77, 97
  mayavirupa cuerpos, 85
  no todos tienen alumnos, 95
  número ahora en el mundo, 84
  proporcionan campo de servicio, 311
  tienen sólo consciencia de grupo, 76
  viviendo en las montañas y desiertos, 76
Maharishi Mahesh Yogi, 173
Maitreya, el Cristo
  adumbrar las mentes de la humanidad, 29
  alistar a las personas para servir, 63
  aceptación por los gobiernos, 69
  acercamiento a los medios de comunicación, 16, 23-24

Agente de Intervención Divina, 71
apariciones, 16, 17, 20, 24
visión o sueño, 64
búsqueda por los periodistas, 21
a la Cabeza de la Jerarquía, 66
como Sankaracharya, 259
Cristo cósmico, 57, 62
cubrir el puesto por dos ciclos, 60-61
cuerpo de manifestación *(mayavirupa)*, 36, 66, 78-79, 85, 86
dialoga en muchos idiomas, 260
duración del cargo, 60
efectos en las sequías e inundaciones, 72
emerger
   julio 1977, 14, 20
   libre albedrío y papel de los medios de comunicación, 16
   otros cuatro mensajeros, 43
   perspectiva histórica, 13-14, 46-49
   razón por el retraso, 44
   respuesta pública al retraso, 45
   respuesta de la humanidad a las energías, 26
Encarnación de la Voluntad, 60
enseñanzas, 17, 51, 57
   por la radio y TV después del Día de la Declaración, 67
estatuas transmiten Su energía, 64
estímulo para el cambio, 14-15, 53, 58, 112
hacer el contacto internamente, 63
Hierofante, 53, 56, 139, 153, 167
inaugura la nueva religión mundial, 58
inmortalidad física, 66
inspira a la humanidad, 57
instrucción grabada de, 37
Instructor del Mundo para todos los grupos, 13, 52, 58, 80
Jesús, relación con, 13, 19, 78, 81-82, 87
   por adumbramiento, 13, 78
   en Londres, 69

actividades en la comunidad asiática, 20, 32, 33, 34, 38
elección de aparecer, 31
vida diaria, 34-35, 36
llamada a los corazones de los hombres, 53
llegada de, acontecimiento de importancia planetaria y cósmica, 22
Maestro de todos los Maestros, 13
misiones en varios países, 68
naturaleza de Su Consciencia, 37, 66, 76
no alcanzar a reconocer, 30
no ideología política, 113
no el falso Cristo, 42-43
no un gurú, 34
no trabajando con las religiones, 58
nunca San Patricio, 262-63
papel y tareas con la humanidad, 59
perfección, naturaleza de, 65
permanece en el centro de las energías cósmicas, 281
profesión en el pasaporte, 36
puesto del Cristo en tiempos egipcios, 61
recipiente y transmisor de energías, 58, 282
reconocimiento por aquellos a Su alrededor, 26
relación con la deuda kármica de la humanidad, 71
repercusiones ocultas de la decisión de reaparecer, 53
retorno
   antes del año 2025, 40
   profecías y fechas, 41
   y reino animal, 148
   y terremotos, 71
retrato por David Anrias, 38
sanador, 35
significado del nombre, 36
trae Aguas de Vida (Acuario), 55, 311, 314
última venida de, y comunicación telepática, 31

viajes después del Día de la Declaración, 68
Mal
    aspecto de Dios que conocemos como materia, 144
    fuerzas opuestas al Cristo, 22
    personifican fuerzas del bien, 96-97
    arco involutivo, 188
    'selladas' en su propio dominio, 95-96, 296
Mantrams, 292
Mao Tse Tung, 194
Marx, Karl, 267
Máquinas, hechas por un acto de la voluntad creativa del hombre, 106-07
Masonería, secretos de iniciación, 135-36
Matrimonio, 252
Mayavirupa, 66, 78-79, 85, 86, 227
Medicina, alternativa, 107
Medios de comunicación
    acercamiento de Maitreya, 21-24
    anuncios, toda la página, abril de 1982, 41
    conferencia de prensa, 14 de mayo de 1982, Los Angeles, 20, 41
    encuentro de Brick Lane, 21
    no dispuestos a actuar, 20, 24, 25
    papel después del Día de la Declaración, 67
    satélites y Día de la Declaración, 28
Meditación. *ver también* **Meditación de Transmisión**
    disminuye el índice delictivo, 275
    dolores de cabeza y tensión, 275
    el contacto con el alma se profundiza, 269
    en grupo, intensifica, potencia, 278
    estimulada por Maitreya, 275
    excelente forma de contactar con el alma, 270
    hacer uso de las energías, inspiración del alma, 270
    mantener la mente fija en la luz, 273
    nuevas formas, de Maitreya, Maestros, 275
    oculta, 274
    propósito del viaje evolutivo, 138-39
    tradición oriental, una finalidad por si sola, 270
Meditación de Transmisión. *Ver también* **Meditación**
    construir el Antahkarana, 289
    chakras utilizados, 283
    después del emerger de Maitreya, 300
    efecto del pensamiento, emociones, 287-88
    enviar 'pensamientos curativos', 300
    experiencia diferente en distintas noches, 285
    foco mental positivo es necesario, 293-94
    fortalece la intuición, 289
    grupos, de importancia primordial, 282
    importancia del alineamiento, 287
    del trabajo, 300
    incrementa la cualidad de otras meditaciones, 299
    Jerarquía y energías, 282
    Maestros dirigiendo las energías, 294
    mayores de doce años, 298
    no depende de la 'creencia', 286
    no se necesita experiencia especial, 287
    por cuánto tiempo transmitir, 286-87
    proceso científico, 285
    pronunciar el OM, 290-292
    reunirse por la noche, 298
    servicio y crecimiento espiritual, 277-280
    'sintonizar' mentalmente, 297
    tetraedro, 292-93
    tres personas es suficiente, 297
    visiones, mensajes, entidades, 293

Melchizedek, Orden de, 82
Mensajes de Maitreya, 45, 64, 279
Miedo, 245
1984, (Orwell), 267
Mónadas, 137
Morya, 89, 261
Mozart, Wolfgang A., 89
Movimiento Mahikari, 217
Muerte,
   apacible y tranquila para muchos, 220
   actitud ante, 219
   el alma se retira de los vehículos, 220
   estado hacia el viaje a la perfección, 219
   experiencia en planos de consciencia, 221-23
   miedo de 109, 219, 224
   muerte súbita, 233
   preparación deliberada para, 221
   ver familiares y amigos muertos, 227
Música. *Ver también* **Artes**
   función esotérica, 126
   Maestros que se ocupan de, 126
   pop, efecto de, 127
Naciones, propósito del alma, 69
Naciones Unidas
   Asamblea General, 58, 106, 112-13
   y Avatar de Síntesis, 160
   Consejo de Seguridad, 106, 112, 115-16
Nanak, Guru, 265
Niños
   más evolucionados actualmente, 143
   preparándoles para la Era de Acuario, 124-25
Norte-Sur: Un Programa para la supervivencia (**Comisión Brandt**), 103
Nostradamus, 266
Nueva Era, hecho astronómico, 11
Nuevo Grupo de Servidores del Mundo, 59, 160

Okada, Yoshikazu, 217
Oración, valor real, 301
Orwell, George, *1984*, 267
Ovnis, 99
Papa, y problemas mundiales, 121
Patricio, San, *Confesión*, 262-63
Paz
   era naciente, 110
   las personas desean, 117-18
Pena de muerte, 125
Péndulo, herramienta para recibir guía, 133
Pentecostés, y Reaparición, 41
Planetas, evolución de, 149, 193
Plano/s
   astral, 221
   control sobre, 212-13
   etérico, 107, 149, 220
   físico, creación de formas de vida, 147
   mental, 222
   tipos de actividad mental, 168
Polarización, mental, 164, 213
Política
   conservadurismo, función útil, 115
   sistemas actuales que han de retenerse, mejorarse, 113
   viejo orden retrógrado, 114
Poncio Pilatos, sentimientos al juzgar a Jesús, 215
Pralaya, 222, 229-30
Principio Crístico, 61, 311
Problema palestino, 116-117
Psicología. *Ver también* **Rayo/s**.
   ciencia de, influencias de rayos, 177
   extrovertidos o activos, 269
   introvertidos o contemplativos, 269
Rakoczi, y música, 126
Rayo/s
   cinco fuerzas gobernando al ser humano, 176
   civilizaciones, cambios en, 182
   cuarta iniciación, 158
   cuarto, 194-97
      con el séptimo, el tipo de artista más elevado, 194

cuatro en manifestación a la vez, 230
cuatro secundarios, de atributo, 175
de las instituciones, 191
del vehículo, y herencia, 207
en la primera y segunda iniciación, 210
estructura personal, 202, 204, 209
  dos rayos iguales, sin embargo no son los dominantes, 215
  equilibrar cualidades, 207
  cómo reconocer, 202-03
  cuestiones de compatibilidad, 207-08, 209
  importancia de conocer, 177
  ninguna fórmula para calcular, 203
  no varían en el transcurso de una vida, 201, 210, 214
  raramente los mismos en dos vidas consecutivas, 210
extrovertidos/introvertidos, 210
gemelos, 208
gobierno
  naciones y razas, 177
  principales figuras mundiales, 194
influencia mental y astral en la personalidad, 214
invocación de energía, 182
línea 2-4-6 vs. 1-3-5-7, 210, 284
mente vs. cerebro, 204
naciones, 189
  América, 184, 190
  Francia, 184
  Alemania, 183-84
  Gran Bretaña, 184
  lista, 185-87
  Rusia, 184
polarización vs. foco del alma, 212-13
primer, 180, 188, 194, 205
  comparado con el sexto, 203, 208
  trabaja con el segundo, 208
  principales instructores de la humanidad, 191
quinto, 184, 195
rayo del alma, 209

reino animal, 218
relación con
  centros planetarios, 176
  chakras, 176
  segundo, 175, 183-84, 204-05, 211
  empatía, 208
  y el cuarto condicionan la humanidad, 184
  séptimo, 138, 177-78, 179, 183, 190
  sexto, 138, 178-79, 184, 196
  ashram del Maestro Jesús, 211
  y el séptimo dividen el mundo, 177-78
siete
  expresión de siete grandes Vidas, 175
  no más de, 191
  relación con las constelaciones y los planetas, 192-93
sub-, 200-01
tercer, 198-99
tipos físicos, 205-06
cuerpos todos en el mismo, 209
tres principales, de aspecto, 175-76
virtudes y vicios, 180-82, 189

Raza humana, empezó hace 18.5 millones de años, 140

Reencarnación, 225. *Ver también* **Ley del Renacimiento**
aceptación de, efectos en el mundo occidental, 236
aceptada en los tiempos bíblicos, 236
británicos, relación con los romanos, indios, 234
concepto difícil para el mundo occidental, 262
destino del individuo, 231
grupal, cíclicamente, según leyes, 228
las iglesias católicas rara vez enseñan, 236
ley del Karma y Ley del Renacimiento, 236, 257
más próximos a las enseñanzas del Cristo, 82

mundo de los devas, 235
permite a Dios devolver la materia a sí misma, 137
relaciones familiares, 232
Reino Angélico. *ver* **Devas.**
Reino Animal, 146, 148
karma, 254
rayos, 218
Reino Humano, relación con minerales, plantas y animales, 147-48
Reino de Dios, Cristo a la cabeza de, 53
Reino Espiritual, 139. *Ver también* **Maestro/s.**
Reino mineral, y planos etéricos y físicos, 149
Religión/es. *Ver también* **Budismo; iglesia católica; fundamentalismo**
dogmática, separatista, 102
más próxima a las enseñanzas del Cristo, 82-83
movimiento ecuménico, 88
no monopolio de lo espiritual, 101
Revolución, francesa, ideales espirituales, 102
Roberts, Jane, Seth Habla, 266
Roerich, Helena, 261
Hojas del Jardín de Morya, I (La Llamada), 261
Hojas del Jardín de Morya, II, 161
Sabiduría, atributo del alma, 162
Sai Baba, Avatar Cósmico, 258-60
adumbramiento por, 299
dice ser Krishna, 259
estimula la naturaleza del amor de la humanidad, 260
hace posible 'la intervención divina', 96
no de Sirio, 260
Principio del Amor, encarnación del, 258
Regente Espiritual, 259-60
relación con Maitreya, 62, 258, 259

San Pablo, 171
Sanat Kumara, 56, 78, 79-80, 139, 153, 295
involucrado en el tema nuclear, 70, 100
Sandweiss, Samuel *El Hombre Santo y el Psiquiatra*, 258
Santísima Trinidad, 65
Sendero Probatorio, 156
Serapis, 89
y la música, 126
Servicio. *Ver también* **Ley del Servicio.**
encontrar un papel, un propósito, 272
estar en el lugar apropiado y permanecer allí, 318
manera de deshacerse del karma, 242
demostración en la relación, ley del amor, 308
fuerza impulsora del proceso evolutivo, 314
motivos todos importantes, 271
naturaleza del sacrificio, 314-15
proceso de descentralización, 313
propósito del alma, 269
sendero a la iluminación espiritual, 271
Seth Habla **(Roberts)**, 266
Síndrome del centésimo mono, 121
Sirio, 'alter ego', de nuestro sistema, 239
Sistema endocrino, 107
Sócrates, 173
Steiner, Rudolph, 267
Sueños
creación de resultados kármicos, 252
experiencia de los Maestros en, 94
Sufrimiento, causas, 248
Suicidio, 228
Superalma, cada alma humana es una parte, 141

Tara, raíces en Budismo, 65
Telepatía
   desarrollada mediante el entrenamiento y práctica, 144
   los Maestros trabajan desde el nivel del alma, 304
   modo normal de comunicación, 108
   requiere polarización mental, 304
Terapia de Rehidratación Oral, (TRO), 121
Tetraedro, instrumento en la Meditación de Transmisión, 292-93
Tercer ojo, creado por el discípulo a través de la Meditación, 276
Tiempo, concepto del cerebro físico, 246
Tomas, Evangelio de, 83
Transfusiones de sangre, karma de, 256
Transmisión - Una Meditación para la Nueva Era **(Creme)**, 280
Trasplantes de órganos, efecto kármico, 255-58
Tríada Espiritual, 160
Un Curso de Milagros, 88, 225
Vegetarianismo, 162-63
Violencia, causas, 102
Virgen María
   estatuas, lloran y se mueven, 98
   Maestro, no en encarnación, 264
   visiones, 98-99
Vidas, futuras, posibles de prever, 247
Vidas, anteriores
   algunos han conocido al Cristo, 247
   bajo hipnosis, 245
   características físicas, preservar, 234-35
   clarividencia y psiquismo, 238
   conscientes de, iniciados de tercer grado, 246
   normalmente no recordadas, 226-27
   reconocimiento de, 52
   recordar
      al dormir profundamente, 245
      fuera de encarnación, 227
      recuerdo de una muerte violenta, 246
   valor de conocer, 243, 244
   vívidas imágenes de, 246
Wesak, 281
Yeti, 97

www.ingramcontent.com/pod-product-compliance
Lightning Source LLC
Chambersburg PA
CBHW051812090426
42736CB00011B/1438